往事
不能如煙

The
Memoir
of
Ying-hui Tao

陶英惠回憶錄

謹以此書獻給
父親　陶清和（景惠）（1908～1947）
母親　孫淑芳（1902～1976）

①1948年，國民政府褒揚先父令。（該檔案於1963年由總統府移交國史館）
②1954年9月9日銓敘部第三司補發之撫卹證。
③1949年6月21日，歷經千辛萬苦、劫後餘生，流亡到福州時留影，是我此生所存最早的
　一張照片。
　前排右起：鄒兆正、劉煥忠、牟乃倫；後排左起：叔叔清銀、作者。
④1948年9月帶我自濟南逃往天津的孫雪琴叔叔。

①1953年2月10日澎湖防衛司令部子
　弟學校遷校時，作者與叔叔合影。
②1954年作者攝於員林實中。此照片
　寄至香港表哥處，輾轉送到母親手
　中，她知道兒子還在人間，並且讀
　書，應可安慰。
③1964年，母親與英東在濟南趵突
　泉，英東抱著長子郭濤、次子郭偉。

①	
②	③
④	⑤
⑥	⑦

①1994年8月18日首次回老家，先去給爺爺奶奶上墳，墳在莊北玉米田中間樹一碑，上墳後回到莊上老宅子門前尋根，一眼望去，都是荒涼景象，斷垣殘壁，有的被人佔住，原來學校的瓦房也都改建了，完全沒有從前的影子。在門口徘徊良久，思潮起伏，看著出生地仍是如此落後貧窮，十分傷感！

右起：叔叔、英逵、英東。

②1994年8月17日於濟南英東家。

右起：堂弟英逵、作者、小姑清梅、叔叔、英東、小姑的女兒許友蘭。

③1994年8月18日首次回到老家，一眼望去，都是荒涼景象。

④2001年10月15日與明正及妹妹英東、妹夫郭德生到濟南玉函山安息園掃墓。

⑤2005年2月初回濟南過年，特到黃河遠眺黃河大橋。1948年9月我即行經此橋到天津。

左起：德生、英東、叔叔、嬸子、作者、明正。

⑥2019年5月11日再與兒子俊如回老家。

⑦2019年5月11日重回老家，在大門口留影。大門內仍是斷垣殘壁，站在我出生的地方，感慨萬千！

①1961年，作者接獲生平第一張聘書：新時代雜誌社幹事。
②1974年7月16日下午，第11次院士會議選舉新院士開票時與錢穆（賓四）院士談其新著
　孔子傳事，他自1968年當選第七屆院士後，只出席過這一次院士會議。
③1983年8月27日陪丁肇中院士先到台北市中山堂前懷舊，再到西門町圓環之高架上憶
　往，該高架橋現已拆除。
④1984年9月15日上午於化學所，錢故院長銅像揭幕。
　右起：吳院長、嚴前總統家淦、作者，最左為嚴振興。

①1951年9月，張文煥（家友）應召前往保
密局電訊班受訓，濟南第一聯合中學流澎
同學為他送行時合影。
前排右起：趙成廣、張憲浩、楊家駒、張
文煥、薄次萍、李繼謙、逄志信、康五
嶽。中排右起：作者、李玉亭、劉玉印、
齊國慶、韓毓慶、王世綱、趙繼祖。後排
右起：王玉蘊、邵長林、畢于明、王亞
曾、趙序珠、程顯華、曲曰樂、孫英善。
②1969年1月5日，劉紹唐在中山南路13號
交通部招待所為徐志摩的兒子積鍇夫婦
接風。
前排左起：劉鳳翰嫂黃慶中、劉紹唐夫人
王愛生、徐積鍇夫人、內人李明正；後排
左起：章君穀、劉鳳翰、徐積鍇、蔣復
璁、梁實秋、劉紹唐、作者。
③1986年1月19日與明正攝於聯合報之南園。

①	②
③	④
⑤	⑥

①1988年7月19日李敖在驥園晚宴，為唐德剛、汪榮祖夫婦返美餞行，飯後到李敖家合影。
　　左起：汪榮祖、唐德剛、劉紹唐、作者、李敖。
②1988年11月6日由蔡院長次女晬盎（中）陪作者夫婦至紹興蔡元培故居致敬。
　　（左起：作者、蔡晬盎、內人明正）
③1993年11月14日在台中教師會館參加陳傑幼女淑真喜宴合影。
　　左起：明正、喬大嫂酆娟娟、陳傑兄嫂、莊大嫂甯之燁、喬守常、莊惠鼎、作者。
④恩師吳相湘教授（1914.01.20～2007.09.21）於1994年8月27日攝贈。
⑤錢思亮先生（1908.02.10-1983.09.15）
　　中央研究院第五任院長（任期：1970.05-1983.09）
⑥吳大猷先生（1907.09.27～2000.03.04）
　　中央研究院第六任院長（任期：1983.10-1994.01）

①
②
③
④
⑤

①1994年11月10日於近史所研究大樓
②1995年3月15日上午,向李遠哲院長交卸
　祕書主任兼職（林素琴贈）
③1996年7月31日,我和老同學絲路之旅,
　在酒泉下火車,遊酒泉公園、左公柳,後
　改搭汽車至嘉峪關遊,樓閣凌空,飛簷重
　疊,巍峨壯觀,號稱天下雄關,與山海關
　遙相對峙,共同聞名天下!
④1998年2月7日所慶時與劉鳳翰、黃慶中
　夫婦合影。
⑤1998年12月22日於銀河新村時之國史館,
　右為主秘遲景德。

①	②
⑤	③
	④
	⑥

①2000年1月29日作者退休演講會

②2004年2月14日在福華飯店江南春參加張
玉法午宴。
　右起：王中興、作者、張文煥、黃守誠
　（名作家歸人）、張玉法、莊惠鼎。

③2007年12月28日，四位同屆老友在台大
逛校園。
　左起：齊國慶、作者、石磊、唐天寵（自
　英國來）

④2009年3月8日母校員林實中六十週年校
慶慶祝大會參觀校史館。
　左起：許延熇、王德毅、作者夫婦。

⑤2016年6月22日作者在LA哈崗小兒家與
六個內外孫。

⑥2019年10月24日去淡水拜謁徐啟明老師。
　左起：陳樹棟、王克先、張玉法、欒心
　蕊、徐老師及師母、作者。

2017年7月，整理研究室，準備繳還近史所。

自序

　　俗語常說：往事如煙。也有人說，中年以後，逐漸領悟到忘得掉才是真幸福。我是從事歷史研究工作者，不能認同這種灑脫的人生觀。我是一個流亡學生，於民國三十八年（1949）來台時，還是一個初中二年級的小學生，至今已屆耄耋之年；說起來竟然是我家遷台的始祖！所以應該把我的過去，如怎樣離鄉背井，如何來到了台灣，怎麼樣求學？怎麼樣工作、退休的，不能不有個交代，留個紀錄。

　　所幸我自民國四十五年（1956）起，便養成了記日記的習慣，所記詳略不一，且多為芝麻綠豆大的瑣事；但這六十多年的日記，幫助我記起很多事，至少時間不會有誤，經輸入電腦後，更便於查詢；這樣的恆心、毅力，自己也不免有些自豪！又如我讀中學，完全公費，吃住都在學校裡；讀了四年台大，一律免收學、雜、住宿等費，並優先分配宿舍、領取大陸救災總會的助學金，四年總共只繳了二十元新台幣，這二十元還是台大代防癆協會所收照X光的工本費。類似這些事，若不寫出來，怎麼對得起那些曾經幫助我的人！所以，我這本回憶錄，就命名《往事不能如煙》，趁還沒有老人痴呆前，寫下來留個紀錄。

　　我一生只在三個機關任過職：最先在《新時代》雜誌社，雖然只有短短兩個半月的時間，卻也學到一些難得的經驗，一個雜誌的編、排、校、印的技巧，雜誌由上海印刷廠承印，我在那裡見識到了工人如何撿、排、印、裝，對於從手稿到成書的全部流程，都有了粗淺的認識。不料因此便與印刷、出版結下了緣，這一點淺薄的編校經驗，竟使我終生受益無窮。隨著時代的進步，現在再也看不到那種排印方式了。

　　由《新時代》轉職國史館，在國史館三年多，實在沒有什麼貢獻可言；可是我的工作是負責蒐集抗戰史料，從草屯黨史會調來的《東方雜誌》、《國

聞週報》以及自民國二十年至三十四年上海、天津、漢口、重慶各地方版的《大公報》、《中央日報》、《掃蕩報》、《新華日報》等,都從頭到尾翻閱了一遍,真是難得的機會。一般諷刺公務員上班為喝茶、看報,而我的「看報」卻是本分的工作。五十三年七月二日,自國史館轉至中研院近史所工作,直到退休。

我是靠吳相湘教授指導的一篇學士論文,敲開了國史館和近史所的大門,一直工作到退休。在此要特別一提的,就是羅家倫(志希)館長與郭廷以(量宇)所長,都和業師吳相湘教授有些嫌隙,但都沒有將他們那一代的不愉快,延伸到我這個晚輩身上。其泱泱大度、兼容並蓄的雅量,尤令我萬分感佩!

胡適之先生當年經常勸人寫回憶錄,老友張玉法院士著作等身,仍在不停的著述;有一出版家向他邀稿時說:「那些近代史方面的皇皇論著,你不寫或少寫一點,自然還有人寫,沒有關係;可是你的回憶錄,你若不寫,絕對沒有人替你寫。」雖說這是拉稿的說詞之一,但仔細想想,的確有些道理。我這一生,雖然庸庸碌碌,但並未虛度,也不能任其隨風而逝!

本書之得以出版,多承秀威編輯部鄭伊庭經理鼎力玉成;復承中研院老同事閻琴南先生提供許多寶貴資料,補正闕謬;老同學齊國慶、趙元安兩先生費心校對,改正錯誤,謹在此一併致謝!

陶英惠 謹誌　民國一〇九年(2020)三月於南港

目次

第一章　幼年時期

一、我的家鄉與家人

　　我的老家是山東省德平縣城西南陶家鄉陶家莊。民國38（1949）年以後，德平縣撤銷，改為陵縣。至於撤銷的原因，據說在1949年中共建國後，德平人很頑固，不肯合作，所以就將德平打散，分別劃給鄰近各縣；我老家可能因為距陵縣最近，所以就劃到陵縣，村名陶莊。

　　陶家莊不很大，記得不會超過100家，同村的人好像都姓陶。距糜鎮八華里。糜鎮是個大鎮，每月農曆逢初五及初十有集，小時候跟著爺爺去糜鎮趕集。在閉塞的鄉下，趕集是一件大事，大人帶著自家多餘的農產品，到集上交易，換取一些日用品。集上非常熱鬧，有唱戲的，也有拉洋片的。所謂洋片，就是幻燈片，多半是外國的風景或美女，在鄉下是很新鮮的洋玩意兒，從一個小孔裡往裡面看，看一次要花一點錢，拉洋片者一張一張的抽著換片，嘴裡喊著「往吧往裡瞧！往吧往裡看！」有人戲改為「王八往裡瞧！王八往裡看！」成了罵人的話。

　　我印象中老家好像回族人很多，在趕集時聽大人說，一個回回到賣包子的店問，包子是什麼餡？店家說是「豬肉韭菜」，回回就走了。過了一會兒，這個回回又來到包子店問，包子是什麼餡？店家就很機警的說是「牛肉韭菜」，回回便買了吃。回回不吃豬肉，但店家說是牛肉，吃了就不算觸犯教規。是否真有其事，不得而知。小時候聽大人說的故事，一輩子不會忘。

　　陶家莊的北面十二華里，是我外婆家堤口孫家。德平分五個區，我家屬西四區，另有南三區、北五區，一、二區應該在東面。縣城位居全縣之中央點，我家到縣城有二十五華里，但一輩子沒有進過縣城的大有人在。那時交通不便

當為主要因素。每逢年節，走親戚、訪朋友，最常見的是騎小毛驢或騾子，人多時則坐牲口拉的大車。

民國三十四年（1945）我離開老家時，才十二歲，所以對老家的事情，能記得的實在很有限。在漂泊了半個世紀、離開老家四十九年後的民國八十三年（1994）八月十八日，我才有機會再度回到了老宅子尋根，可是擺在眼前的，我出生、長大的老宅，卻只剩下了半堵斷垣殘壁，原來的土地、房子被人佔住，原來學校的瓦房也都改建了，完全沒有從前的影子。幼年時的幾位玩伴相繼來會，他們只長我兩三歲，但皆彎腰駝背、老態龍鍾，衣衫襤褸，我們好像是兩個世界的人！佇立在舊日的門前，徘徊良久，所有的童年往事，一一湧上心頭，思潮起伏，澎湃不已，何止感慨萬千！那種失落感，不是任何文字所能表達於萬一的。

至於家人，因為家裡的人口不多，就記憶所及，祖父輩是兄弟二人，我出生時，大爺爺已過世，也從未聽大人談過有關大爺爺的事。大奶奶姓王，獨自一人住在北屋上房，沒有子女。她的脾氣不太好，但很疼我，她的炕很高，我爬不上去，還記得她抱我到她炕上的情形。

爺爺諱振榮，行二，清光緒十一年乙酉三月初三日（1885年4月17日）生，民國五十二年（1963）十一月十二日病逝，享壽79歲。在那時的鄉下，這是高壽了。爺爺曾結過兩次婚，兩位奶奶都姓張。第一位奶奶育有大姑（不知道名字）及父親清和（字景惠，後以字行）。奶奶過世後，續娶的奶奶，育有小姑清梅及小叔清銀，民國六十五年（1976）病逝，均安葬於解家莊北，墳已剷平。我印象中奶奶比較沉默，話不多，好像也沒有什麼脾氣。爺爺是中等身材，不苟言笑，很嚴肅，也很精明，我小時候很怕爺爺，在他面前，都是乖乖的，不敢輕舉妄動。爺爺在村上，非常受到鄉人的尊敬，大家都稱他為二爺爺。

我有兩位姑姑及小叔：大姑和父親是同母生，她好像比父親大。我只記得她在家中霸氣十足，沒有人敢惹她。她育有一女，母女的脾氣一模一樣。有一次為了織布刷漿事，大姑在南屋前、影壁牆後，用洗衣服用的棒槌打娘的頭，血流滿面，妹妹英東適在現場，抱著娘的腿在哭！

小姑清梅，民國十二年癸亥五月十三日（1923.6.26）生，嫁到距陶家十餘里之許家。他們結婚時的情形，我還記得一些，直到民國八十三年（1994）回家時，八月十七日在濟南英東家再度見到小姑，這時她已是71歲高齡的老太太了。

　　小叔清銀，民國二十年（1931）生，正確的生日已不記得，在流亡途中，為便於記憶，乃以五月初三日作為生日。他和父親是同父異母的兄弟，所以年齡相差較多。小叔長我兩歲，從小我倆在一起玩耍、一起讀書，又在流亡途中相遇，結伴來台，他從了軍，我則繼續求學，是我來台後唯一的親人，七十多年來很少離開過。他的身體非常健康，不料於民國九十八年（2009）九月二十日清晨，照慣例去永和住家附近的四號公園運動時，跌倒猝逝。深感人生無常！我強忍悲痛，趕撰〈先叔陶公清銀行誼〉，記述其一生重要的事蹟，於十月十四日出殯時，分送來弔喪的親友。因為他和我有許多共同的經歷，所以附在下面作參考。

附：〈先叔陶公清銀行誼〉

　　民國九十八（2009）年九月二十日凌晨六時許，堂弟英達電告：「爸爸照例清晨去運動時，可能感到不適，要扶公園的椅子，而跌在兩個椅子中間，左臉、左手擦傷，經警察於五時許按門鈴告知，即護送永和耕莘醫院，到醫院時已無心跳及呼吸。」他邊說邊泣，真是青天霹靂，事太突然了，簡直不能接受這樣殘酷的事實。即由小兒俊如陪至耕莘醫院，尚停在地下二樓的往生室，俟檢察官相驗後，於下午移靈台北醫學院地下二樓仁愛軒。

　　嬸嬸說，叔叔近來心情很好，不料竟這樣撒手人寰。深感人生無常！叔叔生活極為規律，每天除運動外，就是閱讀書報。前幾天曾說胸口有點痛，嬸子認為是伏案太久所致，沒當回事，現在想想那時可能已經有很不舒服的感覺，而強自忍耐，以致造成無可彌補的缺憾！

叔叔諱清銀，民國二十年（1931）生於山東省德平縣（今陵縣）城西南陶家鄉陶家莊老宅，正確的生日已不記得，在流亡途中，為便於記憶，乃以五月初三日作為生日。他和先父諱清和（字景惠）是同父異母的兄弟。先祖父振榮公，行二，村上都稱二爺爺，係清光緒十一年乙酉（1885）年農曆三月初三日生，1963年11月12日病逝，享壽79歲。爺爺結過兩次婚，初娶之奶奶張氏，育有先父與大姑（名字失記）兩人，故世後，爺爺續娶之奶奶仍姓張（1976年病逝），育有小姑清梅及叔叔兩人。所以先父和叔叔的年齡相差很多。

　　我家人丁單薄，叔叔只長我兩歲，從小我們叔姪在一起讀書、一起玩耍，我謹守叔姪應有之禮節，從未逾越；而叔叔對我和妹妹英東，一向呵護有加。

　　三十四（1945）年初，家鄉已不平靜，爺爺將叔叔和我送到距縣城不遠的滿家讀書。由於時局日趨不安，母親認為家鄉已不能留，乃帶著叔叔、妹妹英東和我一起避至濟南。到了濟南沒多久，即逢抗戰勝利。我們三人先到東關青龍街小學就讀，不久再轉到茇雅芳小學。

　　叔叔於三十五（1946）年小學畢業後，順利考入在商埠之山東省立濟南第一臨時中學。第二年我也考入一臨中，叔叔則為了減輕家裡的負擔，轉到遺族學校，可以享受公費。我也想轉過去，尚未辦成而濟南於三十七（1948）年九月二十五日失守。在共軍攻打濟南時，我從商埠的學校跑回城裡家中，叔叔則困在商埠，沒能回到城裡。共軍進城後，母親託孫雪琴叔叔帶著我西出普利門，再往北走，到了天津，再搭船赴上海。叔叔則和小同鄉且有戚誼的劉煥忠，在遺族學校蒸了一麻袋饅頭背著結伴往南走，一路經過無數的盤查，吃盡苦頭，總算安抵南京。

　　我在上海看到教育部收容外地逃至南京的學生，便赴南京到教

育部青輔會登記，被分發至暫住於把江門外中農銀行倉庫之國立濟南第一聯合中學初中部，開始成為流亡學生。校長是原濟南第一臨中的校長劉澤民師，很多一臨中的老同學又在一聯中聚首；萬萬沒想到竟然能與叔叔和煥忠在這裡相逢，失散後再相見，真是恍如隔世！一聯中設在浙江省海寧縣長安鎮，位於滬杭鐵路線上，距杭州不遠。同學們衣衫襤褸，也難得溫飽，根本無心讀書。叔叔為了賺點小錢，曾和煥忠到火車上賣包子，他倆在有人的地方，喊不出口來；沒有人的地方誰買？最後只有自己吃掉。又曾在筧橋販了蘿蔔到上海去賣。

三十八（1949）年四月二十三日，國軍退出南京，學校要遷移，先到杭州車站集合，一聯中大部分同學於四月二十七日自杭州搭上了建國號火車南下，不僅車箱內擠得滿滿的，無法動彈，火車頂上也坐滿了人。叔叔和我都不是身強力壯的人，根本擠不上去；最後才好不容易爬到自杭州開出最後一列火車的車頂上，再度流亡。自杭州換乘浙贛線鐵路火車南行，車到江西上饒站時，前面鐵路遭到破壞，而且已經聽到槍炮聲。火車忽然開「倒車」往金華走，在駛抵距江山十公里之賀村小站時，大家紛紛棄車。叔叔和我與同學們開始步行，目標是福州。在一個多月由浙步行入閩的路上，很難找得到食物，行走在崇山峻嶺中，也不易辨認方向，危機重重，隨時都有喪生的可能。走到古田，已是國軍的地盤，心理上方覺得安全些。再走到白沙，適逢端午節（陽曆六月一日），部隊派軍車送我們到福州。在福州住了一段時間，就搭106號登陸艇至廈門，住在鼓浪嶼一所小學中。

七月二十六日，澎湖防守司令部派了一艘小機帆船來接我們，於翌日即七月二十七日安抵澎湖馬公。下船後，叔叔和年紀較大的同學，換下便服，著上戎裝，直接被帶到司令部編入三十九師一一六團排砲連從軍，我和高昂舉、趙汝真三個年幼的男生、以及三個

女生，則逕入澎湖防守司令部子弟學校。在學校裡經常吃不飽，每逢假日，輒去叔叔的部隊上打打牙祭。在澎湖從軍的同學，有些受了不少罪，叔叔的運氣還好，碰到的隊職官都不錯。後來改至駕駛班受訓，結訓後調到高雄某單位，再被調到美軍顧問團，担任運輸工作。

民國四十七（1958）年金門八二三砲戰後，一種最新式之水陸兩用駁運車，英文名BARC，比LVT大，由馬尼拉運抵左營，部隊要調訓一些具有初中以上程度之士官接受訓練，運送補給品到金門。叔叔於十月中奉派赴板橋頂埔運輸學校受訓。嗣因胃疾發作，被送至高雄覆鼎金之陸軍五十九醫院就醫。

四十八（1959）年八月，中南部八七水災，為六十年來所未見。叔叔突患急性出血性胰臟炎，幸有煥忠等在醫院照顧，才從死神手中搶救回來。病由七月二十七日起，他突覺腹部絞疼，二十九日實在無法忍受了，就在醫療設備非常簡陋的醫院中破腹治療，在手術檯上曾三度停止呼吸，危險萬狀，幸都慢慢復甦過來。當時正值我在學校考試，故未告知。至八月十日，本已好轉，突又復發，叔叔亦自感病重，可能不起，才飛函告知。我聞知後憂心如焚，因八七水災南北交通受阻，焦急之至！十五日一早自台北兼程南下，鐵路、公路交通柔腸寸斷，我不停的改變交通工具，到達五九醫院已是晚上十時，走到醫院門口時，心情更為緊張而複雜，真不知見面後是什麼樣的結果！所幸吉人天相，叔叔已經轉危為安，一顆忐忑之心才放了下來。直到四十九（1960）年七月二十五日，叔叔才脫下戎裝，結束了十一年的軍旅生活。同年八月二十日，由台中經基隆乘船赴花蓮師訓班，接受一年的訓練。

五十（1961）年九月四日，叔叔到台北縣福隆國校報到，轉職教育工作。五十五（1966）年八月二十七日，與林碧珠老師結為連理。堂弟英遠、堂妹英琪及堂弟英浩，相繼誕生，今都已完成學

業，各自成家，事業有成，叔叔深感安慰！叔嬸志同道合，為國家作育英才。所教過的學生，如今嶄露頭角者頗不乏人。

六十三（1974）年時，叔叔和嬸子曾一起到台北師專註冊，參加空中教學課，不斷的進修。於八十五（1996）年八月服務年資滿三十五年時退休。

叔叔初到福隆時，為提供幾位患難老友一個棲身之所，曾在福隆購買一些土地，闢建果園，也養過羊隻，開支浩繁；所以四處告貸，負債累累，生活苦不堪言。五十七（1968）年暑假，叔叔為了生活，脫下長衫，挑著自己種的芭樂，到台北松山市場賣。又曾以分期付款的方式購買冰箱，再立即賣掉求現。為了朋友，無怨無悔！直到快退休時，生活才慢慢改善。

七十六（1987）年十一月二日，政府基於人道立場，開放民眾赴大陸探親、旅遊。正式揭開兩岸各項民間交流的序幕。叔嬸於八十一（1992）年七月十七日搭機到香港轉赴濟南，回到德平老家，已完全改變，沒有一點從前的影子。八十三（1994）年八月二日，我參加老同學組團到大陸旅遊，而叔叔和英達則於八月十四日回老家，乃相約在老家會合。我於十七日到了濟南英東家，從未離開過老家的小姑，也先接來濟南，真是一次難得的團聚。十八日一早，我們自濟南乘汽車經陵縣城到陶莊，先去給爺爺奶奶上墳，再回到陶莊懷舊，老宅只剩下一點斷垣殘壁，那種失落感，真非筆墨所能形容！

八十七（1998）年十月十四日，英東及妹夫郭德生來台，住了將近一個月，三家再度相聚，莫不高興萬分。叔叔早就有回老家過一次年的願望，惟因顧慮不能適應冰天雪地的天氣而有所遲疑。最後決定九十四（2005）年的春節，大家一塊回去，過一個不一樣的年。全家十七人，於二月五日飛抵濟南，與英東一家相聚，七日去東郊玉函山安息園為先父先母上墳。八日為除夕，全家到陵縣前許

家小姑家，午飯後到陶莊給爺爺奶奶上墳，於十二日返台。前後八天，多年心願，終於得償。

叔叔由於多年來之手頭拮据，總覺得身為長輩，對家人的照顧太少，所以在生活稍覺寬裕時，便想有所彌補。這次回濟南過年，他負擔了所有的開支，去鄉下看小姑時，包了一輛遊覽車，浩浩蕩蕩開進村子，在窮鄉僻壤的老家是從來沒有的事，可以說神氣十足，大有為小姑多年來所受的委屈，可以揚眉吐氣之意！

九十四（2005）年五月二十五日，叔叔又安排和我同遊桂林五天，目的並不在遊山玩水，而是要叔姪多聚一下，在夜闌人靜時，談談往事，話話家常，每天都有說不完的話。這是我們叔姪來台後最難得的一段時光。煥忠曾邀叔叔和我重遊當年流亡時所走的路，終因湊不出共同的時間而未能成行，不無遺憾！

近年來，由於退休後沒有工作壓力，在台灣的家人，儘可能抽空聚聚，而每年叔叔的生日，便成為聚會最恰當的日子。今年（2009）五月二十六日，兩家又聚在一起為叔叔慶晉八十大壽，看到他的臉部有些傷痕，原來是與老友聚會時，多喝了幾杯，不慎跌倒所致。當時不以為意，現在想想，可能已經導致腦部受傷而不自知。

叔叔的驟逝，實在難以讓人接受，但念及他既未受針藥之苦，也沒有讓家人奔波醫院照顧，未始不是一種難得的福氣，聊以自解！

叔叔，安息吧！我們會永遠感念您！

姪 陶英惠 恭述　民國九十八年（2009）十月二日

父親、母親：我對父親的印象非常淡，記憶非常模糊，因為父子相處的日子實在太少，依稀記得面目清秀，中等身材，說起話來溫文儒雅。妹妹英東小

我三歲，她對父親的事情更是所知有限。現在只能將片斷的模糊印象，再根據一些有關文獻，加以連綴而已。「數典忘祖」是責人很重的話，我卻連父親的情形，都不清楚了。

我是由娘扶養成人的，自民國三十七年（1948）九月二十八日在濟南拜別了娘、開始流亡後，直到民國六十五年（1976）四月十八日她老人家在濟南病逝，就沒再見到過，而且音訊全無。所幸英東妹一直陪侍左右，善盡養老送終之責，才使我對娘有較多的了解。1970年3月23日娘被紅衛兵鬥爭時，曾口述由英東筆錄〈坦白書〉一份，短短的一千多字，卻成了我極為珍貴的資料，是多麼大的諷刺！而有關父親的事蹟，則是從民國三十七年一月國民政府「褒揚陶景惠案」中得知的，更令人有椎心泣血之痛！

父親譜名清和，字景惠，後以字行，清光緒三十四年（1908）生，係小時候聽娘說過爹肖猴而推知。娘是堤口孫家人，依照當時的慣例稱「陶孫氏」，並無學名，1949年為報戶口，廢除了僅稱某氏，因為不易識別為何人，才以「孫淑芳」為正式名字。清光緒二十八年壬寅十一月初二日（1902.12.1.）生，民國七（1918）年九月十七歲時與父親結婚，比父親大六歲。當時家鄉的習俗，丈夫的年齡多半比妻子小，因為在農業社會，家中勞動人口不足，娶個媳婦好幫做家事。

父親在著名的山東省立第一師範學校畢業後，即服務於教育界，「曾在濟南擔任山東省立第二實驗小學校主任，培育後生，功卓濟垣。」（〈褒揚令〉中語）據娘的〈坦白書〉說，她於民國二十四年（1935）34歲時到濟南住了兩年，當時爹在濟南岳廟後小學任教，娘主要是理家、帶孩子。兩年後又回老家種地。記得娘曾對我說過她到濟南的經過：有一天，她作了一個夢，仙人託夢給她說，你趕快去濟南照顧你先生，若是去晚了，他就會被銼骨揚灰。娘篤信佛教，對夢中之事不免有些疑慮。翌日又作了同樣的夢，心中感到不安，立即雇車趕去濟南。這可能是娘第一次去濟南，但是到了濟南時，爹已因病住到醫院，娘再趕到醫院，一路所見到的情景，竟與夢中的情形一模一樣，真是不可思議！難道是心電感應？百思不得其解。在娘的照顧下，爹很快就康復出院。這時我才兩歲，應該是帶著我去的。娘曾說我小時在濟南，很討人喜歡，鄰居

們都喜歡抱我玩。英東是民國二十五年（1936）生，照推算，她應該是在濟南出生的。我也曾聽娘說過，民國十七年（1928）濟南五三慘案時，山水溝裡滿是被日本人殺害的屍體，慘不忍睹。不知道那時她是不是也在濟南？或是聽人家說的。

民國二十六年（1937）七七事變後，日本控制了平津，大量學生南下，國民政府在各戰區設訓練機構收容，予以短期訓練後分派抗戰工作。山東籍者多去河南潢川和葉縣。父親即去潢川參加第五戰區所辦之黨政軍戰幹訓練，放棄了教育工作，參加了抗日的聖戰。

民國二十七年（1938）一月，沈鴻烈接任山東省政府主席後，即派員赴潢川查看訓練情形，魯籍學生約五、六百人，分在兩個梯次中受訓，經商得第五戰區同意，於結業後由山東接運回省，再予以一週的講習，並根據個人志願分派工作。父親選擇返回自己的家鄉參加敵後的游擊部隊，致力於連絡魯北各縣，共舉義幟，並組織民眾，訓練青年，發動全面抗戰。

民國二十七年九月底，山東省主席沈鴻烈率省府機關進入惠民，即積極建立魯北平原的游擊根據地，以增強全省的抗戰形勢；鑒於自韓復榘第三集團軍撤退後，魯北各地方武裝如雨後春筍，應時而生，擔負起了禦侮衛土的重責大任；惟因編制不一，旗號各異，難以統一指揮，他即著手重行整編，將魯北第五專區所有部隊統一整編為保安部隊，德平縣所組之游擊隊，則授予山東省獨立保安第五旅之番號，以曹鎮東任旅長，派張光第為副旅長。該旅之活動及所轄範圍，包括臨邑、陵縣、商河、德平四縣，曹鎮東為德平人，部隊之基本組成分子也是德平人，所以當地通稱之為「曹五旅」。父親任曹五旅特別黨部書記長。

民國二十七年十月，沈鴻烈為配合武漢會戰，並策應整個軍事行動，令山東境內各抗日部隊分三路進行以擾襲敵人交通線為主的軍事活動，曹鎮東所部為第三路，擾襲津浦路德縣至黃河崖段，使日軍津浦路交通受阻。曹五旅聲勢最強時，曾擁有官兵四千人，號稱八千健兒。捍衛地方，屏障魯北，於黨於國，厥功至偉。

民國三十年（1941）下半年，日偽為了肅清佔領區之抗戰武裝，加強對於

敵後武力之壓迫,陵縣、德平等縣形勢惡化,曹五旅為委曲求全,曾於三十一年(1942)春與敵人妥協,所有部隊進駐敵人指定之地點。因此,省政府將保安第五旅之番號撤銷。民國三十二年(1943)冬,形勢好轉,曹五旅原有之武裝力量,再度豎起抗戰旗幟,與敵人周旋,時山東省政府主席已易為牟中珩,又授予保安第十三旅之番號,其主管及活動範圍,則侷限於德平一縣,旅長仍為曹鎮東,父親則以第十五專署保安司令部政治部主任兼德平縣黨部書記長。

民國三十二年春,軍事委員會山東工作總隊總隊長陳冠儒派王茂富(字雪杉,山東臨邑人)至曹五旅工作。他曾寫了一篇〈山東保安十三旅興衰之始末〉,刊在民國八十四(1995)年六月二十日出版的《山東文獻》第二十一卷,第一期,頁56~83,記載自曹五旅至十三旅時的情形,非常詳細。他曾親自參與,是當年曾參與其事者唯一留下的文字紀錄,非常珍貴的第一手史料。他在該文中說:

> 保安五旅時代的領袖人物,到了十三旅時代,無何變動。旅長曹鎮東,參謀長兼德平縣長董靜亭,政治部主任兼德平縣黨部書記長陶景惠。曹、董、陶為德平黨、政、軍三大領袖。當地人稱之謂「三頭政治」。(p.1)

民國三十三年(1944)年初,省政府又委任徐仲陽為專員兼保安司令,曹鎮東任副司令。五、六月間,德平日軍及偽軍突襲在褚家集兒的五旅司令部,曹鎮東因臥病在床,不幸被俘,日軍將其押赴濟南殺害。十三旅之重任落在參謀長兼德平縣長董靜亭身上。董靜亭為文人出身,指揮作戰,則非所長;副司令張光第非本地人,在十三旅講話沒有力量。董靜亭把餘部編為兩個團,一團團長邢同春(韶華),二團團長陳傳富。他安排一番後即去阜陽向省政府請示機宜。時值抗戰最艱苦的階段,董靜亭自省府回縣後,認為整個抗戰前途灰暗,德平危局亦無法解救,十三旅在內有偽軍,外有八路,兵員既少,且無彈藥的情形下,陷入了困境,董靜亭於是要改採「聯共抗日」以自保。父親的職責是十三旅與省政府聯絡之代表,往返於部隊、省府之間;所採之一貫政策,

據王茂富說，是「兩吹政策」，即到省府儘量誇大部隊勢力大、紀律好，以維持部隊的番號，俾有個精神的鼓勵；回到部隊，則儘量誇大省政府之美德，以鼓勵抗戰士氣。（p.63）並秉持政府「聯偽防共」的決策，與董靜亭抗衡。王茂富與父親的立場是一致的，他說：「這時共黨方面深知問題之癥結所在，除非趕走陶景惠，便無法和平解決十三旅。因之，八路向十三旅提出一個條件，『請十三旅趕走陶景惠，否則，八路以武力進攻十三旅。』」（p.64）就十三旅而言，既不能趕走父親，也不能打仗，唯一可行的辦法就是使父親自己離開部隊。父親為了避免予共黨攻打十三旅之藉口，不得已於十月間去了阜陽，符合了八路「趕走陶景惠」的要求。困擾德平之局面，暫時獲得解決。

民國三十四年（1945）八月，抗戰勝利時，德平已全為八路軍佔領，縣長董靜亭隻身遠走天津。省政府任命父親為德平縣長，令與十三旅移防德縣之德州，才又回到部隊。

我小時候有一年寒假，父親的部隊好像駐在城南的理合務鎮，接我去住了一陣子，並和他老人家過了一次年，那是我們父子相處最久的一次。父親工作很忙，但每天一定抽空督促我的功課，早上規定好進度，晚上要檢查，我還記得在父親面前背書的樣子，他在溫語中帶著一些威嚴。

他的勤務兵王吉俊，斯斯文文，有一天切豬肉，因天氣太冷，肉很硬，切不動，他將刀磨了一會，說這一次應可切的動了，於是用力切下去，可是刀一滑，竟將左手食指切斷了，他驚呼：手切斷了！還連著一點皮，趕緊去找人接上。我親眼目睹這驚險的一幕，真被嚇呆了，終生不能忘。

家鄉的茅廁，臭氣薰人，如廁時難以呼吸。王吉俊跟我說，父親平常不吸煙，只有在上廁所時才點一根煙。

那一年過年時，我收到一些壓歲錢，父親叫我回家後如數繳給娘。可是我暗槓了一點，和孫家的一位死黨在晚上買了一隻燒雞吃，那是我吃過味道最好的一隻燒雞。賣燒雞的，每天晚上敲著梆子在巷子裡轉，香氣非常誘惑人，總算有機會大快朵頤一番。可是後來穿幫，被娘知道了，挨了好一頓打。以後每吃燒雞，就不免想起當年吃燒雞的情景！娘自小就教我做人要誠實，不可以撒謊！

母親與外家：在我老家，母親是「官式語言」，一般人叫「奶呀」，在其

他地方從來沒聽到過這種叫法，我都是叫娘。母親是陶家莊北面十二華里的堤口孫家人。外家人口眾多，2010年5月8日，英東根據表侄孫清順提供的資料，列了一張世系表給我，才理清了外家的世系關係。外祖父孫逢閣兄弟三人，行二，育有一子二女：舅舅殿梓、母親及小姨。小姨嫁到江家（位於堤口孫家東面），姐妹的感情不好。小姨結婚後並未生育，而娘的孩子多，原想過繼一個給她，可以增進親姐妹兩家的感情，孩子也不會受到虐待。可是姨竟然認領了一個乞丐的孩子，也不要娘的孩子。英東說，她小的時候跟著娘到江家小姨家去玩，看到小姨一會兒從口袋裡掏出一塊冰糖給她孩子吃，英東就站在旁邊看，小姨一塊也不給她。那時在鄉下小孩子的心目中，一塊冰糖的誘惑力是非常大的，英東永遠牢牢的記住了那一幕。後來文革時，娘被迫自濟南回到了老家，時值隆冬，住在一個沒有門的破屋子裡，娘向小姨要一塊布做門簾，擋一下寒風，小姨竟不給。

殿梓舅舅育有三男：壽林（早逝）、香林、文林。長外祖父孫逢明，育有一男一女：舅舅殿鎮及大姨（適田家），殿鎮舅育有二男：福林、盛林（字茂森，民國四年二月初六日〔1915年3月21日〕生）。與我家來往最多的是盛林表哥，大排行老三，我稱三表哥。三外祖父逢儒，過繼出去了，他這一房也有三位舅舅：殿棟、殿盧、殿隆及小姨。其中二舅殿盧常來我家走動，他的酒量甚好，沒有脾氣，會武術，父親到濟南上學時，就是由他護送的。他經常手提三斤裝酒的綠色大瓶子的樣子，還留給我一點模糊的印象。

附：1970年3月23日娘之〈坦白書〉（娘不識字，由英東筆錄）

現住：濟南經五路緯八路436號

1918年9月（17歲）與父親結婚，理家、種田、紡線、織布。
1935年（34歲）到濟南住了兩年，當時父親在濟南岳廟後小學任教，母親主要是理家、帶孩子。兩年後又回老家種地。
1945年（44歲），我家的東西被解放軍拉走了一些。帶著三個

孩子〔小叔清銀、我和英東〕到濟南找父親，是跟隨趙英剛、坐麋鎮街上一個姓牛的人的大車到濟南的。

1948年底至1949年10月，在牟俊夫（現住濟南寬厚所街80號）家幫忙幹家務活。

1949年10月以後，就給私人買賣家紡羊毛、繡花枕頭，以及在街道上做軍衣。1950年4月，由同鄉高文芝（現已故世）介紹至紅星織襪廠絡線。

1956年1月，工廠改為公私合營成為針織一廠，一直在工廠至1960年10月，因為郭濤出生，即至英東家看孩子至今。

兄弟姐妹：我生於民國二十二年癸酉八月二十八日（1933.10.17）。民國三十七年（1948）秋，流亡到南京，去教育部登記為流亡學生時，不知道自己是哪年生，只知道是十五歲，負責登記的人就換算為民國二十三年。至於月日，我則清清楚楚記得是八月二十八日，因為記得母親說過，我的生日很好，男佔三八（八月之初八、十八、二十八），不騎驢就騎馬。可又說我是屬雞的，雞每天在不停的啄啄，老是吃不飽，勞碌命。回想我這一生，為了圖個溫飽，總是馬不停蹄，的確是勞碌命。但是雞也不錯，古人就有很多詠雞的詩句，如「一聲雞鳴天下白」，唐伯虎：「平生不敢輕言語，一叫千門萬戶開。」而朱元璋的：「三聲喚出扶桑日，掃敗殘星與曉月。」更是豪氣干雲，充分表露出帝王的氣魄！古人甚至視雞為德禽，有「雞有五德」的說法：「首戴冠者，文也；足搏距者，武也；敵在前敢鬥者，勇也；得食相告，仁也；守夜不失信，信也。」所述五德，則不免有些穿鑿附會。

我的名字，應該是父親所命的。父親號景惠，我是英字輩，為何名字竟與父親用同一個「惠」字？後聽一長輩解釋：「景」，大也，「英」幼小之意。或與外國人兒輩用Junior即Jr.一樣，並無不妥。

三表哥孫盛林曾經告訴我，我除了姐姐英萍外，還有三個早逝的哥哥，大哥乳名臘月子，應該是臘月生的，二哥名字失記，三哥乳名福子，很英俊，八

歲時夭折，娘甚痛心，幾乎得神經病。姐姐英萍，乳名喜妞，弟弟英泉，都不幸夭折。我只記得英萍姐及英泉弟，至於三個哥哥，則完全沒有印象，也從未聽娘提起過。那時鄉下根本沒有醫療設施，也談不到什麼環境衛生，所以小孩子的死亡率相當高。我對英萍姐有很深的印象，她很愛護我，陪著我去上學。她是怎麼去世的，則完全不記得了。據英東的回憶，是因為出天花或痲疹，發高燒，在那個時代是不治之症。

妹妹英東，民國二十五年丙子十月二十五日（1936.12.08）生，小我三歲。我兄弟姐妹七人，只有我和英東存活下來。有姐姐真的很幸福，姐姐會愛護弟弟；可是哥哥往往會欺負妹妹。記得小時候，英東愛哭，動不動就哭起來，娘總是心疼小的，認為一定是我的錯，就責罵我，我就更不喜歡英東，往往招惹她後就逃離現場，逃避娘的責罵。可是兄妹分離近四十年後，於1987年8月11日在香港會面時，一見到即相擁而泣，談起童年往事，苦澀中又有著更多的甜蜜回憶。一晃就是四十年，都是半百的人了，揮不去的是記憶，留不住的是年華！

民國九十九年（2010）四月八日，我與英東通電話追憶往事，她說：弟弟小泉子病重時，家中有一個莫名其妙的規矩，即不能死在炕上，所以在地上鋪了一個草蓆，將重病的弟弟放在草蓆上，家中沒有一個人關心，娘還得去磨房推磨。適有鄰居來家借東西，看到弟弟的身體已經僵硬，就是沒有生命了，便到磨房告訴娘，娘回來，請鄰居幫忙埋了，再去繼續推磨。（我好像有一個模糊的印象，是我跑到磨房告訴娘的。）娘喪子之痛，沒有人關懷，令她傷心至極！所以後來跟英東說：「將來百年後，也決不進陶家的門！」

二、由私塾到新式學堂‧轉赴濟南

我好像是八歲才入學，家鄉有句俗話說八歲入學的人會八糊塗，意思是說讀書讀不好。我果真沒讀好，就自我解嘲說大概與八歲入學有點關係！

我第一次上學是在同村族叔陶清藻所設的私塾。王鼎鈞先生在所著《昨天的雲》中說：「『塾』是大門裡面兩側的房屋，俗稱『耳房』，猶如人之兩

耳，是四合房建築最不重要的部分，學而稱『塾』，自有『小規模』、『非正式』，的意思。」[1]那時教育不普及，鄉下很少有正式的學堂，所以私塾非常普遍。

記得是姐姐英萍送我到學校的，學校在我家左後方的一條巷子裡，她送到教室後就要回家，她走我也嚷著要走，不敢一個人留在學校，她只好留下來陪我，替我壯膽。我倆坐著小板凳在教室最後面靠門口處，當時的情景，至今猶歷歷在目，一輩子也忘不了。

陶清藻師很嚴厲，他有兩個兒子，長子英選、次子英謀（後來過繼給綽號四麻子的陶清平叔），年齡大我二、三歲，也和我們一起讀書。至於教的是什麼、學到什麼，已完全沒有印象了。

到堤口孫家上學：我從陶清藻師讀的時間不很久，因為娘長住堤口孫家，所以我又轉到孫家去讀書，仍然是間私塾。塾師弭咸遂先生，對學生管教極嚴，臉上掛著一幅圓圓的老花眼鏡，看人時，兩道目光從厚厚的鏡片上方投射出來，讓人不由得敬畏。他手持長桿的旱煙袋鍋子，腰間掛著點煙用的火鐮、火石、火融子以及裝煙絲的小布袋，是當時標準的老學究模樣，不苟言笑。不記得教了些什麼，但都不開講，每天就是叫學生站到教桌前，轉過身去，背對著老師背書。背錯了或背不出來，那個又燙又硬的煙袋鍋就會當頭敲來，立即鼓起一個疙瘩，疼的兩眼冒金星，令人難以忍受。

當時流傳一則有關背書的笑話：學生在背《百家姓》時，首兩句為：「趙錢孫李，周吳鄭王」，他不認得「李」字，就將「李」字挖掉，在「李」字處便成了一個窟窿；他也不認得「王」，就將「王」字貼起來，像個補釘的樣子。老師叫他背書時，他就背成：「趙錢孫窟窿，周吳鄭補釘」。這雖是個笑話，但可以反映出那個時代私塾上課的樣子。

塾師的程度良莠不齊，因此就成為大家揶揄的對象。記得曾流傳一個挖苦塾師的故事：東家與塾師約定一年的束脩是三擔穀子，若唸錯一個字，就要扣一擔穀子。塾師在講「曾子曰」時，誤讀為「曹子曰」，扣去一擔穀；在

---

[1]　王鼎鈞回憶錄四部曲之一《昨天的雲》，p.167，台北，爾雅出版社，2005年2月20日出版。

唸「卿大夫」時，誤為「鄉大夫」，又扣去一擔；在為人生意開張時寫「開市大吉」，卻誤書為「開弔大古」。三擔穀都沒有了，非常懊惱，乃寫信告訴兒子說：「敬稟吾兒知之乎？一年掙了三擔穀，一擔送給曹子曰，一擔送給鄉大夫，開弔大古之之乎。」

因為塾師太嚴，我怕挨打，所以對功課一點也不敢馬虎，乖乖的把書背熟。記得學校在一條小巷子的末端，我經常天不亮時就到學校門口等著開門，不是為讀書而勤學，是怕老師那個煙袋鍋子和戒尺。因此沒有被罰過。老師責打不會背書或調皮搗蛋學生的方式，最常用的就是以戒尺打手心，他在教桌上挖了兩個小眼，穿了一條非常結實的細繩子，打手心時，要學生將中指穿過細繩套住，老師用腳在下面踩住繩子，防止將手抽回，即使打得再重也沒有辦法躲。手被打得紅腫，甚至皮開肉綻。我有幸沒挨過打，可是和我非常要好的一位同學（已不記得其名字），他身強力壯，在孫家我倆曾聯手對抗過全村的小孩子；他能打架，但是背書就不行了，因此常常挨打，被罰多了，不免心生怨恨。有一天，老師家的牛被人毒死，就是他為報復而下的手。在鄉下死一條牛，是很大的損失，因查不到凶手，也就不了了之。

緊靠著堤口孫家的南面是馬頰河。河道很寬，但是夏季枯水期時，只有中間低窪處有水，形成一個池塘的樣子。老師怕出意外，嚴禁學生利用午睡時偷跑出去戲水；午睡起來後，他用指甲在有戲水嫌疑同學的手臂上一刮，如出現一條長長的白色痕跡，就是去戲水了，定予處罰。有一年夏天，我在午睡時，和同學偷偷溜到河邊去玩水，因為不會游泳，只能站在水邊看其他同學游，可是地上的泥巴很滑，而且是一個斜坡，自然就往中央滑，我趕快彎下腰用手抓地，仍然不停的往中央滑，水越來越深，頭和整個身體都浸泡在水裡，喝了不少水。同伴們看到咕嚕咕嚕的冒水泡，說我會氽蒙了（老家的土話潛水叫氽蒙），只有同去的表侄孫清香（乳名水子，大我幾歲）知道我不諳水性，急忙游過去將我從水中托起來，救了一命。否則後果真不堪設想。從那時起，我就一直怕水，不敢輕易下水玩。小時候的任何可怕經驗，都會影響一輩子，永難忘懷。記得有一次我去走親戚，一進門就被他家的狗迎面撲來，我本能的提腳就踢，因穿的是布鞋，沒有鞋帶，一踢鞋子就飛出去了，膝蓋處就被狗咬了一

口。從那時起我就不喜歡狗，每見到狗，就有戒心。那時鄉下治安不好，幾乎家家都養狗，一有動靜狗就叫，大家可以提高警覺，作應付的準備。

再回陶家就讀：由於弭咸遂老師太嚴，我實在不願再從他讀。這時陶家請了一位傅立楨老師，傅老師是新式學堂的老師，應該沒有那麼嚴厲，所以我很想回陶家讀。娘為了留我在身邊就近照顧，仍留我在孫家就讀，而我堅持回陶家讀，母子各不相讓，娘氣得令我脫下衣裳，我立即脫下上衣，光著脊梁背（打赤膊）拔腿就跑。孫家到陶家是十二華里，因為鄉下並不平靜，常鬧土匪、綁票之類的事，此前我從未一個人單獨走過此路，娘雖然氣，可是仍然擔心我的安危，又怕著了涼，娘纏了小腳，沒有辦法追我，就請二舅孫殿盧帶著我的衣裳追我送來，我負氣跑的很快，害得二舅追了很久才趕上我。每想到那一幕，對自己的任性、嚴重傷了娘的心，就深感內疚！我的個性很拗，常惹娘生氣。記得有一次做錯了事，被娘責罰，我覺得受了委屈，竟在屋外面哭了一夜，哭累了就睡一會兒，醒了後繼續在那裡哼。太不孝順了。

回到陶家莊，學校就設在我住家對面的瓦房子的北屋裡，老師的束脩，似乎由我家負擔，村上來上學的，除了小叔清銀和我外，記得有陶英選、陶英謀，以及四叔陶清智的兒子陶英坤（乳名寒食子，應是清明節出生的）等，總共不會超過十個小朋友。作為教室的北屋，內分兩間，外面一大間擺了幾個長條桌，作為課桌，裡間則是老師的住處，非常簡陋。

傅立楨老師的年紀不大，溫文儒雅，沒有脾氣，跟一般學究式的塾師截然不同，完全不用體罰，師生相處極為融洽。有很長的一段時間，我和傅老師睡在一個炕上，臨睡前，他常幫我捉蝨子，並且教我一句成語，他說出成語，不講解意義，先讓我試著解釋，於實在說不對時，才告訴我正確的意義，使我能牢牢記住，獲益甚大。印象最深刻的一次，他問我「埋頭苦幹」是什麼意思？愚笨的我百思不解，瞥的哭。真是難得的良師！他的恩情，我永遠不忘！

民國四十四年（1955），我參加大專聯考時，國文科的作文題為：「最值得我懷念的人」。當時傅老師的影子立刻浮現在腦海，乃不假思索，振筆疾書，記述當年受教的種切。不料竟獲得77分，是實中同屆畢業同學國文分數最高的。我的國文並不好，其所以獲得高分，可能因為我感念的是老師，獲得看

卷子老師的好感，多給了許多分。傅老師無形中又幫了我一次大忙！

　　私塾沒有下課休息的時間，只有上廁所才可離開教室。王鼎鈞先生在《昨天的雲》（P.169）中說：私塾老師教桌上放著「出恭入敬」的牌子，「入敬」的一面向上，如果有人要上廁所，得先向老師報告，得到許可後把牌子翻過來，露出「出恭」，事畢回屋，再把牌子翻回「入敬」。這是防止學生借尿遁逃課的一個辦法。我在讀私塾時，在教室門口放著一支小木板，要上廁所時，得拿著這支小木板去，回來後再放回原地。上面沒有「出恭」、「入敬」這麼文雅的字樣。上廁所的同學沒有回來，下面的人就不能去。我們的教室在北屋，廁所則在東南角，約有五、六十公尺之遙，出去一趟不容易，總會利用機會多在外面待一會兒，透透氣，享受一下無人看管的自由，有點「逃學」的快感。

　　傅立楨老師喜歡喝個小酒，晚上自習時，他常讓我拿著一個小錫壺，到奶奶房間裡的大酒缸中灌一壺酒給他。北方冬天酷寒，寫毛筆字時，只能用酒研墨，不能用水，以免結成冰就無法揮毫了。非常羨慕有自來水筆的人，不要帶著累贅的文房四寶。

　　當時正值抗日戰爭期間，教室內的牆壁上，掛了一些先進國家武器的圖片，印象最深刻的是加農砲，砲管很長。這些圖片，應該是父親自濟南帶回來的。父親還帶來一個留聲機，鄉下人叫話匣子，在學校的院子裡放歌曲，村上的人都跑來看，感到很新奇。

　　童年記趣：童年，總是美好的，任何人一提到自己的童年，就不禁悠然神往，即使當時生活苦澀，回憶起來也非常甜蜜！

　　我老家是兩進的四合院，一進大門是一面影壁牆，第一進左首是南屋，存放糧食等物品，內有一層夾壁牆，大概是防備盜賊上門搜刮財物時，可以在裡面藏些珍貴的東西。裡面藏著許多書，用大的柳條包裝著，可能是父親從前讀過的，我曾用梯子爬牆進去看過。東屋放農具及牲口的草料，西屋放什麼已記不清了。穿過一個小廊就是內宅。家中人口不多，大奶奶一人獨住北屋，那裡是上房，她沒有子女，所以很喜歡我，有時叫我去她那裡睡覺，她的炕很高，我爬不上去，要她抱上去。爺爺和奶奶、小姑清梅、小叔清銀住西屋，大姑已

經出嫁了。母親和我及妹妹英東住東屋，父親在外工作，很少在家。

全家吃飯，就在西屋吃，在西屋進門處，放著一張像茶几似的長方型矮桌，大家坐著杌子（小板凳）圍食，家裡僱的長工也一塊用餐；女眷則在右側裡間炕上吃。西屋門口有一個大缸，裡面醃了很多鹹菜，有蘿蔔、黃瓜、芥菜頭（撇拉）、蒜苔等，記得吃完西瓜便將西瓜皮也丟進去，到吃飯時，撈出一些切切佐餐。鄉下沒有菜市場，來了客人，炒個雞子就是加菜，重要的客人才忍痛殺隻雞，所以有「殺雞問客」的俗諺。過年時殺豬，將一些肉用很多鹽醃起來，不叫臘肉，似乎叫鹹肉，放在一個瓷的容器裡，並不曬乾，因為鹽多，所以久藏不壞，有客人來時，拿出來切一點吃。

在住家的對面，有一片相當大的院落，是莊上唯一的一棟瓦頂房子，長工及牲口都在那裡，北屋相當大，作為莊上的私塾。

在莊北面，有一口井，全村的人都喝那裡的水。井旁邊是一個灣，裡面長滿了蘆葦。民國八十三年（1994）八月十八日回家尋根時，房子都不見了，老宅只剩下半截牆，學校則被別人另行蓋了房子，唯一能找到的就是那口井，灣已夷為平地。而且「訪舊半為鬼」，陪我們的只有陶英和、英選、英謀，沒有人請我們到他家坐坐或喝杯水，也無人出來打聲招呼，說不定是怕我們要討回祖產，也可能是他們家中不像個樣子，不好意思接待我們這些「貴客」。緬懷往事，感慨何止萬千！當年以黑五類、成分不好，被掃地出門的；時移勢轉，政權沒有改變，我們又以特殊的身分，大搖大擺的衣錦還鄉，並可享受許多禮遇，世事難料，說起來何等諷刺！

我對左鄰右舍的印象已經非常模糊了。右鄰好像是陶振德爺爺，那時他的兒子在南京中央大學讀書，聽說是政經系。那時教育不普及，村上有個大學生，真不知羨煞多少人！民國三十七年（1948），我和小叔流亡到南京時，還特別跑到中央大學的門口向裡張望，希望能看到他。想起當時幼稚的行動，不禁啞然失笑！

我家的斜對面，是四叔陶清智家。英東說，四叔家那時賣饅頭，對我娘兒仁非常照顧，肚子餓了時，總會給我們一點吃的。四叔家就與學校一牆之隔，他是大高個子，他兒子英坤，後來當了幹部，在文革娘回家被鬥時，英坤不

敢和娘公開來往，但私下仍暗中相助。英坤到濟南看病時，也不敢到英東工作的省立醫院就診，階級不同，身分有別，就怕惹麻煩。回首前塵，不禁感慨萬千！

民國九十九年（2010）二月十五日，外甥郭濤傳來四張陶庄老家的照片，他在十四日（大年初一）臨時起意，開車帶著英東自濟南走高速公路到陶家莊，來回258公里，僅四個小時。英東到了莊上，與十五、六年前已大不相同，她完全不認識了，村子擴大了100多公尺。她問一老太太，才知是陶庄無誤。自己表明身分是陶振榮的孫女，老太太問小東在那裡，這才對上盤，然後帶著英東到老宅處，完全沒有原來的樣子。原學校處住的是陶英坤的兒子夫婦，鄉下人的穿著也很時髦了。英坤、英選、英謀等小時候的玩伴，都已作古，能知道我們一家的人越來越少了。

那時家鄉普遍早婚，記得在老家時，就有人上門為我提親，雖然還未解人事，但聽到有人來說媳婦，自然非常興奮，便蹲在窗子外邊偷聽。依稀記得所提的是一位姓陳的姑娘，聽娘向媒人說，我兒子還小，將來有本事就自己去找媳婦，沒有本事就打一輩子光棍。直接回絕了媒人。我的心裡老是埋怨娘為什麼不答應。長我兩歲的小叔，好像是民國三十三年（1944）底在老家時就結了婚，小嬸子是陵縣牟陳家人。我記得天氣很冷，去迎娶時有兩頂轎子，我是壓轎的，回來時那頂轎子給新娘子坐。這是我第一次坐轎子。上轎前，家人再三交代要體諒抬轎人的辛苦，坐在裡面不要亂動，我真的一動也不敢動。到了新娘子的村外頭，停轎休息，並解個手再進村。讓我下轎時，兩腿都凍僵、凍麻不能動了，由轎伕抱下來活動了一下。臨出發時，家人還交代，在新娘子家的宴席上，吃東西要斯斯文文的，饅頭要先掰成兩半，再將其中的一半掰成兩半，取四分之一個小口小口的吃。我總算沒有失禮。新娘子娶進門後，晚上鬧洞房，有人將乾辣椒放在窗台上，將窗戶的紙戳一個洞，把辣椒點著了，用扇子將煙搧到屋裡去，嗆的人受不了。鬧的實在有些過分了。小嬸子有吸煙的習慣，但鄉下買香煙很不方便，她又人生地不熟，也不便拋頭露面去買煙，只有讓我跑腿，當然也給些小錢買糖吃。在1945年春，小叔就離開了老家，從此他們夫妻未再謀面。在兩岸尚未通郵前，小嬸子家聽到小叔在台灣的消息，曾託

我在香港的三表哥轉來一信，小叔這時已另婚，沒有回信聯繫，以免引起家庭麻煩。

我自小就很內向、木訥，不喜歡應酬，怕見生人，家裡來了客人，客人從前門進，我就瞅個空隙溜出去玩，連個招呼都不會打。十足的鄉下孩子。老家的人把「客」唸作「且」（一定要用上聲）的音，自離開老家後，便沒有再聽到這麼稱呼的。我曾請教過對語言學研究有素的唐天寵兄，經過他一再的向友人查證，東北話就是把「客」唸作「且」，北京也這麼用，因為大多數東北人都是河北和山東人闖關東遷移過去的，將河北、山東交界的德州口音帶去是很自然的。

蠍子螫到：北方夏天多蠍子，我在孫家時，有一天晚上和小朋友玩捉迷藏，在手摸牆縫時被蠍子螫到了，立即紅腫，疼了一夜才好。鄉下藥品缺乏，只能強忍著疼，小孩子受到委屈一定喊娘，可是當時鄉人的說法，被蠍子螫到不能喊娘，越喊娘疼的越厲害，因為蠍子沒有娘，它一出生，母蠍子就爆裂開死了。不能喊娘實在沒有科學根據，可能是因為喊娘也沒有用，徒增娘的心疼和心煩，所以用這種方式來嚇阻而已。現在炸蠍子是一道名菜，我曾吃過一隻，想到從前被螫到的情景，還有些怕怕的，不敢多吃。

看地：在毗連學校北面，是我們家的場，秋收後的莊稼，就拉到那裡曬乾，磨房及豬圈也都在那裡。過年時，在那裡殺豬；秋收時，全家人都在那裡忙。小時寫作文，說家有薄田60畝，說起來應該屬於小康，算不上地主。家中的田地，多在莊的北面及西面。種些五穀雜糧，如玉米、小米、高粱、大豆、花生、地瓜等，沿路邊則是棗樹。在快要秋收時，小叔和我主要的工作是去看地，就是看著莊稼不要被人偷去。像玉米、花生等農作物是比較容易被偷的。在看地時很無聊，就挖個土窯，烤地瓜、玉米吃，或抓別人的鴿子。也是自得其樂、值得回憶的童年。

玩具：鄉下孩子，沒有什麼像樣的玩具，可是也玩得很開心。

那時小孩子的遊戲，最常玩的就是打嘎兒。嘎是把長約10餘公分、直徑約2.5公分的木頭削成橄欖球形，兩頭尖尖，用棒輕敲尖的部分，嘎彈起時用力揮棒打出去，比賽誰打的遠，有點像打棒球，但是沒有投手，也沒有捕手，更

不用跑壘。只要找片空地就可玩，所有的道具，都不用花錢。

另外一種遊戲就是彈蛋，也就是彈玻璃彈珠，在地上挖幾個小洞，比賽誰彈的準，或打到預先挖好的小洞裡去。我在鄉下時就玩彈蛋，所以是個中能手，以後到了濟南，我還喜好此道，贏了很多彈珠。為了貪玩彈蛋，不唸書，挨了娘不少罵。每天手上都是髒兮兮的。當時在彈蛋時，在遠處劃一條線，可以到劃線處彈距線較近的彈珠，這個動作叫「拉蔣」，又有人說是「拉倒中央」。是不是含有拉倒蔣介石的用意，當時根本不懂。別人這樣叫，也跟著叫。

北國的冬天，到處是冰天雪地，田裡也沒有什麼活可以做，大人們三五成群躲在沒有風的牆角處，剝著花生吃、聊天、曬太陽（家鄉土話叫曬爺爺），如果這一年收成好，也不愁吃喝，非常愜意！小孩子們，除了溜冰外，可以玩的就不多了。因為天氣非常冷，只要潑點水在地上，很快的就結成冰，穿著普通棉質的鞋子就可在上面溜冰。再就是滾鐵圈，用比較硬的粗鐵絲，做成一個鐵圈，再做一個鐵鉤，用手持鐵鉤控制鐵圈推著鐵圈到處跑，也玩得不亦樂乎！

到了夏天，可玩的花樣就多了，如捉蟋蟀（也叫蛐蛐），用水往洞裡一灌，蛐蛐就跑出來，在洞口很容易就捉到。捉到後養在一個小罐裡，餵它毛豆吃，很好養，常拿著去和別人的鬥，將別人的蛐蛐鬥輸或鬥傷，就很開心。夏天田裡有很多嘓嘓，捉來養在小籠子裡，聽牠的叫聲。鬥蛐蛐、養嘓嘓，是很多公子哥兒們玩的，窮人家的小孩，一樣可以玩，只是罐子、籠子沒有那麼講究而已！

抓知了兒：炎夏的樹林裡，到處是知了兒（蟬）的叫聲，孩子們就用口嚼麥粒，做成黏黏的東西（類似嚼過的口香糖），黏在長木棍上，去抓知了兒，只要一碰到它的翅膀，就跑不掉了。蟬卵產在樹枝後落在地上，孵化以後從幼蟲化蛹到成蟲，從樹根處慢慢往上爬，我們於夜間則到樹林裡去捉幼蟲，尚未長翅膀，沒發育好，用油炸著吃非常香。

※ ※ ※

　　我的童年，除了在陶家外，就是在堤口孫家住的比較久。爹因為工作的關係，很少在家，所以娘除了年、節及農忙時，多半住在孫家，娘家人多，有個照應。

　　當時地方不靖，日本鬼子、高麗棒子、漢奸、游擊隊、八路、土匪，各種勢力並存，一個來，一個走，像跑馬燈似的。苛捐雜稅，民不聊生。村民長期處在這種環境下，為求自保，就養成了習武的風氣。我記得孫家莊的圍牆修得很堅固，而且有很多城樓，站在城樓上，居高臨下，可以瞭望敵人來犯的行蹤。記得有句順口溜：「孫家莊，九個樓，土匪見了怪（很）犯愁！」村上的青年男士，晚上聚在一起習武。我曾偷溜進他們練武的地方去看過，門禁森嚴，好像是紅槍會一類的組織，而且火力強大。

　　對外婆家的情形，還有些記憶。在舅舅家，做外甥的是最受寵的嬌客，到了吃飯的時候，就遊走各舅舅家，看看誰家的菜好就留在誰家吃。家鄉有句俗話：「外甥狗，外甥狗，吃飽了就走！」可以看出受寵愛的程度。外甥吃舅舅，似乎是天經地義的。對於在外婆家的回憶，總是很多很好的。

　　在孫家，我和另外一個身體很壯的同學（忘記名字）結成一幫，與全村的小孩子對立，為了打架，我倆不斷鍛鍊身體，有時以拳擊棗樹，棗樹皮粗糙而堅硬，打的破皮出血不叫疼。還曾自製武器，將空彈殼固定在一木棍上，內裝火藥，用一小木頭做成彈頭樣裝在前面堵住，彈殼下方挖開，放上火柴頭，再將釘子打進一小木棍上，釘子的大頭對準火柴末，瞄準後，用東西敲擊小木棍，猶如槍之撞針似的，前面的「蛋頭」就會射出。這種武器，具有相當的殺傷力，幸虧當時只是用來嚇唬對方，並未真正用來打人。現在想想，是非常危險的舉動，不是傷到人，就是傷到自己。

　　在殿梓舅舅家的背後，是孫丕成家，他家很有錢，有一年他家辦喜事，極盡鋪張之能事。記得他們殺牛時，先把牛拴在一塊空地上，牛大約也知道自己大限已到，發出幽怨的哀鳴，非常淒慘！

　　小時候，曾在堤口孫家住過一段不算短的日子，那段日子，除了有娘在身

邊照顧，享受母愛，又備受各舅舅家的寵愛，是美好的童年、也是今生最幸福和最值得懷念的日子。自大陸開放後，曾多次想再回去重溫一下童年往事，終因交通工具不便，未能實現。直到民國一○一年（2012）四月二十日，由外甥郭濤開車，在英東陪伴下，先到陶家看看，已修了柏油路，和上次回去又改變了不少，與糜鎮幾乎連在一起了，在老家的斷垣殘壁中佇立良久，拍照留念。記憶中家中前後院很大，現在看非常小，旁邊都蓋了房子，但我家尚空著，沒有人敢去蓋，大約怕被索回。再到孫家走走，已完全沒有了當年的影子，那條河尚在，比記憶中小了許多。圍牆都已拆除，九個城樓失去了蹤跡。悵然若失！此趟尋根之旅，總算了了一樁心事。

民國三十四年（1945）年初，爺爺為了躲避八路，派家中的長工，用騾子馱著行李，護送小叔和我步行去距縣城不遠的滿家莊，到一所新式學堂讀書，從此脫離了私塾生活，並告別了出生的老家。這時我年方十二歲；直到民國八十三年（1994）八月十八日我再回到出生、長大的老家時，已是年逾花甲的老翁。真是應驗了唐朝賀知章〈回鄉偶書〉中「少小離家老大回」的詩句！我家原來的房子，除了僅餘下的半堵斷垣殘壁，都已無影無蹤！站在那裡回首前塵往事，有說不出的失落感，備感悽涼！

滿家這所學校，雖然不是「流亡學校」，但我卻是名副其實的「流亡學生」。當時只覺得一切都很新鮮，還不識愁滋味；校長是父親的朋友，為了掩護真正的身分，我和小叔改姓「王」。不久，八路知道了，就到學校來，將學生集合坐在操場上，要找出兩個姓陶的學生來。有些同學老是看我們兩個新來的，這時才知道害怕，幸虧未被指出來。校長認為事態嚴重，當晚就把我倆送到北五區裴家，三表哥孫盛林的好友邢同春家暫避，我倆又改姓「孫」。為了躲避八路，竟然改了兩次姓，「大丈夫坐不更名，行不改姓」，我是做不到了。在裴家住了沒有幾天，就轉到堤口孫家與娘會齊，娘認為家鄉已不能再留，就帶著小叔、妹妹英東和我一起，在一個有月亮的夜晚，從堤口孫家坐著膠皮大車離開，據娘說：

1945年（44歲），我家的東西被解放軍拉走了一些。帶著三個孩子到濟

南找父親，是跟隨趙英剛、坐糜鎮街上一個姓牛的人的大車到濟南的。

在經過吳橋時，因為有日、偽軍駐紮，感到很緊張。還好沒有檢查，順利到達德州。住在火車站旁的旅社，第一次聽到火車鳴笛，還嚇了一跳，感到非常稀奇。第二天坐上了赴濟南的火車，首次坐火車，一切都覺得新鮮，根本沒有離鄉背井的痛苦，更體會不出娘是多麼焦急的心情。

第二章　在濟南的日子

　　民國三十四年（1945）五月到了濟南，先住在東關青龍後街四姑家，四姑是個不出五服的親戚，四姑夫姓牟，為小學教員。他們有兩兒兩女，我們年紀相仿，由於我是寄人籬下，總覺得和他們有一條鴻溝，無法玩在一起。鄉下來的孩子，一切都很土，看到都市的人，不免先矮了半截，深感自卑。當時就近到青龍街小學就讀，學校很小，也相當破舊，記得教室裡有一座大神像，面目很可怕。在牟家住的時候，老家有些人逃到濟南，如劉煥忠、陶英謀等，也都曾來暫時歇腳，自然給主人增加了一些不便。

　　不久我們就搬到南關正覺寺街李先生家去住。我們與李家是什麼關係、是免費借住或租賃，均不得而知。記得住在進門一小間東屋裡。李家有好幾個女孩子，晚上和她們一起圍在昏暗的電燈下作功課。濟南的電壓是220伏特，記得李家的大姐在開燈時，可能是手上有水，有一手指被電得變了形，使我對電產生了畏懼感。距正覺寺街不遠就是黑虎泉，有三個老虎頭在不斷的噴水到一個池子裡，池水清澈見底，是常去玩耍的地方。對門住的是德平縣的名人徐仲揚，我從未見過其人，他原為保安第五旅的旅長，因吸鴉片被人視為大煙鬼，才改由副旅長曹鎮東升為旅長。父親原任國民黨德平縣黨部書記長，後出任縣長，遇難後即由徐仲揚繼任。

一、日本投降・抗戰勝利

　　民國三十四（1945）年八月六日，美軍飛行員保羅・提比特（Paul Tibbets）[1]駕駛一架B-29超級空中堡壘轟炸機，從太平洋北亞里亞納群島的天

---

[1] 2007年11月1日在俄亥俄州哥倫布寓所過世，年九十二歲。民國九十七十一月三日台北，《聯合報》。在日本廣島投下第一枚原子彈的美國轟炸機最後一名在世機員范柯克（Theodore Van Kirk）

寧島起飛，六個半小時後到達日本廣島上空，八點十五分投擲暱稱為「小男孩」的五噸重原子彈，四十三秒鐘後爆炸，是人類歷史上首次對人類使用的核武器，開啟了人類原子時代的序幕。這次轟炸造成十四萬日本人立即喪命，後來又有八萬人陸續死亡。三天後即八月九日，日本還被一片恐怖籠罩時，另一架美軍B-29轟炸機，將第二枚原子彈投擲在日本長崎市。八月十四日，日本表示接受波茨坦公告，即將投降。八月十五日，日本天皇宣佈無條件投降。八年浴血抗戰，終於獲得了勝利，二次世界大戰結束。當時舉國歡騰，不必再受日本鬼子的氣了。八月十五日，人們在《大公報》的號外上，看到了這五個八欄高的標題大字：「日本投降矣」。上午九時，蔣中正端坐在重慶中央廣播電臺的錄音室裡，用激奮的聲音說出了第一句話：「全國軍民同胞們，我們的抗戰今天勝利了，我們中國在黑暗和絕望的八年中頑強奮鬥的信念，今天終於實現了。」《大公報》的社評這樣寫道：中華民族不是沒有光榮的歷史，中華民族更不是一個卑屈的民族，但是近百年來，尤自「甲午戰爭」這五十年來，中國受這個後起的鄰邦侵略壓迫，真是恥辱重重，不勝記述。日本投降了，中國抗戰勝利了，世界和平重現了，中國人在今天真可以抬頭看人了。這一天，讓所有經歷了「九一八」事變後、十四年殊死抗爭，而活下來的中國人終生難忘；這一天，人們跑到大街上，互相抱在一起又跳又喊，聽不清楚喊什麼，但看得清人們臉上掛滿了喜極而泣的淚水，街面上開始聽到陣陣的鞭炮聲。有人歡呼，有人哭泣，有人高興，有人悲傷！

據統計：從民國二十（1931）年「九一八事變」到民國三十四（1945）年日本投降，中國軍民與日軍大小戰鬥十六萬五千多次，殲敵一百五十萬，佔二戰日本陣亡人數的70%。與此同時，中國山河破碎，付出了無數生命和鮮血。蔣中正在日本正式投降那天的日記中寫道：「五十年以來最大之國恥與余個人歷年所受之逼迫與侮辱，至此自可湔雪淨盡。」同年的九月九日上午九時，中國戰區陸軍總司令何應欽，代表最高統帥在南京陸軍總司令部接受日本投降，這場儀式只有十五分鐘，但為了這短短的十五分鐘，四萬萬中國人卻為此奮戰

於民國一〇三年七月二十八日病逝，年九十三歲。民國一〇三年七月三十一日台北，《聯合報》。

了整整十四年。

我雖然曾在淪陷區讀過書，但是沒有學過日語，因為在鄉下時沒有老師教，到濟南不久，日本就投降了。可是在所讀的小學課本中，仍不免有些奴化教育的色彩，如課文中：「天亮了，弟弟妹妹快起來，起來看太陽，太陽紅，太陽亮，太陽出來明光光。」太陽就是指的日本國旗，小孩子只是跟著唸，根本不知道文中的意義。

在正覺寺街好像也沒住多久，就搬到了東西菜園子街37號張紹臣（德平人）的宅子。我不知道為什麼住到東西菜園子去，現在推想，抗戰勝利後，因為他的宅子被列為敵偽財產，我們去住，大約可以避免充公或查封。那是一座雙進之四合院，我們住中間的川堂屋，將面北之門封起來。南屋住的人比較雜，除了魏敬堂、德堂和蘭善行兩家外，爺爺到濟南時，也在那裡住過。魏家和張家的關係非常密切，德堂（來台後改名敬軒）追隨張紹臣多年，曾多次和我談起張紹臣的一些往事，因為當時沒有記下來，現在都記不清了。東屋很小，原來可能是間廚房，由閻世科夫婦住。廁所位於前院到後院之通道處。

後院北屋是全宅的上房，而且有東西廂房，是最大的一間，由孔家住。孔某是省政府某廳的秘書，那副盛氣凌人、高不可攀的樣子，令人看了實在不舒服！他家裡有車伕，還有個跟班的名張寶玉，生活優渥。他的姨太太姓鄭，尚平易近人，大老婆後來也來到濟南。他的內弟，每天游手好閒，無所事事，我常聽他說武俠小說《三俠劍》的故事，他模仿老勝英身手矯捷、發射飛鏢時「颼、飛」的樣子，令我印象十分深刻。他們的小兒子乳名好像叫小五，比我小好幾歲。我曾看到日本人駕著三個輪子的汽車，數次到孔家送禮物。不禁聯想起勝利後，自重慶來的「接收」大員，為什麼被稱作「劫收」大員了。

張紹臣的元配、女兒、及其六弟夫婦，住後院的東西屋。他有兩個女兒，大的叫張桂榮（號志傑），在一臨中初三四班，高我兩屆。（在《濟南第一臨中同學錄》中別人給她的評語是「為人忠誠，只求實際，不虛榮，智博寡言，女界之典型。」的確名副其實。）小女兒（乳名小白子）比我小，都很本本分分。其元配也是忠厚老實人。張紹臣被共軍抓到關起來，派兵看守。張能說善道，向看守他的衛兵說，你放我出去，我帶你去濟南，給你討個媳婦。衛兵頭腦

簡單，被他說動了，就放他出來，一塊到了濟南，也住在後院，每天吃香的喝辣的，沒有被虧待。張紹臣有十個拜把子的兄弟，他排行老十，所以外號叫張老十。張老十是土匪出身，機警過人，身體微胖，練過功夫，走起路來又輕又快，沒有聲音。我曾見過他，但印象不深。

我於民國三十七年（1948）十月到南京時，在街上遇到張家之六弟媳，我稱她六嬸，他鄉遇故知，真是高興極了。我正在去教育部登記流亡學生，六嬸給了我一個地址，叫我登記好了到他們家玩，後來按地址去找時，根本沒有那個地方。在亂世，人家避之還唯恐不及，怎麼會自找麻煩告知真正地址！老六似乎是跑船的，夫妻倆也曾在東西菜園子住過，好像沒有生孩子。

後院經常有賭局，不是麻將，就是牌九。也可能只是家人打發時間的消遣方式。我放學後，常去後院看他們玩，小時候學什麼東西快，很快就看會了。可是娘認為賭博不好，那是官太太、有錢人家的事，不適合我們窮人家，禁止我去看。不久就都忘了。現在偶和家人及老友打個小牌，但對牌九完全忘記怎麼玩，再也記不住、學不會。

英東說我們家灶台的右邊是磨房，我一點也記不起來。出了東西菜園子就是南北鐘樓寺街，向右一拐，有一家店，似乎和魏家有親戚關係。我記得常在那裡進進出出，又好像是一間磨房。向左就是后宰門街，那裡有一間鹹菜鋪，我很喜歡他醃的蒜苔、簑衣蘿蔔等。民國七十七年（1988）和英東在香港會面時，她問我要帶什麼？我就要濟南府的鹹菜。記得爹從前回老家時，也曾帶過小簍裝的濟南府鹹菜，味道很好，所以非常懷念！

東西菜園子街距大明湖不遠，那時不收門票，我常和小朋友去玩。冬天時，湖面結了冰，就在上面溜冰。沒有錢坐船遊湖，只能在湖邊陸地上玩。

搬到東西菜園子街後，我就轉學到老東門裡的濟南市立莪雅芳小學，插班四年級，在此前讀的私塾，都不算正式的學歷。導師是位女老師，名韓蕙，我上學的第一天，她先向全班同學介紹我這個土包子新生，要大家不要欺負我，至今還心感不已。莪雅芳的校園不大，但非常幽雅，護城河穿過校園，將學校分成兩部分，緊靠城牆部分是操場，教室在河的另一邊，中間有個小橋相通，下課後可以到橋下面去玩，河水清澈見底，有小魚游來游去。

不久再轉到濟南市立皇亭小學就讀，皇亭的操場相當大，濟南市的運動會或足球比賽，都在皇亭舉行；我喜歡踢足球就是在皇亭養成的。皇亭的師資很好，導師是陳壽延，認真負責，我至今還記得他的模樣。歷史的老師講德國殺猶太人的事，十分生動；地理老師講江南人如廁用馬桶，和我們蹲的茅屎坑不同，馬桶就放在屋子的一角，用布幔遮住，可以坐在馬桶上與客人聊天。當時真不敢置信，怎知不久流亡到江南，在上海的朋友家就得到了證實。

民國一〇八年（2019）五月九日，我又由兒子俊如陪同到了濟南，外甥郭濤開車到老家及外婆家作一次巡禮，老家仍是斷垣殘壁、荒草一片，沒有改變，我拿了一塊磚回來作為紀念，竟然忘了找片瓦。在濟南特去皇亭小學看看，操場沒有了，教室隱身在密集的住宅區的巷子裡，和從前完全走了樣，悵然若失！

二、家庭遭逢變故

抗戰勝利時，娘帶著我們才到濟南不久，父親因為工作的關係，留在德州，只偶爾抽空或洽公來濟南一下。我記得住在南關正覺寺街李先生家時，父親自德州回來一次，清晨我上學時，父親尚未起床，給我一些零錢，讓我去買早點吃。這個印象一直牢牢地映在腦海裡。我們父子的接觸太少了，是今生最大的憾事！

德州駐軍單位複雜，主要的是華北先遣軍第五路軍（總指揮為陳冠儒）及十三旅，兵力相當單薄。時山東境內內戰已全面爆發，不可收拾。德州已成了孤城，四周都是共軍，雖經軍事調處執行小組多次談判，都沒有結果。三十五（1946）年六月七日，中共渤海軍區部隊在冀南軍區部隊一部配合下，發起進攻德州，六月十日，德州被攻陷，父親因彈盡援絕，負傷被俘，初羈押於惠民，後又移押於陽信城內，至三十六年（1947）七月六日遇害。享年僅三十九歲。

自德州圍城起，娘就非常焦慮，躭心爹的安危；城破後，娘更是焦急，到處打聽消息，希望爹能脫險歸來。可是仍然音訊全無，俗話說：「窮算命，富

燒香。」娘於是求神問卜，每聽到算命師自門前經過，即請到家中問卜，算命師的話，總是模稜兩可，說些逢凶化吉、遇難呈祥的門面話，可是一直沒有好消息。家中那時生活已陷入絕境，娘不識字，沒有謀生的能力，老家早就被清算鬥爭光，也不可能給我們任何接濟，可是付算命師的錢，一個也不能少。我暗中對騙錢的算命師厭惡之極，而且一直不相信算命。父親的好友如孫雪琴叔叔、高象坤叔叔（大近視眼），常來家中安慰娘。其實他們早已知道父親被俘的事，在遇難確定後，又代為辦理撫卹事宜。所領的撫卹金，起初不無小補；及物價不斷波動後，就買不到什麼東西了。三哥有時送來一些米、麵，我們在五和家公司好像存了點布疋（或什麼貨），記得娘常去五和家，能要一點是一點，勉強維持一家人的溫飽。娘常教我們要：「凍死迎風站，餓死不出聲。」人窮志不能窮，因為求人太難了，娘對此應有過痛苦的經驗。當時年幼無知，尚無法充分體會到孤兒寡母生活極度窘迫的難處。娘是怎樣苦撐的，每一念及，便悲痛難抑。

父親的清廉，據王茂富在〈山東保安十三旅興衰之始末〉一文中說：

> 陶公除於德平居家外，未聞外地有何房屋。我到司令部去，必與陶主任同吃同住，曹〔鎮東〕董〔靜亭〕二位之伙食如何，我不知道，陶主任卻是經常吃窩頭。以陶主任之地位，雖在曹、董之下，但如吃饅頭，也還夠資格。因他克己吃窩頭，使我這個不常往訪的客人，也跟著吃苦。（p.82）

父親獻身報國，沒有一己之私，高風亮節，可謂當之無愧！家中沒有保存父親的任何遺物，連一張照片也沒有，他的音容像貌，只能憑空冥想；至於埋骨何處，更是沒有任何紀錄。蒼天對他真是太殘忍了！生逢亂世，也只有認命！

父親參加抗戰以至被俘遇難之事，我當時年紀尚小，一無所知。但從未放棄尋找真相的機會。三哥於民國六十年（1971）二月二十七日給我的信中說：

邢韶華於三十五年（1946）在德州南門作戰自殺。我姑父被俘，我跳下城牆，率領部隊百餘人四晝夜到了濟南，在德州東城門夜晚十二時見了我姑夫一面，想不到成永別矣。

　　民國六十七（1978）年十月五日，三哥自港來台，約了他的老友糜鎮王其保（原名其寶，兄其樹）見面，談到德州失守時，王先生也被俘，關在城南一大院中，他說家父也在其中，彼此不便交談，裝作不認識。旋由德州解往惠民，途中王先生曾小聲告訴父親：「俟機快逃」。王先生被傳單獨問話時，自稱為師爺（實為在電台工作），及問到認識家父及邢同春否？答均不認識，並謂聞邢已負傷，家父為高級人員，聽說前幾天有飛機往濟南，可能已赴濟南。（他是希望用飛往濟南以引開追查父親下落的注意力）途中戒備不嚴，押解的兵很少，被俘的人則很多，且青紗帳起，往路邊一躲即可逃脫。惜父親為文人，膽子小，未能走脫。抵惠民後，王先生獲釋，即未再聞父親消息。這是我對父親遇難前唯一能找到的一點線索。

三、升學第一臨中・濟南易守・遠走他鄉

　　民國三十六（1947）年暑假，我在皇亭小學畢業，面臨著升學的問題。當時，父親在德州失守後被俘，生死不明；而家中的經濟來源完全斷絕，已到了三餐不繼的程度，所以私立學校根本不敢報考，即使考取也無力去讀。至於公立高中，究竟考那一所，頗費斟酌。因為小叔已先一年考取了山東省立濟南第一臨時中學，經常提及校中對清寒學生是如何如何的照顧，遂決定報考一臨中。

　　抗戰勝利後，又陷入了國共內戰，山東各縣市鄉下的學生，為避戰禍，紛紛離開老家逃到濟南，山東省政府即陸續設立臨時中學加以收容，一臨中就是設立的第一所流亡學校。校址在商埠的六大馬路小緯四路，原日本高等女子中學舊址，亦即私立東魯中學舊址。投考前，我借住在七大馬路緯七路一臨中的第二宿舍，家中與管理宿舍的史書青教官有舊，才得借住在那裡專心預備

考試。在宿舍裡得到初三級、特別是三級二班許多學長們的指導，對考試有相當大的幫助。如楊連科學長，他的弟弟連仲兄也借住在第二宿舍準備考試，我倆常在一起看書。連仲兄也考上一臨中，而且和我同時分在初五級三班，真是有緣。由於學生大部分來自陷區及外縣市，幾乎全部住校，集管、教、養、衛於一身。據《濟南第一臨中同學錄》所載，初五級三班共有61人，來到台灣的有：我和黃世棟、游傳祥、楊連仲、趙君山等數人。看同學錄，才知道TVBS主播方念華的令堂楊澍是初五級二班的，我們在員林實中又是同學，畢業後也經常聚會，在九十五（2006）年三月十七日她逝世前，竟不知我們在濟南是隔壁班。

開學後，同學們最注目的就是劉澤民校長，他訓話時聲若洪鐘，語氣則斬釘截鐵，絕不拖泥帶水，豪邁中並帶有至高無上的權威性，不容你有絲毫的懷疑，同學們除了服從外，還有一種信賴感。一年級的小學生，看到校長時總是躲得遠遠的。下課後，看到高年級的學長們在球場上和校長一起打籃球，師生之間完全沒有距離，一片和樂，真有說不出的羨慕！校長魁梧的身影，縱橫球場，矯健的身手，一點也不輸給學生。我和班上的同學，就在一旁耍小皮球，利用下課後休息的十分鐘，也去活動一下，將小皮球在別人的頭皮上蹭來蹭去，也是一大樂事。

濟南失守後，劉校長逃到南京，又奉派擔任國立濟南第一聯合中學校長，我和小叔則是一聯中的學生，又分別輾轉來到了台灣本島。劉校長至台北建國中學任教，嗣後奉命接總務主任，再調任夜間部主任。每逢校長壽辰，過去之老學生，輒為之稱觴祝嘏，以感念師恩。

除了校長外，老師們便是學生所注目的焦點，最喜歡談論的是那一位老師嚴，那一位老師好說話。大家最怕的是兩位軍事教官：史書青與史子明，兩位都是陽信縣史家莊人，史書青老師的臉，總是繃得那麼緊緊的，不苟言笑，使人望而生威，一副神聖不可侵犯的模樣；史子明老師（字星炳，陸軍官校十四期步科畢業）的眼睛，則十分嚴峻，在厚厚的眼鏡片後，透出兩道強而有力的光芒，使人不敢正面相視，特別是做錯了事的時候，更是把頭低下來，不敢仰視。我住在七大馬路第三宿舍，歸王儉之（東平人）老師管理。王儉之師的娃娃臉，一

團和氣，是幾位教官中最和藹可親的一位。

民國九十五（2006）年九月某日，我和幾位老友聊天，追憶當年濟南市之中學，記得有句口頭語說：「破正誼，爛育英，腚眼孩子上市中，流亡孩子上臨中。」正誼、育英是兩所成立頗久的私立中學，正誼中學在大明湖附近，距我家不遠，但是學費貴，讀不起，不敢報考。各臨時中學剛剛成立，一切都尚在摸索階段。最好的是省立濟南中學，歷史悠久，頗具規模，後來員林實中的教務主任蘇郁文師，就是當年濟中的校長。

我讀一臨中時，由於繳不起伙食費，不能在學校搭伙，每週一上學時，帶三天的窩窩頭和豆腐乳到學校，星期三晚上再回家拿三天窩窩頭。當時學校沒有蒸飯盒的地方，只能吃涼的，吃飯時買碗開水喝（賣開水是濟南特有的一種行業），偶爾買碗綠豆丸子湯配著吃，已是很奢侈的享受了。天熱時，窩窩頭會發霉（家鄉土話叫「絲孬」），長期吃的結果，自然影響到胃，有一次胃痛，吐個不停，最後吐像膽汁似的東西，苦不堪言，一位老師送我到醫務室，他告訴我：豆腐乳不能再吃了，對胃不好。從那時起，我好像一吃到不對勁的東西即吐，吐完後也就好了。因為胃不太好，所以養成吃東西比較有節制的好習慣。那時普遍都窮，很多同學得了夜盲症，要吃魚肝油才行，可是都買不起魚肝油。我讀完初一後，曾設法轉學到遺族學校去，可享受公費，但未辦成。

民國三十七（1948）年暑假後升入初中二年級，讀了沒有幾天，九月十五日，共軍即開始攻打濟南，學校停課，我趕快從商埠的宿舍跑回家中；小叔已轉到遺族學校，留在商埠，沒能回到城裡。娘和我及妹妹躲在床下，床上再放桌子，聽到排炮由遠而近、再由近而遠，置身在「槍林彈雨」中，那種恐怖的滋味，永不能忘。在戰爭激烈時，信號彈聲此起彼落，砲彈隨之而至。軍隊為補充兵源，到處在搜捕青壯男性，時在戡亂建國第五大隊任職之孫雪琴叔叔，曾來家探視，為了我的安全，一度將我帶到距家不遠縣東巷他的辦公室暫避，在城將破時再送回家。九月二十四日，共軍攻入濟南城內，挨家挨戶搜查，進入我家者，喝令我們拍著手出來，這樣手中才不會拿武器。他要喝水，又怕水中下毒，令我先喝他們才喝。

城破後，娘託孫叔叔帶著我和妹妹趕快出城，娘從腰中取出僅有的一個

金戒指要我帶著作路費，我則堅決不要，要娘留著備作不時之需。那種生離死別的情景，至今猶歷歷在目。第一天，孫叔叔帶著我和妹妹出老東門，等著出城者人山人海，而共軍檢查放行則甚慢，白等一天。妹妹捨不得娘，已經在想家，所以第二天改自南門出城時，她就不跟了，要留下來陪娘。走出家門，街上滿地都是死屍，就在我家附近之南北鐘樓寺街，兩旁的水溝涵洞裡，每個洞口一個屍體，要跳躍著走，以免踩到屍體，可見巷戰之慘烈！往南關時，路旁有很多受重傷之士兵，求生不能，求死不得，哀號之聲，至為悽慘！他們口喊：「行行好，補我一槍吧！或給我一口水喝吧！」失血之後口渴，可是大家都在逃命，自顧不暇，無人予以理會。最後孫叔叔帶著我自普利門出去，同行者有戡亂建國第五大隊談大隊長（粵人）、勞玉琢、莊劍秋夫婦。當時國民黨重要的大員尚未被捕，要仔細的檢查，不能隨便放人出城；但城內的屍體太多，若不及時處理，則有發生傳染病之虞。權宜之計，就是抬著死屍者可以優先出城。孫叔叔他們抬著一具屍體，謊稱護送回鄉下安葬，我跟著他們出了城。九月二十八日逃離濟南，開始了真正的流亡生活，沒想到一別就是四十年！

※　※　※

民國七十七年（1988）十月二十四日，我再度回到離開了四十年的濟南時，城牆都已拆除，與記憶中的濟南變化甚大。英東陪我騎著自行車開始到處尋舊，先到一臨中，現改為第三中學，一進門之教室正在改建、擴建。路經第一宿舍，已不可辨認。馬路旁皆植梧桐樹，濃密遮蔭，因天乾未雨，泉城之水已乾，灰塵滿天。至趵突泉、黑虎泉，都沒有泉水，使素有東方威尼斯美稱的水都，大為失色。護城河修得很整齊，可惜成了死水、臭水溝。蓁雅芳小學也剷平後再蓋了房子，再也沒有護城河穿流其間。最後到了我曾住過的東西菜園子三十七號，現在成了托兒所，我們和現住人說明四十年前就住在這裡，想看一看，主人很客氣，我只站在院子裡，沒好意思進到人家屋內，雖然只有短短的幾分鐘，可是四十年前在這裡居住時的情景，頓時映入腦海，南屋是魏家、東屋閻世科，東屋與腰房間的小走道已封了起來，完全失去了原來的風貌，只

有大門還保持著原樣。南北鐘樓寺街似乎窄了許多，東西菜園子則連最小的汽車也無法駛入。馬路沒有變窄，只是縈繞在腦海久了，把原來的印象不斷放大。在門口拍了一張照片留念。一別四十年，回想起前塵往事，眼淚幾乎奪眶而出。

上午遊大明湖，水渾濁，荷花枯萎，岸邊垂柳十分迷人，四面荷花三面柳，能欣賞到一半也不錯了。小時候只能在大門口的湖邊玩，坐不起船遊湖。這天我們租用腳踩小船遊湖，別具風味。

濟南憶往：我於民國三十四年（1945）五月到了濟南，民國三十七年（1948）九月離開，雖然只有三年多，可是留給我太多值得回憶的地方，心中有著濃濃的情感，那是我的第二故鄉。我這在鄉下長大的孩子，初到濟南時，就像劉姥姥進了大觀園，對任何事都感到新奇，算是大開眼界。例如夏天，有很多人沿街叫賣冰棍，將冰棍裝在一個木盒中，掛在肩上，在鄉下是沒見過的。當時想，炎熱的夏天，怎麼會有冰呢？

濟南的孩子們，最常說的一句口頭語「臥門兒（音）」，初次聽到時，認為是罵人的話，就想飽以老拳。到了後來，自己也整天臥門兒、臥門兒不離口了。

再就是小流氓們，有些身上帶著飛輪（即自行車後輪掛鏈條的齒輪），用來打架的，若傷到人，後果將很嚴重。我沒看到過真用飛輪傷人的例子，但是有飛輪的人，就顯得比較厲害些。

學做飯：在濟南時，娘就讓我學做家事，培養一些自謀生活的能力，將來才會照顧自己，如果連飯也不會做，就沒有人給你做飯吃。果然，以後在流亡的路上，如果不會做飯，真的沒有人給你做飯吃。

挑水：《老殘遊記》中說濟南家家泉水，戶戶垂楊，是文學家過度美化的筆法，當時老城裡泉水的確很多，但是適合飲用的，還是要到一些特別的泉去提，家中都沒有自來水。我家提水的地方，在后宰門街上的一個角落，距離大約200公尺，娘是小腳，妹妹還小，提水自然是我的事。上一臨中時，因為要住校，所以要提水裝滿缸再去學校，星期三回家拿窩窩頭時，再把水裝滿。濟南有兩個與水有關的特殊行業，一是拉著水車賣生水的，價錢雖然不貴，可

是我們也捨不得買。另一個就是賣開水的，幾乎不遠處就有一家，他一長排爐子上同時燒很多壺水，家中都是燒煤或煤球，生一次火不容易，有客人來要泡茶，就去買壺開水。

拾柴：家中燒飯不是用煤就是用煤球，生火時一定要用柴火，我們買不起柴火，每到寒暑假，我就到郊外去打柴，在院子裡曬乾，作為燒飯時生火之用。

剷地：濟南老城內因為泉水多，所以比較潮濕，家中的地是用磚鋪的，那時在家中沒有脫鞋子的習慣，走動時，鞋底的灰塵就變成泥巴附在磚上，不幾天就是厚厚的一層。娘愛乾淨，經常要把那層泥巴剷起來，這是一件很特別的工作，我偶爾也會幫助剷剷。

做小生意：我是家中的男孩子，總要設法做點事來貼補家用。有一年暑假，我買了做冰淇淋的冰桶，學做冰淇淋，但是沒有成功。當時濟南被圍，民生物資缺乏，物價節節上漲。黃河北岸之濼口，物價比較便宜。我曾到濼口去買鍋餅（就像現在的東北大餅），在家附近之南北鐘樓寺街，蹲在路邊賣。當時過黃河要買船票，加上來回的船票，成本就高，我乘船時，緊跟在一個成年人的身後登船，冒充是人家的小孩，可以省下船票錢。我的力氣不很大，每次大約只能揹兩三個。也學會了看秤。不記得有沒有賺到錢，至少可以吃到一點鍋餅。

第三章　流亡學生

一、由濟南到天津・乘船赴滬轉寧

　　孫雪琴叔叔帶著我出了濟南城往北走，經過黃河鐵橋，國軍撤退時拆掉一些鐵軌及枕木，所以行走時要非常小心。過橋後，僱了一輛膠皮輪子的大車，直奔德州而去。路經臨邑、平原時，因為距離我老家不遠，見到村莊的圍牆上還留著「打倒特務頭子陶景惠」的標語，先父被害已經一年多了，這應當是抗戰期間留下的字跡，不過看了仍然觸目驚心！在快到德州時，趕車之把式迷路，夜間叩人門喊三哥問路，方知此地的習俗不可稱人大哥（武大郎）、或二哥（不雅）。孫叔叔在德州有朋友，晚上住定旅館後，他寫信叫我送給他的朋友籌盤纏，他因地方上熟人多，不敢出門。在將抵天津時，搭渡船過一條小河之情景，猶記得清清楚楚。我們自濟南往北走，沿路都沒碰到共軍，據說都調去南方（即準備徐蚌會戰，也就是淮海戰役），只有一些兒童團在盤查，暢通無阻。同行的談大隊長將其手錶帶在我的胳肢窩下，未被兒童團搜出，到天津後，他買了一本英文字典送我作為酬勞。

　　記得到達天津不幾天，就是雙十節，津人對華北剿匪總司令傅作義確保平津深具信心。在津住孫叔叔友人家，首次使用抽水馬桶，不知坐而蹲在上面，也不知拉上面的繩子沖水，經其僕人告知方會用。在友人家用大鍋煮螃蟹吃、在街上看見電車也都是首次，印象中天津的街道是斜的，頓時失去了方向感。總之，鄉下孩子來到大都市，處處覺得新奇，尚不知少小離家之苦。

　　在天津住了沒有幾天，就搭船赴上海，船行至大沽口時遇到大風，無法出海，乃下錨停泊，船搖晃得很厲害，莊嬸嬸暈船，我就在旁邊伺候她，自艙底將其吐出之物至甲板上倒掉，我跑上跑下，覺得很好玩，竟不知為什麼會暈

船。船出海後,一望無際,才驚知海是那麼的大!

抵上海後,住在孫叔叔的友人家,初見香蕉是黃色的(從前所見因為不新鮮,都是黑皮),大人們先給我一條,我不知如何吃,見他們先剝皮才知道要剝掉皮。梁又銘在其漫畫《土包子下江南》中說,初到台灣的北方人吃香蕉連皮一塊吃,當非虛構。[1]滬上人坐馬桶,在濟南皇亭小學上地理課時,老師曾講過江南人如廁,是蹲在屋的一角坐馬桶,尚可邊與客人聊天。當時難以置信,不料到了上海,竟真是如此。

二、分發至國立濟南第一聯合中學

三十七年(1948)七月,魯南滋陽(兗州)失守,附近各縣學生逃亡南下,齊集南京,山東省教育廳長李泰華奉教育部令赴南京處理安置。在京滬鐵路沿線設立魯南聯合中學五所、臨時師範兩所、及海岱與岱南兩所臨時中學,收容安置。迨九月濟南亦告不守,各校學生南下者日多,時李泰華廳長尚在南京,遂繼續辦理濟南失守後南下學生之收容安置事宜。我便自上海到南京教育部青輔會登記,被分發至甫於十月間設立之國立濟南第一聯合中學,[2]暫住於挹江門外之中農銀行倉庫,開始成為真正的流亡學生。校長是原濟南第一臨中的校長劉澤民師。在下關與叔叔、同鄉劉煥忠相遇,他倆是自濟南結伴南下,歷經許多波折才到了南京;在戰亂中與家人重逢,真是莫大的幸運!劉校長在教育部俞桐齡督學陪同下,赴滬杭鐵路找尋設校地址,在浙江省海寧縣長安鎮上有長安、連元兩大絲廠正在空閒,經商得王縣長及地方士紳同意,暫時借用作為校舍。在遷校長安鎮時,劉校長忽遭誣陷,身繫囹圄。不久重獲自由,因學生不接受代校長張彥升先生,劉校長即赴長安鎮就任。

長安鎮位於滬杭鐵路線上,距杭州大約三、四站。這是一個典型的江南小鎮,街道狹隘,小河縱橫,可是公路、鐵路、水運都非常發達。春天時,田野裡遍是金黃色的油菜花和綠油油的桑樹葉,所以是浙江產絲的重鎮之一,像

---

[1]　梁又銘(1906-1984),廣東順德人。漫畫集《土包子下江南》於1952年由《中央日報》出版。
[2]　據杜方:〈一個流亡學生的回憶〉(《山東流亡學生史》P.197):一聯中於37年10月成立。

是一幅美麗的圖畫。街上有很多茶館及澡堂，清早起來茶館裡就坐滿了泡茶的人，晚上則去澡堂泡澡。也就是俗語所說的：早上皮包水，晚上水包皮。可見其生活富裕的一斑。這個純樸的小鎮，自多了我們二千多語言、習慣都不一樣的學生後，也起了不少變化，顯得虎虎有生氣。

一聯中約有教職員一百三十人，學生二千五百人，高中十班，初中十一班，師範八班。[3]高中部在連元絲廠，初中部在長安絲廠，女生住連元絲廠的大屋子裡，師範部在另一靠近長安絲廠一棟大樓的二、三、四層，一樓是傷兵收容所。初中部共六隊，第一、二隊為初三，第三、四隊為初二，第五、六隊為初一。叔叔和煥忠是初中三年級，我是初中二年級，編入第四隊，在第四隊的同學有：韓毓慶、齊國慶、程顯華、李玉亭、王玉蘊、孫英善、逄志信、石金芳、蘇逄吉（後讀財務學校）等。第三隊有：王亞曾、張憲浩、屈寶禮、趙成廣、趙繼祖、趙序珠、康五嶽、張文煥、馬葆庭等。第六隊有：張椿田、孫兆新、馬學顏、胡肇渠等。

起初我們的寢室，也兼做教室，就是在絲廠的廠房和倉庫裡，沒有床鋪，在地上鋪一層稻草，席地而睡。更沒有課桌椅，一切因陋就簡。不久，我們就分到有床的正式寢室，據齊國慶說可能是原來職工人員的宿舍。我那間大約住五、六人，只記和孫英善同房間；其所以記得英善，因為他是唯一不認識的。大約因為他是江蘇人，冒籍山東的關係，很少跟我們交談，在晚上熄燈後，他才靜悄悄的爬上床睡覺。

到長安鎮沒有多久，就是春節，大家都強忍著思鄉之苦，不去觸碰這個話題。在我那間寢室中，大家鑽到被窩就寢後，不記得是誰忍不住了，先發出抽抽搭搭的聲音，結果迅即感染到全寢室，哭成一片。這是離開老家的第一個春節，每逢佳節倍思親，一個十幾歲的孩子，此時此刻，怎能不感傷、落淚！

自民國三十七年（1948）年底國、共展開的徐蚌會戰（共軍稱淮海戰役），到民國三十八年（1949）一月十日結束，歷時六十五天。國軍大敗，共軍獲勝。後來有人說，這是「決定中國命運」之戰！

---

[3]　教育部編第三次《中國教育年鑑》，pp.1135-1136，民國46年（1957）7月出版。

三、長安鎮不長安‧由浙步行入閩

　　長安鎮全鎮只有一條大街，並不太寬，但非常熱鬧。我們的學校距大街和火車站都很近，大家沒事就去這兩個地方遊逛，火車站上的小販，用浙江話喊著：「玫瑰酥糖、買個麻餅、甘蔗要吧！」成了同學們常常學喊的話語，至今還感到有趣！他們稱呼「我」叫「阿拉」，「你」叫「儂」，再複雜一點的就學不會了。在街上，經常看見乞丐向商家要錢，有以磚砸自已的頭，或以刀子剺面，血流滿面，店家不得不給。鎮上有許多做酸菜的，男女赤著腳站在大缸裡踩。我們還發現了一個習俗，就是男主內，在家帶孩子，女主外，擔任下田等粗重活。而挑東西的人，都是不停的喊著哼喲嘿！另一個人則用不同的音調應和著，很有意思，應該可以減輕一下負重的痛苦！

　　長安鎮並不是長安之地，由於整個局勢日非，大家似乎沒有心思唸書，每天最重要的事，就是如何填飽肚子。按山東教育廳的規定，學生每日發米十六兩、菜金一元。根本就不夠吃，劉校長就改發十八兩，仍不夠吃，再改發二十四兩、菜金三元，[4] 遠超過政府所規定的數量。可是仍不夠吃，因係初食大米，好像永遠吃不飽，一會兒就餓。在鬧學潮時，我和馬道忠學長留校，可代領赴杭州參加護校團同學之米，有時一頓可吃二十四兩米，真是難以令人置信！那時一天只吃兩餐，沒有早餐。同學們領了米後，就三五成群的各自找百姓家去借灶煮飯，使用其廚房的工具和餐具，但是也有少數不守規矩的同學，擅用人家的油鹽甚至魚肉等，不免惹人討厭。我們也有人去偷桑葚，拔人家的蘿蔔，來填補一下飢餓的肚子。總的來說，當地的百姓都很友善，對我們這些流亡的孩子是同情，也可以說是憐憫！令我們永遠心存感激！不久，因為上課而集體開伙，才沒再去打擾民家。

　　長安鎮上的公共廁所，就設在馬路旁，是坐式的，但是沒有門，同學們不習慣坐式，尤不能接受沒有門，乃隨處找一隱密處解決。二千多同學隨地便溺

---

[4] 　劉澤民：《海隅談往》（台北，山東文獻雜誌社，民國八十六年三月出版。）P.119。

的結果，嚴重影響了環境衛生，學校或地方上乃在長安絲廠前仿北方之土廁所挖了幾排蹲坑，周邊用籬笆圍起來，算是解決了一大問題。

有一次，我去南京看望孫雪琴叔，他給了我幾塊銀元。在回學校時，火車上很擠，有一人和我蹲在車門的走道上，他和我聊了很多，鬆懈了我的戒心，在快到上海車站時，向我借了一塊銀元，說去買點東西兩人吃，到我下車時還我。他當時沒有錢，下車時怎麼會有錢？而我竟不疑有他，車到上海站後，他一去不回，才知上當。

在長安鎮時，很多同學去做點小生意，賺取蠅頭小利，以買點日用品。叔叔和煥忠也買了些包子到火車上賣。可是到了車上，看到人根本叫不出來，包子未賣成，害得煥忠將結婚時的袍子都賣掉了。他倆又曾到南昌販賣過煤油，也沒賺到錢。還有同學到筧橋去買蘿蔔，到上海去賣，因為流亡學生坐火車不用買票，利潤比較豐厚些。為求溫飽、生存，也顧不得什麼形象了。

三十七年（1948）冬天，江南雖然沒有北方寒冷，也是寒氣逼人，同學們離家時是秋天，都沒有攜帶禦寒的冬衣。劉校長即到處為我們張羅冬衣，數量還不夠每人一套，暫時不能發放。高三的何良同學，趁校長不在學校時，鼓動少數不良份子，以棉衣不發放為藉口發動學潮，他們手持棍棒，直奔連元絲廠事務主任辦公室，砸東西，打人。院子裡聚集了很多人，個個驚慌失措。他們打開倉庫，將棉衣、食糧盡數發出，並將趙主任打傷。一時秩序大亂，學校頓成無政府狀態。校長和學校的籃球隊員，出去賽球回來，在火車上尚未下車，有人跑到火車上告訴校長學校裡出了事，阻止他下車，乃原車逕赴杭州。旋組成護校團，家叔清銀和煥忠以及很多一臨中的同學，都趕到杭州參加，由校長率領返校，何良等聞風已逃逸無蹤。鬧了不到一個禮拜的學潮，就此平安落幕。

我們每天在附近遊逛，打柴是重要工作之一，有時找不到乾柴，就折老百姓之臘樹枝，由於臘樹含有油質，非常好燒，它可是老百姓的經濟命脈，因此曾引起強烈抗議。絲廠內有尚未用完的柴油，更容易生火，真是就地取「材」。

非常有意思的布告：江南的三月，草長鶯飛，山明水秀，比山東的風景

美得多；對我們這些離鄉背井的孩子來說，處處感到新鮮。江南河道縱橫，
四通八達，在長安絲廠前就有一條小河，岸邊常泊有百姓到鎮上購物的小船，
是居民的重要交通工具，有些調皮的同學，看到停在岸邊的小船，趁著無人看
守時，擅自解開纜繩去划著玩，由於不會操作，常有划不回來、就隨地棄置情
事，也引起地方上的強烈抗議。學校為了平息民怨，更為學生安全著想，乃於
民國三十八（1949）年四月四日出布告禁止。這是一張充滿叮嚀、關愛與勸戒
的布告，文詞非常優美，當時幾乎人人都當國文背誦。該空前獨特的布告，張
相成學長多年後仍記得全文，並錄送《山東文獻》發表，其詞句如下：

> 時值江南春暖，各生飯後遊玩；常有划泛小舟，藉作課外消遣。
> 洋洋優遊自得，飄飄如同神仙；凡事樂極生悲，須知身臨深淵。
> 一時偶有不慎，小舟搖擺而翻，輕則落水濕衣，重則命歸黃泉！
> 划舟危險堪慮，令人談虎色變；況有商民控告，對此大為不滿。
> 他說停船買貨，回來小舟不見；久候失時誤事，影響損失匪淺。
> 彼等群情憤激，紛請商會來函；校方覆文道歉，措詞極表汗顏！
> 規定嚴禁划舟，校規不得違犯；今後確實取締，巡查隨時派員。
> 倘經查明划舟，嚴懲決不姑寬；特此剴切曉喻，其各一體遵旃！

我們在長安鎮待了大約半年的時間，可是對這個小鎮留有非常深刻的印
象，令人永遠懷念！在兩岸開放後，我於民國七十七年（1988）十一月六日，
自上海乘火車前往紹興，車次長安鎮時，匆匆一瞥，只在月台上拍了幾張照
片，沒有時間下車去看一下，火車站與四十年前沒有多大改變，但長安、連元
兩絲廠的煙囪已經不見，小河也變窄了，街道也不認識了，回想從前在這裡撿
柴、遊蕩之種種，不勝今昔之感！作夢也想不到有生之年，再回到這個小鎮看
她一眼！後來很多同學在返鄉時，特地回到長安鎮去懷舊，隨著時間的逝去，
再也找不到從前的影子。

民國三十八年（1949）一月二十一日，蔣中正總統宣布暫行引退，以冀
弭戰消兵。由李宗仁副總統代行其職權。四月十九日，國共二次和談破裂。

就在這時，孫雪琴嬸自老家逃出來，住在上海附近的龍華。她出來時，娘託她給我帶了幾件衣服和鞋襪，寫信叫我去拿。當時大局已經非常嚴重，共軍發動全面攻擊，陳毅部於四月二十一日自江陰要塞荻港渡過長江，四月二十三日，國軍退出南京，共軍於二十四日入京，我到龍華取到衣物即趕回學校，等車抵長安鎮時，學校已在副校長過桂榮（劉校長不在學校）率領下遷走（據冉亦文學長的回憶[5]說，二十五日一早，同學們就在捆行李準備搭火車去杭州了。）月台上有同學高呼：「學校已遷走了，同學們不要下車，直接到杭州車站集合。」我就搭原班車逕赴杭州。到了杭州車站，先找到叔叔和煥忠。叔叔說，他在艮山門站上車時，招惹了一個現役軍人（上尉），叔從窗子爬進去，被該軍人一把抓住，叔即直覺反應揮拳，結果將其眼鏡打破，軍人大為光火，誓言抓到即槍斃。叔幸被一同學急以大衣裹起不動，方沒被他發現。真是驚險萬分！

在杭州車站候車的人潮一望無際，站裡站外，萬頭鑽動，亂成一團，都是等著逃命的。我在久候無車可上的情形下，將娘給我的小包袱放在軌道上權當坐墊，坐下來休息，不料一站起來，小包袱就不翼而飛；至今思之，仍然痛心不已！因為那是娘留給我的最後一包禮物，是偉大的母愛，對我來說，真是無價之寶、不可彌補的損失！我原有的簡單行囊，都留在長安鎮學校中，什麼也沒有帶出來，僅有的一包衣物，現在又被偷走，我真是一無所有了。每逢讀孟郊的〈遊子吟〉：「慈母手中線，遊子身上衣」的詩句，就會想起那個小包袱！

聽說有一鄭姓同學，站在一列火車最後一節車廂的尾端，他在火車倒車時，發覺所搭的車子不對，就急忙跳下，不料鞋子被勾住，無法爭脫，因此腿被碾斷。在那種混亂情形下，誰也顧不了誰，其後果真不敢想像。

在車站已可聽到遠處傳來隆隆的炮聲，市內秩序想已大亂，車站內開始有人搶劫，起初被抓到的就地槍斃，以維持秩序；但不久大亂，紛紛搶劫，軍警也無法制止。四月三十日，杭州軍政機關全部撤退，五月三日，共軍即進入杭州。

5　冉亦文〈回首來時路　常懷感恩心〉，收在陶英惠・張玉法編《山東流亡學生史》PP.119～156。台北，山東文獻社，民國九十三年（2004）八月一日出版。

一聯中大部分同學於四月二十七日自杭州搭上了建國號客車走了，當時不僅車箱內擠得滿滿的，不能動彈，火車頂上也都是人，甚至車廂底下，也有人用繩子繫在兩邊輪子的避震器上，結成網狀，蜷臥其上，雖不能蔽風，但無虞日曬雨淋，與車箱內和車頂上擁擠不堪的情形相比，可以說是最好的位子。當時危急緊迫的情形，據翟國安老師在〈逃難途中又失群〉一文中說：

> 我一聯中同學仍有一百多人實在爬不上車去，真令人焦急萬分！沿著火車走前走後，形同熱鍋上的螞蟻，但是實在無計可施。當時李人傑教官與我商議，決不能丟下這一部份同學不管；只有咱們留下，候下一列車再走。話畢，人傑兄將其夫人由車箱內拖下，我將唯一的孩子（立信）交代胞弟德輔照管。在千鈞一髮、百般無奈之際，聽到一聲淒慘無情的火車鳴笛聲，兩眼呆視著大家都先走了。未能上車的同學，經清點後一百三十多人。候至深夜，幸有最後一列車，要開到金華。我們急忙上車。[6]

在當時那麼緊急的情況下，李人傑、翟國安兩位老師，不顧自身的安危，放棄已經登上的火車，留下來照顧沒有爬上車的同學，在大局瞬息萬變的當口，是多麼難能可貴！其偉大的情操，感人至深！

叔叔和我都不是身強力壯的人，根本擠不上四月二十七日自杭州開出的建國號客車，只有在月台上苦等。幸有最後的一列車要開往金華，翟老師要同學們搶先登車，叔叔和我好不容易爬上了這列車的車頂，開始再度流亡。時間大約是在四月二十八、九日至五月二日間，因為錢塘江大橋於五月三日由國軍炸毀，我還記得車過錢塘大橋時怕被刮下去時的樣子。車頂是弧形，稍不留神，就會滑下去，同學們將行李分放兩側，用繩子繫緊，人坐中間。自杭州換乘的是浙贛線火車往南走，車行甚慢，到了金華又停下來。當時山東名將李延年將軍正坐鎮金華，擔任金華指揮所主任，大家飢腸轆轆，由帶領我們的李人

---

[6] 《台灣省立員林崇實高級中學校友聯誼會慶祝母校建校三十週年紀念特刊》，頁六十八。彰化，員林，民國七十年（1981）十二月二十五日出版。

傑教官、翟國安老師帶了兩位同學代表，跑到司令部去向這位山東鄉長求助，李將軍立予接見，並當場交代副官即刻辦理，據翟國安老師在〈逃難途中又失群〉[7]一文中說，是照人數發給五天的主副食。我記得發給每人好像有數萬元銀元券，大約可買幾斤大餅吃。可是火車沒有煤，無法開，已停在金華站很久，有人（似為軍方人士）沿車籌款買木柴，否則不能開，我尚未買食物就將錢捐了出去。火車終於慢慢開動，到江西上饒站時，再度停下來。聽說前面鐵路被破壞，正在搶修中。大家紛紛下車去吃飯，我在車頂上餓得四肢無力，根本站不起來，叔叔、煥忠等用繩子將我自車頂續下去，一到月台，就又癱坐地上，他們架著我到一家飯館，吃飽後，沒有錢付帳，便將一件破夾襖脫下來抵帳，老闆不收那件又破又髒的衣服，只好請他先記教育部的帳，以後再還。在流亡途中，為了填飽肚子，什麼事都做得出來，「衣食足而後知榮辱」，真是至理名言！

　　共軍於五月六日佔領江西上饒、玉山及浙江常山。我們應該是五月五日下午到達上饒的，那時在上饒車站已可聽到槍炮聲。到了晚上，有人催著快上車。火車開了，可是令人意外的是向回頭走，即開「倒車」往金華走，在駛抵距江山十公里之賀村小站（位於浙、閩、贛三省五縣市交界處，是浙江的西部門戶。叔叔記得說是在江山站）附近時，山頭上的共軍喝令停車，我們那列火車正好停在一座橋上，在前後都不通的情形下，大家紛紛棄車。我已身無長物，但看到很多人捨不得丟棄行囊，又帶不走，在火車旁哭成一團，既驚恐，又無助，狀至悽慘！我在人家丟掉的東西中撿了幾件衣服、一雙膠鞋換上，並拎了一條金華火腿，便與同學們開始步行，好像是隨著軍隊走，要走到哪裡去？一無所知，只是盲目、無助又無奈的跟著人群走。一個十幾歲的孩子，何來選擇的能力？當時唯一的感覺，就是前途茫茫！

　　這時我校師生尚有一百餘人，老師們商議後，決定向福州前進。後來又分散成了幾部分，在到達浦城與建陽之間的水吉時，遇到一條河，同學們互相協助而過。據翟國安老師回憶云：「涉水渡河，不顧水深湍流，到岸後又少了

---

[7]　同上。

多位同學，人傑兄夫婦就在此時失掉聯繫。」翟老師帶著六十餘位走得快的同學，先到了福州，再經廈門、香港到達廣州，與校本部會合。傅維寧老師的回憶錄《踏浪天涯——大時代快被遺忘的故事》[8]也說，他和徐啟明、李春序幾位老師也帶了三十位同學一起走，可能和翟老師是一起的。我們三十多位走得慢的，隨著史子明、李人傑師一家晚些時日才到福州。另外、王玉蘊、王景光等學長，則隨著丁仲才教官走，也到了廣州。

　　就記憶所及，我們一起走到福州的三十多人，計有老師：史子明、趙勉齋師與趙汝真父子、李人傑與李師母、長子鐵英、幼子鐵漢一家四人；鐵英勉強可以自己走，鐵漢則太小，不能走路，由年紀比較大的同學輪流背或抱；記得姜聯成抱的時間最多。同學有：于鳳琴（女）、王清源、亓廷柱、牟乃倫、李如堯、李勉勝、李培訓、李紹倫與李紹珍（女）兄妹、房肇基、姜聯成（又名李人賢）、姚良琦、徐傳智（到福州時才加入）、高昂舉、張梅田與張椿田兄弟、費立宗、賀學芬（女）、楊士賢、楊敏奎、賈布雷（又名賈茲善）、鄒兆正、趙希祥、劉振中、劉煥忠、戴承光、叔叔和我；非吾校師生隨行者：四川居匯川老先生夫婦（留在福州謀職）、邵魯人、劉子服一家（有好幾人，皆未來台）。

　　當時我懵懵懂懂，只知道跟著走，至於怎麼走，要到哪裡去，一無所知。後來看了一些同行老師及學長的回憶錄，才大致理出個所走的路線：自浙江的賀村經仙霞嶺、廿八都到浦城附近，到建陽、建甌、古田、白沙、福州。據楊敏奎《八十歲之回顧》[9]第捌節〈福建旅遊六十天〉云：

> 由江西省二十八都入福建，……順仙霞嶺南緣跋山越嶺奔向浦城，……
> 距城不遠，聞縣城失守，我們繞道往崇安（現改為武夷山市），崇安放棄，
> 轉往建陽、建甌、南屏，所到之處皆淪為共軍之手。為了躲避共軍，我
> 們改走山路。

8　傅維寧《踏浪天涯——大時代快被遺忘的故事》（美國‧紐約‧長島Linco Printing Inc，2005年12月15日出版）p.72-73。
9　楊敏奎《八十歲之回顧》，民國九十三年（2004）八月自印本。

第一天步行時，月光皎潔，我走了不久忽然腹痛，但又不敢停下腳步，以免落伍，只好彎著腰、用手摀住肚子緊跟著走。走了一段路休息時，有位同學將為保值而買的香煙拿給我抽了一支，結果肚子竟然不痛了。那時的香煙，可能都含有鴉片的成份，能夠止痛，從此使我對香煙產生了好感。

大家都知道，這將是一段非常艱辛的路程。走了一天，第二天起來時，全身酸疼，兩腳更是苦不堪言。起初，我們緊跟著軍隊走，心理上有種安全感。可是軍隊日夜行軍，我們便無法跟得上了。有一段時間，我們又緊跟著一批鐵路警察走，藉他們作為保護；可是他們將吾等視為累贅。一天在行進時，前面忽然發出槍聲，路警即刻命我們在路兩側臥倒不要動。我們等了很久也沒有什麼動靜，就起來慢慢前進，走了一段仍不見人影，方醒悟是路警擺脫我們的伎倆。

不久即渡過一條很寬的河，據房兆基、牟乃倫的回憶：河水很深，某部隊之人身繫繩子游至對面，將小船拉回來，女生小孩坐船上，大同學則拉著繩子過河。而楊敏奎《八十歲之回顧》的說法則稍有不同：

> 強渡水吉河：水吉河河寬水深，水流甚急，當其橫於面前時，第一個感覺就是設法通過。我們三十多人，佇立河岸良久，遍尋河岸無船可用。所好我們找到一條軍人使用過的繩子，在史老師指導下，選了幾位年長會游泳的同學牽繩先渡，記得當時我和賈布雷、李勉勝、房肇基、李如堯牽繩先過。當將繩固定兩岸後，再涉水助女同學及小同學扶繩而渡。

福建全境多山，交通極為不便，崗巒起伏，形成很多天然小盆地，每處中央必有數家到十來戶居民自成一小村落。我們就在眾山中穿梭而行，在行經仙霞嶺、廿八都時，好像第一天都是上坡，第二天都是下坡。五月九日，共軍自江西玉山入福建之浦城。我們到達浦城外山頭上時，遙見已被共軍佔領，未敢入城，即避走別路。

在路上，叔叔、煥忠、牟乃倫、鄒兆正和我五人漸漸形成了一幫，有一次投宿在一不知名的地方，我們五人住在一人家中，大家睡得都很熟，半夜裡我

被臭蟲咬醒，聽見外面急行軍的腳步聲，於是將叔叔等叫醒，出去一看，因為臨時發現情況，大家都走了，乃趕快起來跟著走，若不是被臭蟲咬醒，一定會脫隊。真險！

我們行經村莊時，村民多半帶著食物避入山中，即使留有少許可吃的東西，也被軍隊一掃而空。所以我們沿途找不到食物，據楊敏奎的回憶說：

> 同學們進村莊後挨門逐戶尋找，不見食物。有人看到缸罈內裝滿了米和白色的水，認為是煮熟的米湯，不問青紅皂白，伸手抓米而食，舉缸罈大口而飲，其味酸中帶甜。三十分鐘後，頭昏眼花成了醉貓。這時我和李培訓等看到院內有幾頭乳豬。在飢不擇食之下，忘記慈悲之心，開始捉小豬。因當時年輕，手腳敏捷，在大家合力下抓到一隻，狠心的用木棒把牠打昏，放進開水鍋中。昏睡的乳豬，經熱水後蘇醒，直衝鍋蓋；不多時就命歸西天了。待煮了半熟，突然有情況必須離開村莊。這時我們幾個人，從鍋中取出乳豬，合力將牠撕開，肉剛半熟尚有鮮血直流。無奈人手一塊，邊吃邊走，真是慘不忍睹、飢不擇食的真實流露。

我記得有一次抓到一隻鵝，沒有殺鵝的工具，就整隻放在鍋裡煮，尚未煮熟，就撈出來隨著大隊趕路，邊走邊撕著吃，也都下了肚。《管子》云：「倉廩實而知禮節，衣食足而知榮辱。」在飢腸轆轆時，那還管什麼榮辱！有一次，誤食用桐油炒的菜，結果拉肚子。我和另一位同學走在最後面，在經過一村莊時，被村民截住，他們手持長柄開山刀，刀尖彎下如鉤狀，問了我倆一些話，我倆聽不懂，但急中生智，用山東話說：「後面還有很多同學，馬上就到。」村民似乎知道我們所說的話，沒有為難我倆。我倆一走出村莊，撒腿就跑，追上前面的同學。真是驚險之極！

我們在崇山峻嶺中行走，往往山這邊的人和山那邊的人，就說不同的方言；而且在山中無法辨認方向，只有從日出的方向來判斷福州在何方，然後見路就朝那個方向走去。有一次早上從某地出發，走了一天，晚上又回到原點。山徑崎嶇難行，每天馬不停蹄在趕路，有時可以邊走邊睡覺，若非親身的經

驗，難以令人置信。當絆倒時，就靠手中的棍子撐住，才不致跌落山溝。

我們到大東遊時，在村外一小山頭上的廟中休息，大家倒頭便睡，根本不知道已經被共軍包圍。當我出去小解時，門外的共軍手持上了刺刀的長槍喝令舉起手來，在知道了我的學生身分後，叫廟裡的師生都拍著巴掌（如此手中即不能拿武器了）魚貫而出，在院子裡集合講話，要我們趕快回家參加建設工作。我們答以到福州搭船返鄉較便。他們說很快就解放福州，互道「福州見」。當時趙彥濱教官尚有一把手槍，幸未被發覺。

有一次走到一個村莊，村民要我們買米做飯。有人掏出錢來買。俗所謂「財不露白」，村民看到了，等飯後我們走出村莊沒有多遠，村民已等在那裡打劫，用長柄開山刀將背包拉下來，把值錢的東西都搜括了去。從此我們就不太敢到村子裡去找食物。

我們走的路，都是國軍撤退所走的路，所以老百姓都避入山中，以免被軍隊抓去挑彈藥。由於軍隊自己也找不到食物，也沒有辦法給挑夫飲食；但不應在挑夫走不動時便就地槍決，十分殘忍。百姓抓到落伍的軍人，也就如法炮製：就地殺害以洩憤，我曾在路邊看到被殺害的軍人屍首，沒有人為之掩埋。真是冤冤相報。在亂世，人為求生存，本來就沒有什麼尊嚴，也顧不得什麼規範；而散兵游勇、在潰敗之際，更無軍紀可言，人命如草芥，只能說是時代的悲劇。有一天夜間，我們行經兩座山的夾縫中，上面只露出一線天，天暗得伸手不見五指，每人雙手放在前人肩上，喞杖疾走，大家都踩到一個軟軟的東西，也都知道是一具屍體，但沒有一人敢出聲。

有一夜我們躲在一個山坡上，我將一個小刀插在泥土中擋住身體，以免下滑。而共軍就在下面不遠的小徑上急行軍。當時若發出一點聲音，就會被發現，其後果就不堪想像。李人傑教官的兒子鐵人尚在襁褓中，也很配合，沒有哭。當共軍走遠後，大家才鬆了一口氣！

有一天投宿在一新婚人房中，我看到一本《千家詩》，就帶在身上，有時邊走邊讀，竟然背會了許多首。我如果成了名人，這件事一定會被美化為逃難中仍不廢讀書。

史子明老師背了一大綑布，因為物價飛漲，買布保值，可是走起路來就很

吃力，但又捨不得丟棄；俗語說「遠路無輕載」，況且布的確很重。有一天，史老師實在走不動了，但捨不得丟那些布，他就坐在地上不走了，同學們總不能丟下他不管，有幾個力氣大的同學，輪流替他揹，最後似乎仍不得不丟棄一些。記得鄒兆正也揹了一個很大很重的包袱。

有一段時間，我們與五十三軍的部隊同行，五十三軍大部分為山東人，有一阿兵哥與我邊走邊聊，可能是山東老鄉的關係，他對我們學生很客氣，我記得他很粗獷，一副豪情萬丈的樣子，隨身帶著一葫蘆酒，邊走邊喝，還請我喝，我敬謝不敏。

走到古田時，已經是國軍的地盤了，大家心理上才感到安全了不少。記得在一百姓家煮飯時，有同學偷人家的雞吃，老百姓發現後，堅持要找出偷雞的人，教官將同學們集合起來，讓百姓指認，偷雞的同學先期躲了起來，百姓也沒有隨便指認，遂不了了之。（多年後讀一本關於抗戰期間守衡陽部隊的故事，百姓丟了一隻雞，硬說被駐軍偷吃了。部隊長集合部隊讓百姓指認偷雞人，百姓就隨便指了一名士兵，部隊長為了維持軍紀及名譽，當場將該士兵破腹而死，發現胃中完全沒有雞肉。到了晚上，百姓所丟的雞，竟安全回到窩裡，可是士兵的命已無法挽回。該部隊長之愚蠢，實在不知讓人如何說！更荒唐的是，他竟自鳴得意，在其回憶錄中寫出來！幸虧當時我們沒有碰到這樣愚蠢的部隊長。）

在走到福州的西北門戶、閩江上游的重鎮白沙時，駐守的國軍好好招待我們，把我們軟禁在那裡，適逢端午節（陽曆六月一日），部隊又請我們吃粽子、加菜，還託此前被扣留在那的河南學生來勸我們留下從軍，報效國家。但河南學生在沒有軍方人員時，就偷偷小聲告訴我們千萬別留下來，趕快設法走。幸虧其部隊長官解團長為史子明老師軍校的同學，才不好強留我們，得以脫身，並派軍車送我們到福州，自白沙到福州好像有六十公里，我們才免於步行之苦。計自五月初從賀村開始步行，至六月初到達福州，穿山越嶺，步行了一個月之久。

據先到福州的傅維寧老師在其回憶錄《踏浪天涯》p.73中說：

我們在福建省政府門前停下，由〔李〕春序和〔徐〕啟明代表我們去見省府接待人員，請求協助。這是福州人第一次見到所謂「流亡學生」，許多路人駐足觀望，問長問短，——次日，當地報紙就有流亡學生到達福州的詳細報導。教育廳召集各中學校長開會，商討解決流亡學生的吃住問題。會議桌上，請各校校長認捐，有錢的出錢，沒錢的捐米。當時福建醫學院正在公演話劇，他們就打出「為流亡學生募款」賣票，為我們籌到兩百多個銀元。——到了廈門，因為是暑假，我們被廈門市政府安排住在一個小學裡。[10]

　　我們到了福州時，可能也是透過福建省教育廳的安排，住在教師會館內。老師們設法與校本部聯絡，以決定何去何從。同學們則無事閒逛。我們五人幫，偷偷的到商家募捐，叔叔和煥忠持捐款收據向店家遊說，我在店外把風，見有警察來即告訴他們，因為未經政府核准之募捐，是被禁止的。（當時看到有榮譽軍人帶著手榴彈去募捐，不給即拉保險。簡直是霸王硬上弓。）福州人對流亡學生寄予相當的同情，我們順利募了一些錢，每人分了幾塊銀元，我買了一條髮蠟，將頭髮擦得很亮，五人還去照了一張像留念，成為我所保存最早的一張照片。其他同學知道後，也分組去募捐，至於成績如何，就不記得了。

　　在福州住了一段時間，曾去看免費電影。第一次去看時，叔叔竟被憲兵踹了一腳，沒有看成，經交涉後才可進場。那時我們因為沒有衣服替換，又無法洗澡，每個人幾乎都患疥瘡。一次被安排去洗溫泉，對治療疥瘡相當有效。我是首次見到溫泉，有好幾個池子連在一起，最熱的池子可以煮熟雞蛋。

　　福州人很喜歡小孩子，有好些家勸我們留下來，不要再走了，我們當然不肯。尚有一德平縣的李姓老鄉，他在福州住了很多年，正主持著一個宗教組織（是什麼教已不記得了，據楊學孜學長說可能是一貫道。）每有流亡學生到福州，他即去找老鄉，都無所獲；不料這一次竟遇到了我們叔侄和煥忠三個人，「他鄉遇故知」，雙方都感到喜出望外。他帶我們到他家飽餐一頓，很久沒有這樣吃頓飯

---

[10]　美國康州州立中央大學傅維寧教授著：《踏浪天涯——大時代快被遺忘的故事》，美國Linco Printing Ine, 2005年12月15日出版。（該書後又出版英文本）

了。他勸我們信奉他的宗教，當時我們真是餓怕了，只要有一頓飽飯吃，信什麼教都無所謂，為此去他家吃了不少次飯。終於在其地下室舉行了入教儀式，我三人跪在堂下，聽他講解教規和遇到困難時祈求救助的手式。

在福州住了一段時間，就搭106號登陸艇至廈門。抵達廈門下了登陸艇，我們在岸邊不遠處一個斜坡的路旁，或蹲或坐在地上，飢腸轆轆，等著安排吃住問題。這時有一穿著非常時髦的貴夫人在我們面前走來走去，手上帶滿了金戒指。我們又羨慕、又嫉妒、但更痛恨、厭惡。她停了一會兒，知道我們是流亡學生，而且還沒有吃飯時，她要我們派幾個同學到她家煮飯請大家吃。這時我們才對她頓時改觀。證明她不是為富不仁的人。

我們被安排住在鼓浪嶼的一所小學中。鼓浪嶼是在廈門西南方的一個小島，小島的西南海邊，有兩塊相疊岩石長年累月受海水侵蝕，中間形成一個豎洞，每逢漲潮時，波濤撞擊著岩石，發出如擊鼓的聲音，稱為鼓浪石，而這座小島，因而得名鼓浪嶼。鼓浪嶼素有「海上花園」之美稱，完好的保留著許多中外各種風格的建築物，山頂有一個很有特色的古避暑洞，洞外豔陽高照，熱不可耐，洞內則涼風習習，十分舒適。鼓浪嶼是各國使領館聚集的地方，也是有錢人的避暑勝地，不料我們身無分文的流亡學生，也有幸到此小住，真是萬萬想不到的事。自鼓浪嶼到廈門要坐渡輪，我們經常去廈門逛逛，也試著去商家募捐，因為沒有市政府核可的公文，商家多半不予理會，募的錢不多。廈門市街道非常整潔，是我國南方的重要軍港及商港，設有海軍官校。

鼓浪嶼的海濱浴場中外馳名，沙灘非常漂亮，同學們閒來無事就去戲水。有一次正逢退潮期，李培訓學長被浪捲到深海裡去，他個子很高，但不諳水性，同學們都不敢去救，看著他越飄越遠，非常危險！幸被一熟悉水性的救生員把他拖到岸邊，才免遭滅頂之危，實屬萬幸！

有一天，沙灘邊忽然戒備森嚴，不准任何人去戲水。後來查閱有關記載，方知為蔣中正以國民黨總裁身分於七月二十二日自廣州到廈門等地巡視，次日召見湯恩伯、朱紹良，二十四日自廈門赴台灣。由名人的行蹤，可以查得我們這些小人物曾在此停留的正確時間。

在廈門停留的時間似乎不大長。先到廣州的同學，這時已到了澎湖。民

國三十八年（1949）七月二十六日，我們師生三十多人，搭乘澎湖防守司令部所派小機帆船，離開了大陸，接去澎湖，一別就是四十年！（直到民國七十七年（1988）十月二十二日，我才經過香港再度回到大陸。當火車抵達深圳辦理入境手續時，內心非常興奮，同時也有些許不安和恐懼，大陸已成了陌生的國度，我身分證上的籍貫雖然載明是山東人，但這時已被當作台灣同胞了，所持的入境證件，竟是一紙台胞證！）

四、載浮載沉到澎湖・入子弟學校

　　一聯中四月二十七日在杭州搭上建國號客車的同學，於五月下旬到了廣州，昌濰臨中、煙台聯中及第二、三、四聯中，也先後到了廣州。各校校長在山東省秦德純主席（時任國防部次長代理部務）的協助下，向教育部、東南軍政長官兼台灣省政府主席陳誠多次交涉，獲准遷台，其安置辦法大要為：十七歲以上及齡男生集體從軍，交由澎湖防衛司令部李振清將軍收容訓練；幼年男生及全體女生，由教育部另行設置「澎湖防衛司令部子弟學校」安置。各校學生分別於六月二十五日及七月七日接運至澎湖。七月十三日，學生齊集防衛司令部大操場，依身材高矮站隊（不照商定的十七歲以上者），凡夠防衛部所自訂之高度的，就一律編為軍隊，引起學生不滿，有提出抗議者，槍兵即刺傷學生代表李健（後改名樹民）、和唐克忠二人，史稱「七一三事件」。從此埋下官兵不和的種子。我當時尚未到達澎湖，有幸躲過了這驚險的一幕！

　　三十八年八月間，山東省政府派秘書長楊展雲、民政廳長傅立平、財政廳長石毓嵩、教育廳長徐軼千、新聞處長尹殿甲、保安司令部參謀長史耀東、行政督察專員徐振溪、劉振策、秘書曹緯初等到澎湖訪問視察。楊秘書長等返台時，徐廳長以兼子弟學校校長與曹秘書獨留澎湖，與李司令官商量如何平復學生情緒的不安，旋在防衛部大操場集合全體從軍學生講話，提出年幼即十六歲以下的學生，如欲讀書，即可出列，撥歸子弟學校就讀。喬守常、韓毓慶等七十七人（王校長說三十多人）就是這時出列，於八月十三日到子弟學校去的。

　　自民國三十八年三月一日開始，來台灣要入境證。我們沒有入境證，居然也能來到台灣。老師們是如何與校本部取得聯絡，我一無所知。先到澎湖的同

學，他們編兵與就學的經過，我也不清楚。七月二十六日，澎湖防守司令部派了一艘小機帆船來接我們，船甚小，我們三十餘人全部在甲板上就已經擠得滿滿的了，船艙中則是放著他們從廈門購買的日用物品。記得是下午啟航，出了港口沒有多遠，就看到金門。入夜後，小船曾有兩次失去動力，隨波飄流，載浮載沉，好像有颱風，浪非常大，船在浪頭時，把船頂得高高的；船在浪的底部時，海水則高高在上，真正體會到了「渺滄海之一粟」，人是多麼渺小！大家都怕得不得了，很多人在暈船，吐個不停。於翌日即七月二十七日總算是安抵澎湖馬公。

下船後，叔叔和年紀較大的同學，就直接被帶到司令部編入三十九師一一六團從軍，我和高昂舉、趙汝真三個年幼的男生、以及三個女生：李紹珍、賀學芬、于鳳琴等六人，則逕入甫於七月一日成立的澎湖防守司令部子弟學校，（不久「防守」改為「防衛」司令部）當時是由教育部派令山東省教育廳長徐軼千任校長，前濟南第三聯中校長王志信（篤修）任副校長，負責實際校務。迨三十九年（1950）二月，徐兼校長以病辭職，由教育部另聘防衛部司令官李振清兼任校長，一方面是借重李司令官為山東同鄉，又是從軍同學的直接長官，可以對名為防衛司令部子弟學校的學生加以照顧；仍由王志信副校長負責實際校務。四十年（1951）十一月，王副校長因操勞過度，身心交瘁，染患胃疾而辭職。教育部聘教務主任苑覺非繼任。四十一年（1952）二月，李司令官調升陸軍副總司令離開澎湖，即無法兼任校長。教育部聘苑副校長兼代校長。

三十八年九月七日，子弟學校正式開課，但是沒有書本。我被編入初中三年級第四班，我因為初二僅讀了幾天，不敢跳升三年級，所以在編級測驗時，就降至初中二年級一班。

抵馬公不久，即遇颱風。（冉亦文〈回首來時路，常懷感恩心〉云：「三十八年九月十四日，第一次遇到大颱風。」）瓦片、木板被吹得滿天飛舞，飛沙走石，人不能站立，風力之驚人，為向所未見。我記得到訓導處去領三哥自海南島寄來的信，在走廊上被吹得舉步維艱。我在福州時，曾寫信給在海南島三十二軍服役的三表哥。當時行止不定，沒有指望他回信。不料到馬公不久，竟然收到他自海南島寄來的回信，地址寫的是「福州市山東流亡學生」，既無街道名稱，更無門

牌號碼，沒想到這樣的一封信竟然自福州、廈門、一路追送至馬公。當時郵政人員之負責盡職，真令人佩服！而「流亡學生」之有名，也就可想而知！這封極有價值的信，在去服兵役時寄放在友人家，在一次颱風水災中泡了湯，殊覺可惜！

　　子弟學校初借馬公小學三分之二的校舍，初二一在後排第一間，教室寢室合二為一，既無書桌椅，也沒有床鋪，捲起鋪蓋就是教室，席地而坐，後來發了一塊小圖板就是桌子，在水泥地上鋪些稻草，夜臥其上，夏天還無所謂，入冬則冷不可耐。而且空間狹小，擁擠不堪。幸有軍方換季，將庫存之黃色棉背心每人救濟一件，白天當衣穿，睡覺時作為被子，成了最佳禦寒的寶物。可是幼年男同學穿起來，因為尺碼太大，無不襟長過膝，又肥又大，宛如「黃袍加身」，形成一幅頗為有趣的模樣。

　　三十八年七月，學校成立之初，有短暫時期沒有廚房，飯菜由司令部負責供應，每日兩餐。中午十一點多，下午四多點多，由士兵用馬車（無馬，由人推拉），馬車又高又大，是包著鐵的木輪子，操作車子的士兵顯得很緲小，送到馬公小學操場。之後才有了伙食團、廚房。因為缺乏油水，每個人都食量奇大，到吃飯時，就要計劃如何搶飯吃，否則只有挨餓。有兩位同學（徐廣玉和董家駒）為了搶稀飯，曾打架打到飯桶裡去。王世疇同學（後任國立嘉義師範學院教授，已病逝）在搶稀飯時，另一同學的稀飯被碰後澆到他的頭上，稀飯很熱，他被燙的部位，頭髮從此變得稀疏。課餘經常有同學偷偷溜到海邊去抓螃蟹，放在小罐頭筒內煮著吃，王澤洪最擅長此道，大家為他取了「小螃蟹」的外號。澎湖風沙大，沒有蔬菜，當時最常吃的是南瓜，大家都吃膩、吃怕了，至今還有很多同學不吃南瓜。煮黃豆也是最常吃的菜，大家可以接受，現在仍令人懷念！有一次高雄天主教傅興仁神父到校參觀後，送來脫脂奶粉數十大汽油桶。王校長與不慣吃麵的駐軍廣東兵，以米一斤易麵粉一斤，兵民各得其所。再令廚房試以麵粉與奶粉調和製成饅頭，既營養，又美味。

　　有一次加菜，王克先（後來以嘉義大學教授退休）負責他那一桌端菜、分菜的工作，他每人分了一塊肉之後，還多了一塊，他想這一塊肉無論給誰都會有意見，於是當機立斷，夾起來就丟至身後的地上，的確是減少糾紛的明智之舉！

可是與他同桌的同學，當時莫不恨得咬牙切齒，和他同「桌」的一位同學，終生忘不了那一塊被丟掉的肉！至今老友聚會，還偶然想到那一塊肉。大家年齡越大，對童年的一些趣事，就越加懷念！當時因為營養不足，患夜盲症的同學很多，患者天黑之後如同瞎子，走路都困難，苦不堪言。魚肝油對此病有奇效。醫務室配發魚肝油丸，病情才得控制。民國三十八年十月，初一二班李長詢生了怪病，長期住在省立馬公醫院，住院費用超過全校一學期醫藥預算之總和。導師馬廣治（若萍）老師視學生如子弟，為此經常向學校交涉，會計主任以報銷困難為慮，王副校長告以救人為先，總是如數照准，並說報銷如有問題，由他向教育部解釋。又安排班上同學日夜輪流去醫院陪伴。李同學終於康復。馬老師又曾買了幾個洗臉盆，給班上共用；訂了一份《中央日報》，供同學閱讀。報紙一到，大家爭相看的是牛哥（李費蒙）畫的〈牛伯伯打游擊〉、梁又銘畫的〈土包子下江南〉一欄。當年大部份同學求知慾都很強烈，除課本兩人一冊輪流看之外，圖書館則聊備一格，館藏少，很難借到。遷到新校舍後，訓導處牆上每日張貼《中央日報》以及當地出版的《建國日報》。牆壁是順光的，日光強烈時會傷眼睛，常常擠滿了看報的同學。如果同學有本小說是古典的或文藝創作之類的，都羨慕得不得了。

十月六日，是到澎湖的第一個中秋節，大家在心情上難免會有「獨在異鄉為異客，每逢佳節倍思親」的想法。老師怕同學們想家，晚上將大家集合在月光下，每人分了兩顆大圓糖代替月餅。據女同學于允光的回憶，大家在操場上，起初是唱歌，都是思念母親和家鄉的歌，如〈思鄉曲〉：「月兒高掛在天上，光明照耀四方，在這個靜靜的深夜裡，記起了我的故鄉……故鄉遠隔在重洋，旦夕不能相忘，那兒有我高年的苦命娘，盼望著遊子返鄉。……」慢慢的由歌聲變成了哭聲，由飲泣而號啕大哭！她用的標題是「歌聲哭聲振雲霄」，不免有些誇大！

四十一年一月二十六日，是到澎湖的第一個舊曆年除夕，那天晚上，王德弘、王德毅（1999年7月在台大歷史系教授退休）兄弟竟然買了一瓶酒，邀王景春（後在紐約開業醫生）和我吃花生、共飲辭歲，話家常。

當時軍方還時常到校中抓人，也有一些不良人士企圖到校騷擾女生，故校

門口則由男生輪流站崗，夜間則分班巡視女生宿舍。有一次夜間詐營，同學們都自宿舍中驚慌逃出室外，但又無人知道究竟發生了什麼事。值夜的男同學有時惡作劇，專抓夜間不敢上廁所而在寢室外就地方便的女同學。

校中沒有洗澡的設施，同學們普遍有皮膚病：疥瘡、繡球風等。每隔一段時間，就排隊到司令部的澡堂去洗一次澡。蝨子、臭蟲更是隨時伴隨著我們，營養本就不良，又被吸血，莫不骨瘦如柴。李振清司令官有時到校巡視、講話，一高興就說：賞你們二百斤豆腐吃。所以大家希望司令官常常來，他一來，就有豆腐吃。司令官的兒子、侄子李達天、李達地以及小姨子（我們戲呼小肥皂，因為家鄉肥皂叫胰子，係用豬的胰臟製成去污品的。取胰、姨諧音。）也都送到子弟學校來就讀。

我們久借馬公小學也不是辦法，經王校長再三努力，以在馬小之東面，即光復里之火燒坪，俗稱紅毛城廣場的三千餘坪為校址，興建了二十四間教室、十間辦公室、特別教室兩大間，以及廚房廁所等，於四十年（1951）四月遷入。新校園周圍有一道土圍子，同學們可以很容易爬越圍子溜出校外。民國四十二年二月十日，學校遷至彰化縣員林鎮，校舍改為紅木桯營房，六十四年（1975）七月，我參加北區知識青年黨部暑期教授國防建設參觀訪問活動，於七月十九日到馬公，即驅車去火燒坪看從前的校舍，很想入內回憶一下二十多年前在此求學的情形，衛兵以礙於規定拒絕，只得在外邊遠處拍了幾張照片，數年後該營房也遭剷平，蓋了一大片民房。那座高高的水塔也不見了。滄海桑田，變化實在太大。

在學校裡經常吃不飽，每逢假日，輒去叔叔的部隊上打頓牙祭。馬路都是珊瑚石，鞋子磨損得相當快，大家又沒有錢買鞋子，就到處找別人丟棄的膠皮，銼一下黏在鞋底，有時是「空前絕後」，木屐是很普遍的，同學們稱呱噠板，走起路來，鏗鏘有聲。

男女生分兩個伙食團，男生不夠吃，女生則有結餘，每人可分一點零用錢。學校為了避免同學們將米飯偷拿回寢室，在吃飯時，男生到女生宿舍前吃，女生到男生宿舍前吃。有一天我蹲在女生宿舍前尚未吃完，有一位女同學已吃完要回寢室，進不去，她講了一句：「好狗不擋路」。我即為她取了一個

外號：好狗。這個外號並未叫起來，她可能至今也不知曾有此外號。

我有一次當伙食委員時正害眼疾，伙夫說是砂眼，他就用大頭針幫我挑，根本沒有消毒，挑完後也沒擦任何藥，結果眼睛腫得像個銅鈴似的，睜不開來，現在想想，是多麼危險和無知！不得不到馬公醫院去醫治。

煙台聯中同學們講話，別有一番味道，初聽時有些聽不懂。一次吃飯吃豆腐乳，煙台聯中同學說吃豆腐「魚」，害得大家白高興一場。

初到澎湖時，正流行唱〈保衛大臺灣〉歌，後來忽然禁唱了，原來是「保衛」與「包圍」、「大」與「打」諧音。每年十月三十一日蔣中正總統生日，學生照例上街遊行，反復高唱祝壽歌〈偉大的領袖〉，莫不賣力的唱，每人都唱得喉嚨沙啞！當時所有的人，都鬥志昂揚，要保衛台灣寶島、反攻大陸。由於離家未久，每人都懷念家鄉、思念母親，所以以「故鄉」及「母親」為名的歌曲特別多，是那個時代的產物。

學校裡已有了黨務組織及活動，還帶有一些神秘色彩，黨部工作人員之選舉，也有派系之分，競爭激烈，其中以魯西北之老師人數較多，勢力也大些。我於民國四十二（1953）年經李超（字超然）、翟德輔兩師之介紹入黨，其實對黨務只是一知半解。魯西北派似以教化學之柳西銘師（訓導主任）為首，他們反對王校長，大家清清楚楚記得柳老師站在正對校門二樓的校長室下面大喊：「王篤修，你給我下來！」王校長在心力交瘁下，終於四十年十一月十七日辭職獲准，改由教務主任苑覺非師任副校長。據喬守常兄四十一年月十二日日記云，公民課柳老師談學校發生的事，就是他向總統府和教育部寫密告信的。

民國四十年（1951）六月，我在子弟學校初中部畢業。當時曾傳言要全省會考，使大家都緊張了好一陣子，特別用功，就怕考不及格怎麼辦。在晚上熄燈後，等老師查過了寢室，我們初中三年級的同學們，就用最克難的辦法，自製照明工具，有的點小煤油燈，有的點棉花子油燈，繼續在床頭啃書。如不小心，或因睏極而睡著了，將燈打翻，一定會引起火災。所幸都相安無事。那時澎湖因為沒有污染，所以月亮特別亮，尤其是月圓的時候，曾有同學在月光下苦讀。

四十一年九月二十三日，省主席吳國楨到我們學校巡視，苑覺非校長不在

學校，由教務主任周畊莘（綽號莫醫生，以其貌似當時漫畫中主角莫醫生）代表接待，早飯後同學們集合在土圍子校門外馬路上列隊迎接。那時流行呼口號，可是周老師事先未經排演，在吳國楨到達校門口時，他忽振臂高呼「吳主席萬歲！」同學們一陣錯愕，並沒有隨他高呼，場面十分尷尬。（當時正值威權時代，不是對所有的高官都可以呼「萬歲」的！）

五、遷校彰化員林‧改名員林實中

　　我們子弟學校在澎湖的處境，各種問題逐漸浮現，如師資缺乏，教學困難，若不遷往台灣本島，就無法進行教育，更遑論健全發展。不離開澎湖、不遷校，可預見的結果：學生畢業、教師失業、學校歇業。更不會遇到像莊仲舒、王漢章、劉在琳、楊昭奎等一些老師，部份同學的命運可能大不同了。王校長雖曾再三爭取遷校機會及詳細籌畫，終因困難太多而未能實現。苑校長接任後，繼續致力於遷校工作，歷經無數艱辛，在教育部會計長盛長忠（和王校長是南開大學同學，私交甚篤。）先生、以及許多鄉長的大力協助下，終底於成。四十一年，山東同鄉會出售僅存的台北市樓房及林口紡織廠，籌款三十萬元，在員林購地建校舍，使子弟學校能於四十二年（1953）二月十日中午十二點遷校，自馬公搭乘國防部、交通部協助所派花蓮號巨艦，接運至基隆港登陸。十一日早上八點抵基隆下船後，基隆的山東同鄉以及國大代表、立監委員等均到碼頭夾道歡迎，尋親認友，鞭炮聲震耳欲聾，場面空前熱烈、溫馨，令不少同學流下了熱淚！我們自碼頭步行至信義國小，秦德純主席、裴鳴宇議長、李振清副總司令、曾科長分別訓話，秦主席特別告訴同學們要多說：「謝謝，不客氣！」及「不客氣，謝謝！」以增進人際關係。時在基隆警界任職的勞玉萃（改名意中）學長，特到信義國小找到我和他的同鄉李英鸞學長在碼頭附近沿河的夜市飽餐一頓，那是抵達台灣本島後吃的第一頓美食，永不會忘。

　　二月十一日晚九時，自基隆搭乘國防部撥借運輸軍需品之列車車箱三十二節赴員林，十二日早上九點多抵員林家職學校，校舍係由借住該校之山東同鄉魏蓬林師長令所部騰讓的。（魏師長的公子魏崢，以後是心臟科名醫）教育部程天放部

長改校名為「教育部特設員林實驗中學」，是當時唯一的一所部立中學，頓感身價百倍！校名中的「實驗」，是初、高中班以外，又有師範、特師，以及土木工程班，是一個綜合性的學校。其初教育部尚有實驗中學四二制的意思。後經考慮設備、師資、教材多種問題，作罷。

二月十三日除夕，是我們到員林的第一個新年，員林氣候溫暖，同學們到東面的東山去玩，所到之處，百姓都客氣的打招呼，並招待吃這吃那，雖語言不通，但都熱情洋溢。而山東的鄉長如劉安祺司令官、孔德成奉祀官、裴鳴宇議長、李振清副總司令以及蔣經國、教育部沈亦珍司長、盛長忠會計長、大陸救濟總署方治（希孔）秘書長等，都先後來校講話，勉勵好好讀書。

苑校長為奔走遷校，十分辛勞，致舊病復發，吐痰帶血，即懇請辭職，功成身退，於四十二年七月三十一日離校，轉至教育部任職。八月一日，由教育部改聘楊展雲（鵬飛）接任校長。

楊校長到任不久，我適因啖鳳梨太多而染痢疾，瀉至不克起床，乃上報告向學校申購特效藥；楊校長見我名字，乃問王遜卿師我是否德平人？父親是否陶景惠？王老師來問我，方知校長乃抗戰前先父之老師，我家兩代皆與有師生之誼，誠屬難得；而楊校長記憶力之強及聯想力之驚人，尤令人敬佩！

這時教室與寢室分開，也有了課桌椅上課，漸漸步入正常學校生活。各地學生也匯流而至。除在澎湖時加入我們的海南島儋縣中學二十六名學生外，又有多批陸續到校。計有：越南富國島豫衡聯中、大陳島浙江省立中正中學師生、泰、滇、緬邊區僑生。以及原在澎湖從軍而後退役復學者、從香港考選入本校者也陸續到校，實中儼然成為政府收容和培養大陸來台青年學生的搖籃。

員林氣候溫和，盛產水果。某晚，我與趙彥賓兄在學校附近閒逛，經過一個水果攤，看到一種從未見過的水果，果販告訴我們是木瓜，問明如何吃法後就買了一個，走到一陰暗之小溪旁分食，剖開後，一股特有的「臭」味撲鼻，認為是壞了，被水果販所騙，遂丟入溪中。這是第一次吃木瓜的經驗。

在校中，我除喜好踢足球外，又迷上了排球，課餘常打排球，手指頭都裂了開來。因為手掌不夠大，很少打籃球。有時也玩玩單、雙槓，也因臂力不大，沒有多大興趣。

到員林沒有多久，遇上米價上揚，我們的伙食費不夠買米，有一段時間改吃米中加入地瓜做成的地瓜飯。現在地瓜成了健康的養生食品，在那時還是比較廉價的。可是吃了後，便經常排氣，因此教室內常有異味。所幸時間並不大久，又吃米飯了。

　　四十三年（1954），我在員林實中讀高二時，已經感受到升學的壓力，如果考不取，將何去何從？離開了學校，最起碼的吃、住兩大問題，又如何解決？人海茫茫，該如何是好？這個恐懼的陰影，一直籠罩在心頭。大家都很徬徨，不知道該怎麼辦。許延熇兄首先申請志願留級，俟準備充分些再走出校門，倒不失為一個好主意，能拖延一段時間就拖延一下，於是便群相效尤。我在高二下學期之期末考試時，也跟著大家都繳白卷。留了一年，並未感到踏實了多少。升高三後，共有四班，學校特別在校外不遠處找了幾間房子，作為我們四個班的教室，除吃飯睡覺才回學校外，都在這裡上課和準備考試，不再上體育、美術、音樂等課，也不參加升降旗。我們教室裡全天不斷人，夜間也是燈火通明，看書看累了就回寢室睡一覺；睡醒了再到教室讀書，大家都自動自發的用功，不需要老師督促、管理。

　　我被編在高三的第三班，都是準備考文組的。在準備功課方面，我最弱的是數學，那時聯考，若數學考零分，其他各科考得再好也不錄取。於是便花了絕大部分的時間在數學上，聯考時數學考了40多分，算是高分；可是考取後，數學對我來說沒有什麼直接用處。我鄰座的滕以魯兄，對英文甚有興趣，他無論何時何地，都在準備英文，他考上了師大英語系，英文的造詣，同學中沒有人比得上。可見讀書不能沒有目標、不能沒有計劃。我的英文沒有打下好的基礎，一生吃了不少虧。

中學生活點滴

　　自三十八年（1949）七月進入子弟學校，至四十四年（1955）六月在員林實中高中畢業，整整六個年頭。這六年中，我從初中二年級到讀完高中，正是在成長期。而我們的學校，又是一所完全與眾不同的學校，師生共同生活，學生全部住校，吃、住都在一起，留下許多不可磨滅的經驗。現在每逢當年同甘

苦、共患難的老友聚在一起，話題總是離不開在澎湖、員林的點點滴滴，苦澀的回憶中，也有一些甜蜜，那畢竟是人生中一段走過的路，不待蓍龜必是「前無古人，後無來者」的經歷，值得懷念的時光！

最令我感念的是：教我國文的李超（超然）老師，教學非常認真，常用非常淺顯的話來解說不大容易懂的詞彙，同學們一聽就懂。常批評我們的作文：「白菜咕嘟豆腐，不掌〔放的意思〕鹽，不掌鹽。」意即平淡無味。他在台沒有家室之累，晚間無事，就叫我們同學晚上到他住的地去給我們補習功課，當時連補習費的名字都沒聽過。他平常除了注意我們的課業外，對同學的日常生活、家庭狀況等，也都異常關懷。民國四十二年（1953）十月間，有一次與李老師談及先父殉國及撫卹等事，老師除了多方勸慰外，因問及當時是否還在領撫卹金？我說領撫卹金的證件留在濟南家中，逃難時不敢帶在身上，已數年未領過了。超然師乃指導起草寫申請書寄銓敍部查卷，竟然查到原檔，於是辦理手續，申請自三十八年（1949）起補發。結果一直領到四十三年（1954）我滿二十歲時才停止，總共領了七千元。這七千元，在當時是一筆很可觀的數字，尤其對我這個一文不名的流亡學生來說，更是一筆龐大的收入。其後我能順利完成大學的學業，多半是靠著這筆款項。當時沒有超然師的指導，我不知道應該追查，更不知道如何去追查。而銓敍部在歷經無數次播遷，尚能將這些檔卷完整的運來台灣，至為心感！對他們維護國家歷史文獻的精神，尤為崇敬！可惜我當時年幼無知，不會理財，沒能妥為運用父親用生命換來的這筆錢，殊感慚愧。

最值得一提的是：在員林拍了一張著學生服的照片，寄給在香港的三哥，三哥轉寄他的老家中，不曉得是那位舅舅，輾轉交到娘的手上。那時，這張照片涉及「海外關係」，可能會給她老人家惹來極大的麻煩，所以連英東妹妹都沒敢講。直到她老人家仙逝時，再也沒有看到我這個兒子，但確實知道她的親生兒子尚在人間，並繼續求學，沒有餓死荒野，我想也會有一絲絲的安慰吧！每念及此，輒有椎心泣血之痛。

老師的趣事：教地理的唐夢樾老師，身材瘦高，而唐師母則很矮。據說唐老師懼內，在家被師母罰跪時，說我跪著也比你站著高，聊以解嘲。可是他在

學校裡，對學生則非常嚴格，有一次在課堂上問某同學：東北的鐵路運什麼？同學答運大豆，唐老師即厲聲斥責說：你光知運大豆，就不知運高粱！變成我們學校的名言，知其一不知其二。我高三時，唐老師教我班地理，有一次滕以魯問歐洲一個地名在何處？唐老師用他的大手掌，往黑板旁掛地界地圖上一搗，說差不多就在這一塊裡，整個歐洲都在他的掌下。

另一教國文的張筠山老師，滿腹經綸，但是口才不是很好，在講到一首好詩，不知如何形容其好在那裡，就說：「你王老師都說好」。他說的王老師，是王世桂（惇吾）老師，是公認很好的國文老師，「你王老師都說好」，也變成了我們同學間的名言。

學校裡的醫藥費少得可憐，王校醫的醫術可能也不太高明，同學去看病時，經常就給你三十瓦瀉鹽，說瀉瀉肚子就好了。

飽受不當體罰之威脅：我們學校的老師，都是和學生一起流亡逃難出來的，自然有一股特別的感情，大都視學生如子弟，宛如一家人，深具愛心，對學生愛護備至。但也有少數負責管理的老師，則常對學生有不當之體罰，似乎將心中的鬱悶、對時局的悲觀情緒等，藉故發洩在學生身上。他們可能認為我們這些沒有親人的孤兒，打了也沒有事。

在澎湖時，丁教官拿著木槍追打李錫成同學，李錫成最後被迫離校。有一次丁教官打李國利同學，將其衣服撕破，最後賠了一件。訓導處的王管理組長，身材矮小，遇到大個子同學犯錯，他便跳起腳來打人。有一次忘記是誰栽在他的手裡了，一邊打一邊問你是不是人？同學答是人。王組長說，是人還做這種事！繼續打。同學被打得受不了啦，便改答不是人。王組長說，不是人更要打。反正就是要打。有一次打趙元安不知犯了什麼錯，王組長手腳並用打的很重，有一位同學為元安說情，他回以打死給他買一付棺材。這種話怎麼能從一個老師口中說出來！而蔡教官，更是素極嚴厲，常用皮靴踢或踹人，同學們沒有不怕他的。有一次吃午飯，飯中很多沙子，大家為了搶飯，又不暇細挑，遂吐得地上一片白飯，蔡教官見狀大怒，一聲「跪下」，無論身在何處，沒有一個人敢站著，可見他威嚴之一斑。飯中砂子顏色、大小和飯粒相同，不容易發現，又多，更不容易挑出，幾乎每口飯都可吃到，不吐出怎麼辦？王伯杰教

官則和他們截然不同，他常常跟同學們說：不教而殺，是野蠻的教育。所以他經常向同學們說些作人的大道理，不主張體罰。有一次他帶了一班同學，大家席地而坐在馬公小學操場的右前方，他溫語勸大家恪遵校規、努力讀書時，同學們感動得無不當場落淚，都對他尊敬備至！王校長非常反對過度不當之體罰，但有時也無能為力。

三十九年七月一日早上，周畊莘老師讓補習班的任興華同學背書，他不會背。又赴司令部點名的學生剛回到教室，訓育處通知再到院子裡有事情，任興華也是到司令部頂名的，可是昨天他已點過了，今天也要到院子裡去，老師不允許，打了他幾下，不料他在無知、衝動下竟還手，把老師的眼鏡打破了，並刺破了臉。訓育處把他抓去打了一小頓。沒想到代理校務的教務主任竟然將他除名，和另兩位行為不檢的同學一塊用小汽車送入軍中兵工營。許多老師知道後，深不以為然。小孩子調皮，可以管教，但不能送去當兵，這不是教育家應有的態度；況且我們學生，都是自小離家，沒有人照顧，把學校當成家庭，怎可如此處理！從此再也沒有聽到有關任興華的消息。那次送工兵營的共有三位同學，除任興華外，另外兩人是李明誠和單其淦，李明誠後考取佐理軍醫，八二三砲戰時，適在金門服役，活人無數，因而成了名醫。莊惠鼎說，他曾親眼見到李傳甲因撕其被記過之布告一小角，當場被代校長罰跪。送三名同學到工兵營事，不能說不是他在子弟學校的一大敗筆，有些同學一直不大能夠諒解。

遷校員林後，楊校長是老教育家，也非常反對不當之體罰，同學們挨打的情形大為減少，但仍未禁絕。有一次升旗典禮時，鳳教官無緣無故猛打鄧邦寧班長，鄧同學不敢反抗，只有默默地忍受；王賢志同學實在看不下去了，就大聲質問鳳教官為何打人？鳳教官立即遷怒於賢志，便揮拳打來，賢志以手擋開，迅即逃避，鳳教官緊追不捨，賢志跑向楊校長站立處，大聲喊教官打人！楊校長制止再打，鳳教官正在怒氣沖天，不聽勸告，趁賢志在校長面前停下之際，一手抓住他的衣服，仍然要打，賢志趕緊掙脫，衣服因被抓破。楊校長厲聲制止，令鳳教官好好檢討，這時他才知收斂。

　　　　　　　　※　　※　　※

　　由澎湖子弟學校到員林實中,這所性質特殊的「流亡學校」,是動盪年代中的產物,在歷史上是空前的,恐怕也將是絕後的。民國四十四年(1955)六月,我高中畢業,僥倖考取國立台灣大學,於是告別了養育我六年的母校,也與「流亡學生」的生活作一結束,轉入獨自闖蕩人生的另個階段。

第四章　台灣大學四年

　　民國三十七年〈1948〉的中秋，我離開了家鄉，開始過著流亡學生的生活。每天最重要的事，是如何把肚子填飽，挨餓的滋味實在不好受，所以無法認同「餓死事小」的名言；當初認為唸書才真正是小事。唸書既是小事，也就不會認真，自然也就讀不好。後來能夠考上大學，連自己也感到有些意外！

　　民國四十四年（1955）六月，在員林實中高中部畢業。同學們紛紛安排升學考試的事。當時參加聯考的大學只有：國立台灣大學、台灣省立師範學院（今國立台灣師範大學前身）、國立政治大學、台中的台灣省立農學院（今國立中興大學）和台南的台灣省立工學院（今國立成功大學）等五所。考場設在台大。我和許多同學搭火車北上，記得和教我國文的王世桂老師、趙逢積兄等坐在一起。在車抵萬華站時，王老師要下車，逢積兄說：老師不是到台北嗎？怎麼在這裡就下車？王老師說，這裡就是台北了。逢積兄則說，這裡明明是萬華，怎麼是台北呢！他不知道萬華是台北的一個區。我們自遷校到員林後，就關在學校裡唸書，對外面的世界，所知甚少。

　　同時北上聯考的同學，都住在新生南路的台北市立大同中學（後改為金華女中，現金華國中）教室內，我則到台大第八宿舍莊惠鼎兄的房間裡去借宿。除聯考外，我又參加了甫告成立首次招生的私立東海大學、以及甫由台灣省立行政專科學校與台灣省行政專修班合併改制的臺灣省立法商學院（後改為國立中興大學之法商學院，現國立台北大學）的單獨招生考試。考完後，就回員林等結果。在聯考放榜時，我不敢留在學校聽廣播，而躲到彰化原斗國小陳傑兄家去。結果我考取了台大中國文學系，當時台大全校一共有文、理、法、醫、工、農六個學院。文學院計有中國文學、外國語文、歷史、哲學、考古人類六個學系。在放榜時，我是第一校台大、第一院文學院、第一系中國文學系之第六名，學號為：441106；是實中第一個確定上榜的人，由於沒有信心，不敢聽廣播，翌日

看報才得知這項好消息。同班中很多功課好的，填志願時不敢填台大，因為無法籌措學費，而填了可享公費的師範學院。我因尚有一點撫卹金，所以大膽的填了台大。至於在東海經濟系及法商會計統計系，則都考了個備取第八名。我唯一的正取是台大中文系，所以就進了台大。而張玉法、趙彥賓兩兄則分為東海中文系及法商學院的榜首。那一年是我們實中升學考取人數最多的一屆，為母校增添了不少光彩。老校長王志信師在〈澎湖子弟學校的淵源與克難創建〉文中云：

> 回憶三十八年（1949）初到澎湖時，曾有山東省政府某大員於到澎湖視察後，批評我們的學生簡直是「一群小叫化子，那裡像是學生！」及遷到員林，當年舉行學生畢業典禮，有當地某省立高中校長在應邀致詞時，竟公開譏評我們徒具「國立」的招牌，實在是「金玉其外」。所幸我們的學生很爭氣，當年高中畢業學生三十八人，投考各大學錄取者二十九人，錄取率是百分之七十六點三，並且榮獲台灣大學第二年保送免試入學名額（孫會文保送台大化學系，二年級轉歷史系）。不但以實際成績答覆了社會對我們不友善的批評，更向教育部證明了我們這「惟一的國立中學」是「貨真價實」的。[1]

我小學畢業考中學時，先借住在濟南第一臨中的第二宿舍，竟然就考取了一臨中。這次高中畢業考大學時，先借住台大第八宿舍，就考取台大。回想起來，也是一個有趣的巧合！

一、台大註冊，四年共繳了新臺幣二十元

我們升學的同學離開員林北上報到時，楊校長發給每位新臺幣四百元，當時這是一筆很大的數目，對大家幫助很大。聽說法商學院、護專的同學因繳不

---

[1] 《山東流亡學校史》，p.618。

起學費而不能註冊。我們考取台大的同學註冊時，比我們早一年考到台大的常永棻、莊惠鼎、許延熇三位學長，都到場指導。他們去年註冊時，也是面臨繳不起學雜費的窘境，在第一個學期時，仍照規定全額繳費。到第二學期時，向學校申請減免，並到教育部申訴，得到訓導長傅啟學及其秘書張樂陶兩教授的大力支持，獲得減免一半。所以他們建議我們今年考取台大的同學，聯名寫一報告到訓導處，申請援上年他們的例，學、雜、住宿等費減半繳納，要繳的一半再請求緩繳，等找到家教賺些外快後再行補繳。等寫好報告送給張樂陶教授時，張教授看完後，很慈祥的垂詢我們在實中的生活情形，頗予嘉勉，便說：「這報告不妥，你們申請減免一半，那一半誰替你們付？你們又能到那裡去籌這筆錢？回去另寫一報告，申請全免。你們實中同學的困難，我非常清楚；學校方面，我會儘量替你們爭取。不過，防癆協會每年照X光的五塊錢，是學校代收的，無法減免。」我們真不敢相信竟有這等事！感激的一句話也說不出來，便鞠躬而退。我們最大的希望也只是能減免一半，結果只繳了五塊新臺幣就辦好註冊手續，並且優先分配到免費的宿舍。其後張教授復在校務會議提案，以後凡是員林實中畢業而在原校享受公費的學生，考到台大後，一律免收學、雜、住宿等費，不必再個別申請。獲得通過。所以我讀了四年台大，總共只繳了二十元新台幣，這二十元還是台大代防癆協會所收照X光的工本費。說起來真是難以令人置信！不僅如此，大陸救災總會在台大設有助學金，最初是每名每月九十三元，到四十六年十月調到每月一百二十元。這個數目，在當時勉可支付每月的伙食費。由於名額有限，申請者競爭的相當激烈。又經張教授的多方協助，得到大陸救災總會理事長谷正綱及秘書長方治（希孔）先生的同意，我員林實中的校友更是優先「人人有獎」。台大給予我們這種種的優遇，到了令其他同學忌妒的地步，他們想不透台大為什麼對我們這麼偏愛？其實，我們當時身受其惠的校友們又何嘗想透了？直到民國五十八年（1969）八月二十九日，實中在台大畢業的校友們，假台北僑聯賓館設宴與畢生難忘的恩師張樂陶教授歡聚時，席間問及當年為什麼特別關愛我們？張教授謙虛的說：「你們能刻苦、經過磨練，太好了，如不予幫助，真無天理。」他說，他的女婿胡金鼎就讀台北工專時，沒有錢繳學費，其校長說，沒有錢不行，你轉師大好

了，其他學校沒有不繳學費的。殊不知台大就是個例外。張教授對所有的學生都愛如子弟，對治安機關用有色眼光給學生戴紅帽子，反對甚力；對教官之不合理干涉學生行動，更是深表不滿，往往左袒學生。我們在台大，得到張教授的種種意想不到的幫助，運氣真是太好了。換一個角度看，如錢思亮校長不同意，張教授對我們的幫助，恐怕也很難實現。後來我到中研院工作，錢校長也到中研院作院長，由師生關係變成長官部屬，但是沒有任何交集；不意民國七十年九月，錢院長竟然將我調到總辦事處擔任他的秘書主任。七十二年九月，他老人家就病逝，我有幸在他人生的最後兩年，得以隨侍左右，並為他辦理了隆重的後事，算是報答了當年對我們實中同學的恩情！不知為何，在他生前，我竟然完全沒有想到，應該為當年在台大所受的恩惠向他致謝，每一念及，就有說不出的遺憾！

茲舉一個截然相反的例子，作為對照：民國三十六年（1947）考入師範學院理化系的王家儉先生，安徽渦陽人，二年級轉入史地系。後來在師大歷史系任教，曾在近史所工作一段時間，其研究室與我隔壁，很談得來。他在近史所的〈王家儉先生訪問紀錄〉中，曾記述過一段在師大不愉快的經過，原文如下：

> 當時因患痢疾，身體虛弱，而學校的公費又少，幾可以說是貧病交迫，毫無辦法。不知是哪一位同學替我出了個主意，說劉真院長很仁慈，喜歡幫助同學，且和你是同鄉（劉為鳳台縣人，與渦陽同屬皖北），說不定你可以找他求些幫助。我雖半信半疑，但因為走投無路，還是寫了份簽呈給劉院長，在其中大致說明生病的情形，懇請學校借給五十元，以濟燃眉，借款待畢業後有辦法後再行歸還。萬萬沒有料到，款子沒有借到，反而惹來一頓羞辱。……（幾乎被）「勒令退學」。[2]

劉院長和張樂陶教授對窮學生的態度，何啻天壤之別！

2　〈王家儉先生訪問紀錄〉，中研院近史所《口述歷史》期刊，第九期，PP.151-186，1999年6月出版。

在註冊時，聽到中文系的同學，拿著系上的新生名單在猜那個是女生、那個是男生，自然將我歸為女生之列，不禁為之竊笑！其中一人是丁邦新（民國七十五年當選中央研究院人文組院士），在五十七年後的民國一○一年（2012），他戲說我是變性人：「我考上中文系的時候，一放榜就數一數男女生的比例，好像是二十幾人，正好男女各半，陶英惠當然是女生。但開學之後她卻變成了鬚眉男子，大出我的意外。」（丁邦新致唐天寵電子郵件）

我被分配住第八宿舍，和實中的老友程顯華、齊國慶三人同一個寢室，彼此有個照應，至感愉快！我註冊完畢後，備感輕鬆，先買了一輛二手的自行車，騎了去逛街。

二、中文系一年・二年級轉入歷史系

民國四十四年（1955）十月開學，文學院大一的課程，各系有些是共同的必修課，如「三民主義」（江丙綸教授）、「國文」（王叔岷教授）、「英文」（秦太太，其英文名字已記不起來）。代表中文系的課，只有洪炎秋教授的「文學概論」。其他如夏德儀教授的「中國通史」、鄒豹君教授的「地學通論」、殷海光教授的「理則學」，則多與歷史系、考古人類學系、哲學系合上。大一國文的課本，傅斯年校長當時規定，一學期講孟子，一學期講史記。

教國文的王叔岷（1914-2008）教授，雍容儒雅，待人溫厚，視學生如子女，凡經教誨者，無不如沐春風，終身感念。他說話、講課的語調，非常柔細而動聽，引人入勝，一點也不感到枯燥。

中國通史夏德儀（卓如，1901-1998）教授，一襲長衫，上課時，手中拿著一疊細長條的筆記，是活頁的，每講完一頁，就放到最後去。有一次不小心，紙條散落地上，一時無法排好順序。他講課條理井然，並指出參考資料出處，對一年級新生之史學入門，裨益極大。他的酒量極好，而且酒品超凡入聖。

鄒豹君（1906-1993）教授，山東蓬萊人，鄉音很重，很多同學聽不懂他的話。過去上地理課，只知道死記地名；可是他的地學通論，講解得非常清楚，使我有頓開茅塞之感。後來我在編《山東文獻》時，曾蒙鄒老師多次賜稿，並

時賜教言。

洪炎秋（1899-1980）教授，是推行台灣國語教育居功厥偉的一位傳奇人物，他上課時，不疾不徐，而且在黑板上不停的寫要點，同學們都很輕鬆。

殷海光（福生，1919-1969）教授，一生對自由、民主、科學及邏輯與思想方法論的提倡和發揚有其獨到之處，後來又長期在《自由中國》雜誌上抨擊台灣政治及蔣氏父子，因此備受打擊。他給我們上第一堂課時，穿著牛仔褲，清瘦的身影，和學生沒有什麼區別，他進教室時沒有人認識，站在講台前很久也沒有人理他，普三教室相當大，裡面坐得滿滿的，都還在繼續亂哄哄的談笑。過了很久，他才開口，原來他就是殷教授。說實在的，我太笨了，他的理則學，我一直是一知半解，不能理解他講的深意。我在民國四十五年（1956）二月二十八日日記中，記有一段他說的話：「真理是人們追求的目標，但所追求的往往是一個幻影，追求真理唯一可靠的辦法就是科學。」

在讀中學時，我也和很多同學一樣，是個文藝小青年，喜歡看小說，特別是愛情故事的小說，記得曾風行一時的《野風》雜誌，總是千方百計的找來看。能找到一本三〇年代作家的著作，更是一大樂事。很羨慕、也很崇拜作家，也曾夢想自己將來也能成為作家。這或許就是在填志願時填中國文學系的主要原因。及考取中文系，自然非常高興。可是到了一年級下學期時，才認真的看了一下中文系四年的課程表，深感自己對文學的興趣並不是很濃，而且舊學根柢不佳，對詩詞歌賦更是缺少天分，既不懂得欣賞，更不會寫作；記得在大一英文下課後，中文系的丁邦新和歷史系的王德毅，因為下面沒有課，兩人便留在原教室作舊詩。我除衷心佩服外，也深感慚愧！自己對文字學、音韻等完全沒有興趣，若繼續讀下去一定味同嚼蠟，便開始有了轉系的念頭。認為換一條跑道，可能會好一些。

我在高中時同班的王德毅、王曾才、馬先醒三位老友均在歷史系，於是想轉歷史系。系主任劉崇鋐（壽民）教授休假，借調東海大學擔任教務長，由李宗侗教授代主任，乃去李教授家報告，李教授以我英文分數稍差，而國文及中國通史之成績不錯，允予考慮。乃辭出。李教授家是在溫州街的一座日式房子，他特別送至室外的台階下，前輩禮數之周到，令人佩服！其後經過許多周

折，幸蒙哲學系好友張丕隆兄從中奔走，總算於民國四十五年（1956）九月十五日塵埃落定、如願以償。九月二十二日註冊、二十四日開課時，就成了歷史系的學生了。我們四位中學同班好友，到大學又就讀同系同班，可謂空前。大學畢業之後，同在學術領域發展，未改初衷，也都有不錯的成就。

二年級共修了七門課：李濟、陳奇祿：「考古人類學導論」（補修）、姚從吾：「遼金元史」、劉崇鋐：「西洋通史」、范壽康：「哲學概論」、陳紹馨：「社會學」、方豪：「宋史」以及黃祝貴：「國際組織與國際關係」。

此時我偶然還學了短期的速記。民國四十六年，記不得如何看到台灣省教育廳備案、台中市政府立案「簡化速記函授班」的招生簡章，地址在台中市繼光街一號，班主任周玉崑。於是一時興起就報名參加，認為學會速記這項技能，上課時記筆記就會快些。

簡化國語速記學共分十章142節，為使學習便利，自第三章起至第九章止，分為十一課，每課均附有一個作業，其他各章屬於理論及原則方面，可自行研讀。我參加的是短期普通補習班，學號2133；於四十六年八月二十二日入學繳第一課作業，九月二十八日完成了第十一課作業，歷時僅一個多月。十一月十六日收到「成績優異」的獎狀。我仍保留著當時的筆記，在十一課中拿到九個A，並接到班主任在批回作業中夾一便函云：「惠書收悉，至表欣慰。台端對於研習速記，態度認真，故成績較一般學員為佳。展視惠書，文情并茂，甚有助於速記條件，本人寄予厚望，將來成為簡化速記傑出人才。崑便啟26/9」

自學完後，並未再練習應用，白白浪費了不少時間。

民國四十六年（1957）九月，升入三年級，共修了六門課：劉崇鋐「西洋近古史」、姚從吾「史學方法論」及「東北史專題研究」、吳俊才「近代印度史」、勞榦「魏晉南北朝史」、吳相湘「中國近代史」。

在二年級時，選修的斷代史是姚從吾（1894-1970）教授的「遼金元史」，姚老師時年六十二歲，滿頭白髮，上課時卻口口聲聲「兄弟如何如何」，非常謙虛。他的分數很寬，很多同學喜歡選他的課，我在三年級時又選了他的「東北史專題研究」，在講到余玠守釣魚城時，高我數班的陶晉生也選了這門課，姚

老師對他說：「我又從頭講了，你不必再來上課，在學期末繳一篇讀書報告就可以了。」

「史學方法論」是必修課，姚教授非常用功，他的研究室裡堆滿了書，經常在那裡看書，真可用皓首窮經形容之。我曾多次到其研究室看書，發現還是用在北大上課時的講義，紙張已經泛黃，在旁邊又用紅筆加了些新材料。姚從吾師於民國四十七年（1958）四月十一日，當選為中央研究院人文組第二屆院士，這是中研院遷台後的首次院士選舉，可見其學術成就，備受肯定。民國五十九年（1970）四月十五日，姚老師心臟病突發，於其研究室的椅子上仙逝，可謂死得其所。

對我一生影響最大的，是修了吳相湘（1912～2007）教授的「中國近代史」。

我在一年級剛開學時，有一門必修的「中國近代史」，是李定一教授擔任的。他從鴉片戰爭前的中外關係講起，好像第一章的名稱是〈朦朧中的古國〉，第一節是〈兩個互不瞭解的世界〉，李教授一口四川腔調，令人聽了很有味道，他的講課內容精彩得讓學生不禁拍手叫好。不知道是什麼原因，他的課只上了兩、三個禮拜，學校就將該課停了。

在轉入歷史系後，「中國近代史」是必修課，我到三年級時才修，由吳相湘教授教。他除講授史實外，而特別詳細介紹近代有關的史料，這在史料非常缺乏、且各庋藏單位以擁有寶貴史料自重、不肯輕易示人的情形下，尤為難能可貴。相湘師勤於蒐集史料，真正做到了傅斯年的名言：「上窮碧落下黃泉，動手動腳找東西」。

當時在台灣收藏民國史料最豐富的機構是國民黨中央黨史會。黨史會的主任委員和國史館的館長是由羅家倫先生一人擔任，羅先生特許相湘師去南投縣草屯鎮黨史會調閱、抄錄史料，這些珍貴的庫藏史料，就是為我們授課時的重要材料。黨史會方面最初也予以很多方便，後來可能是抄錄的東西太多了，在典藏者的心裡，或許認為我們辛辛苦苦保存的史料，毫無補償的讓你拿去發表、賺稿費、版稅，難免有些不能平衡；而相湘師狂傲霸氣的湖南脾氣，是眾所周知的。因此，忽然禁止他再去調閱、抄錄，於是不歡而散。這是後來聽黨

史會的友人說的，詳情我也不很清楚。

在我上相湘師的中國近代史課時，他和黨史會的關係已經破裂，記得相湘師在介紹某些與黨史會庫藏有關的史料時，往往先批評一下羅家倫先生。他介紹史料，廣徵博引，極為詳盡，對初學者裨益甚大，引起我對近代史濃厚的興趣，並決定在近代史方面找題目作學士論文。

民國四十七年（1958）九月，升入四年級，共修了五門課：張貴永：「西洋近代史」、沈剛伯：「希臘史」、李宗侗：「中國上古史」、勞榦：「秦漢史」、傅樂成：「隋唐五代史」，此外，「論文」也算兩個學分。

張貴永教授（1908-1965）的「西洋近代史」，他在講到得意時，笑不可仰，而我卻懵然不知他為何笑！因為他是浙江鄞縣人，那口寧波官話我根本聽不懂，只有借同學的筆記來抄。他的兒子張狪也在歷史系，比我低一班，知道不少台大早年的掌故，如傅斯年接任校長整頓台大，解聘不適任的教授；某教授未續聘，不肯交回學校宿舍，他請憲兵開車運走這位教授的行李。傅校長關心學生生活，常常穿著短褲，到女生餐廳視察聊天等。我到中研院近史所工作時，張貴永教授是近史所少數研究員之一，民國五十四年（1965）又被聘為西柏林自由大學客座教授，講授中國近代史及中國思想史。不料到德國不久，於十二月七日因腦溢血而倒臥於柏林雪地上，客死異鄉。

文學院院長沈剛伯（1896-1977）的「希臘史」，只有一個學期三個學分。他上課只帶一支粉筆，湖北腔的國語很能引人入勝，講到精彩處，常常手舞足蹈。選修者之外，旁聽的同學很多，往往連教室外的走廊都站滿了人。我記得第一堂課的開場白，即點出希臘的特色：島國之民，心胸狹窄，……等一大長串負面的評語，用詞卻非常典雅。我印象最深刻的是他曾說過：越是文化落後的地區，越是容易產生領袖人物，如閻錫山之於山西，即一明例。

李宗侗（1895-1974）教授，是晚清名臣高陽相國李鴻藻之文孫，南皮張之萬之外孫。早年隨其五叔李煜瀛（石曾）留學法國，返國後曾執教於北京大學、中法大學。他開的中國上古史課，不僅人名生僻難記，且年代久遠，完全引不起我的興趣，所以也沒有什麼心得。

傅樂成（1922-1984）教授，率真適性、愛護學生如子弟。有一次，傅老師請

我們到中華路上之真北平餐館吃飯，他到後，將剛領的薪水袋原封未動往桌上一放說：「今天就剋著這個吃」。其為人瀟灑若此！傅先生私底下聊天，妙趣橫生，知道學界的掌故很多，有些是來自其伯父傅斯年校長，如某教授與女學生有曖昧行為，傅校長罰寫悔過書。聽他聊天，是一大樂事；可是上課時，卻有些索然無味，在大四的下學期，我還選了他的「隋唐五代史」，並買了一本他的書自己看，所以常常蹺課；期末考時，我照他的書上作答，哪知他上課時已經修改了，所以只考了57分，他特別開恩加至64分，讓我過了關。事後他對其他同學說：「陶英惠這個小孩，既不上課，也不借別人的筆記看。」

在歷史系的師長中，還有一位非常頑固的，就是徐子明（1888-1973）教授，他通曉多種歐洲語文，學貫中西。在歷史系講授西洋中古史及國史選讀。他痛恨胡適，痛恨白話文，考試學生要用文言文或新會體作答。同學們都風聞他老先生的一些閒話，沒有人敢選他的課。徐老師出了一本《胡適與國運》的小冊子，大罵胡適誤國誤民。據李敖說：「當時胡適系的學閥們整他，把他開的選修課，故意排在其他必修課的同一時間，以達到沒有學生選他課的效果，讓他自行了斷。」[3]我們班上的李光宗，河南人，特立獨行、不畏權勢，他一人特別選了徐老師的國史選讀，聽說吃了不少苦頭。到了民國四十九學年度，選他課的「僅汪榮祖一人，雖一師一生，在普通教室上課，自頭到尾，沒有缺一堂課，老師每堂課都帶大地圖，絲毫不苟，而學生更不敢曠課懈怠。」[4]

三、畢業論文 報考研究所落榜

那時台大在四年級時，規定要寫一篇畢業論文。這是一項很好的訓練。在我那一屆以後的，好像就不是一定要寫了。

民國四十七年十一月三日，為畢業論文事，早上去拜謁吳相湘師，承慨允擔任指導教授。題目暫定〈湘軍攻克金陵各種不同記載之比對〉。最主要的

---

[3]　李敖著：《李敖快意恩仇錄》，p.86。
[4]　汪榮祖：〈徐子明先生之生平與學術〉（《邀遊於歷史的智慧之海——台大歷史學系系史》，p.19，國立台灣大學歷史學系，2002年6月出版。）

材料即趙烈文之《能靜居日記》，該日記是研究曾國藩及太平天國最好的直接史料，除相湘師曾寫過一篇〈趙烈文《能靜居日記》的史料價值〉，發表在台北《學術季刊》，第六卷，第二期，於民國四十六年十二月三十一日出版外，似乎還沒有人利用過這份日記。[5] 十一月二十四日，早上再去吳相湘師家討論論文事，他為我函介中央圖書館蔣復璁館長，惠予借書之便利。十一月二十六日，論文註冊完畢，就開始忙著找材料撰寫了。除去中央圖書館、省立圖書館看書外，也與同班的劉鳳翰兄，自台大騎自行車到南港中央研究院歷史語言研究所的傅斯年圖書館找資料，管理員王寶先先生熱心相助，全館的圖書都在他的腦子裡，你只要說出書名，他就知道放在那個架子上，如果借出去了，他也記得是誰借的，猶如一部電腦。從台大到中研院，路程相當遠，為找資料，的確下了點工夫。民國四十八年（1959）五月二日完成初稿，將論文送相湘師修改，五月十一日改好取回，題目改為〈湘軍攻克金陵考證〉，共16,000字。相湘師對我的論文甚為滿意，給打了90分；並囑濃縮成一萬字，擬為送專刊學術論文的《大陸雜誌》發表，這對初學作論文的我來說，是莫大的殊榮。六月一日，相湘師在松山機場搭西北航空班機經日本赴美開會，取道歐洲返台，送登《大陸雜誌》事，遂未進行。後承劉鳳翰兄推薦、陳捷先先生之厚愛，將該文發表在他主編的《幼獅學報》，第二卷，第二期，pp.1-20，於民國四十九年（1960）四月三十日出版。這是今生發表的第一篇重要論文，成為我以後謀職之敲門磚，憑此文敲開了國史館及近史所兩處的大門。現在仔細檢討一下，除了引用的是新發現之史料外，全文連一個小註都沒有，論文的形式就不太完備。再者，排印時，我正在服兵役，校對很馬虎，羅家倫館長曾逐字逐句批改，並出示所改動處，教我要用心、要仔細。可惜他改動的地方，我沒能及時記下來。

　　民國四十八年（1959）六月十八日上午九時，台大應屆畢業生1,453人（女生20％）（錢思亮校長言，民國35年畢業生只2人，民國36年亦不過6人），齊集台北市中山堂舉行畢業典禮，教育部次長浦薛鳳列席。會後在堂前

5　若干年後，才得知陳乃乾曾撰有《陽湖趙惠甫年譜》，1954年上海國光社排印本。

廣場合影留念。當晚，歷史系的畢業生在玉樓東飯店謝師宴，錢思亮校長、訓導長查良釗均到，沈剛伯以章太炎及黃興二人之謝師故事引得大家捧腹不已！我與姚從吾、查良釗、夏德儀、李守孔、李定一幾位老師同桌。

　　七月二十一日下午四時，大陸災胞救濟總會在中山堂光復廳請受領助學金之應屆畢業同學吃飯，由理事長谷正綱主持，總幹事兼秘書長方治講笑話助興。

　　謝師宴結束後，我四年的大學生活，也就結束了。回想十年前，我以一個初中的學生，身無分文，竟能完成大學學業，也不是一件容易的事。讀書的成績雖屬平平，而且生平向無大志，也還可以自我安慰。最特別的是我自初中二年級起到高中畢業，因為身無分文，完全享受公費，衣食住行都由學校供給；在台大四年，只繳了學校代收防癆協會每年照X光的五塊錢，共二十元。回想這一生求學的過程，雖歷經艱困，總算都熬過來了，一直心存感恩！

　　民國四十八年六月十八日畢業後，報考研究所似乎是應有之義。我雖然自知程度太差，考取的可能微乎其微，而且也沒有錢再讀下去，但仍然隨俗一試。七月十日報了名，共二十二人，報名費70元。八月四日，研究所考試開始，第一堂國文，只有一道作文題：「論治學的實事求是精神」，寫了約一千字。第二堂中國史一，答的尚滿意。第三堂中國史二，幾乎繳白卷，且將梁武帝蕭衍弄到後梁朱溫去了，錯的實在離譜。八月五日，第一堂英文，作文題為：What I Hope to be，題目不難發揮，但自己英文太差，寫的不好。第二堂西洋史，也幾乎繳了白卷。

　　八月六日早上口試，一個長條桌，四位口試委員圍坐在長條桌之兩側，應試者坐「主席」的位子。四位委員依序為：左手起第一人系主任劉崇鋐、姚從吾、李宗侗、沈剛伯（右手第一人，文學院院長）。輪到我時，我的研究計畫乃延續學士論文，仍是關於太平天國方面的。劉主任謙稱對太平天國史外行，很客氣，不提問，就推給姚從吾；從吾師也是相湘師在北大的老師，平常就對我很好，只簡單的問了一下就推給李宗侗；李教授就研究計劃很嚴肅的問了一些問題，再推給沈剛伯院長，沈問完再推給李，李問完再推給沈，我的計劃就在沈、李之間來回推磨。有很多問題，我都答不上來，簡直潰不成軍。他二人之所以如此，想與我是吳相湘指導的學生有關。最後從吾師實在看不下去了，打

圓場說：「陶同學只是擬了個計劃，尚未著手研究，對於兩位的問題，自然無法有滿意的答案。」這才替我解了圍。走出試場後，看看手錶，已逾三十分鐘。同班之王曾才兄口試排在我之前，他三五分鐘即出來，我問他都是問些什麼？他說：我們是應屆畢業生，只是話些家常。跟我則「暢」談半小時之久，真是「恩寵備至，仁至義盡」。自考場出來，才發覺一身冷汗，衣衫盡濕。

在台大讀了四年，關於系中教授們一些派系、恩怨之爭的傳聞，或多或少也看到、聽到了一些是是非非。那時教授的待遇普遍不高，指導研究生則有一點指導費，教授們無形中都希望自己多一點研究生；而學生則為了能考取研究所，在大四寫畢業論文時，也慎選指導教授，將來讀研究所時，就是碩士論文的指導教授。那時歷史系對錄取研究生影響最大的是李宗侗（玄伯）教授，所以他指導的研究生也最多。民國十七年（1928）十月，南京國民政府推定國民黨元老李石曾（煜瀛）為故宮博物院理事長，精通文物典籍的易培基為首任院長，李宗侗以李石曾的侄子、易培基的女婿雙重身分，擔任秘書長。後來發生了「故宮盜寶案」，吳相湘師曾為文批評，因此兩人結下樑子。我的學士論文是吳相湘師指導的，而相湘師湖南人的個性，自信、自視甚高，在系中人緣不佳，且因撰文指故宮盜寶案與李宗侗有關，所以李、吳勢同水火。[6]口試時緊

---

[6] 吳相湘曾寫過一篇〈易培基與故宮盜寶案〉（後收入所著《民國百人傳》第三冊，pp.217-229，台北，傳記文學出版社出版，民國六十八年元月十五日再版）。在民國十六、七年國民革命軍北伐時，李煜瀛在當時政治上有舉足輕重的力量，易培基得李煜瀛之助，曾一人兼三要職：國立勞動大學校長、故宮博物院院長（李煜瀛為理事長）、農礦部長。故宮的事務，則交由李宗侗任秘書長主持一切。在民國二十年年底，因經費不足，即出售宮內所存金砂、銀錠、皮貨、衣物等，而易培基則不遠避嫌疑，並利用職權以特殊方法購買物品，引起北平市民不滿，向法院檢舉。至二十二年十月，最高檢察署指派江蘇江寧地方法院首席檢察官北上就地偵訊，正式提起公訴。承辦此案的江寧地方法院檢察官孫偉又根據新獲證據（盜真珠，以假珠換掉真珠等），於二十三年十月十三日，對易培基、李宗侗、蕭瑜（農礦部次長）等提起公訴。二十六年九月三十日，首都地方法院檢查官葉峨又根據新證據提起公訴。有人說該案是國民黨內的權力鬥爭。五十年十二月二十三日，吳相湘又在《聯合報》上撰文：〈請監察院注意故宮「盜寶案」下文〉，仍不放過李宗侗。可見兩人為此結怨之深。五十三年五月五日午，同班同學史仲序夫婦在海天餐廳設宴，到傅樂成老師及台大同班老友，我請傅老師看手相，他說我是忠厚人，可逢凶化吉，活七十歲以上。他對相湘師非常不滿，傅老師應李宗侗女兒之請，擬寫故宮盜寶案替李宗侗辯護，相湘師說，傅老師若寫此文，他即寫辱沒家門之傅樂成，傅老師說，其伯父孟真先生當年即曾為文證明李宗侗之清白，何辱家風之有。在李宗侗病逝後，於所撰〈哭玄伯先生〉中，特為辯冤白謗。〔當時《大公報》曾多次刊載過盜寶案：1、故宮出售金器案易培基之答辯，22年2月5日；2、故宮訟案，22年7月23日；3、故宮案法院停止進行？22年7月23日；4、易培基反訴書，22年10月18～21日；5、故宮弊案之新波瀾，22.10月19日；6、故宮案鄭烈對易之駁覆，22年10月28～30日；7、易培基再呈中監會，22年11月22～24

張的一幕，令我終生難忘！民國四十八年九月三十日，收到朱寶樑兄代查得考試成績：國文75，中國史一74，西洋史15，英文43，中國史二35，口試丙上，總分242，平均48.4。這次錄取成績是65分，口試丁等者，成績再好也不予錄取。落榜早在意料之中，僅就筆試成績而言，也差得太多了；但在口試時所受到的「殊遇」，則很難讓我釋懷！我被李、沈兩位教授考問的情形，從吾師是親眼見到的，落榜後，他於「四十八年（1959）八月二十三日午刻」寫了一封信給同班的王德毅兄，予以慰勉；並在信中也特別提到了我，盛情十分可感。從吾師信云：

德毅同學：

　　函悉，所見極是。切盼就此從自反方面下工夫，繼之以恆，以期有成。連日又想到陶英惠兄，他也是這一次不幸的失敗者。見面時，特請代為致意，是盼！

　　您們兩位，我的印象都是有治學興趣、並能自動工作的人，前途希望甚大。（我所說能自動工作，即是說：遇到題目，有辦法；能自動設法尋找材料，兼有判斷能力，將所找材料，自動的組成一種有研究性的論文。）因此切盼倆位，萬勿自餒、鬆懈，以誤前途。愚意：仍應從英文與國文寫作兩方面再事揣摸，定一三年計劃，專考台大和政大研究所。（政大出路較好，同在台北，自可進修，不必定入台大也。）持之以恆，定可有成！專此問好，順祝
　　一切順利！

　　　　　　　　小兄 姚從吾 手啟。　四十八年八月二十三日午刻。
　　　　　　　　　　　　　　　　　　　陶同學前同此，不另！

　　民國五十八年（1969）十月七日，傳記文學劉紹唐社長告訴我，姚從吾師看到我在《傳記文學》發表的文章，十分推崇，說我的這個學生真不錯。同年十二月一日晚，接到從吾師電話，囑到他家一談，垂詢有關近史所集刊的事，

　　日；8、故宮舞弊案張繼自劾呈國府文，22年12月29日；9、通緝易培基，23年1月21日；10、行政院會商盜寶案，23年10月24日；11、故宮盜寶案起訴書，23年11月2～4日。〕鬧得沸沸揚揚。

對我多溢美之詞；又談左舜生、王光祈在德國的一些往事，也談到當年他與毛子水先生考留德，毛先生第一名，他第二。翌日晚，我即送去一本《近代史研究所集刊》給從吾師。

四、四年大學生活點滴

　　大學生的生活，應該是多彩多姿的！可是我的大學生活，沒有想像中的浪漫。一是內向、自閉的個性，再者就是窮困的壓力，使生活沒有彩色，但是仍然有些可以記述的瑣事。在中學和我鄰桌的趙彥賓，品學兼優，各門功課都很出色，我碰到數學、英文方面的問題，他總是不厭其煩的為我解答，獲益良多！他考到師大英語系，我經常到師大去找他聊天，有時去周轉一下，我借50元，他給100元，這樣的朋友真是難找。民國四十七年（1958）年底的某天，天氣奇冷，我騎著自行車去找彥賓，右手放在茄克（編案：「夾克」的另一種譯法）的口袋內，當時新生南路的大排水溝尚未加蓋，忽然我一下子就向右栽了下去，手腕骨折，茄克擦破了一大片，所幸路上汽車不多，後面有一輛車子煞住了車，經路人將我扶到路邊，說沒有人碰撞問我怎麼倒的？我也莫名其妙。等在路邊清醒後，發現是鎖忽然彈到輻條中間去，車子失去重心，若不是天冷，由兩手扶著龍頭，就不會摔那麼慘！推著車子到和平東路及羅斯福路口的于善堂去看，于善堂是有名的接骨師，非常肥胖，像如來佛似的。經治療後，並未痊癒，每到陰雨天，就隱隱作痛，不便寫字。直到畢業考時，還會痠痛。

　　放假日，我常到板橋歡子園魏敬軒大哥家打牙祭，魏大哥在國民教師研習會開公務車，有一次搭他的便車，自板橋經中和、永和送我回台大，開到中和時，路上車輛很少，他讓我坐到駕駛座，要教我開車，我就是不肯學。他問為什麼不學？我說，我這輩子怎麼有能力買車！學了也是白學。後來，我不僅有能力買，而且為兒女買了好幾部，但是自己就是不會開。當初若學開車，年輕膽量大，很容易就學會，就是一念之間，只有坐車的份。

　　在中學高我一班的莊惠鼎，讀台大政治系，住徐州路的第四宿舍，也是我經常去光顧的地方。他人緣太好，第四宿舍成了實中老友落腳的地方，人

來人往，川流不息。有一年暑假，我去惠鼎的第四宿舍，看到王衍豐有一條鐵灰色的達克龍褲子，就先借穿一下，將我唯一的一條破褲子脫下來洗一洗，不知道是什麼理由，就像劉備借荊州一樣，一直沒有還他。若干年後，每見到衍豐，我就說欠他一條褲子，而且是和他穿一條褲子的。惠鼎有兩條毛巾，一條洗臉，一條洗澡，我們這些不速之客，總是用那條乾淨的。後來惠鼎偷偷告訴我：洗臉的髒，洗澡的乾淨，因為很少洗澡，用的次數少。

　　大學的生活，畢竟是一生值得回憶的，即使是窮學生，現在回想起來，仍不免悠然神往！茲將特別值得一提的一些事，縷述如下。

1、國慶、顯華入學的一段波折

　　在員林實中和我同屆畢業的齊國慶、程顯華兩人，在參加聯考時，也報考了海軍官校及海軍機校。海軍官校搶在聯考放榜前放榜，而且錄取者必須馬上報到。齊、程兩兄在聯考並無把握下，不得不先到海官報到入學，免得兩頭落空。到了聯考放榜時，國慶考取台大森林系，顯華考取台大植物病蟲害系。這樣的結果，使兩人大傷腦筋，衡酌再三，仍不知何去何從。早一年考到海官的韓毓慶兄去看他們，認為台大的出路要比海軍官校廣多了，勸去台大，才堅定了他們的決心。於是趁例假日放假時，聯袂著軍裝離開海軍官校，換上便服，即按照海軍官校《學生手冊》的規定，將軍服託黃家駿兄以雙掛號寄回海軍官校。馬上到台大註冊入學。和我同住第八宿舍一個房間。開學不久，軍方人員著便服進入台大，他們先到訓導處洽談，張樂陶教授即找到國慶、顯華詢問經過。經說明係按照《學生手冊》的規定辦的。張老師說：「不要緊張，我同意他們將你倆帶走，也一定要他們把你們安全的送回學校。」因為在傅斯年校長時期，即不准軍警到學校抓人。他立下的規矩是：官方必須依法處理。在民國三十八、九年（1949、1950），正是國家危機存亡之秋，除了傅校長，恐怕沒有第二個人有這個魄力！國慶和顯華在拘留所待了幾天，和其他人的待遇完全不同，可以說備受禮遇；除了不能離開拘留所外，行動非常自由，並且可以到他們的辦公室隨便看報紙。張老師為他倆請了法律顧問，該顧問與軍法官非常熟，似有師生關係，倆人先就訊問要點交換意見後，再由顧問告訴國慶、顯華

如何應答。訊問的要點在於軍服有沒有寄回海官,經說明已雙掛號寄回,惟回執不在手邊。經軍法處向海官查證確已寄回,即釋回到學校上課。國慶、顯華並蒙錢校長思亮召見勉勵:安心向學。由此可見,台大對學生之照顧,真是無微不至!

於此不能不令人想起了傅鐘。傅鐘是為了紀念台大第四任校長傅斯年所建立。在三十八年(1949)的四六事件中,傅校長力抗當局,直接找上國民黨高層,要求政府逮捕台大師生,必須經過校長批准;甚至膽敢向警備總司令彭孟緝放話,「若有學生流血,我要跟你拚命,……」傅校長在任雖然只有兩年多,卻為台大留下三個恆久的遺產:除了「敦品勵學、愛國愛人」的校訓外,就是現在眾人所高喊的大學自主、學術自由。如今,傅校長墓木已拱,有著七十年歷史的傅鐘仍在,平時雖不顯眼,但只要敲起那台大人引以為傲的21響,學術之風便會吹起。

2、宿舍風光

自初中一年級起,我就是住宿舍,對於這種團體生活,已非常習慣;只是大學的宿舍自由多了,雖然也有教官,幾乎形同虛設。在大學一年級時,我住在偏遠的第八宿舍樓下一間寢室,每天騎自行車去上課,遇到颱風下雨時,苦不堪言。民國四十五年(1956)三月二十六日,在第八宿舍從樓下搬到樓上,與齊國慶、程顯華、王曾才同寢室,被推為室長。四月十五日,第八宿舍後面山上失火,自中午燒到晚上十時許。齊國慶去參加救火,非常辛苦,回來還受了一肚子氣!民國四十六年(1957)一月三日,第八宿舍全舍同學射擊比賽,我得到第五名。三月一日,宿舍抽籤,很幸運抽到第六宿舍,許延熇兄問我願住十二宿舍否?我又想住十二宿舍。三月十一日,由住了一年半的第八宿舍,冒著風雨之苦搬到距校區較近的十二宿舍105室。與程顯華、齊國慶仍住在同寢室,一直到畢業,三人「同居」了四年。在105室的室友,還有唐天寵,他和國慶在森林系同班。天寵兄才氣縱橫,聰明過人,他的興趣極為廣泛,而且家境富裕,沒有生活上的壓力,是個才子型的人物。離開學校已半個多世紀,

至今我們還保持聯絡。他在《七十年來家國》[7]的回憶錄中，對我們同宿舍時的回憶云：

> 在12宿舍時，我和一位歷史系同年的陶英惠兄對面而睡對面而坐，他經常在大家坐在書桌後自修時〔考驗〕我一些中文和英文字詞的正確寫法和拼法，經他特別挑選的〔疑難問題〕十中有九我會做錯，汗顏無地。但我尚稍有一些記性，知道錯了以後就再也不會有錯，這個遊戲讓我一生受用不盡。另外還有兩位同年級的農學院同學，一位是植物病蟲害系的程顯華，他每天在大聲背誦各種昆蟲的拉丁學名，連我也學會了一些；另一位是和我同系的齊國慶，我們是同睡一個雙層牀，他睡在我的上面。……宿舍每間住八個人，門在正中間，靠兩面牆是四組雙層牀，兩組床之間有上下層的櫃子，每人一個。房間中央是面對面四組八個書桌；當時所有的台大學生宿舍大概都是這樣。每個宿舍都有飯廳供應三餐，費用是每個月繳一定數目的〔包飯費〕。

天寵兄的過譽，愧不敢當。在民國四十八年（1959）一月，有一天天氣奇冷，幸虧他借我一件外套穿，方得保暖。另外就是來自砂磱越Sarawak詩巫市Sibu的僑生邱慶潮、黃永和、林國華（來自馬來西亞Sarawak州，由土木工程系轉外文系。民國八十九年齊國慶由印尼調到馬來西亞服務時，邱慶潮已是Sarawak州議會的秘書長）、陳敬欽等，記得邱慶潮送我一本楊蔭深著《中國文學史大綱》，商務印書館，民國四十三年二月第八版。在十二宿舍的樓上，也有一位實中老友趙元安，他也是歷史系，晚我一年。和他同寢室的方紹孔，山東陽穀人，政治系，對我也一直很照顧，頗有老大哥的味道。

十一、十二宿舍是僑生宿舍，他們來自不同的地方，都喜歡大聲說話，非常吵。不得已，就去圖書館看書。民國四十七年十月三十日晚上，十一宿舍越南僑生偷工友楊泉之雞被捉住。可見那時僑生的素質，也是良莠不齊。

---

[7] 手稿。

十二宿舍的後面，跳過一個小水溝，便是「陸軍兵工學校兵工工程學院」（「國防大學理工學院」的前身），有幾位實中的老友袁照瑞、范傳珠、單士彥等在那裡就讀，我為了省錢，寒暑假偶爾去他們的伙食團吃頓便宜飯，有時還可以看場免費的電影。

3、參加暑期戰鬥訓練

　　系上的活動很多，我因太內向及阮囊羞澀，而不敢參加。在實中養成了害羞、內向、自卑的個性，總是把自己關在一個小小的天地裡，鮮與外界接觸，無法融入這個新的大家庭，在大學裡，與外向的同學們格格不入。記得一次為趕到下一堂課的教室佔位子，騎自行車時將同班的女同學撞倒，並且連環倒了好幾部車，自己扶起車騎了就跑，不但不會幫女同學扶起來，連說聲對不起也沒有！真是十足呆頭鵝一個。（說起來，台大女生上課搶位置是一景，下課鈴聲一響，她們輪流騎自行車，用最快的速度搶下堂教室前排的位置，一到教室用書籍、筆記本一放，前幾排都是她們了。男生只有後排可坐，尤其階梯式大教室，坐在後邊的同學，聽老師講、看黑板都有困難。）

　　「中國青年反共救國團」於民國四十一年（1952）十月三十一日在臺北市成立。設置總團部，蔣經國為主任，另在大專學校設團務指導委員會，中等學校設團務委員會，台灣的高中高職男女學生，一律是救國團的團員。每所學校都設有軍訓教官，學生必須接受軍訓課程和軍事管理。救國團在暑假時舉辦「戰鬥訓練」活動，一切食宿交通完全免費。大家紛紛報名參加。

　　我於民國四十六年暑假，參加救國團的戰鬥訓練：「古史遺跡考察隊」，是神鷹大隊63個學術研究隊之一。這是我到台大後第一次參加公共的活動。因為東部很少有機會去，機會難得。八月一日上午在中山堂舉行開訓儀式，由教育部長張其昀主持，劉光炎（中研院秘書組劉德華的父親）講話。八月二日，十時在台北車站搭宜蘭線火車，記得傅樂成老師是和我們一塊去的，周徵教官則一路陪同照料我們。14:30抵蘇澳，四周青山綠水環繞，風景甚好。我們住士敏國校，原為附近水泥廠的員工子弟學校，後來改為縣立。遇實中同學趙錫永。八月三日，13:50搭公路局車，經過遠東最驚險之蘇花公路，18:20抵花蓮。途

中逢大雨，數處路基沖壞，車子慢慢開過，令人提心吊膽，非常驚險。有些同學暈車嘔吐。車過太魯閣，才放心。在花蓮住農業職業學校教室講台上。翌日自由活動一天。約同學遊花崗山、花蓮師範及花蓮女中。八月五日，7:00去太魯閣，同班六人和傅老師，在山口下車後步行入山，橫貫公路開鑿已年餘，僅25公里，迂迴曲折，繞山而行，工程浩大，常有落石，甚為危險。我們走到白沙橋時，略事休息，程有美還為大家拍了一張照片，橋旁曾經有幼童被落石砸死，數日沒有人敢去收屍。我們到那裡時，落石尚未清除。下午六時許返回。八月六日為平地考察，即自由活動。八月七日，10:11乘柴油車離開花蓮南下，15:20抵台東師範住下。車上與周徵教官長談，獲益匪淺。他說：這個社會太冷酷了，雖一聲一笑，也能予人無限溫暖，所以他做事總是笑臉相迎。他又為我看相，並囑：什麼事最難，就先做它，以補不足。周教官身材魁梧，美鬍鬚，善繪畫，對人觀察入微，結訓後，他送給每位同學一張畫，給我畫的是一幅新郎新娘，並書：「憂傷足以喪志，努力自有成果；無獨尚能有偶，況其他乎！陶英惠同學教正」下蓋「谷梵」印章。我這時囊空如洗，出去旅遊，難免時有憂傷之表情，所以他寫這幾句話勉勵我。至今感念不已！八月八日，上午去馬蘭訪問，下午登鯉魚山，迷失方向，半天才下山。在笑亭遠眺火燒島，亭下為清朝台東州官胡鐵花（胡傳，胡適的父親）之紀念碑，落成時，胡適曾親往觀禮。車站前之橫街為鐵花路，鐵花曾住該街某家，故以街名作為紀念。八月九日，上午訪南王村，下午去大橋，是遠東最大之鋼吊橋。八月十日，上午訪知本村，下午去知本溫泉洗澡，縣政府招待，十天來之疲勞，一洗而去。與班代表諶育清同去中華路拜訪中文系二年級吳惠珍，適外出未遇，翌日她至農校同遊。8月11日，8:00自台東搭公路局車赴枋寮，12:30才到，因為沒有爭先上車，只有坐車門處，汽油味薰得頭昏欲嘔，只有晚我一年的蔡淑和小姐讓了一小時的座位，別人都視若無睹。住枋寮國校。我強打精神，爬上了17:05的火車赴高雄，到小港時已是晚上十點了。在小港又住了一天半，八月十三日，10:20火車由高雄北返，23:00抵台北。結束了戰鬥訓練活動。

4、單車失竊記

那時自行車要繳牌照稅，一年18元，未掛牌要罰30元，直到民國六十二年（1973）才取消此一稅項。

民國四十七年（1958）暑假，顯華不知要去那裡，臨走前，將他那輛非常破舊的自行車交給我用，沒有鎖也不會有人偷。不料有一天竟然不見了，我想一定是有人臨時有事騎走，定會還回來，所以也沒去報案。又過了幾天，警察竟然找上門來，當時自行車也要繳牌照稅的，這輛車子沒繳稅，但是懸有台大第十二宿舍車庫停車的牌子，警察就是根據這個線索找來的。他問是誰的車子，我說是同學借給我的，現在丟了。他說，為何不報案？我說車子太舊了，不值得報案追查。他說：「這輛車子停放在北一女的車棚內，在大專聯考時，北一女是試場，有人寄放一輛新自行車不見了，車棚只剩下你這一輛，不能不令人懷疑是你騎去舊車，換走了人家的新車。」這真是天大的冤枉！失竊後，我如果去報案，也就沒有嫌疑了。無論我怎麼解釋，都沒有用。為此，我跑了無數次的公園路派出所，以及北一女的事務組（組長朱同孫），也託了和平東路的叢樹棣前往公園路派出所交涉，在五分局的莊惠民大哥，也曾出面相助，可是糾紛仍難解決，甚至連北一女的工友都出口傷人。心中之嘔，可想而知。公園路派出所負責與我商談的是一個姓任的警員，態度蠻橫，百般刁難，氣得我要死。顯華兄雖一再表示是一輛破車子，不要再追回了。但是不要也不行。經過無數次的奔走，直到民國四十八年（1959）二月十九日，接五分局二次通知往領車子，託惠民大哥代辦。二月二十日，惠民大哥見告：當再寫一報告說明單車未請牌照之原因並請求發還。二月二十一日，將申請書及教官室證明寄惠民大哥。三月五日對保後，竟然又要重申請。三月九日，託杜青松兄為鋪保，直到三月十七日，才將車子領回，本來就是一部破車，現在幾乎變成一堆廢鐵，略加修理後還給了顯華兄。總計前後浪費了八個多月的時間，在精神上的損失，更是無法計算了。

民國四十九年（1960）五月底，在幹校三個月的分科教育結束，我抽至空軍高砲104營第一連當幹事，六月七日下午到宜蘭壯圍鄉的東港第一連上任。

營房緊臨太平洋，對外交通非常不便，連上每週三及週六都有車子到宜蘭市及礁溪，官兵可以去逛逛或採購生活用品。緊鄰營房派出所的員警，也搭便車出去，軍警是一家人，也無所謂。有一天我坐小吉普車去宜蘭，看見一個員警上大卡車，身影非常熟悉，仔細一看，原來是公園路派出所的任警員，真是山不轉路轉，他可能犯了什麼錯，才被調到這窮鄉僻壤的地方來。當初我為失竊車子事他種種刁難的情形，立即浮現腦海，把他趕下車去，報了一箭之仇。

5、聽名人演講

當時的台大學生社團經常邀請校內外人士演講，校外知名學者如羅家倫、陶希聖、胡秋原等；校內邀請次數最多的當是黃祝貴和殷海光兩位教授。兩人的立場不盡相同，但都妙語如珠，座無虛席。尚記得殷教授講題有〈尋人〉、〈掃霧〉等，多為對時政的評論。

民國四十五年五月十七日，去聽師大附中校友會首次舉辦之公開演講，地方自治權威李宗黃講〈民主真諦〉，講的內容已不甚記得，他好像贊成「競爭」。

十一月十七日，下午聽雷震遠神父講「越南現勢」。雷神父講的一口道地的中國話，但在講「兩個」時，說的是「二個」，露出了外國人的說法。

民國四十七年十月二十四日，到台大法學院聽幽默大師林語堂講〈紅樓夢考證〉，我還買了此文的抽印本。這時的林語堂已經是六十三歲的老人，聽完演講後，感到他已經沒有了當年的銳氣，所謂劍老無芒，人老無剛，誠哉斯言！

十一月十五日，是台大第13周年校慶，胡適蒞校致詞。這是我第一次看到胡先生；至於所講的內容，已完全不記得了。姚從吾老師對胡適非常推崇，常在課堂上向我們介紹。有一次特別告訴我們，胡適將於民國四十八年二月二十四在南港史語所第十次學術講演會講〈真歷史與假歷史——以四百年水經注的研究為例〉，要我們去聽。演講的地方，是胡適院長的辦公室內，在現在史語所大樓左前方一個小的獨立建築物，那間房子後來改成了研究院附設的幼稚園，我的女兒和兩個兒子就是在那裡畢業的，這個建築物後來拆掉了。記得演

講會那天，小小的房間內有趙元任夫婦及數十位名教授到場聽講，我們學生坐在最後面，看到趙元任夫人楊步偉女士坐在頭排，老是來回不停的走動與人講話。這對演講人似乎不夠尊重，但胡先生並不以為意，可見他們關係的深厚。

6、歷史系同窗好友小記

大學四年，一幌就過去了，我並沒有讀什麼書，最大的收穫，就是開了眼界，見識到什麼是大學者，什麼是天才！總算沒有白讀。

和我自初中到大學都是同班的有兩人，一是王曾才（王鼎鈞的胞弟），一是王德毅；曾才兄山東臨沂人，才氣縱橫，反應極為敏銳，他歷史系畢業後，又考取歷史研究所，民國五十年（1961）八月，考公費留學，以351分獨佔鰲頭，於五十一年七月赴英，取得英國劍橋大學哲學博士。歷任台大教授、歷史系系主任、歷史研究所所長、文學院院長及淡江大學文學院院長等。民國七十三年（1984），任考試院秘書長。他在立法院備詢時，是唯一敢與立法委員據理抗辯的政府官員，不亢不卑，表現出山東好漢的作風。德毅兄是江蘇豐縣人，他是漢朝董仲舒一類的學者，下帷講授，可以三年不窺園。他在台大歷史系由助教、講師、副教授一路升至教授，以研究、教學為終生事業。退休後，仍然固守著自己的崗位，在繼續從事研究工作。這種終生專心壹志、潛心於學術的專業精神，實在令人敬佩！

歷史系藏龍臥虎，我們那一屆有北伐功臣、陸軍一級上將朱培德之子維信；空軍軍官學校校長胡偉克之女蓉裳；名教育家、曾任北京大學訓導長陳雪屏之女淑萍，嫁給了中央研究院人文組院士余英時；黃淑蘭則嫁給了中央研究院生物組院士王倬。系上女同學有好多位是台北市第一女子中學畢業的，她們都穿著同樣的藍色茄克，我們稱之為藍衫黨。蕭啟慶娶了王叔岷老師的女兒王國瓔，於民國八十九年（2000）當選中央研究院人文組院士，民國一〇一年（2012）十一月病逝。

在同窗好友中，給我幫助最大的，應該首推劉鳳翰。鳳翰兄是河北省新鎮縣人，民國十六年（1927）八月十九日生。大我六歲。他是退役後復學，故年齡稍大。他罹有支氣管擴張痼疾，呼吸不很順暢，深以為苦。民國四十七年暑

假，他要在台大醫院開刀，因為在台沒有家人，住院時乏人陪伴，他問我可否在手術後照顧他一下？我也是隻身在台，暑假無處可去的閒人，立即答以沒有問題。他住到台大醫院，經過一連串的檢查、評估不能動手術，便辦理出院，繼續用藥物治療。他雖然沒有開刀，我也沒有什麼照顧，可是從此認為我是可以深交的朋友，過從日漸密切，因而成為終生的好友。好友是無意中相遇，不是刻意強求來的。我倆曾多次從台大一塊騎著自行車到南港，在中研院史語所圖書館蒐集畢業論文資料。我一向不善理財，時常鬧窮；鳳翰兄則總是不缺錢用，他經常請我吃吃小館，在那個大家都不寬裕的年代，下館子是非常奢侈的享受，而我一直沒有回請的能力，他也從不計較。而他日後對我的關懷與照顧，真可以說是無微不至，幫我進行到國史館工作，再轉至近史所工作。這是我今生一次重大的轉機。如果不是鳳翰兄相助，我無法到國史館，也進不了中研院。他於民國九十六年（2007）十一月五日與世長辭，我是受託協助其家人為之料理後事的一人。我倆的深厚關係，真是一言難盡！

譽滿天下、謗亦隨之的李敖（字敖之），是我們班上的名人，才氣縱橫，風流倜儻，一襲長袍，口含煙斗，目中無人，他和我完全不是一路的；在學校時，他光芒四射，我只能遠距離欣賞或暗中不大以為然，不敢高攀；在鳳山步兵學校服預官役時，和他同在預八期第九隊，雖天天見面，因為出操很累，往來也不多。

退役後不久，李敖就在《文星》雜誌當家作主，為文化界名人看病，一個一個予以嚴苛之批評，當時被視為「文化太保」。他為充實《文星》的內容，並為他的批評文章幫襯，也分頭約朋友撰稿。當時我在國史館工作，記得在向我約稿時，一時想不起適合的題目，乃從自己所熟悉的範圍內，寫了一篇〈關於趙烈文《能靜居日記》〉，發表在《文星》雜誌，第69、70期。（民國五十二年七月及八月出版）該文就事論事、四平八穩，對一些前輩學者有關太平天國的研究，根據新發現的史料有所補正。不料引起了中央研究院近代史研究所郭廷以所長的注意，經過鳳翰兄的穿針引線，竟然使我有幸進入近代史研究所工作，直至退休。人生的際遇，真是難以預料！不曉得在那個轉折處，一個小小的因素，就改變了你的一生！我與郭先生，既非同鄉，也無師生情誼，而且

是與他唱對台的吳相湘教授的學生，他還能接納我到近史所工作，除了有過人的雅量外，顯然此文尚能令他滿意。

敖之兄非常細心，他深知我鬧窮，我訂婚時向他周轉了新臺幣壹仟元，相當等於我一個月的薪水，到結婚時尚無力歸還，他囑在禮簿上以「內收」二字抵帳。那時一般朋友吃喜酒，多半送伍拾元或壹佰元，送貳佰元的都很少，他那時也不富裕，卻送了壹仟元，足見他對我的厚愛。同時，他也了解我是一個比較細心而且可以靜下心來做點小事的人，又介紹我給《傳記文學》的劉紹唐社長，利用公餘及晚間替他看看稿子，使我對編校印刷等有了認識，而且可以賺取一點外快，貼補家用。又因為劉社長交遊很廣，也使我認識了許多知名之士！

在李敖退出《文星》之後，為了生活，曾經匿名創辦過一期雜誌：《文風》。五十六年十二月十六日，《文風》半月刊問世（原雜誌並無出版年月日），只一張四面，售三元，為有史以來最薄、最貴、壽命最短之雜誌。社論及署名龍眠者，都是李敖的手筆，多為批評王世杰院長者。在去《中央日報》登廣告時，還一度遭到拒登。

在李敖紅極一時時，我和他保持著距離，很少和他聯絡，藉避攀附之嫌。一〇七年三月十八日他病逝時，我只有默默的悼念他。

李敖實際上也很念舊，並且尊師重道。他曾電告，在九十八年五月二十五日，他去看台大歷史系已故的姚從吾教授之墓，看到荒草湮沒，立即雇工為之清掃。又曾到臺中一中的宿舍去回顧，已荒廢很久但尚未拆除，乃攜回一片瓦。一〇二年六月十四日，李敖在電話中，和我細數台大同班老友已所剩無幾，謂前面已沒有擋著的，就快輪到我們了。並舉一些名人都是我們這個年紀走的。我說我長你兩歲，還擋在你前面沒有走，不要怕。沒想到他竟超車先我而去。

一〇四年四月二十五日，李戡邀了五桌他父親的老友，在福華飯店為之慶八十大壽，我也應邀前往參加。李戡事先保密，藉汪榮祖請他吃飯的名義陪至福華，李敖進所訂房間時，李戡躲在門後邊，等他進了門，李戡從門後跳出來，給他一個驚喜。

一○五年十一月二十一日，接李敖電話，說我倆一位共同的朋友楊爾琳走了；他本人頭腦仍然清楚，記憶力未減，而且鬥志昂揚；只是走路不大行了。人老先老腿，因為腿馱著身體一輩子，多半先出毛病。這是我和李敖最後的一次通話。

7、打工・謀生・賺外快

那時的大學生，家境大部分不是很好，所以都想打工賺點錢貼補自己的生活費用。按理說我不應該鬧窮的，因為在讀中學時，領了幾年父親的撫卹金，就是因為有這筆錢，才膽敢填台大的志願，倖能考取，是祖上庇佑。可是我不會理財，未能妥善運用撫卹金，由於心腸太軟，看到一位同鄉長輩為病所苦，付不出龐大的醫藥費，向我借去許多，始終未能歸還，民國四十五年（1956）六月九日日記：「台南張大叔借去的撫卹金，至今不還，而我則整日為沒有錢吃飯而煩惱！」所以我在讀台大時，就已經鬧窮了。民國四十五年三月二日的日記中記有：「去取加洗的照片，因為少兩毛錢，而老闆不允取回。體會到了一分錢斃死英雄好漢的滋味！為了急等發信，而將一張用過的郵票貼了上去。聽說法商學院、護專的同學，因繳不起學費而不能註冊，比起他們來也就滿意了。」可見當時困頓窘狀的一斑。那時還認識了兩位鄉長：趙明九及任子和兩位大叔，都是距我老家很近，而且認識先父的，他們自軍中退役，也沒有任何積蓄，任叔叔後來以拉三輪車為生，在那種艱困的情形下，每逢見面時還會給我一點零用錢，使我永遠感念。民國四十七年十二月十五日，地球牌鋼筆獎學金在《台灣新生報》公布名單，我列第一名，拿到了新臺幣200元意外財。每月固定的收入就是大陸救災總會的助學金，在別人都勉強夠用，我就是經常寅吃卯糧，不夠開支。上大一國文時，王叔岷老師在作文中看到我困苦的情形，除在批語中予以慰勉外，並代託系主任臺靜農於寒暑假中留意工讀的機會。事雖無成，但我永遠感念其盛情。

那時學生的生財之道，不外找家教、送報、鈔繕及投稿賺稿費，此外就恐怕沒有什麼門路了。茲分別說明於後。

家教：當時各校學生最多的兼職工作是做家教，就是到私人的家裡去為學

生擔任家庭教師，補習功課。憑著台大的金字招牌，找家教應該很容易，可是我卻為應徵家教受了不少折磨，在我簡單的日記中，曾記有：民國四十五年七月十一日：「每天在為錢而操心，告債度日，為應徵家教，跑腿、寫信，均石沉大海。」七月十七日：「上午去師大聽英文，聽完英文後，到中央日報（台北火車站左側不遠處）登家教的小廣告，回程時，若非行動敏捷、火速從自行車上跳下來，並及時將自行車前輪抬起，恐已葬身在公共汽車的輪下，真是驚險萬狀！」當時的情景，至今想起來仍有餘悸！十一月十六日：「早上去應徵家教，三過徵家教者的門而未入，自尊心、金錢、時間，在心中絞成一團，遂返。」

在這期間，我也曾拜託在建國中學任教的史老師，希望他能在他的學生中介紹個家教。史老師是在濟南一臨中的老師，民國三十八年流亡時，我們一路從金華附近的賀村，步行到福州，沿途沒有食物，家叔和劉煥忠找到可以吃的東西，總會先分一點給史老師果腹，我們真可以說是同甘苦、共患難的師生關係，以這樣的關係，我想一定可以給我介紹一個家教。可是在民國四十五年七月二十二日日記云：「星期日的早上，我到史老師處聽回信時，他隻字不提家教事，我的自尊心也使我不便再問，只有裝作若無其事告辭。娘的教誨，又縈繞在腦際：凍死迎風站，餓死不出聲。」

天無絕人之路，後來終於找到了家教，不但找到，而且還曾讓給別人過，可是一點也不記得了。實中老友劉玉印（後改名玉璽），那時常到我宿舍來找程顯華聊天，多年後相聚談起往事，他說我當時有兩個家教，讓了一個給他。他第一天去上課，學生問他一個雞兔同籠的算術題，他解不出來，就被辭退。當時他非常氣憤，想不透為什麼要把雞和兔子關到一個籠子裡？

到了民國四十八年五月，我就要畢業了，還曾同時教過五年級的丁用青及六年級的林華，每星期去三個晚上。林華是個女學生，她幼年不幸喪父，憂鬱寡歡，上課時不敢發問。

送報：送報是一個不錯的工作。但要起個大早去批報紙，再風雨無阻地挨家投遞，非常辛苦，而所得有限。在濟南時，沿街賣報的人很多，一面走一面喊著：大公報、華北新聞等，喊的音調很好聽。在台灣好像沒有見過沿街賣報

的，書店或雜誌攤代賣報紙，多數人家是訂報，有人送到家。

　　記得小時候唱的一首〈賣報歌〉：「啦啦啦！啦啦啦！我是賣報的小行家，不等天明去等派報，一面走，一面叫，今天的新聞真正好，七個銅板就買兩份報。」

　　我們學生沒有時間沿街去賣報，只能早晨去送報。送報的工作也很不好找，李敖在所著《李敖快意恩仇錄》[8]中說：「台大校本部送報生，原由臺靜農的兒子擔任，後來轉給莊因，莊因轉給了我，我轉給陳彥增、孫英善，陳彥增、孫英善轉給張丕隆他們。」（p.80）又說「我在台大送報期間，每天騎腳踏車到館前路，以現金批報，然後轉回來。」（p.98）如果第一堂就有課，在時間上就很趕了。記得張丕隆騎著一部舊自行車送報，為趕時間，騎得飛快，有一天，他自行車的前叉子忽然斷裂，人向前傾倒，胸部受到嚴重創傷，非常危險。他曾想讓我接替他的送報工作，不記得是什麼原因沒有接。民國四十五年（1956）六月二十二日，哲學系的張尚德問我願送報否？當時正在期末考，告以考完後再說。考完後也沒有去送報，已忘記是什麼原因了。

　　聽說抗戰時期，中共讓賣報的喊報名時，其順序為：新華（日報，中共黨報）、掃蕩（報）、中央（日報，國民黨報），聽起來就成了「新華掃蕩中央」，真是隨時隨地不忘宣傳工作。

　　鈔繕：那時還沒有影印機，替人抄寫文件或稿子也是一種兼差賺外快的方法之一。民國四十五年五月十九日，我去台大的講義組應試，因字寫的不好而落空。四十八年二月，中文系的王恆餘來約我到中研院史語所為周法高先生抄稿子，周先生的字跡潦草難認，我抄了不到一個月，共賺了150元。

　　民國四十六、七年，中央圖書館擬將曾國藩重要幕賓趙烈文之《能靜居日記》五十四冊手稿本排印出版，由於手民無法辨認行草，檢排困難，要找人先予謄清。吳相湘老師知道我是清寒的學生，特介紹我去抄寫，我又拉了實中的老友王學書和趙元安一塊去抄，每張稿紙600字，抄一張新臺幣伍元，在當時已是很高的報酬（趙元安說抄寫費好像沒有那麼高）。南海路小攤子上的包

---

[8]　李敖出版，2007年10月初版。

子，伍毛錢一個。稀飯伍毛錢一碗，抄滿一張稿紙，就可以飽餐一頓。不過，我們三人在進入大門後不遠處一個鐵皮屋內抄寫，時值盛夏，不要說空調，連個電風扇也沒有，揮汗如雨而手不停寫的滋味，真不好受。尤其痛苦的是剛開始抄寫時，不認得他的字，很久抄不滿一張稿紙，幸蒙特藏室主任徐玉虎教授及藍天蔚先生不厭其煩的指導，總算慢慢認識了不少草書，抄起來才漸漸順手。不料此事竟使我受惠無窮：除了可賺取一些抄寫費，對於生活不無小補外；以後閱讀檔案文件或名人手蹟時，得到很多方便。民國八十二年（1993）三月二十日台大歷史系成立淡新檔案編印委員會，承張秀蓉所長聘為顧問，主要的工作是替他們辨認草字，真是始料未及的事。而我在中央圖書館抄寫時，也將有用的材料另作筆記，以後即成為畢業論文的主要材料，真可謂一舉數得。至於該日記未何一直沒有排印，不詳。民國五十三年十二月，由台灣學生書局影印出版，共六冊。我們當年辛辛苦苦抄的稿子，究竟流落何處，就不得而知了。[9]

煮字療飢：人都有發表慾，尤其是看到自己寫的東西印出來，更有成就感。可是我當時七拼八湊所寫的，真正的目的是在賺稿費。除偶爾在報屁股上補白外，也在《自由青年》和《中興評論》上發表過幾篇。《自由青年》雜誌的主編呂天行先生，後來曾見過幾面，但對他所知有限。近讀王鼎鈞先生《文學江湖》，對呂先生及其《自由青年》有所介紹，才有較多的了解：《自由青年》是國民黨中央黨部第五組創辦的刊物，呂先生和主其事者並無淵源，因他獨立創辦的《當代青年》雜誌風格清新，得第五組主任張寶樹賞識延攬，並包容他的文人習氣，呂天行也不負所託，把《自由青年》辦成當時青年喜愛的刊物。[10]

民國四十六年，我參加《自由青年》月刊第八次徵文，原題為「我的家庭」，我所寫〈愛的負債〉一文，意外的榮獲第一名，獎金新臺幣300元。原文刊在《自由青年》，第19卷，第1期，民國四十七年元旦出版。在拿到獎金

9　最初聽說該日記要由正中書局承印，為何一直沒有排印，不詳。民國53年12月，由台灣學生書局影印出版，共6冊。至於我們當年所抄稿件的下落，也無人知曉了。
10　王鼎鈞：《文學江湖》，pp.286-287。

後不幾天，到靠近南門市場處去看鄉兄高明一，他是高登海（注東）世伯的獨子，時在稅捐稽徵處工作，我按門鈴後，他站在一座日式房子的門口，比地面高出約一公尺，我正要登台階，他居高臨下跟我說的第一句話，竟然是：「是不是沒有錢啦？」在此前他也曾送過我一次零用錢，語氣沒有這麼難聽，我立刻感到自尊心受到刺痛，即回以：不缺錢，我剛拿到參加徵文比賽的獎金300元。好像沒有久坐，即告辭。從此再也沒去看過他。現在想想，他說那話並無惡意，只是出於關懷小老弟之心，話說得太直接了些，也足以說明他沒見外，不必拐彎抹角的說些客套話。但我是窮學生，就怕人家瞧不起，自己的心理殊不正常，錯怪了明一哥。每一想起此事，輒深感內疚不已！民國九十六年（2007）十二月十三日，近史所數位資料庫的公開展示會，我談王世杰日記的歷史價值以及利用經驗，在國史館任職之高明芳（明一哥的五妹，家人叫她小五）也來與會，我問起明一哥的近況，她說旅居美國多年，身體不大好。記得民國四十九年一月三十一日，我正在鳳山步校服兵役，特到屏東高登海世伯家拜年，當晚回營。那時小五讀五年級，從不進電影院，一次問人家：「為何衣服越曬越乾，而人越曬越濕？」引得全堂大笑！我去，一再要求給她講故事，愧不能應。臨行明一哥送我100元壓歲錢。

在《自由青年》登過兩篇文章後，忽然接到師大國文系一年級一位吳小姐的信，她誤以我為女性，謂讀過我的文章後，欲有所求教。殊不知我乃為伙食費而寫，並不是作家。經過幾次通信，也曾見過面，因不久赴鳳山入伍服兵役而中斷聯繫。

無獨有偶，另有一位也是誤以我為女性的，是《中興評論》的楊敦三社長。因為我投稿到《中興評論》時，每次都用不同的筆名，發表幾篇後，楊社長函邀到其長安東路二段的雜誌社一談。楊社長是武昌人，曾任中學校長及軍職，他勸我：發表時不要常常更換筆名，最好用真名發表，以示負責；並允每隔一期登我一篇，內容最好是歷史人物有功於中興大業者，比較符合他雜誌的宗旨。從此我便有了穩定的園地，也有了一筆固定的稿費收入，對整天寅吃卯糧的我來說，真是一大恩惠。楊社長愛護晚輩之心意，至今仍不敢忘。

第五章　預訓班第八期一年半

一、入伍訓練：鳳山步校

　　民國四十二年（1953），政府效法美國預備軍官制度，籌備「大專院校畢業生預備軍官訓練班」，接受一年之訓練（後改為一年半），其間分入伍教育、分科教育及綜合教育。那個年代，凡是大專院校的畢業生，都要接受預備軍官訓練。到了民國四十八年（1959）夏天我們畢業時，已經是第八期了。

　　民國四十八年八月七日，中南部八七水災，為六十年來所未見。十三日我自板橋魏敬軒大哥家返回宿舍，收到高昂舉快信，方知在高雄服兵役的家叔突患急性出血性胰臟炎，幸有劉煥忠等在旁照顧，才從死亡邊緣上搶救回來。病由七月二十七日起，突覺腹部絞疼，二十九日破腹治療，在手術檯上曾三度停止呼吸，危險萬狀，幸均復甦。當時我正值研究所考試，所以沒讓我知道。至八月十日，病情本已好轉，突又復發，家叔亦自感病重，恐難痊癒，才寫信告訴我。閱信後憂心如焚，因八七水災南北交通受阻，不能即往探視，焦急之至！十四日將東西略事整理，十五日一早即兼程南下，敬軒大哥代籌路費。八時許車次新竹，改雇小包車至南王田，步行過大肚溪橋，鐵軌為洪水沖出數丈遠，災情極為嚴重。乘車至彰化市，全市均困水中，家家戶戶在曬東西。至縣政府兵役科詢問兵役事，再搭車至員林兵役課辦理。即赴西螺，轉赴嘉義，乘火車至高雄，坐三輪車到覆鼎金陸軍五十九醫院，已是晚上十時。走到醫院門口時，心情更為緊張而複雜，真不知見面後的結果是好是壞？所幸吉人天相，已經轉危為安，即留在高雄等候入伍受訓。

　　九月七日，張志欣用自行車從高雄本館里送我至鳳山車站灣子頭，於下午四時入陸軍步兵學校，服預備軍官第八期兵役。校長張立夫，浙江嵊縣人。

報到、領軍服、理髮、編隊，處處顯得新奇緊張和陌生。編入第三總隊第二大隊（大隊長仇挺吾，指導員張伯英）第九中隊，中隊長劉勤（河北香山人），副隊長劉卓賓，指導員于建業（山東即墨人），政工官吳光耀，行政官王志立，區隊長馬葆庭、劉本雄、王樹權，區隊附石福寧、賴添培、康乾淳。同學114人，共分三個區隊，每區隊38人。

入伍教育的前幾個星期，既不放假，也不准會客。九月八日，正式開訓。學著裝、下裝、打綁腿、介紹三〇步槍。訓練分三段：一，第1至5周：重外在，如內務、服裝、儀容、禮節。二，第6至15周：重內在，如服從、負責、守紀。三，第15至24周：訓練指揮及實踐之能力。寢室為兩層的大通鋪，我睡下層，右鄰為師大國文系的鍾毓田，屏東人，是個大胖子，健壯如牛，大家叫他野和尚。他夜間鼾聲如雷。左鄰為台大政治系的侯樾仁，梅縣人，非常精明、英俊，被公認為「隊花」。他發明一種特殊笑法：「哈——哈——哈——！」，流行全隊。

九月十四日，首次週會，校長張立夫說：希望同學們要保持書生氣息，但要有大老粗外表，粗中帶細，細中帶粗，不要存有虎落平陽之感。九月二十日，為預備裝備大檢查，利用晚自習時擦槍，大隊長聞知後，對值星官剝奪自習時間大加斥責。聽說第二隊為兩位同學晚間罰站，全隊拒不就寢，結果是隊職官讓步。

在九月二十七日第三個星期日，上午到74.1高地挖防空洞，回營午飯時，有一位同學在看齊時跑不動，被馬區隊長拉倒，全隊同學大為不滿；又記得好像是排頭剛華民在挖防空洞時足部受傷，在回營區的路上，他跛足走路，其他人也都為挖防空洞事心情欠佳，隊形自不整齊。走到餐廳前，值星官叫剛華民出列，責他影響隊形，罰圍著操場跑一圈後再吃飯。剛華民謂足部受傷，事非得已，不是故意擾亂隊形，值星官不容講理由，令出必行。剛華民祇得忍痛跑了一圈。大家列隊等他跑完後才進餐廳，乃小聲相約「罷吃」。坐定後，值日官喊「添飯」，大家相應不理，端坐如故，喊「開動」時，仍然無人理會。中隊長見事情不妙，乃溫語相勸；仍然不為所動。最後大隊長來勸大家先用飯，有問題飯後再說。大家不敢再堅持，每人添了一口飯，迅即扒完，算是給大隊

長一個面子，仍穩坐椅子上。解散後一窩蜂跑到福利社買東西吃。在當時，預官人數不多，在軍中備受重視、禮遇，和職業軍人是有所差別的。

九月三十日，農曆八月二十八日，是我滿26歲生日。適伙食團結伙，等於為我加菜慶生。十一月十日，近戰及戰場心理，是真刀真槍，上為重機槍火網封鎖，兩旁為地雷轟轟，在地下匍匐前進，都是濃濃的火藥味，體會到了槍林彈雨的味道。十一月十七日，去台南參觀砲校、岡山參觀空軍官校。

民國四十九年二月七日，整理行裝前往示範部隊作為期三天的實習，第一天為兵，第二天為班長，第三天為排長。在週會上，校長特別交代，要求示範部隊不要把預官們當客人招待，要像從前當婆婆的一樣，多給小媳婦一點氣受，該怎麼樣就怎麼樣。我很幸運，被分發到無所事事的第三營營部連，工作十分輕鬆。

二月十二日，步校廿八周年校慶。民國二十一年今日成立於南京，民國三十九年遷台，四十年復校。張立夫校長說步校的生日是「二、一、二、一、二」正是步兵每次行動的口令，頗好記。他又說一笑話：抗戰時一人接妻手令，上書「5632」四字，見後憂戚滿面，別人不解，乃「速拿米來」。晚上總隊辦晚會。

二月十四日，因為快要結訓了，同學們都有些不耐煩、鬧情緒了，第一大隊同學將大隊長飯桌前之長板櫈砸壞；第二中隊全隊拒不參加集合；在出操前，有人在隊長面前公然將槍棄之於地，隊長只得彎腰拾起來。

二月十五日，美國太平洋海軍陸戰隊鼓號樂隊來校表演，活潑有生氣。大隊指導員張伯英肥胖，同學們呼之為鮮大王；大隊長仇挺吾，江蘇人，很得寵，綽號山大王。

二月十八日，舉行畢業典禮，由陸軍總司令羅列主持。開學時我代表本班去榮譽廳會餐，今天畢業又是我去。

二月二十二至二十四日，加強步兵連期末大演習，第一晚宿田草埔旁小叢林中，夜涼如水。二十三日戰備行軍。二十四日為上等兵身分的最後一天，170天的苦日子總算告一段落。

二月二十五日，上午授階典禮，下午放假北來走訪親友。三月三日午返步

校。政工幹部學校來人編隊，舉行交接典禮。我被分到政幹校。三月四日下午四時許離開步校，官兒們都隨車送行，入伍教育就完成了。半年來的汗水和磨練，也告結束。往事如雲煙，但回味起來，仍然不勝神往！這也就是我勸老朋友們要寫回憶錄的原因，是打發時間的最好辦法，一想到當年的神勇，人就會年輕些。

二、分科教育：復興崗政工幹校

入伍教育半年後，我被分發到台北市復興崗政工幹部學校，接受為期三個月的分科教育，大約是因為具有國民黨黨員身分的關係。位於陽明山腳下的復興崗，原是日據時代的一個賽馬場，蔣經國擔任國防部總政治部主任時，在此興建營房，成立「政工幹部學校」，培訓政工人員。

民國四十九年三月七日，我到復興崗報到，編入第五大隊十七中隊。三月八日，幹校正式開課。這天正是婦女節，獨立中隊所居之木蘭村開放參觀，就男生來說，對女生的宿舍總是有一種神祕感，大家蜂擁著去一探究竟。

三月十二日，舉行開學典禮。那時幹校校長為王昇將軍，副校長為王和璞將軍，山東人，教育長是梁孝煌上校。校長王昇致詞時，謂幹校乃鋼筆上裝刺刀、學士帽上加鋼盔。比喻的很好，所以留下了深刻印象。後來政幹校改制為「政治作戰學校」，從此全校的學生，都是方帽子（學士帽）上加鋼盔。復興崗用播音取代了步校的起床號。起床後要晨跑，由副校長王和璞將軍領軍，依次為木蘭隊、預訓班、大學部、候官班、初級班、高級班，木蘭隊跑的很輕鬆，後面跑的則氣喘如牛；真是巾幗不讓眉鬚。

校本部有一次辦壁報比賽：預訓班以師大藝術系為主的製作群，製作的一流壁報僅獲第二，竟然輸給了剛成軍的大學部。傳言中的理由是為建立大學部學生們的信心。齊國慶兄記得在「我們的家」撞球廳內，撞球桿會碰撞領袖銅像；預訓班向學校建議改善，獲得校部讚譽：「預訓班學生觀察入微、熱愛領袖。」

四月十二日晚上去中正堂看晚會，同學們看女歌星唱歌時，忍不住叫「跳」，結果被副校長訓了一頓。當時幹校規定，大學部學生要向預訓班學生

敬禮，是很受尊敬的，怎可如此輕浮！有一位長官說，和預訓班的任何一位同學單獨會談時，都彬彬有禮，非常可愛；但是只要集合在一起，就會氣死人。這的確是實情。本來一個人在受訓時，往往會忘記他自己本來的身分，有的同學，往往一句話可以說上六七個「他媽的」，沒有這個三字經就說不成一句話，可是一離開了營區，就不會再說這麼粗俗的話。做學生的，多有反抗老師的情結，在下意識裡，覺得能搞個蛋或反對一下老師，就會得到一點滿足。

在幹校已經不出操了，都是在教室內上課，比在步校每天數饅頭的日子好過多了。那些課，可以聽，也可以去想別的事不聽，沒有任何壓力。

三個月一晃即過，用抽籤的方式決定兵種及地點，五月二十七日，宣布結果，我被分發到宜蘭海邊之東港空軍高砲部隊，任第104營第一連少尉三級政工幹事。抽到金門的人，因為距民國四十七年八二三砲戰尚不足兩年，那種可怕的陰影，仍籠罩著大家心頭，因此有人竟嚇得當場哭了出來，真不像男子漢！

四十九年五月二十八日，在幹校三個月的分科教育，功德圓滿，一早冒雨去中山堂舉行畢業典禮。然後我逕至三重埔高砲司令部聽候分發事宜。

三、綜合教育：分發宜蘭東港高砲

民國四十九年六月六日，乘火車到宜蘭七結空軍高砲106營營部報到，由陳片光幹事協助完成手續。當晚因為沒有車子，即住在營部內。六月七日下午到東港104營第一連上任。連上有一位賈志遠排長，談起來竟然是同鄉、也是一聯中的學長，頓時感到不再孤單。另有任善楷、周英、蔣北辰、李戈銳等，大家相處極為相得。營房緊臨太平洋，在寢室內即可聽到波濤的怒吼聲。看起來環境不錯，工作也不致太忙。惟蟄居此間，精神上總會有些苦悶！營區內有一個高懸的大喇叭，作為廣播傳達命令及信息的工具，每天不斷的以高分貝製造噪音，吵得不得寧靜，宛如置身戲院、歌廳，精神上的轟炸，真有點吃不消。

六月二十五日，連上舉行60、90砲及50機槍射擊，真是難得一見的機會。上級還來了一些長官，是來參觀？抑是監督？就不得而知。高砲射擊，是由無

人駕駛之飛機，拖著一個長長的靶，高砲要將拖著靶的細繩打斷，靶落海中，但不能打到飛機，頗覺新奇。在這次射擊中，命中率很高。50機槍射擊，是對付自海面上來犯之敵人，就沒有什麼特別之處了。

七月五日，天氣漸漸熱了起來，住在小鐵皮屋內像蒸籠似的，頗不好受。晚上熄燈後，我和幾位排長用撲克牌玩接龍，贏的錢作公積金，到礁溪買木瓜大家吃。記得有一位廣東籍的排長，非常老實，我們在他背後放了一面鏡子，他手上有什麼牌，我們一清二楚，所以他經常是輸家。所幸賭的都是小錢，好玩而已，沒有大輸贏。

七月六日，公布加餉，我是空軍少尉月領355元，比陸軍少尉之薪水稍高。當時曾有以美金發軍餉之傳言，有一位老戰士對我說，他不願薪餉發美金，他認為發美金就是亡國，不發美金就不會亡國。這就是他們的邏輯！

十月二十五日，去三重埔司令部補充營參加為時一周之三民主義講習班。三十一日返營。十二月六日晨去旅部考試。十日返宜蘭。

十二月三十一日，民國四十九年又無聲無息的溜走了！晚上連裡加菜，我的酒量不好，又喝多了點，微醉。在軍中數饅頭的日子快要結束了，可是心情非常沉重，沒有一般預備軍官即將退役時的那股興奮和期待！在這一年最後一天的日記中，我是這樣寫的：

> 夜半醒來，難以成眠。近來天氣奇冷，正像我生命中之冬天，酷寒無比！退役在即，而工作毫無頭緒，解甲後將何以為生？思之悽然！
>
> ——於宜蘭縣東港海濱

民國五十年（1961）一月四日日記中又云：

> 我討厭多雨的海角，尤其是冬天，冷風凍雨、爛泥巴路，銀灰色的天空，陰鬱的遠山，愁苦的大海……如果沒有一點溫暖的回憶，一定會更冷！

提前退役：我們預備軍官第八期，本應於民國五十年三月六日退役，不料在一月三十一日上午，忽然接到營部人事官電話通知：「明天提前退役」。由不及行文而用電話通知，可知決定的相當倉促。提前退役，本是求之不得的喜事，但事出突然，所以感到手足無措。因為我是無家可歸的人，工作尚無著落，將何去何從？反而高興不起來。二月一日中午，連上官長為我餞行，菜非常豐富，記得有一條大魚，一端上桌，連長先把魚頭夾給了我。一般說來，喜歡而且會吃魚頭的人，比較聰明、且有領袖慾；我既不聰明，也缺乏領袖慾，所以不會吃魚頭。對於連長的盛意，又不能拒絕，只有慢慢挑一點沒有刺的地方吃了一些。等到同桌的人都去敬酒時，連長的小白狗正好來到桌下，我夾起了魚頭往地上一丟，牠叼著躲開去享受了。有很長一段時間，每逢吃魚，就想起這段糗事，而被內子明正取笑。因為老家沒有大河、大湖，更不靠海，小時候很少吃到新鮮的魚，偶爾吃點刺少的鹹魚，所以不會吃魚。晚上連部裡的弟兄們，又請至小成都大嚼一頓。年關將至，要他們破費，深感不安。

二月二日，將被服等公物繳回，搭火車北返，告別了東港海邊上的營房，也告別了軍人生活。內心有些興奮，可是更多的是惶恐！前途茫茫，以後怎麼辦！我一向過著寅吃卯糧的日子，不會理財，沒有分文積蓄，忽然宣布提前退役，身上竟然一文不名，臨行幸獲賈志遠排長、也是我一聯中的學長慨贈路費，又承在宜蘭森林開發處服務的台大歷史系朱寶樑兄（山東平原縣人）資助，才得以成行。他們兩位的鼎助，十分感謝！來到台北後，唯一可以落腳的地方，就是板橋魏敬軒大哥家，可以暫時棲身。

我和實中的兩位老友特別有緣，一是莊惠鼎，一是齊國慶。我到宜蘭東港服兵役時，惠鼎竟然先我到宜蘭的三星國中任教，我們又可以在宜蘭經常見面聊天。他一面教書，一面準備考台大政治研究所。八月二十三日放榜，他考取了，乃辭掉教職，回台大讀書。他走後，介紹了兩位女弟子：陳永美、李時子，讓我免費為其補習功課。我在軍中整天無所事事，為打發無聊的時光，慨然應允。記得曾假宜蘭圖書館為之補習過幾次，不久退役離開了宜蘭，就沒再聯絡。

我和齊國慶，兩人在台大同寢室住了四年；在鳳山步校，我是九隊，他

是十八隊；又同在政幹校接受分科教育，我分發到空軍高砲104營第一連當幹事，他是第二連的幹事，駐防在蘇澳鎮岳明新村大坑窟的海邊守海防。我們都是配屬106營的，相距也不遠。記得在快退役時，他們連上的炊事兵早晨開著中型吉普車去買菜，在經過一個火車平交道時，駕駛兵很規矩的先把車子停下來，停・看・聽，看看沒有火車來，再啟動前進。這個平交道在一轉彎處，視線有死角，又無人看守，沒想到車子還沒有完全開過鐵軌，火車疾駛而至，撞到車子的尾部，車毀人亡。司機若不停・看・聽，直接開過去，一點事也沒有。時耶？命耶？記得在為亡故的戰士公祭時，我還去參加了。連上出事，做幹事的總要費神處理。

四、預訓班瑣憶

我服為期一年五個月的預官役，到此結束。回想起來，有一件影響我很大的事，就是吸煙。當時軍人的待遇很低，軍中以較低的價格配售香煙，不記得是幾包了。我本來就吸煙，但吸得不多。到了軍中，身心俱疲，就藉煙澆愁。很多本來不吸煙的同學，這時也學會了吸煙，出完操後，幾乎人手一支。及至分到高砲部隊，空軍配售的是814香煙，品質很好，價錢也貴一些。老戰士們捨不得吸814，就把814以市價賣給我，再去買較便宜的新樂園。配售的量本來不多，我因為幫他們解決814，無形中量也多了些，自然也就多吸了些，煙癮因此越來越大，有時一天一包煙還不一定夠。嚴重影響了健康。民國六十四年（1975）的母親節，決定戒煙，維持了不到兩年，於六十六年（1977）三月底，因熬不住而開了戒。直到九十三年（2004）元旦，因為心臟不適，才完全戒掉。

在軍中我還見識到一件非常特別的事，即「軍中樂園」。在鳳山步校放假時，經過一條很熱鬧的大街，看到很多阿兵哥在排隊買票，認為是電影院，過去一看，才知是「軍中特約茶室」，在賣票口上方掛著一些女孩子很暴露、妖艷的照片，才知道是怎麼一回事。預官們大概沒有人敢去排隊。後在網路上看到有人介紹金門籍作家陳長慶所著《金門特約茶室》（金門縣文化局出版），才了

解了特約茶室成立的背景和緣由。

　　國府撤退來台後，積極準備反攻大陸，民國四十年（1951）一月，軍方公布〈中華民國動員戡亂時期陸海空軍軍人暫行條例〉，嚴格規定現役軍人不得結婚。許多軍人正當壯年，因生理需求無法獲得解決，強姦、雞姦等事層出不窮。（後來聽說有老兵發牢騷，說「毛澤東讓我無家可歸，蔣介石讓我斷子絕孫。」確屬實情。）軍方考量軍人性需要等因素，成立軍中樂園。民國四十年蔣經國擔任國防部總政治作戰部主任時，成立了「軍中特約茶室」，俗稱「八三么」。澎湖是最先推動創設「軍中樂園」的，經反映到總政戰部後，獲准試辦。約在四十七至五十年間，因名稱不妥，全面改為「特約茶室」。直至七十九年（1990），反娼主義風起雲湧，國防部長陳履安下令全面裁撤，台灣本島已於六十三年（1974）廢止，金門於八十年（1991）十一月三十日結束。

　　我於民國四十九年五月至空軍高砲當幹事時，曾接到一件公文，規定阿兵哥去軍中樂園時，一定要戴保險套，以免感染性病，而且明定保險套的價格。當時還年輕，看到這件公文時，尚不免有些臉紅。連上的老士官們，每逢星期三、六開交通車去宜蘭或礁溪時，都喜歡去尋花問柳，為了貪便宜，往往找私娼，回營後還交換心得。記得有人找一老年兼差的私娼，就地在牆角立姿解決，代價僅新臺幣伍元，相當於一包香煙的價錢。所以得性病的機率相當高。我這個幹事的工作之一，就是用小吉普車送他們到宜蘭員山的醫院去醫治。送我們去的吉普車司機也是一位年輕的戰士，他送到後，就到附近的軍中樂園買票，還為我介紹上面照片的每位姑娘，顯然是經常光顧的熟客，並拉著我入內參觀了一圈，每個小房間沒有門，只掛著一個象徵性的小布簾，擺著一張床，地上有一臉盆水，非常簡陋，女孩子連下衣都不穿，以節省時間。看到這樣廉價的人肉市場，感觸良多。我對這位司機說，你剛才送來的病人，就是到這裡來的結果，連走路都很困難，多麼痛苦，你還敢去嫖？他說沒有事，讓我在外面等他，很快就會出來。

※　※　※

附錄一：〈遠鴻〉

　　民國四十五年六月四日，忽然接到一位談姓小女孩來信，認為我是女孩子，即回信說我是男生。民國四十七年年底，又接到她的聖誕卡，這時已是政大外交系的學生了，謂誠心求教，並無開玩笑之意。四十八年九月我去鳳山步校受訓，又通過幾次信。服兵役的生活太單調，我在回信時，除話家常外，也提了一下軍中的生活，不料她竟以〈遠鴻〉為題，將原信發表在國立政治大學編印的《大學生》，第3卷，第1期，p.57，於民國四十九年元旦出版。當時她的哥哥也在步校受訓，和我不同隊。四十九年五月來信說，乃兄不贊成她和陌生人通信，所以暫時停止通信，信中有一句「說不定將來我們會偶然相見」。沒想到在民國五十五年六月四日，我們竟真的相見了，我已在中研院近史所工作，她陪著一位美國南卡羅來納（South Carolina）大學的學人吳克（R. Walker）來所訪問。真是人生何處不相逢！也是人生的一個小插曲。〈遠鴻〉一信，不免已有明日黃花之感，從略。

附錄二：〈入伍教育〉

　　民國四十九年五月二十八日，在幹校三個月分科教育結束，到中山堂舉行畢業典禮，然後至三重埔高砲司令部聽候分發事宜。這時以筆名「德亮」寫了一篇〈入伍教育〉，投稿到《自由青年》，記述了當時服兵役時的一些感受，希望能給即將去受訓的同學作為參考，登在第24卷，第1期，於民國四十九年七月一日出版。當時對

服兵役的新鮮感，幸虧及時紀錄下來，若事後或隔若干年再寫，就沒有那種臨場感了。原文從略。

附錄三：李敖《預官日記》〈序〉[1]

〔附記〕民國八十一年三月六日，李敖（敖之）兄來中研院看二二八資料展，面囑為其將要出版的《預官日記》寫序，即草草寫就，但遲遲沒有寄出，因為實在不敢以我拙劣的文字放在他的書中。同年五月二十七日，忽然收到他寄來當時日本美女宮澤理惠之寫真集，我知道這是他催稿的手法，趕快將寫好之序寄去。序文如下：

1959年8月至1960年2月，我在鳳山陸軍步兵學校預備軍官第八期接受入伍教育，被編在第三總隊第二大隊第九中隊第一排。報到時，發現排長是在濟南第一臨中時同級不同班的老同學馬葆庭，真是非常高興！他陪著我領軍服、找床鋪位子、理髮，表示熱誠的歡迎。不料在換上戎裝、剪掉三千煩惱絲之後，老同學立刻板起面孔對我說，他是排長，我是列兵，在受訓期間，要把同學的關係擱在一旁，令我不要「以特殊自居」。我遲疑了一下，立正答「是」。從這一刻起，便開始了為期半年的訓練生活。我一向不是調皮搗蛋的人，對馬排長的翻臉不認人，立即「畫清界限」，感到自尊心受到極大的侮辱！

記得在開訓不久的一個星期天，不但不放假，還要去挖防空洞，回營後去用餐時，排頭剛華民兄因腳部受傷，行進間影響到隊伍的整齊，馬排長為樹立威信，罰剛兄繞操場跑步，大家深感不平，於是全隊罷吃，以示無言的抗議，引起了一場不算小的風波。

---

[1] 李敖《一個預備軍官的日記》，收在《李敖大全集》，22-23，台北市，榮泉文化，1995-1999出版。

結果校長張立夫對馬排長的處理不當，在周會時當眾加以申斥。自步校入伍教育結束，至今已三十二年了，我與馬排長的長官、部屬關係早已不復存在，而被他擱置的老同學關係，也一直沒有恢復。往事如煙，因為當時未留任何紀錄，時間及細節都已記不清楚了。

第九隊中藏龍臥虎，共有一一四條好漢，在預八期是大大有名的。上述「罷吃」風波就是一個例子。三十多年來，眾好漢各奔前程，從那本泛黃的同學錄中，可以找到很多出類拔萃的人物，如丁邦新兄，由於在學術上的貢獻，於1986年當選為中央研究院人文組院士，現在美國講學；王德毅兄為台大名教授，著作等身，是研究宋史的權威學者；劉玉春兄則是一位成功的教育家，現任台北市最有名的建國中學校長。但真正「名滿天下，謗亦隨之」的，恐怕要數李敖之兄了。

我與敖之兄係台大歷史系同窗，他是有名的才子，經常曉課，在校時難得碰到一次面，更少交談。沒想到在步校又與他同隊，每天卻是形影不離，因為軍中與大學不同，他是無法「曉操」的。他在步校的趣事和糗事真是太多了，我無膽秉筆直書，以免構成「誹謗」後對簿公堂。不料他當時留有日記，而且還要印出來公之於世，在我來說真是求之不得。因為從他的日記中，可以像進入時光隧道一樣，看看他當年如何調侃我們的隊職官，特別是那位忠厚老實的指導員于建業，他對敖之兄毫無辦法。在同學中，被公認為大哥的施珂兄，被稱為施大哥而不名，的確是大哥的樣子，與時下「大哥」的含義絕不相同。潘毓剛、鍾毓田、侯越仁幾位客家老鄉，每到就寢時，便在我的兩旁用我聽不懂的客家話談個沒完，擾人清夢；而我在行軍時，總是與並排的楊爾琳有說不完的話。至於敖之兄那些「特立獨行」的言詞和動作，在嚴肅、枯燥、又疲勞不堪的軍中訓練生活中，也確曾發揮了一些「解乏」的作用。一想起當年的瑣事，頓時感到又年輕了一些。

人生如果能與「名人」有過一段共同的經歷，是一件非常難得的事，我與敩之兄曾同窗，又同服兵役，誠如吳相湘師所常說的真是「三生有幸」！他大學時期的日記早已梓行，現又將其預官日記出版，吾人將可從他這兩套未成名時的紀錄中，了解他早就與眾如何的不同，進而可以為他後來曲折起伏的原因，找到一些答案。

　　敩之兄堅囑為其預官日記寫序，固辭不獲，只得拉拉雜雜聊寫數語。能夠在「佛頭著糞」一番，也真是一件快事。

1992年5月27日

第六章　踏入社會就業時期

一、新時代雜誌社兩個半月（1961.03.01.～1961.05.15.）

　　民國五十年（1961）二月二日我退役來到台北後，第一件事就是去找工作，先託實中老友、在強恕中學任教的孫迺倉兄，又託在建中任教的史子明師代為留意，再去看吳相湘師。適吳老師外出，毛淑清師母說，老師正在正中書局的《新時代》雜誌社為我謀一份工作，擬介紹我去擔任助理編輯。其待遇如何？有無住宿處？都還不大清楚；可是相湘師照顧我這個學生的深情，永誌不忘！

　　二月十四日是舊年除夕。晚上11時，與魏敬軒大哥大嫂、孫煥如兄嫂、王寶坤兄驅車去木柵指南宮搶燒明年第一柱香，12點的鐘一響，即點香繞廟一周，拜求諸神。我抽了兩個籤，一問事業，一問婚姻，這是當時兩大切身問題，人在無助時，往往只有祈求神明的庇佑。關於事業的籤詩是：

> 班鳩喚雨雀呼晴，爾喚一聲我一聲；
> 且待太陽當面照，青雲得路任飛騰。

關於婚姻的籤詩是：

> 人生最樂是天倫，皓皓嘻嘻笑語頻；
> 要好兒孫須積德，風雲際會候明春。

所得兩籤都很好。這時最急迫的是先找一份工作，有個落腳的地方安頓下

來；至於婚姻，可暫不考慮，明春就明春吧！於是高高興興的回板橋，玩橋牌達旦。

　　二月十五日初一，我於晚間去相湘師家拜年，在那裡遇到了師大國文系杜呈祥教授。杜教授字雲五，清宣統元年（1909）六月生於山東樂陵縣，北京大學文學士。當時正負責《新時代》月刊的編輯工作。相湘師即和他談起想介紹我到《新時代》雜誌社工作事，杜教授詢問我的姓名、學歷後，他竟然記起在編《台灣新生報・讀書周刊》時，曾選登過我所投的一篇書評：〈評陳壽恆《太平天國風雲人物誌》〉（刊於民國四十八年六月五日出版之第四期），其驚人的記憶力，令人佩服！他認為我的書評，在遣辭用字方面，可以再含蓄一些。其忠厚長者之風範，使我汗顏！在他得知我的籍貫是德平時，因為與他的老家樂陵距離很近，更是覺得即使人不親土也親，立即答應錄用；惟尚需等主編毛子水先生、發行人（即正中書局之總編輯）林一民先生同意後，即可到社工作。言談之間，態度至為誠懇、親切。一位老教授，肯這樣提拔一個剛剛見面的青年，在急於謀求工作以餬口的我來說，真是由衷的感激！從此我即以師禮事之。今天凌晨在指南宮所抽的籤，當時還想：籤詩上的太陽是誰？何時會照？就語意上說，應該很快；後來回想，相湘師及雲五師應該就是籤詩上的太陽！

　　二月二十一日，我再去看相湘師，談到《新時代》雜誌社工作事，大約是剪報、蒐集資料及校對，月薪約略比照中學教員支付，雲五師則力爭以不低於教員的待遇為原則，並有一間六個榻榻米之小房可住。由於正中書局董事長胡軌因事南下，須等他回來再作最後決定。至此總算了了一樁大事。我在十八日與鳳翰兄去逛龍山寺時，又抽了一籤，籤詩云：

　　　選出牡丹第一枝，勸君採取莫遲疑；
　　　世間若問相知處，萬事逢春正及時。

　　其中「選出牡丹第一枝，勸君採取莫遲疑。」似乎意指《新時代》就是我的第一份工作，一切都很順利，沒有什麼好遲疑的了。

　　三月一日，我正式到《新時代》雜誌社上班，雜誌社附設在台北市南昌路

一段126巷6號正中書局編審部內，月支薪津新台幣1,000元。這是離開學校、踏入社會後的第一個服務單位，一個完全陌生的環境，當時的心情是：戰戰兢兢，如臨深淵，如履薄冰。編審部是一棟日式平房，面積不大，八、九個人擠在一起上班。我的背後約一公尺處，就是林一民總編輯的辦公桌，當中沒有任何隔間，對於一個初次就業的人來說，真是猶如「芒刺在背」，壓力很大，感到很不自在。至於住的地方，原要給我的一間小房，是在編審部對面126巷5號正中書局的另一棟房子內，因為隔壁住有家眷，我這單身漢去住，雙方都不大方便，所以就讓我委屈一下睡在辦公室裡，給我一張行軍床，晚上攤開睡覺，白天收起來。這種流動式的生活，不僅十分麻煩，而且沒有一點屬於自己的空間，內心很不是滋味！編審部的蟑螂特別多，敬軒大哥給我買了兩件襯衣，有一件還沒有穿過，就被蟑螂咬壞了領子，真是屋漏偏逢連夜雨，心痛不已！從那時起，我就特別痛恨蟑螂，見了就打。

三月的天氣，正值春寒料峭，尤其是夜間，還相當冷，而我身無長物，更缺乏禦寒的衣被等物，曾在三月十日的日記中記下當時的感受云：

> 兩天夜裡，睡在搖擺不定的行軍床上，冷不可耐，睏極了才能入睡，但一會兒又凍醒。身上連一套換洗的衣服都沒有。

窘迫之狀，不言可喻！而辦公室裡唯一的一位年輕小姐，每天濃妝豔抹，穿著不同的華服，像花蝴蝶似的穿梭不停，快快樂樂的工作，我看了真是五味雜陳、百感交集。想想自己寒酸的樣子，覺得此地不是我久留之地。

編審部的李山明鄉長，在獲知我為窮困所苦後，便介紹我到中和鄉他的老友、國大代表秘書處陸先生家，擔任其公子（時讀強恕中學初一下學期）的家庭教師，賺取一點外快。山明鄉長的厚愛，我一直銘記在心。家教工作自4月5日起，到7月12日便告結束。走出陸家大門，有種獲得解放了的感覺，因為三個多月來，為這位高足不知生了多少氣！馬上就升初二了，仍是1/2+1/2=1/4。其實他很聰明，可能正值叛逆期的年齡，故意用這種態度來作弄我。有一天他嫌我督促功課太嚴，對我說：「你何必這麼認真？還不是為了賺我們幾個錢？」

我真氣極了，自尊心受到嚴重傷害，馬上告訴他父親說教不下去了。陸先生是一位非常尊師重道的人，立即予以嚴懲，並令跪下向我道歉。

《新時代》是民國五十年（1961）一月十五日創刊的，我於三月一日到職，當時是第一個、也是唯一的一個專任人員。雲五師住在青田街，不在社裡辦公，所有的稿件、函札及資料等，都送到他家裡批閱、處理。因為工作上的關係，我常去雲五師家請教，他的態度和藹可親，對人說話，從不疾言厲色，使人如沐春風！社中的帳目等雜事，悉由編輯部的蔡先生等負責照料，我主要的工作是校對稿子。一切尚在草創階段，而且是月刊，所以工作量不大，每天枯坐在辦公桌前，不知道做什麼，也不知如何找事做。本來可以自己看點書，但是上班時間，別人都在辦公，我總覺得不好看自己的書，同時背後就是林總編輯，若被責問就不好了。年輕人不怕工作累，可是那種無事可做的日子，真有度日如年之感！在公餘我和李山明鄉長談起來，他說編審部裡有許多藏書，非常凌亂，大家都沒有時間去整理，也沒有人願意整理，可否由我代為整理一下？那雖然不是我分內的事，可是立即欣然同意，因為有事做，總比遊手好閒來得好。我把所有的書編目、分類、上架，遇到喜歡的書，也就理直氣壯的閱讀起來，沒多久就全部整理好了。除博得同事們的好感外，林總編輯對我的勤奮，也頗予嘉許！

五十年四月八日，總統府資政陳立夫去美國，編審部中有好幾位先生都去機場送行。當時我有些不解，後來才弄清楚，正中書局是民國二十年（1931）十月十日陳立夫在南京創辦的，書局的高層，都是陳家（CC）的班底。《新時代》雜誌之產生，是蔣中正總統為制衡雷震的《自由中國》半月刊，親自諭令創辦的，聘毛子水先生領軍。毛先生僅負責每期撰寫社論一篇，字斟句酌，非常慎重，多為最後一篇發排的稿子。實際負責編輯的，則是杜呈祥先生。該刊黨的色彩並不明顯，但是言論的尺度，則不免有些保守。

我在《新時代》雜誌社的生活，總是覺得前途茫茫，徬徨無主，安定不下來！劉鳳翰兄那時已經在中央研究院近代史研究所工作，他到雜誌社來找我，看到我的窘狀，就要設法幫我換一個工作環境，想進行到國史館工作。就學歷史的人來說，到國史館自然是正途。在時機成熟後，我倒陷入矛盾的痛苦中！

因為雲五師待我太厚，實在難以啟齒。最後讓我下定決心辭職的原因是：編審部雖然人數不多，但彼此之間明爭暗鬥，我成了大家爭取的目標。對初出茅廬的我來說，面對如此複雜的人事環境，深感厭煩與不能忍耐。（多年後，閱世較深，才知道無論什麼單位，人際關係沒有不複雜的，做事不難，做人難！）遂於五月二日晚去看雲五師，婉轉向他表達想去國史館工作之意。雲五師非常親切的說，他曾與正中書局胡軌董事長談過，擬相機再安插我在正中編制內補一個實缺，正中為國民黨黨營的文化事業，福利不錯。這時我才知道，他已在默默地為我的前途作妥善安排，這番心意，我只有辜負了。他在權衡正中及國史館之利弊後，也贊成我去國史館發展。我再將經過向相湘師報告並獲得同意後，於五月十日上辭呈給林一民社長：

> 職自供職本社，於茲兩月有餘，荷蒙　鈞座諸多關懷，不勝感激！奈以
> 本社工作繁雜，無暇自修，與職報考研究所、研求學問之素志，似少裨
> 益。今承友人介紹至國史館工作，該處職務輕簡，或能達成職之初衷。
> 素仰　鈞座一向提攜後進，故此冒瀆陳情，伏乞成全區區之意。謹此簽
> 呈，懇請照准。

林社長一再挽留後批曰：

> 該員負責盡職，青年中不可多得。經一再挽留無效，姑勉如所請。
> 　　　　　　　　　　　　　　　　　　　　一民。五十，五，十五。

　　林一民先生（1897-1982）是江西上饒人，民國四十至四十三年，曾任台中省立農學院第三任院長，於五十一年出任正中總編輯。他這個批語，對我來說，是一項很高的榮譽，感到非常安慰！說明我的努力沒有白費，而且得到加倍回報。

　　我於五月十五日將《新時代》第1卷第5期送走後，就此告別了雜誌社，於翌日到國史館報到。可是雲五師對我的照顧，並沒有因為我離開雜誌社而

中止。他於五十一年五月十二日接任正中書局總編輯，即賜函囑咐我為《新時代》的「時事日誌」欄撰稿，每月五日前繳卷。這對我是一種很大的鼓勵，同時也使我增加一些收入。我於十五日晚特去拜望，又囑代為正中書局點校《中國六大政治家》書稿，亦將酌量致酬。《中國六大政治家》一書是梁啟超等所編著，他認為近代中國之衰敗，唯有崇尚法治，始得振衰起罷，富國強兵。書中所稱的六大政治家是：管仲、商鞅、諸葛亮、李德裕、王安石、張居正。雲五師將這部書交給我點校，獎掖後進之意至為明顯。三月二十日，正中書局送來《中國六大政治家》書稿，共四十萬字，致酬1500元，相當於我一個半月的薪水，十分優厚。因為都是文言文，看起來相當吃力。費時整整兩個月，才點校完繳卷。雲五師面允出版時當署名點校。該書於民國五十二年（1963）十二月臺初版問世時，雲五師已歸道山，繼其任者不知道他對我的承諾，自然也不會為我這個無名小卒署名點校。無論如何，我不僅藉機多讀了一點書，並獲得一筆優厚的點校費。

　　民國五十一年（1962）八月十八日，雲五師以膽結石症在榮民總醫院開刀，將膽切除，其實他的肝病已到了非常嚴重的地步，只是醫師和親友都不敢把病的真相告訴他，希望以他自己的體力能克服病魔。我幾次去看他，仍在床上看稿、改稿，真是為《新時代》雜誌鞠躬盡瘁。他深知病因是為了忙雜誌，他說這個雜誌，中央黨部等都在監視著，除了山東人是沒有人肯幹的。其勇於負責、盡忠職守的精神，令人肅然起敬！九月八日晨，雲五師不幸與世長辭。當晚我即草一紀念文〈在杜呈祥先生左右〉，記與他相處一年多的經過，送登《中央日報》副刊，於九月十三日刊出。十二日上午，雲五師出殯，火葬，弔客甚多。其老太爺尚健在，時年87歲高齡，而四位孩子尚俱在幼年，令人看了十分難過！

　　《新時代》於民國六十六年（1977）十月停刊，共出了202期。停刊的原因，據當時在正中書局任職的好友趙祥增老大哥見告：在這年八月出版之第200期中，刊登了劉惠林記杭州被中共整修得很好的一篇報導，警備總部認為有為共宣傳之嫌，即予以查禁。在國民黨以黨領政的時期，黨營的雜誌被查禁，這應該是唯一的紀錄！主編王黎明小姐也被約談，十一月號的文稿

雖已排好，也不准再印。王小姐被迫離開正中書局，自認非常無辜，頗為難過。祥增老哥還安慰她說：「你沒有能力創辦一個刊物，卻能親手關掉一個，並且是黨營的，在歷史上定會留下紀錄！」並撰打油詩一首相贈，茲附錄如下：

附：〈《新時代》停刊有感〉（藉慰才女王黎明）　趙祥增

> 西泠湖面起波瀾，堤畔「小小」難安眠；（湖畔有蘇小小墓）
> 只怪「劉」郎表錯情（作者劉惠林），硬把「杭」字認作「汴」；
> 河山蒙羞事體小，不該連累王主編；
> 青年創造「新時代」，老朽匡復舊紀元；
> 「二八」佳人淚灑襟（王主編時年二十八歲），no愛no情no失戀；
> 祗緣遇到顢頇客，瘦西湖中翻了船；
> 奉勸才女莫喪志，史家自有一公斷。

直到民國九十五年（2006）十一月二十三日，祥增老哥和我談起這段往事時，他說：

> 王黎明看了我的「歪詩」破涕為笑。她離職後，我託時任文化大學城區部主任的好友蔡漢賢先生（後曾任台北市社會局長、內政部社會司司長）幫忙，聘其為講師，開了幾門課，她認真以赴，頗受學生愛戴，爭相選課，後來教室無法容納，移至大禮堂開講。現在道來像是一段佳話，但斯時斯刻，卻是悲憤與無奈。歷史之弔詭，真是難以捉摸。

王黎明是近史所同事王樹槐先生的高足，王先生指導其碩士論文《清末的變法思想》，在民國六十五年（1976）九月九日也送了我一本。我和她談及也曾在《新時代》工作過，對她所受的委屈，寄予深切的同情！

我在《新時代》工作，雖然只有短短兩個半月的時間，卻也學到一些難得的經驗，蔡老先生教我編、排、校、印的技巧，來稿如何處理，褪稿如何歸

檔備查等。雜誌由上海印刷廠承印，我在那裡見識到了工人如何檢排，如何印裝。對於從手稿到成書的全部流程，都有了粗淺的認識。不料因此便與印刷出版結下了緣，這一點淺薄的編校經驗，竟使我終生受益無窮。

二、在國史館服務雜憶（民國50年5月16日報到～民國53年6月25日獲准辭職）

> 民國95年10月19日，國史館簡笙簧處長電告：明年為國史館在台復館五十周年，今天看到我的一本小書，藉知我曾在國史館服務過三年，擬請我口述一下在館工作時的情形，作為紀念。這對我是一項莫大的榮譽，同時也義不容辭，即欣然應命。惟因適有瑣事羈身，竟抽不出一個比較適當的時間接受訪談，而所作的承諾，似又不便拖延太久；遂利用晚間空閒時，就記憶所及，將四十多年前在館工作的經過，稍加整理，草成此文，供簡處長參考。

我是由《新時代》雜誌社轉到國史館工作的。到國史館去，是由台大同班同學劉鳳翰兄，轉託中央研究院近代史研究所王聿均先生，函託國史館許師慎主任秘書介紹的。王聿老雖為介紹人，但他在為我寫介紹信時，尚未曾謀過面。其隆情厚意，永遠不敢忘記。王聿老是羅家倫館長任中央大學校長時的學生，曾替中國國民黨中央黨史會撰寫《國父年譜》初稿，所以在羅先生前講話很受重視。

羅館長約我於民國五十年四月七日下午去面談。他非常尊師重道，每在約談新進人員時，總是要詢問師承，他說有些人竟然不記得過去老師的名字，太不應該。我對各授課老師的名字，都能一一作答，尚蒙嘉許。惟在獲知我的畢業論文〈湘軍攻克金陵考證〉是吳相湘教授指導時，便再三追問我與吳老師之間有何權利義務關係？羅、吳之間過去有些不愉快，是眾所皆知的事；[1]但

---

[1] 吳相湘曾寫過一篇〈羅家倫修史不成編〉（收在所著《民國百人傳》第三冊，pp.197-215，台北，傳記文學出版社出版，民國六十八年元月十五日再版）。題目是負面的，可是全篇多肯定羅先生有

我認為那是他們老一輩的恩怨，與我們晚輩無關，乃據實答以師生關係至為單純，有事弟子服其勞而已。羅先生又追問吳老師與《新時代》雜誌之關係，答以吳老師僅為特約撰稿人，並無待遇，也無車馬費。但他總是語帶懷疑，認為我有所保留或隱瞞。所以談得有些不快！臨辭出時，羅先生囑將畢業論文送他審閱。我在論文末有感謝吳老師指導之語，為了表示坦誠，也就照原樣寄去。後來聽說羅先生為那天的談話感到有些抱歉！

羅先生在看完我的論文後，又於五月二日下午召我去談了很久，謂只要在《新時代》之手續辦理妥當，隨時可去國史館報到。這表示他對我的論文還算滿意，但有三點評語：一，尚稱通順；二，不夠細心；三，不夠老練。他已仔細批改過，指出有五、六處錯字，有些是校對的疏忽，也有用字欠妥當處。使我獲益良多，至為感謝！羅先生所改動的地方，當時沒有記下來，非常可惜！他並再三以多讀點書、好好充實自己相訓勉，殷殷至意，十分感人！自忖學歷史的人，能到國史館工作，恰可學以致用，應該是一條正確的路。

五月十二日，接到國史館的報到通知書，管人事的陳鈞廉先生誤書我名為「陶英蕙」（在「惠」字頭上長了草，看起來更女性化了。）民國九十七年十月十七日，國史館修纂處簡笙簧處長在整理檔案時，看到羅館長於民國五十年五月五日手書給我的派令：「派陶英蕙為本館助修，於本月起即來館工作。羅家倫 五、五」，即掃瞄原件用電子郵件傳給我一份，原來這個草字頭是羅館長替我加上的，他也有粗心的時候，我錯怪了陳鈞廉先生。職務名義為「助修」。當時館裡的新進人員，多為「練習生」或「雇員」，然後才能升助修，我一去即委以助修，真有些受寵若驚。

五月十六日下午，到國史館報到。台大歷史系同班的熊守暉兄已先在國史館工作，由他帶著辦理各種手續，並介紹與各同仁見面。到館後，才知道由於我沒有公務人員任用資格，不能任助修。我為了取得任用資格，曾於五十年九月一至三日參加高考。十一月二十八日放榜，落榜，故仍無法取得任用資格。同年十二月二十二日，奉批改聘為「雇員」，至此才正式成為館中的一員。

計畫的研究中國近代史、以及促進中國現代學術發展的貢獻，偶爾有些批評。

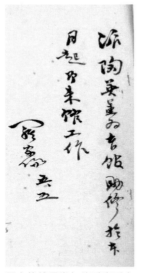

羅家倫館長當年的手書派令

　　記得參加高考進考場前，剛背了一條憲法條文；試卷發下後，有一題正是要寫出我剛背過的那一條條文，不免有些暗自高興，即先就此題作答，不料竟記不起原句，因為憲法條文與一般文字不同，很難記，雖百般苦思，仍是枉然。只有擲筆而嘆，這樣的題目都答不出來，怎能考得取！不得不從此放棄高考一途。

1、參加抗戰實錄工作

　　國史館當時主要的研究工作有兩項，一為開國實錄，一為抗戰實錄。開國實錄似由纂修陸徵祺老先生負責，聽說還有一位非常資深的纂修劉壽朋先生，但我從未見過，似乎年紀太大了，已無法到館上班。抗戰實錄則由柳長勛纂修負責。我即在柳先生的指導下蒐集、整理抗戰史料。

　　柳先生指示，抗戰實錄涵蓋的時間，是從民國二十年（1931）「九一八事變」起，至三十四年（1935）日本投降止。而民國二十年六月，在吉林省長春縣的萬寶山，韓民為租種田地、挖掘水道、毀壞我農田，雙方發生之衝突，史

稱「萬寶山事件」，此懸案未結，而九一八事變爆發。所以我就從萬寶山事件開始，著手整理有關史料。

當時國史館館長和國民黨中央黨史會主任委員都由羅家倫先生擔任，兩個單位的資料調借非常方便，羅館長將民國二十年至三十四年在大陸時期的各種重要報紙和期刊，都從南投草屯的黨史會調到館裡來，記得有《東方雜誌》、《國聞週報》以及各地的《大公報》、《中央日報》、《掃蕩報》、《新華日報》、上海的《時事新報》、《新聞報》等，我差不多都翻了一遍，收穫非常大。一般諷刺公務員上班為喝茶、看報、聊天，而我的「看報」卻是正經的工作。

初到國史館，感覺到有點官衙的味道，最明顯的就是辦公桌的大小：館長的桌子當然最大，在行政體系依次為處長、科長、科員；在研究系統依次為纂修、協修、助修，我以「助修」名義應聘，因為沒有任用資格，再改為「雇員」，辦公桌自然是較小的。各級職的桌子，尺寸大小分明，從桌子的大小，就可看出你在館中的級職高低。[2]與我同室工作的，尚有五位抄寫人員：張維幹、魏繼漢、許林、鄧榕生四位先生及陳秀芳小姐。他們是按件計酬的臨時人員，由我在報紙上勾選有關抗戰的史料，分給他們五位抄繕；那時沒有

---

[2] 辦公室桌子的大小，其來由自。例如陶希聖，北京大學法科畢業，在民國十三年前後，因朋友之介紹進上海商務印書館編譯所任職，充分地體會到了待遇之差別。他在民國四十四面對即將留學歐美的青年學子演講，不無感慨地敘述了自己當年在編譯所遭受的「歧視性待遇」：

> 有一顯明的象徵可以說明每一人的待遇。我是國內大學畢業而有教書經歷的，月薪八十元，坐的是三尺長尺半寬的小桌子，加一硬板凳。桌上的墨水是工友用開水壺式的大壺向一個小瓷盂注入的。
>
> 若是日本明治大學一類學校畢業回國的人，月薪是一百二十元，桌子長到三尺半，寬到二尺，也是硬板凳。如果是日本帝國大學畢業回國者，月薪可到一百五十元，桌子長到四尺，寬到二尺半，藤椅子。桌上有水晶紅藍墨水瓶，另加一個木架子，內分五槅，可以分類存稿。
>
> 若是歐美一般大學畢業回國的留學生，月薪可至二百元，桌椅同於日本帝國大學的留學生。如果是英國牛津、康橋，美國耶魯、哈佛，而回國後有大學教授經歷，那就是各部主任，月薪二百五十元，在待遇上頂了天。桌子上有拉上拉下的蓋，除自己坐藤椅外，還有一個便凳子，預備來接洽工作的人坐。

見〈民國時期「海歸」與「土鱉」待遇差別有多大？〉，該文來源：《東方早報》2011年3月30日第B10版，作者：唐小兵，係華東師範大學歷史系教師，原題：〈「如今我們已回來，你們請看分曉罷」〉。

影印機，更沒有電腦，成本最小的唯一辦法就是抄寫，而且要墊著複寫紙複寫三分，相當吃力。又因為他們的職位最低，所以桌子也最小，大約是50x60公分，那時從草屯黨史會調來的報紙，如《大公報》、《中央日報》、《掃蕩報》、《新華日報》等，都是精裝的，他們要抄寫時，必須完全打開，但是打開報紙後，比桌面還大，根本沒有抄寫的地方，只有用克難的辦法，另外找個不用的椅子，放在桌旁用椅背架著報紙，騰出一小塊地方抄寫，非常辛苦！所抄之件，則聘請《中央日報》校對科的人在公餘來兼差代校。我記得有一位是陸宗澄科長，他來校對時說，在《中央日報》做校對非常不容易，絕不能出一點差錯，特別是在敏感的政治字句方面，即使是無心之過，也不能原諒。所以校對科長的下場，很少沒有被收押、訊問過的。因此，他們都養成了戰戰兢兢的工作態度。我們的抄件，經過他們校對後，便很少有錯。

2、借調開國五十年文獻會

到國史館大約一、兩個月，即和熊守暉被調至仁愛路二段9巷27號2樓「民國五十年開國文獻編輯委員會」工作了一段時間。文獻會之成立，是黨政機關為了紀念開國五十年，藉由編印文獻，刊布正確的史料，供研究中國近代史的中外學者參考。由陶希聖擔任主任委員，羅家倫館長為副主任委員。會中的基本成員，多半是陶主委的同鄉、親戚或僚屬，如秘書阮繼光，好像是陶主委的外甥，他的字寫得又快又好，陶希聖代蔣中正總統所撰的《蘇俄在中國》一書，阮先生對我說他曾謄抄過好幾遍。每改一次稿，他就要謄清一次，而且都是急件，日夜趕工，十分辛苦。國民黨中央委員會第四組專員高蔭祖任執行秘書，在那裡坐鎮。我台大歷史系另一位同班的李敖兄，也於民國五十一年二月應聘到會工作，我和熊守暉是由國史館借調來的，這時我們同班同學竟有三人同時在會中工作。館中同事認為我和熊守暉兄一定有額外補助費，實際上並沒有分文補助。只在中秋節時，羅館長以私人名義慨贈我倆每人500元。

3、生活小記

國史館那時在台北市北平路2號，位於行政院後方，看起來有點像行政院

的後門或門房。對面是台北市公共汽車管理處，整天進出的車輛不斷，不僅噪音震耳，空氣中也飄浮著汽車所排出來廢氣的味道。

　　國史館的面積非常狹小，房間的隔間並未到頂，上面是通的，完全不隔音。史料處處長倪寶坤，脾氣很大，經常關起門來訓斥他處的同人，其聲音大家都清晰可聞。總務處處長王藹雲，追隨羅館長多年，在集郵界頗有名氣。上班期間，經常在電話中談集郵事，他的電話也時常影響到別人上班。大家都習以為常，沒有人抗議。據說王藹雲自知脾氣不好，所以他老太爺給他取了「藹雲」這個名字，希望能有所改善。總務處的唐元甫，是位書法家。他寫的字，就像他的人一樣，渾厚有力。人事處長張公衡，河北人；會計主任徐鵬志，眼睛大大的。我與他們兩位在工作上很少接觸，印象不深。我常去盧象璧女士那裡領文具，給她添了不少麻煩。當時國史館經費非常拮据，連要請領一支筆、一本筆記本，均需經過館長批准以後才能請領。試想連這種小文具的支領，都必須經由館長核示，無怪乎前述那種大型史料編纂，無人敢貿然出頭擘劃，計劃提出來，沒有資金的挹注，也是白忙一場。

　　還記得一件有趣的事：孫葆科長好像是雲南人，過年時我們去他家拜年，孫科長說，照他們老家的規矩，一定要招待去拜年的人吃個紅蛋，大概是討個吉利吧！我們也就隨俗每人吃了個紅蛋，留下了非常深刻的印象。與我們同輩的藝術家陳勤兄，風度翩翩，英俊瀟灑，一副名士派的樣子。我們看到他常陪孫科長下棋，也並不以為意。直到民國五十五年（1966）六月五日在中國之友社吃他的喜酒時，方才醒悟過來，新娘子為孫科長的掌上明珠。

　　民國五十年十一月十五日，我搬進台北市南京東路二段120巷5弄15號（亦即伊通街59巷15號）國史館的單身宿舍，與員林實中的同班同學王宗義兄同一寢室。宗義兄是師大社教系畢業，被他的老師、國史館史料處倪寶坤處長安排到館實習，畢業後去服兵役，服完兵役後仍回到館中工作。我倆多年同窗，一塊吃大鍋飯長大，現在又同寢共室，自然有聊不完的話題，頗不寂寞。不過沒有多久，他就榮調經濟部了。宗義兄到經濟部後，一帆風順。退休後，常在老同學聚會的場合見面。他的健康狀況一向不錯，不料民國九十六年（2007）一月二十九日，忽然傳來以心肌梗塞逝世的惡耗，享年75歲。因春節將至，即於

二月九日在板橋殯儀館舉行安息聚會，火葬後安厝於三芝鄉北海福座。

　　國史館宿舍是一樓一底的房子，徵校處長歐陽鷥（無畏）住我隔壁一間，趙慶鑒、陳鈞廉兩位住我對面一間，陸徵祺、姚漁湘、楊豔昌三位住在樓上。我每天與趙慶鑒、陳鈞廉兩先生騎自行車上下班。那時馬路上車輛不多，我自認騎車子的技術很好，經常因大撒把（即手不扶把手）而被趙、陳兩先生譏笑。我要和他們打賭，自宿舍上車後，可以一路撒把騎到國史館。他倆都是山東同鄉，而年長於我，大約是基於愛護我，怕因逞強而出意外，不和我賭。年少輕狂，有些舉動真令人不可思議！房東家有四個小朋友，也常和我玩在一起。

　　在宿舍裡，我們有一個小伙食團，大家輪流做伙食委員。因為只有一間浴室，大家輪流洗澡。楊豔昌是甘肅人，高頭大馬，為人豪爽，我們稱之為楊老將，他說話有個特別腔調，對於「洗」和「死」兩個音分不清。每天吃完晚飯後，楊先生總是提高嗓門問：「誰先洗（死）？」，姚漁湘身體很好，即使在冬天，洗澡也不用熱水，總是首先答他先洗。結果他竟真的先死了！民國五十二年（1963）八月二十五日，在台大醫院以疝氣微痾住院開刀，竟於二十七日晨病逝，殊出人意料！

　　民國五十二年三月四日，國史館宿舍自伊通街遷到了台北縣新店鎮大崎腳銀河新村12號。那時房舍不多，我與趙慶鑒同住一間。趙先生愛整潔，床鋪及書桌都一塵不染，井然有序。我是邋邋慣了的人，所以感到很大的壓力。銀河新村的環境很好，就是距辦公室遠了些。每天要到新公園（現改為二二八和平公園）那一站去搭到大崎腳的公路局班車上下班，車子的班次不很多，浪費在路上的時間太長，殊覺可惜！

4、前輩風範瑣憶

　　羅館長是五四運動時代的健將，他的文字，向以優美而具有豐富的情感著稱。我早就拜讀過他許多鏗鏘有力、擲地有聲的文章。例如他在五四那天起草的〈北京學界全體宣言〉，多麼簡潔有力！五四時在天安門帶頭遊行的照片，雄赳赳，氣昂昂，更是令人景仰！及至民國五十年四月七日下午我首次和他面對面談話時，他已是65歲高齡了，第一個印象是和他那大氣磅礴的文章無法聯

想在一起。在握手時，我可以明顯的感受到他的雙臂似乎比較長，手掌很大、很厚而且非常柔軟，據說有這樣手的人是富貴命；可是說話的聲音則非常細小，即使面對面談話，也必須全神貫注，否則就聽不清楚。所以有些不是非他親自出席不可的會議，多半請歐陽無畏先生代表去參加。

大家對羅館長最好奇的，當然還是他和張維楨夫人的戀愛故事，有許多浪漫的傳說。那時羅夫人偶爾會到館裡看館長，我的辦公室就在一進國史館大門右邊的一間小平房中，每當夫人來館時，總不免好奇的想偷看一下。直到民國九十五年（2006）五月，羅先生的長女公子羅久芳教授送給我所著《羅家倫與張維楨──我的父親母親》一書，才知道很多傳說都是以訛傳訛的。在該書的第5頁中，我發現羅館長竟然也會抽煙，書中記他在熬夜寫稿時，「煙灰缸裡堆滿了煙頭」。這使我了解到，一篇大塊文章的問世，是絞了多少腦汁的結果！我也曾抽過很多年的香煙，頗能體會出個中滋味。

羅館長的字，透著濃濃的書卷氣，別具風格，求他墨寶的人很多，每在累積相當數量後，便抽空揮毫，一次寫完。他要寫字時，都由他辦公室的傅桂梅小姐在旁磨墨牽紙。那時只要送上一張宣紙，附個名片，不管你的職位高低，或是否相識，羅館長都會替你寫；而且不收所謂的潤筆費。傅桂梅是苗栗客家人，聲音非常甜美，我的同學在電話中聽過她的聲音後，都表示有餘音繞樑三日之感。我曾為山東國大代表蘇文奇（子才）老伯求過羅館長的墨寶，就不知也為自己求一件。可能是當時連買張宣紙的錢都不寬裕！沒想到在過了將近半個世紀的民國九十七年（2008），我卻意外的獲贈羅館長墨寶。

其經過是這樣的：民國九十七年十月三十日，我將國史館簡處長給我的羅館長手書派令，又轉給羅館長的女公子久芳教授留念。久芳教授回信說：「如果您還希望得到先父的墨寶，我可以選一兩張他在新德里最後一年臨摩的《孫過庭書譜》寄給您，雖然沒有上下款，但是蓋上他的圖章，也就證明是真跡了。」即覆以：「如蒙惠賜老館長之墨寶，至所感盼。」久芳教授於十一日七日函示：「我已選出兩張先父抄習的《書譜》字帖，紙上蓋了三枚圖章，另外印下有關釋文二頁，是『合肥四姊妹』之中僅存的張充和女士的書法。今天便會付郵不誤，希望順利到達。這批臨帖後面有一個動人的故事：先父在印度後

期心情低落，晚間經常以臨帖來減輕失眠之苦。唐代孫虔禮（字過庭）的《書譜》手卷是國立故宮博物院所藏，先祖父與先父都特別喜愛他的草書，先父駐印日記裡屢次提到臨此帖的事，從頭到尾一共臨過十四五遍，可是在『下旗回國』的忙亂中，這些零散紙張流落在大使館，卻被一位在新德里教授中國歷史的楊允元先生(政大畢業)保存下來。楊先生在1960年代離開印度到墨西哥工作，再輾轉來到美國，退休前在柏克萊加大任客座研究員，一直帶在身邊，最後他將這包臨帖交給他的兒子楊亞南先生，剛巧楊亞南先生正來到西雅圖就任華盛頓大學國際關係研究所所長，2002年在一個場合中與小女張一綸（同在華大任職）結識，竟將墨跡完璧歸趙，令我們全家喜出望外。」我在十二日收到了墨寶，即覆函道謝云：「大函中提到這是館長在印度後期心情低落時所寫，想係藉此來排遣其憂國憂民之愁緒。就如同胡適之先生一樣，在1947年國內政局動盪不安時，卻寄情於考證《水經注》疑案，頗有避世的意味。胡先生也曾在其1961年11月23日日記中說過歌德的故事：『Goethe自記他每遇到政治上最不愉快的情形，他總勉強從事於離本題最遠的學術工作，以收斂心思。故當拿破崙戰氛最惡之時，哥德每日從事於研究中國文字。』這應該也是他老人家當時心境的寫照。」久芳教授回信說：「您說得很對！那時期先父的日記裡（《文存》第八冊）常提及『臨書譜』的事……1949年1月9日記載說：『臨書譜第十三遍完，乃極度痛苦中的消遣。』相信您看到他的字，同時還會產生歷史學家的聯想。」這真是意想不到的收穫！

　　民國五十一（1962）年五月六日星期日，國史館全體同仁參加台北市國民義務勞動，羅館長也來到了現場，與每位同人握手致謝。有的人手上滿是泥土，他就抓著胳臂搖幾下，並和大家無拘無束的天南地北閒聊。我記得他說抗戰期間，看見一位小腳女子，在滇緬公路爬上幾千公尺之山頂打石子，從那時起便再也不敢談「雙手萬能」了。在聊天時，恰好有一輛拉木材的膠皮車經過，因為是上坡，非常吃力的樣子，有幾位同仁即跑去幫助推上坡。羅館長看到後，便用雙手在嘴巴前圍成喇叭狀高喊：「助人為快樂之本！」每個人的臉上，都堆滿了笑容。

　　羅館長記憶力特強，不料在晚年竟大為衰退，旋因罹患肺炎住院療養。民

國五十八年（1969）三月十二日下午，我與熊守暉兄一起到榮民總醫院探羅館長病，他已經幾乎全無記憶力了，由老洪（洪宴卿）在院裡陪他。許師慎主任秘書去時，尚能呼許先生。他的老友王世杰夫婦去，仍照慣例隨孩子呼王夫人為王伯母，但已不記得王世杰姓什麼。我倆在醫院時，醫護人員正在商量如何治療，須等下午羅夫人到後再決定開刀與否。為了怕打擾他養病，以後沒再去榮總看他。這年的十二月二十五日，一代哲人，與世長辭，享壽73歲。二十九日安葬於陽明山公墓。

走筆至此，我的心情，正如羅先生在其〈印度國旗的制定和我〉文末所引用的那句：咳！「逝者如斯夫，不舍晝夜！」

柳長勛纂修是位湖南才子，中央大學畢業。有一次向我談起，他在教育部所屬的地理研究所（不記得正確名稱了）任職時，他中人的老師張其昀任教育部長。柳先生繪製了一本中國人文地理之類的地圖，送請部長斧正。過了一段時間出版了，並送了柳先生一本請他指教。我還記得他說這件事時的表情，兩手一攤，滿臉無奈！

民國五十八年十二月九日，應柳長勛之邀去銀河新村一談。柳先生要我代為主編民國二十至三十四年（1931～1945，即抗戰實錄所涵蓋時段）之中華民國大事記，我因本身工作太忙，無法從命。在談抗戰時期的軍事時，偶然涉及留德軍事學派的人物，柳先生非常推崇蔣百里，蔣百里以下依次為楊杰、徐培根，再就是柳先生他本人。他說這話時，充滿了自信、自傲！他又說，德國學派之特色為參謀制，統帥全聽命於參謀部，徐培根為副參謀總長時，柳先生適在國防部任職，且為重要角色之一。（經查，徐培根：民國四十年七月以陸軍二級上將任副參謀總長，八月任國防大學校長。四十四年九月，再任副參謀總長，至四十五年再任國防大學校長。我不知柳先生是哪一段時間在國防部的。）後來因為蔣經國改行俄國制，以政工代替參謀部，徐培根及柳先生都下了台。柳先生說，徐培根未能升任參謀總長，頗為失意！

柳先生又將其自傳《一代風雲》之前四章抄本送給我讀，書中記述其生平所見、所聞、所識之中國人物，文筆流暢，充分表現出才華橫溢，頗多警句。不知後來是否出版了。

陸徵祺纂修，微胖不高的身材，面如彌勒佛，見了人總是笑眯眯的，非常和善。那時上下班要簽到簽退，簽到簿就放在一進大門左邊一個小房間的桌子上，人事處對於簽到簽退並未嚴格執行，每個星期一早上將簽到簿放在那裡，直到星期六下班時才收回去，大家可以隨時去簽。陸老先生則從不去簽，每到星期六時，就請在金甌商職就讀的工讀生李淑珍小姐，拿著他的圖章去蓋，一周蓋一次章，一次蓋一個禮拜的。李小姐很聰明，也很漂亮，大約是升學後離職的。

歐陽鷙先生，字無畏，江西興國人，為黃教喇嘛，曾在西藏多年，精研密教各大經典。來台後，一度在政大邊政系講授西藏語文與西藏史。民國五十年四月，應羅先生之聘到國史館任纂修，並兼徵校處長。我記得有一個學生常到宿舍來跟他學藏文。民國八十年（1991）十月十日，歐陽先生病逝。

姚漁湘是李敖兄台中一中的老師，對民國史、特別是人物傳記資料非常熟悉。有一次羅館長面囑查「贊侯」的本名是誰？我請教姚先生，方知民國成立以來有兩個人字「贊侯」：一是黃鍾瑛，福州人，民國成立後首任海軍總長和首任海軍總司令；一是李思浩，曾任段祺瑞執政府財政總長。乃據以覆命。羅館長問我何所據？我答不出來，姚先生告訴我時，我就信了，也不知問其出處。這時被問得目瞪口呆，面紅耳赤，再回去問姚先生。姚先生說根據《民國野史》。我再去回覆羅先生。這件事給我上了很重要的一課：學歷史的人，不能人云亦云，要知道根據的是什麼？可信不可信？而且以後再奉到交辦的工作時，不可以馬馬虎虎的交差，一定要敬業！羅館長在知道根據的是《民國野史》一書時，即說：「野史怎麼可靠？」我再轉告姚先生，姚先生則說：「野史中才有真史」。我對兩位長輩的看法，頗感困惑，經過仔細思考，兩人可能由於職位的不同，而導致見解互異。羅館長是國史館館長，怎麼能公開肯定野史？姚先生是學人，沒有職務上的牽絆，當然可以自由心證。等到我在歷史圈裡摸索了若干年後，深深體會到：野史中確存有真史，但不一定全是真史！即使在大家所重視的原始檔案中，也會被攙進有意製造的假史料。引用時，都不可不慎。

5、轉職中研院近代史研究所

民國四十一年，蕭孟能於台北市衡陽路15號創辦文星書店，四十六年，開始發行《文星》雜誌。五十年，《文星》雜誌刊登了李敖的一篇〈老年人與棒子〉，引起各界注意。五十二年，《文星叢刊》第一輯出版。五十四年十二月，《文星》雜誌第98期遭台灣警備總部查封，五十七年四月一日，文星書店被勒令停業。

民國五十二年十月十一日，在文星書局見到蕭孟能、李敖，均促我多寫點稿子。當時，李敖正在《文星》當家作主，為文化界名人看病，一個一個予以嚴苛之批評，被視為「文化太保」，重批權威，以提高自己的知名度。他為充實《文星》的內容，並為他的批評文章幫襯，也分頭約朋友撰稿。郭廷以先生也是他要批評的目標之一。記得在向我約稿時，一時想不起適合的題目，乃從自己所熟悉的範圍內，決定寫了〈關於趙烈文《能靜居日記》〉一文，刊登在《文星》雜誌，第69期，頁30-31、第70期，頁65-69。民國五十二年七月一日及八月一日出版。但下筆時，我不願用那種尖酸刻薄、憤世嫉俗、懷才不遇的方式，還是就事論事、四平八穩的撰寫，對郭廷以先生，除根據《趙烈文日記》指出他《太平天國曆法考訂》和《太平天國史事日誌》中一些小錯誤外，仍然予以高度肯定。十一月一日，鳳翰兄電告：郭廷以先生看到我在《文星》所登之文，頗為讚賞，很想請我去近史所工作。在我來說，自是求之不得之事。便於十一月六日下午去見羅館長，談去近史所問題，談了一個多小時，羅館長堅不放行，他再三強調：要研究近代史，珍貴史料盡在黨史會，而他也是黨史會的主任委員。可是我雖身在國史館，也不能隨便去黨史會看資料！那時各機關的史料，都奇貨可居，誰也不肯公開。當時普遍的觀念就是誰掌握了珍貴的資料，誰就是權威！十一月七日上午，我再去南港見郭廷以所長，他似有難言之隱，結論是以得羅館長同意為前提。當時近史所有福特基金，待遇較一般機關好，工作亦屬單純，自然令人嚮往！另一方面，我因沒有公務人員任用資格，在國史館無法升遷，如果當一輩子雇員，總是有點心有未甘！近史所為一學術研究單位，只看學歷及研究成績，沒有公務人員任用資格的限制。如能

到近史所工作，當可解決我所面臨的一大難題。羅、郭兩先生於十一月八日見了面，談及我到近史所工作事，羅先生當面拒絕。郭先生出身中央大學，向以師禮事羅先生，尊敬備至，故不便違背師命用我，遂無可挽回。

直到五十三年六月，鳳翰兄告訴我近史所又有一個機會，建議我再試試看。經再三衡酌後，乃下定決心，於六月十七日在國史館正式提出辭呈。二十四日去見羅館長，說明我在館中的困境（沒有高考無任用資格），他知我辭意甚堅，無法挽留，客氣數語，允稍候即批。老輩風範，禮數十分周到。我於二十四日晚再去見郭廷以所長，郭先生說，當再面詢羅先生後決定。二十五日，羅先生批准我的辭呈。總計在國史館服務三年又四十天，對館實在沒有什麼貢獻可言，回想起來，殊覺慚愧！

七月二日，我到南港見郭所長，正式轉至近史所工作，直到退休。人生的際遇，真是難以預料！不曉得在那個轉折處，一個小小的因素，就改變了你的一生！日後重讀〈關於趙烈文《能靜居日記》〉一文，對於當時已久未再研究太平天國之史實，而能寫出這樣的一篇，自己也有些意外。難怪此文，敲開了近史所的大門。我與郭廷以所長，既非同鄉，也無師生情誼，而且他與羅館長，都和業師吳相湘教授有些嫌隙，但都沒有將他們之間的不快，延伸到我這個晚輩身上。其泱泱大度、兼容並蓄的雅量，實在令我萬分感佩！[3]

三、成功中學兼課一年

民國四十九年還在宜蘭東港服兵役時，曾寫信給劉鳳翰兄，談及退伍後的計畫云：「蟄居此間，每天唯有眠食而已。明年退伍後，擬教書終生。因生性木訥，又無大志，更不求聞達，只適合教書。不必吹拍逢迎，看別人臉色。」事實上，我一向拙於詞令，並不適合教書的工作，可是也有些兼課的經歷。

退役後，自《新時代》雜誌社轉職國史館，因為薪水太低，仍然入不敷出，為窮所困，到處尋求生財之道。五十二年暑假，遇到台大同班同學胡志偉

---

[3]　《國史館館刊》（半年刊），復刊第42期，pp.254-268，2007年6月出版。

兄，他在台北市台灣省立成功中學為專任教員，擔任高中二年級本國史的課，共有九個班，每周十八個小時。他口才很好，非常受學生歡迎。除在成功任教外，又向補習班方面發展，補習班的鐘點費比學校高出很多，他在南部某補習班口碑頗佳，名氣越來越大，已經成為名師，各補習班競相延聘，所以無法兼顧在成功中學之課，有時自成功中學下課後，連手上的粉筆灰都沒有時間洗，就匆匆忙忙到松山機場趕搭飛機南下，十分辛苦。後來他補習班的課不斷增加，實在忙不過來了，要將其成功中學的課讓給我四班八小時，在我來說，自是求之不得的機會，相約在民國五十二年九月二十七日中午，同去拜會教學組長劉芳遠先生（後來當選為立法院教育委員會委員），承允可以代志偉兄的課。在學校時，我與志偉兄並無深交，平素來往也不多，他竟信任我不怕砸了他的金字招牌，十分感謝！

　　成功中學的前身是日治時代台北州立台北第二中學校，民國十一年創校於萬華清水祖師廟，十四年遷入濟南路現址。三十五年名台灣省立台北第二中學，後來定名台灣省立台北成功中學，五十三年由初中高中合辦改為專辦高中。為台北市明星高中之一。[4]

　　民國五十二年十月一日，正式下海教書，初執教鞭，心情不免緊張，登台前有些坐立不安，及走上講台，也就安之若素了。一連兩小時下來，已是舌敝唇焦。準備了三個小時的課程，由於沒有經驗，不會控制時間和進度，一個小時就講完了。後來教久了，成了所謂的教書匠，準備一個小時的可教兩個小時。

　　開始代課時，我發現有人在教室外駐足，像是聽我講課的樣子，後來才知道那是校長薛光祖先生，大概是對新來的老師不放心，要親自聽聽教課的情形，看看是否適任。後來未再看到他來，大概認為我還能勝任。

　　當時國史館尚在台北市北平路二號，即行政院的正後方、台北市公共汽車管理處的對面，距離成功中學很近；而我的辦公室則位於國史館一進門右首的小房間內，像是個門房，進出很方便。為了節省到成功上課的時間，我將自

4　民國一〇四年三月九日《聯合報》B版〈找你回娘家：成功學校友會成立〉。

行車就放在門口，距上課還有五分鐘時，騎上自行車，飛奔而去，路上車輛不多，很快就到成功，放好車子，正好打上課鈴，乃直接到教室上課。下課後再趕回國史館上班。當時年富力強，感到生活非常充實，並不以為苦。

我所住的國史館宿舍，原在台北市伊通街五十九巷十五號，五十二年三月遷新店大崎腳銀河新村十二號，每天搭公路局班車上下班，浪費在路上的時間太多。我為方便兼課，可以多點時間準備功課，於五十二年十月三十日自國史館銀河新村的宿舍遷到所租賃之濟南路三段六十一號二樓；五十三年一月十三日，再自濟南路三段移居上海路〔後改為林森南路〕一段三巷八號，位於國史館與成功中學之間，上班上課更為方便。

五十二年十一月一日，志偉兄又將成功的課讓我六小時，共十四小時，至同年十二月一日，成功之課全接下來，共九班十八小時，兼任者比專任之鐘點還多，實在有違常情！在課堂上講一個笑話，要重播九次，最後連自己也感到索然無味。五十三年二月二十日，讓給莊惠鼎兄三班六小時，每周仍有十二小時。直到放暑假時，因轉職中央研究院近代史研究所，才結束了在成功中學的兼課。

五十三年四月十七日，接到薛光祖校長的通函，謂自民國三十九年即在成功中學服務，已有十四年之久，頃因前校長潘振球出任教育廳長，挽他前往兼代主任秘書，校務則請劉芳遠主任接任。劉校長直到六十二年，代表中國國民黨在教育團體當選為第一屆第一、二次增額立法委員代表，才不再擔任校長。

我在成功中學因為是兼任教員，又為趕回國史館上班，所以很少在教員休息室停留，與其他老師也極少互動。有一次，一位國文老師在教員休息室大發脾氣，原因是他在黑板上寫「別」字時，左下寫的是「力」，學生質疑說應從「刀」，乃老羞成怒，回到教員休息室，怒氣未消，仍在高談闊論，不肯認錯，所以留有極深刻的印象。後來才知道這位老師，是台灣現代派詩歌的倡導者、播種人，在台灣詩壇享有極高聲譽的路逾，筆名紀弦，也曾用筆名路易士。王鼎鈞回憶錄四部曲之四：《文學江湖》[5]頁250云：「都說詩人紀弦是台

---

[5] 台北市，爾雅出版社。二〇〇九年三月十日出版。

灣現代詩的先驅，誠然，……他在文藝集會中跳到桌上朗誦自己的新作，文壇驚為佳話，他有一些名句我們是笑著讀的。」詩人的性格、氣質，多與常人不同，紀弦是詩人，所以也有些特別的脾氣。民國一○二年美國時間七月二十二日在加州家中辭世，年一○一歲。據七月二十四日《聯合報》的報導：「紀弦也是愛國詩人。一九五七年（民國四十六年），他在成功高中擔任教師時，發生台灣人遭美國軍人槍殺的『劉自然事件』。成功高中學生想上街遊行，紀弦告訴學生：『你們是我的勇氣，我是你們的紀律』，最後完成一場安靜理性的遊行。」

成功中學的學生，相當活潑、調皮，記得有一天把廁所門上的牌子，竟然改掛到訓導處的門上；其難於管教，可想而知。一次下課鈴響了，但我的話尚未告一段落，後排某學生站立起來要走，我立即制止。該生說下課了。我說，下課鈴聲是告訴老師的，老師尚未說下課，便不可以隨便走動，你若敢走出教室，我就讓你永遠離開學校。該生乃乖乖坐下。那時，社會上還普遍存有尊師重道的觀念，老師也有些威嚴，並受到相當的尊敬。若是現在，我的脾氣就發不起來了。

這次教書，使我有了一點自信，只要準備充分，沒有什麼困難；但也體會到了舌耕之辛苦，不敢再輕易擔任教職。回想在民國五十年二月一日服完預備軍官兵役後，工作毫無著落，生活頓成問題。曾去託在建國中學任教的一位老師代謀一教職，老師口頭答應了，但是一直沒有下文，我以為可能是寒假中，學校人事沒有更動，找不到缺。直到在成功中學兼課時，再去看望老師，他一臉驚疑的問我：「你教得了嗎？」答以歷史系畢業，教中學歷史，沒有任何問題。他這時才說：從前怕我教不了，所以沒敢為我介紹教職。當時我真為之氣結！即使我不一定能教得了，以我們民國三十八年在福建逃亡共患難的情份上，總也該給我一試的機會；對於在飢餓邊緣掙扎的我來說，刺激太大了！唯一可以解釋的理由，就是學生在老師心目中，永遠長不大。「師不必賢於弟子」，只是一句客套的空話而已。

我在成功兼了一年的課，有九個班級，至少有四百位學生，但是畢業後，只有在政大任教的藍三印和在中研院史語所的邢義田兩人，偶有聯絡，可見我

雖在「成功」教過書，但不是一個成功的老師。民國九十九年七月八日，邢義田在中央研究院第二十九次院士會議中，當選人文組院士。七月九日《聯合報》報導云：

> 中研院今年四位人文組新科院士都是中研院的學者，「邢義田是史語所的人氣王」，中研院史語所所長黃進興這樣形容他這位學長，成就早受肯定，但始終不願參選院士。「我這次半哄半逼勸了五、六天，他才答應。」邢義田專長中國秦漢史與羅馬史，他的研究，將國際史學界以羅馬帝國觀點審視秦漢帝國的傳統，逐漸扭轉到可從秦漢的觀點看羅馬帝國。

看到往日的學生有這麼高的成就，也頗感與有榮焉！

附錄一：銘傳商專代課（1972.05.01～06.20.）

　　民國六十一年三月十七日，李毓澍來談，陸鐵乘（江蘇鹽城人，曾任國立上海區臨時大學、國立暨南大學教授）之女兒民杭要生產，其銘傳商專的課，五、六月請我代七個禮拜。兼課則有些額外收入，自是求之不得的事。惟李公為何要主動為我介紹兼差？實在有點受寵若驚！陸民杭女士係民國四十二年台大歷史系畢業，是我的學長，其畢業論文為〈台灣八種方志資料長編〉。

　　三月二十八日上午，到銘傳商專拜訪陸民杭女士，她帶我參觀教室，並介紹學校有關人員。四月十八日，她在銘傳之課結束，我和她聯結進度，以便啣接。五月一日（星期一），以助理研究員的身分開始到銘傳上課，下午為五專的中國通史三小時，晚上為三專的中國近代史三小時。連上六個小時，口乾舌燥，倦甚。五月二日，上午三專近代史三小時（星期一有六節，星期二有三節，共九節）。這是我辭掉成功中學兼課之後再度登上講台。以前教的都是男生，這次教的則

全係女生。這時我年方四十，臉皮尚薄，當時正在流行迷你裙，銘傳的女生又得風氣之先，個個打扮的花枝招展；尤其是夜間部的同學，裙子特別短，使我的眼光不敢往下面看，只有看著天花板講。林秀卿同學告訴我，據會統三年級同學云，我所講的內容很充實，自然是歸功於準備的充分，深感安慰。六月二十日，銘傳的課全部結束。六月二十五日，到北投看陸民杭弄瓦之喜，送奶粉水果。七月十四日，將銘傳考卷送到學校。兼課告一段落。

沒想到在十八年後，民國七十九年，銘傳首次招收男生，小兒俊安於8月2日就分發至銘傳管理學院觀光事業系，他同班的林淑慧同學，則於民國八十六年7月12日，成了我的兒媳婦。這是我和銘傳的一段難得的緣分。

附錄二：師大代課（1991.06.12）、（1993.04.14、21.）

民國八十年四月三十日，張玉法兄來談，海工會邀他六月赴美開會，他在師大史研所所授之「二十世紀中國史」請我代課4小時，主講民國元年至十七年之學術文化思想史。六月十二日下午，到師大史研所代玉法上課，講〈1912-1928教育之發展〉，雖然有點緊張，但因準備的相當充分，也就順利講完。

八十二年四月八日，玉法兄回老家掃墓，並參加台兒莊大捷的紀念會，他四月十四日下午13:40-17:30師大歷史所的課：「1912-1928教育之發展」、以及四月二十一日13:40-17:30師大歷史所的「1912-1928學術研究之發展」，又要我去代。這次講起來就從容多了。

多年來不知蹉跎了多少光陰，即缺乏逼迫的動力。到銘傳代課，是受人之託，情不可卻；到師大代課，則是出於玉法愛護之

意；他說有意強拉我到大學授課，以增加我的自信和經驗，並改變久作行政之形象。其隆情盛意，至為心感！

四、千里姻緣「一線牽」：成家立業

王鼎鈞先生曾說：「自己缺乏主動追求幸福的能力，只好求助於別人之介紹了。」我不僅沒有主動追求幸福的能力，而且木訥，不善言詞，在實中養成了害羞、內向、自卑的個性，總是把自己關在一個小小的天地裡，鮮與外界接觸。在中學時，也曾有過心儀的女孩，由於自卑感作祟，沒有勇氣去追求，只是默默地在遠處暗自欣賞，眼看著她成了別人的新娘。1958年11月，我在《文星》月刊讀到一篇小說〈淺犁〉，記述一位小學教員，對其女同事同情而生戀，因言語含糊，缺乏明確表示，致錯失良機，遺憾終身。結語說：「當荒涼的土地待耕的時候，要深耕，不可淺犁。」我連淺犁也談不到，更不要說深耕。

四年的大學生活，倏忽而過，雖然也曾有些女孩子闖進了我的生活圈，也非常心儀，可是自己一直畏首畏尾，沒有足夠的膽量表達心意，也不知如何表達，結果都擦身而過，仍是一場空！在四十八年一月底的一天日記中，記著「夜間忽然感傷身世，悲不自勝，竟至痛哭失聲！我極不願求人，但命運偏與我作對，處處要看人的臉色。在人生舞台上，我只能充任懦夫，既不能愛自己所愛的，又不能恨自己所恨的，永遠受人支配！生平不敢濫用感情，怕給別人、也怕給自己增加煩惱，但煩惱並未因此而減少，內心的痛苦，精神上的壓力，能向誰傾訴！」道盡當時鬱鬱寡歡的情景！

及至踏入社會做事以後，由於年齡日增，同學及同輩的朋友們，由戀愛而修成正果者，相繼組織起小家庭，在仍是孤家寡人的我來說，既羨慕又嫉妒。這期間不少關懷我的師長及朋友們，先後扮起了紅娘的角色，為不辜負他們的美意，我也很誠懇的一一去「應試」，但皆屢「戰」屢敗，無功而返。最後因為老同學王克先兄的一場意外，竟成就了我的婚姻，告別了王老五的生活。在

民國九十四年一月二十四日結婚四十周年紀念日時，我將這段奇特的經過，寫了一篇短文：〈千里姻緣一線牽〉，作為紀念。

不記得是在那裡看到這兩句話：「誰走進你的生命，是由命運決定；誰停留在你生命中，卻是由你自己決定。」覺得頗有道理。男女結為夫妻，大家一向以為是靠「緣分」，如「緣定三生」或「千里姻緣一線牽」等，不一而足。可是我中學的同班同學張玉法夫婦和我與內子四人的婚姻，並不是月下老人那根紅線，而應歸功於一根水泥匠懸吊鉛鎚作垂直用的繩子。這樣說看起來似乎有點不可思議，可是事實確是如此！

1、「快郵送飛鎚・當頭一傢伙」

民國五十二年十一月十日（星期日），時在台灣省立嘉義中學任教的王克先兄，到台北來參加朋友的喜宴。這天下午三時許，他與員林實中的同班老友張玉法、趙彥賓、王衍豐一行四人，行經台北市北門郵局右側時，正在興建中的郵電大廈，由於承包該項工程的中華工程公司施工時的疏忽，一個鉛鎚從四層樓上掉了下來，不偏不倚的擊中克先兄的頭部，他當場昏倒在地，血流如注。一時圍觀的路人很多，誤以為是有人輕生跳樓。玉法等立即就近護送到鄭州路省立台北醫院（今改名臺北市立聯合醫院中興院區）急救，幸無大礙；真是吉人天相。事後研判，那個鉛鎚一定是先掉到鷹架的橫條上，經過緩衝後才掉到克先的頭上，而克先的頭是尖形的，鉛鎚的斜面由頭的斜面滑下去。否則，後果就真不堪想像了。

2、克先大難之後，想作月下老人

克先住了將近一個月的院，我們這些曾共患難的老友，自不免常去探視，對他的「中獎」，十分憂心。克先嫂耿贊青女士一直在醫院陪他，對我們一些尚無適合對象的老友，也十分關懷，說要為我們介紹女友。等克先出院回家後，來信邀玉法和我去嘉義過年。由於我倆均為單身，每到過年過節，常為朋友們邀約的對象。但台北到嘉義，路程有點遠，每屆春節時，火車票特別難買，而我因在成功中學兼課，要看考卷、算分數等瑣事羈身，故不免有些遲

疑。主要的是這幾年來，為情感事到處亂撞，皆不順遂，僅莊仲舒老師一人就先後介紹過三位員林實中的校友，都沒有緣分，對於應付介紹女友事頗以為苦，實在不想再惹煩惱，很想平靜的過一些日子再說。

克先又於二月一日快信催駕，謂已找好了兩位適合我和玉法的女朋友，都姓李，嚴囑「勿逃」（逃、陶諧音）。我倆認為克先是用美人計，騙吾等前往過年；在半信半疑中，乃於五十三年二月六日聯袂前往。克先在信中囑帶果汁牛肉乾，並指定要台北市西門町西瓜大王隔壁采芝齋的。當時不知是他信中寫得不夠清楚，或是我倆根本沒看清楚，就在西瓜大王左邊采芝齋買了牛肉乾，在右邊台鳳門市部買了一大箱果汁帶去，心中還有些納悶，難道嘉義連果汁也買不到嗎！辛辛苦苦提著到了嘉義後，才弄清楚贊青要的是在嘉義買不到的「果汁牛肉乾」，而不是到處可以買到的「果汁」及「牛肉乾」。因此，「果汁牛肉乾」便一直成為我和玉法被取笑的話柄，至今每一談起，仍不禁為之噴飯！

3、先後步上紅地毯

克先沒有騙我們，他替玉法介紹的是在嘉義縣中任教的李中文老師，介紹給我的是在嘉義結核病防治院服務的李明正小姐。為私下稱呼方便，他又為兩位李小姐編了號，中文為李ONE，明正為李TWO。中文與贊青是縣中同事，明正則與贊青的表妹王文吉同學。

二月六日晚上我們住在克先家，安排我先和李明正見面。二月七日早上，我即打扮妥當待命。八時許，有一女孩（後來才知為王文吉）來報，說李明正今天沒有空。我乃卸裝，另候消息。到了十點，克先方自外面回來不久，贊青去買菜，我與玉法在內室，忽聽有兩位小姐駕到，為首一人進得門來，沒見到人，即大聲焦急的問：「人哪？」我知大事不妙，即趕緊著裝，玉法代結領帶、擦鞋子，出去相見，一為介紹人王文吉，一為李明正。緊張之餘，未及端詳，她們大約坐了十分鐘即走。送走後，相與唏噓不已！

文吉與其夫婿李良教授（時任嘉義農業試驗所所長），溫文儒雅，古道熱腸，文吉爽直的個性，由其一句「人哪？」最為傳神，他們賢伉儷除了善盡「紅娘」的角色外，也提供了「花前月下」的美好環境。農業試驗所內，非常寂靜，小

橋流水，花木扶疏，宛如快樂的伊甸園。

　　至於交往的經過，就不必細表了。結果是：自二月十七日見面相識，到五月十六日求婚獲准，前後整一百天，可謂特快車也。九月十三日（農八月初八日）在嘉義中央餐廳訂婚。五十四年一月二十四日在臺北聯勤服務社結婚；前一天是「一二三自由日」，過了自由日，便加入了「不自由」的行列。玉法和中文，也在同年十二月二十五日步上紅地毯，告別了「單身貴族」的生活。

　　我結婚時，有相機的朋友不多，乃請許延熇兄負責照相，相機是向趙彥賓借的。延熇說：「我的技術不太高明，照壞了不負責任。」結果竟然真照壞了。原來是這樣的：照相機上有一個機關，使用閃光燈或自動時應放在「X」記號上，不用閃光燈則應放在「M」記號上。當彥賓給他相機時，他即刻把它搬在「X」上，後來在白光照相館照相館時，因為光線足，所以他又撥到「M」上，照完之後，為租閃光燈事，急忙匆促之間就忘記搬回「X」位置上。一直到在新房中最後換膠捲時，才發現此一時疏忽所鑄成「不可彌補」的大錯。所以從禮堂到新房之間所有的照片都沒有照出來，空累我和明正擺了若干美好熱情的姿勢，也浪費了若干底片。其實最要緊的是只有延熇一個「攝影專家」，「一失手」竟成無法「再回頭」之罪。他對在這麼重要的時刻所造成的失誤，一直耿耿於懷。也成為我經常虧他的話題之一。

　　當時負責收禮的是王學書兄，也發生一件小插曲：我和《文星》雜誌的老闆蕭孟能先生沒有深交，但是因為李敖的關係，也相互認識，所以在結婚時，也給蕭先生發了請帖。蕭先生來上禮時說送四張（是伍拾元票）200元，學書聽成了400元，即寫下400元，蕭先生拿出200元，學書說還差200元，蕭先生就再補了200元。事後學書和我談起，相與大笑。在蕭先生來說，400元固不是大數，但以我和他的交情來說，就太重了些。

　　我和明正曾數度為人作媒，冀有所回報；但是均未成功。可見執柯也不是一件容易的事。克先兄嫂曾撮合成許多對美滿的姻緣，而這次同時牽成我們兩對，想必一定有其獨特的妙術。我和玉法兩家幸福美滿的婚姻生活，不能不歸功於克先與李良兩位兄嫂；說得更妥切一點，則應是那條吊鉛鎚的繩子（一線）所牽成的。五十二年十一月十一日，《徵信新聞》（《中國時報》的前

身）第三版報導克先「禍從天降」的標題是「快郵送飛鎚‧當頭一傢伙」，俏皮而傳神。此事就克先而言，誠係「禍從天降」，無妄之災；但對玉法和我來說，則應是「喜從天降」，「天賜良緣」。世事之難料，恐怕只能說是命中注定的吧！

結婚後，新房設在台北市和平東路二段成功新村，新婚的第二天早上，房東崔先生看見明正打招呼喊陶太太，她竟不知喊誰。三天回門，在嘉義中央餐廳宴請親友，然後乘火車赴阿里山蜜月旅行。明正自五十一年二月一日就任台灣省防癆委員會派駐台灣省嘉義結核病防治院防癆聯絡員，結婚後便解僱離職。

明正到戶政事務所辦理戶籍登記時，戶政人員向她要戶長的圖章，她就將我的圖章遞上，戶政人員一看是「陶英惠」，就說：「不對，我要戶長的。」明正說：「沒有錯呀！陶英惠就是戶長。」戶政人員再仔細核對了一下身分證，也不禁啞然失笑！因為我的名字有點女性化，而明正，則是百分之百的男性名字。在婚前我去刻龍鳳章時，除了特別注明男女外，並當面交代刻印者，以免弄錯；否則一定會鸞鳳顛倒！

我於五十三年二月一日與明正結識後，在工作上也有了重大轉變，六月十七日辭去在國史館的職務。二十四日晚去拜見中研院近史所郭廷以所長，允來所上班。七月二日到南港向郭所長報到，交整理中蘇關係檔案民國九年部分。玉法亦同時來見郭所長，交做口述歷史工作，以其學新聞也。二人同去嘉義，同識李姓女友，沒想到又同到一處工作，真是巧合，我們事先並無「預謀」。七月三日，我倆正式到近史所上班，一直到退休。既成了家，也立了業。

民國一○四年一月二十四日，我和明正結婚五十周年，老友延熇（美玉因事未到）、玉法、中文、克先、贊青、衍豐、令怡四家，於十三日中午在敦化南路二段201號39F遠企之醉月樓為我慶金婚。延熇和衍豐並有賀詩：

〈合巹〉

許延熇

陶李春風幾度春，飛觴醉月慶金婚。

婦唱夫隨多和順，子孝孫賢樂天倫。

情意綿綿情不勝，又憐又愛百半年。

此生此世愛不盡，來生來世再結緣。

104年1月13日於遠企卅九樓醉月樓慶賀英惠明正結婚五十週年戲作。

〈恭祝英惠明正金婚週年〉

王衍豐

世上有男名英惠，幸遇明正女嬋娟。

二人一見便傾心，偷偷摸摸搞初戀。

甜蜜日子過得快，如今結婚五十年。

當年曾是窮戀人，今居高樓令人羨。

兒女奉養在身旁，後悔沒生一大串。

恭祝您倆多福壽，銀行美金用不完。

今天藉機來聚會，高級餐館吃大餐。

老友最喜度週年，希望週年永不斷。

此時，明正罹患肺癌的病情正在惡化中，其鬱悶的心情，在老友的祝福中，獲得不少安慰！這年的十月二十六日，就在睡眠中離開了人世！老年喪偶，生活立即失去了重心！幸有兒女陪伴，才慢慢調適過來。茲附其事略於下，藉誌哀思！

附：先室李夫人事略

先室李氏，名明正，先岳翁受蒼公之次女，民國三十一年農曆十二月初五日，生於湖南澧縣車溪河老宅。澧縣面臨洞庭湖濱，地居澧陽平原，素稱魚米之鄉。受蒼公望重鄉里，抗戰軍興，毅然從

戎，陸軍官校十四期畢業後，歷任蘇州城防指揮部督察室主任、青年軍二零二師人事處長等職。於屆齡退休後，因國學基礎深厚，轉任台灣省立嘉義高中等校文史教師二十年，於民國七十九年三月三日病逝。

明正之大姐早已出閣；下有妹明芝、弟明俠、明儒、明儔三人，俱年幼，而母親胡太夫人體弱多病。明正幼承庭訓，淑慎溫恭，事親至孝。放學後，放下書包，即幫助料理家務，洗衣燒飯，從不以為苦。五十年七月自省立嘉義家職高級部畢業後，立即投入職場，以分擔家計，在台灣省立嘉義結核病防治院擔任巡訪員，盡心盡力，協助病友。

五十三年，經老友李良、王克先兩位先生介紹，英惠於二月七日到嘉義與明正見面，深感其湘女多情之特質，性情溫柔，體貼入微，實為夢寐以求之良好伴侶；其名字不像女性，與我不像男性之名字恰可互補，相映成趣。業師李超然先生給她的評語是：「一片天真，胸無城府。」經短暫交往，兩人情投意合，乃於九月十三日在嘉義訂婚。五十四年一月二十四日在台北結婚。進度可謂神速。

結婚後，明正即辭去結核病防治院的工作，遷來台北。為貼補家用，於三月間開始為人抄繕稿件，按字計酬。其一筆好字，頗為人嘉許。七月，到中央研究院歷史語言研究所點明代歷朝官修的《明實錄》，作人名索引，在傅斯年圖書館上班。其薪水係支領東亞學會之津貼。五十六年三月，抄寫善本書卡片。五十七年八月起，改支史語所的薪水。五十八年八月，李濟所長令調至黃彰健研究員處工作。

五十五年十二月，長女昭華出生，初由岳母帶去嘉義照顧，直到讀幼稚園大班時才接回台北。五十九年二月長子俊如、六十一年一月次子俊安相繼誕生，有兒有女，一家和樂，備感幸福！明正為了照顧三個孩子，於九月間請求資遣，六十二年七月底獲准。

六十一年，時任台灣省主席謝東閔，因失業人口太多，提倡「客廳即工廠」的觀念，鼓勵大家就在家裡從事代工，人人當「頭家」，將工廠的生產線延伸到各家客廳。六十六年時，姨妹明芝及妹夫陳金華，已分別成立師和、集良兩家貿易公司，為拓展業務，於五月間來商請明正為其公司在家做手工椅墊外銷，即力行當時盛行的「客廳即工廠」，旋將布匹、拉練及紗線等材料送來。明正每天騎著一輛小型自行車，載著手工材料在鄰里間不停的穿梭，分送至承做的鄰居家，並教導如何施做。做好後，再送新紗去，並取回成品。無間寒暑，備極辛勞！數年之間，不僅改善了自家的生活，也使不少鄰居家的客廳，變成了工廠，除創造收入外，又促進社區住戶左鄰右舍的互動、交流，因此曾當選南港區六十九年度模範婦女，接受表揚！（1980.03.10.）

　　七十六年四月，師和公司自敦化南路喬遷南京東路二段，業務更加擴大，亟需家人協助，明正於七十七年一月十九日至師和公司工作，掛名董事長。直到九十六年十月十九日辭去董事長名義，九十七年一月二十五日退休，在師和待了整整二十年。

　　我比較保守，也可以說是非常固執，對新鮮的事物，總是先排拒，再慢慢接受。明正則和我相反，勇於接受新鮮事物。茲有兩事是明正改變了我，受益良深。一是跳舞，一是學電腦。

　　七十六年十二月，中研院的康樂會成立社交舞班，聘請老師利用午休的時間來教，每周一次。主辦人邀我參加，我因受小說的影響，認為跳舞不是正當的活動，嚴詞拒絕。主辦人和明正也熟，就去遊說明正，明正欣然答應，並強迫我一塊去學。及參加後，才知道對久坐辦公桌的人來說，是一件非常好的運動，對身體十分有益。

　　至於電腦，我最初把它視為一種電動玩具，同事們談論「蘋果」時，我根本不知道在談什麼。吳大猷院長令將全院資料建電腦檔庫時，我毫無概念，下意識仍在排拒。可是電腦越來越受到大家

的重視，競相學習。近史所的圖書館，和其他的圖書館一樣，借書查卡片，忽然不再用卡片了，每月的新書，只有上網查借。對不會電腦的人來說，至感不便。八十四年八月間，報載台北市政府在各區成立成人電腦軟體應用班，南港區設在南港高工，只有一班約三十個名額。明正要去學，我仍沒有興趣；這時近史所已開始購置電腦，而且有專人免費教同仁學習，我總懷疑電腦如何替人寫文章？仍持排斥的態度不學，怎麼肯花錢到外面去學！明正則堅要我一塊去，我拗不過她，即敷衍說，你能報上名就去學。心想南港區名額有限，怎麼能報的上！不料她早上六點就去排隊報上了名，我不能反悔，只有勉強去學。沒想到跳舞和電腦這兩件我排斥的事，由於明正的堅持，以後對我幫助很大。

明正身體一向尚算健康，其實也有些宿疾：如高血壓、右耳膜破一大洞、右膝退化性關節炎、偶吃海鮮及平素不常吃之食物，有時即腹疼如絞，又吐又瀉；而且經常感覺背痛。九十二年九月，忽罹急性腎盂炎，非常危險，幸救治得宜，挽回一命

一○一年六、七月，明正即時感脖子纖維化，疼痛難忍。經到各醫院作種種檢查，都找不到確切的病因。最後在國泰醫院作肺部斷層掃描，於十月三十一日開刀，確定為肺腺癌三期（共四期），即展開一連串的治療：放射、化療、標靶，備受煎熬。最後癌細胞轉移至腦部，各種藥物均告失效，群醫束手，於一○四年八月一日出院，接受安寧居家療護，每週由醫院安排一位護理師到家探視，緩解各種不適症狀。自回家後，明正並無明顯的不舒服情形，在女兒昭華的細心照料下，於十月二十六日上午八時，在睡眠中安詳地走完了最後一程。明知所罹係不治之症，但是面臨她悄然離開，人天永隔，仍然是萬般不捨！爰略述其生平，用遣悲懷。明正，你好走。

陶英惠 泣述

第七章　在中央研究院的歲月
（1964.07.～2014.07.）

一、近史所研究工作

（一）臨時助理兩年（1964年7月～1966年7月）

民國四十九年（1960）五月一日，我正在政工幹校受訓，到台北看劉鳳翰及杜維運，杜公勸我多讀點書，擬將我之畢業論文、成績單及簡歷表送中央研究院近代史研究所，因近史所需要人。他同時要推介的有鳳翰及王德毅。事情雖然沒有成功，但盛情可感！這應該是我和近史所最早的一點淵源。

民國五十三年（1964）六月十七日，在國史館正式提出辭呈。託許林兄將辭呈帶給柳長勛纂修，柳先生長函慰留，我辭意甚堅，至二十三日始轉呈，二十四日去見羅家倫館長，他知無法挽留，客氣數語，允稍候即批。前輩風範，禮數周到。二十五日批下來。二十四日晚去拜見郭廷以所長，稱再面詢羅先生後決定，似有不信我所說的話，也是對羅先生應有之禮貌。我未入室即返。自十七日起即未再到館上班。六月二十七日，鳳翰兄來告，郭所長已允來上班。

七月二日，來南港見郭所長，囑以臨時助理整理所中庋藏之外交檔案。這是每個初到近史所工作者的基本訓練。張玉法兄亦同時來見郭所長，交做口述歷史工作，以其學新聞也。但是事先彼此都不知道要到近史所來工作。

後來我看到郭所長於民國五十一年元月二十九日致袁同禮（守和）的信中，談到福特補助計劃，一旦實現，定會引起各界的爭奪，胡適院長「為敷衍應付（實同自找煩惱），力主將補助費分潤於近史所以外人士若干名，並特置一諮詢委員會處理之。及消息正式發表，吳相湘首先發難，姚從吾（諮詢委員）

起而和之。」[1]又在《郭量宇先生日記殘稿》中發現兩件事：五十四年一月十五日：「志希師情緒欠佳，主要為受吳某〔相湘〕之詆譭及陶某〔希聖〕之掣肘。」（p.545）這些前輩間複雜的事，當時我一無所知。

七月三日，正式到近史所上班。先圈點「四國新檔」中之「俄國檔」，歸李毓澍（所中均稱李公）指導，我去拜見時，李公問懂俄文否？我答不懂；又問懂日文否？答未學過；再問英文如何？答不好。李公乃曰：俄文會一點，曾去日本進修，意即不在話下；至於英文，則為最基本應備之工具。我聞言後，肅然起敬！多年後，才知道那是給新進人員的下馬威。據郭廷以《郭量宇先生日記殘稿》[2]五十四年六月二十九日日記云：「閱李毓澍稿，頗多詞意欠明處。」（頁582）說明他的中文也不甚高明。在所圈點的俄國檔內，最難斷句的是人名或地名，遇到難斷的即去請教李公，他也不知如何斷，就叫我去問所長，所長看了上下文，再三斟酌，也不知如何斷，只有不了了之。

七月五日，由上海路（現改為林森南路）租屋搬來南港研究院單身宿舍住，因係臨時人員，不符配住宿舍規定，郭所長為體念我等收入微薄，特向院方情商借住，以減輕負擔，並可多一點時間看書。其照顧低收入同仁之美意，十分可感。不料到了十一月七日，新任總務主任趙某大事整頓單身宿舍，將吾等不符規定之現住人，強令遷出。吾等將床鋪搬至研究院路二段99號中興街8號民宅（現已拆除改建大樓），與玉法、亓冰峰、陸寶千分租兩間，郭所長仍本照顧低收入同仁之意，房租由近史所支付。

七月二十日，領到七月份薪水1,600元。因係臨時人員，沒有食物配給、房屋津貼等，在國史館為編制內雇員，除薪水外，尚有公務員的一些福利。兩處的總數相差無幾。十二月二十一日，開始圈點《夷務始末補遺》。

民國五十四年〈1965〉一月十六日，我由南港中興街8號遷居台北市和平東路成功新村，二十四日結婚，請郭所長證婚。

根據《郭量宇先生日記殘稿》的記載，這時郭所長徵得黨史會主任委員羅家倫先生的同意，於一月二十五日偕同李毓澍、陳存恭，赴草屯黨史會史

---

[1]　陸寶千主編《郭廷以先生書信選》，p.43，台北市，中研院近史所，民國八十四年二月初版。
[2]　《郭量宇先生日記殘稿》，台北市，中研院近史所，民國一〇一年八月初版。

庫了解史料概況，預備編制已公開部分的史料目錄，備作美國歷史學家韋慕庭
（Clarence Martin Wilbur）參考。並準備於三月間開始工作。

就在這時，有一天郭所長忽然問我：你太太有沒有上班？我說沒有。他
接著說，你願意不願意到草屯黨史會去調查史料目錄？你新婚不久，人口簡
單，帶著太太去，鄉下生活便宜，可以節省一些房租。郭所長關心屬下生活之
美意，令人心感！黨史會是我久欲前往的寶庫，立即表示欣然同意。三月，開
始派員前往黨史會調查史料，張玉法、嚴錦、藍旭男三人已分別首途，可是我
一直沒等到被派前往的消息，也沒得到任何答覆。郭所長很嚴肅，當然也不敢
去問原因。後在其三月二十七日日記中記云：「重新安排史料調查工作。近年
深感真正得力之人少，計較利害，不負責任之人多。」（頁561）我就在「重新
安排史料調查工作」中被搓掉了。他沒有說為什麼「重新安排」，原來是有人
向郭所長說：「你怎麼能派陶某人去黨史會？他在《傳記文學》兼差，萬一把
史料賣給傳記文學怎麼辦？」在此公向郭所長告我狀時，恰被路過的劉鳳翰聽
到，即來告訴我。真是閉門家中坐，禍從天上來！我初來乍到，不知何時、為
了何事招惹到了人。

我在國史館工作時，羅館長家倫兼黨史會主任委員，因為編《抗戰實錄》
之需要，自草屯調來許多珍貴的報章雜誌，但是始終沒有機會親去草屯看看。
沒想到這次郭所長主動要派我去，卻又落了空，真是與草屯無緣。

結婚後，生活經常捉襟見肘，明正於三月間開始替人鈔繕稿件，賺點外
快。七月，託人介紹，到史語所傅斯年圖書館工作，多承藍乾章館長費心指
導，十分感念！

（二）助理員三年（1966年7月～1969年7月）

民國五十五年（1966）五月九日下午，郭所長來我研究室，說整理檔案
若無興趣，俟告一段落後再為調整；並囑看書要選一重心題目，不要漫無重心
的看。語至親切，關愛之情，溢於言表。六月十一日上午，郭所長忽來索取成
績單、畢業文憑，同時也向黃福慶要。應該是補實缺用，但不敢多問。十三日
上午，管人事的周道瞻持送審表來囑填寫，並索戶口謄本及照片。證實為補實

缺，同時接到者尚有亓冰峰。補冰峰事，去年底曾開所務會議討論，當時賈廷詩赴美出缺，郭所長提補亓冰峰，李毓澍提補黃福慶，呂實強提補陸寶千。郭所長原認為大家會尊重其意見，不料有人反對，非常生氣，回家後一句話也不說，也不吃飯，自己生悶氣，結果誰也不補。最近院裡爭取到十六個名額，每所分兩名，我即補此缺。事先無一點消息，一切聽其自然。（後來想想，郭所長或有平衡所內師大、台大人數之意，也可能因提補亓冰峰曾受阻而改變想法。）

六月十四日，這兩天為補缺事風風雨雨，傳聞甚多。我將送審表交給周道瞻時，問為何不補福慶？他到所較我早。周云：因他預備出國；如不出國，尚有一機會（可能是吳章銓將出國）。又聞郭所長獲得一講座位子，可用助理二人。今晨李毓澍、呂實強請王聿均、王萍私下開會討論補缺事，可能要對郭所長有所建議，郭所長對周道瞻說：「怎麼都知道了？為何不保密？」此語顯然有人不滿郭所長之決定，而郭所長之所以讓保密，即欲以迅雷不及掩耳的方式先造成事實，使反對者亦無從反對，孰料仍不能保密；爭執之烈，實在可怕！

六月十六日上午，魏仲韓將送審文件送院，算是吃了一顆定心丸。七月四日，院中第十三次人事會通過。七月八日，王聿均來問補實經過，我據實以告，他對郭所長此舉表示不滿，認為應有一個客觀的標準，如照到所先後或工作成績、工作需要，不能全憑個人好惡，否則易生糾紛。又說，這半年之福特基金沒有我的份，因為只有半年的時間，不能作一計畫。我生性向來不與人爭，更不會為自己爭錢，能補上正缺已是天大的心願，根本沒有再去分潤福特基金的奢望。而且補實缺不是我能求來的，所長有什麼考量，也不是我能知道的，王公不去質問所長，卻來向我發了這麼一頓牢騷，好像是我做錯了什麼，深感如臨深淵，莫名所以！黃福慶來談，賈廷詩已開缺，決定補他，昨已報出。在粥少僧多的情形下，競爭之激烈，可見一斑。

七月二十一日上午，郭所長叫我去他辦公室，首先告知改編後待遇問題及所內經費困難情形，無論如何，不會少於原來的1,700元。其次要我在清末找一個專題，以後看書好有一重心。九月二十二日，拿到助理員的任函及保險卡，總算塵埃落定。臨時人員莫不希望早日補實，不然就像在運動場上的運動員，無論怎麼努力，沒有紀錄，沒有成績，都是白費工夫。

九月二十三日上午，郭所長召史料編纂人員開會，談工作情形，勸作專題、多讀書。郭所長的作法是：史料編纂是新進人員的基本訓練，培養獨立研究的人才，才是他最終的目的。所以他時時刻刻都關心同仁的研究工作。

　　結婚後，便渴望有個小寶寶。五十四年十二月，明正流產。因家中沒有長輩，缺乏生男育女的知識，所以再次懷孕後，便特別小心翼翼。到醫院注射黃體素安胎。十二月十三日晚，明正即有點破水，由於不懂，認為是尿失禁，十四日上午仍去上班，下午到臺北醫院作例行檢查，醫生面囑立即住院。我回家收拾東西，再回到台北醫院時，明正已進入產房，直到十二月十五日零時20分（農曆十一月初四日子時）才生下華兒，母女平安。由鄭大夫接生，彥賓的女友黃月鑾始終陪在明正身邊，她本來不該值夜，也留下來當助手，因此我也破例留在產房，目睹女兒的降臨。女兒出生後，即認月鑾為乾媽；等她與彥賓結婚後，彥賓就自然成了乾爸。十五日夜裡，是台灣第一次戶口普查，小女的出生，為台灣的人口又增加了一員，普查人員也向我們道喜！

1、與外國學人談軍閥

　　民國五十五年（1966）十二月二日，趙中孚來談，他知道我的英文不好，特別介紹美國西北大學歷史系副教授James E. Sheridan（薛立敦），要我幫助他研究軍閥的工作，使我有與外國學者接觸的機會，盛意可感。我因在傳記文學兼差的關係，對民初的軍閥人物也不陌生，所以欣然答應。十二月四日上午，去通化街170巷訪薛立敦，其研究範圍為整個軍閥，已寫了一本有關馮玉祥的專書，現對桂系感到興趣，我答應試試看。他在台停留一年，已來了三個多月。十二月六日晚上到薛立敦家，商定每周二晚上去一次，決定所談題目為五四運動及唐繼堯有關資料。他是研究反對五四運動的，認為反五四的有三種可能，一是商人，他們要與帝國主義做生意，恐影響其生意；二是政客，三是軍閥，向帝國主義國家借款。其假設很有趣，人也很幽默。我們也談到馮玉祥、沈亦雲、簡又文、毛以亨、丁中江等人，所幸這些人的事蹟我都熟悉，均予以正確答案，他皆以為然。他家是拼花地板，我未換拖鞋，即穿著鞋上樓，辭出時他問我的鞋在哪裡？我說在我腳上沒有脫，他說OK！如讓我太太看到

那就……。我說你太太說沒關係，他隨即說沒有關係，我說下次一定脫，他又說真的沒有關係。

十二月十三日晚，去薛家為講五四兩小時，他會說華語，但看中文書尤其是簡體字則很困難，且不習慣中文的由上而下。他說英文係橫書，比較適合眼睛的閱讀。他對草書、簡體字甚感頭痛；但更感困難者為字義，一句很普通的話，表面看是一個意思，實則是另一意思。遇此情形，我再三解釋，他仍莫名其妙。五十六年二月四日，薛立敦因事要提前返國，我們的交談乃告結束。這次初與外國學人交談，藉知他們對問題的看法和我們不同，深感獲益良多。

2、擬定研究計畫

民國五十六年（1967）元旦，本所與福特基金會合作計畫第二期開始，為期五年。一月十二日發下福特基金研究計劃補助費申請表。據卞冰峰聽自王萍云：數日前郭所長為福特基金召集巨頭開會，李公提助理員及資淺助理研究員皆無資格參加此項計劃，（與王聿均去年七月八日對我說的是一個論調）郭所長提筆勾去，李公大不高興，謂既不尊重其意見，何必召來開會？由所長決定不就行了嗎？李公此議，可能是針對我及卞冰峰而發，因為我倆人很不討他喜歡。

一月十六日，通知明天繳福特研究計劃，為選題目，頗傷腦筋。鳳翰月前即勸我寫蔡元培年譜，最近他說「文星書店」編了一套《蔡元培選集》即將出版，我也覺得此題頗好，恐甚難作。又因李毓澍曾言助理員無資格參加，想不參加，與福慶、冰峰等商，仍以提出為宜。十七日上午，周道瞻來催繳研究計劃，郭所長也親自來催，乃決定撰寫蔡元培年譜。

三月七日，郭所長上午來，時我正看鳳翰之《新建陸軍》稿，問余有何感想？答附錄太多。郭說甚少啟發性，即令同去樓上找鳳翰商酌刪一部分。又問蔡元培年譜擬如何寫法？答尚未決定，惟一般寫法有缺點，如一事為遷就日期，硬割裂數處，實在欠妥。郭所長亦以余所說為然，指示不妨採綱目列舉式，以重要事情為主，前後均可敘述，與譜主無關之大事不必附列，有關之大事方寫進去。最後又命余再加考量，過些日子再商談一次。

民國五十七年一月十一日，蔡元培百歲生日，院中舉行酒會並為其半身銅

像揭幕。上午蔣中正總統親臨行禮，王世杰院長於五分鐘前趕到，否則，朱家驊院長丟官之事可能重演。蔣總統對到南港的路面不平表示不滿，下午警局即督促重修。此前院辦公文報修，無人理會。下午酒會，冠蓋雲集，王雲五、楊亮功、吳大猷演說，嚴家淦、李石曾、孫科、沈亦雲、沈怡均到。在這些與蔡元培有直接往來者的談話中，獲益匪淺。

我編的《中俄關係史料》（民國九年）：俄政變（一冊），於五十七年一月由所裡出版。

3、郭所長的內憂外患

郭所長是本所的創辦人，在開創期間，歷盡無數艱辛，自民國四十四年二月一日正式設立籌備處，到五十四年四月一日正式設所，郭先生利用他廣泛的人脈默默耕耘，從無到有，終底於成。俗話說：共患難易，共安樂難。當年共同參與創所的袞袞諸公，這時都已成了氣候，對郭所長不再言聽計從，甚至公然與之對抗；至於好不容易爭取到的福特基金，更令外界人士眼紅，都想分一杯羹；又因為時與美國哥倫比亞大學韋慕庭（C. Martin Wilbur）教授、哈佛大學教授費正清（John King Fairbank）等有所往來，更予人以攻擊的口實。於是內憂外患，紛至沓來，使郭所長深感困擾。據張朋園說：「李姓研究員對外放話指郭先生賣檔案，黎東方等人得知後撰文攻擊，郭先生不斷受到流言所擾。」（《郭廷以先生門生故舊憶往錄》[3] p.264。）民國五十七年五月十七日，監察院成立三人小組，調查郭廷以先生出賣國家檔案事。五月二十四日，台大傅啟學登報，其主編之《中華民國監察院之研究》（哈燕社津貼）作廢。五十七年春節前，治安機關搜查文星書店資料室，查到禁書，老闆蕭孟能被傳訊，文星書店於三月底關門。我此前為文星書店所編的《蔡元培外集》，也不能按期出版了，蕭孟能再三向我致歉。當時有一股逆流，凡與外國合作的學者與單位，均藉故加以聲討，被指為賣國者。

民國五十七年八月，李國祁自西德學成回所，意氣風發，因此引起不少波

---

[3]　《郭廷以先生門生故舊憶往錄》，中央研究院近代史研究所口述歷史叢書（84），民國九十三年四月初版。

瀾。他回台時，可能因為護照或簽證發生了一些問題，王公奉命為他跑外交部代辦各種手續。及返，並未向他道謝，呂實強認為不妥，李說：王某是為所長辦事，我為何謝他？王公聞知後自然不快。

民國五十七年七月二十八日，郭廷以所長當選院士。十二月三日，我開始寫蔡元培年譜。所編《中俄關係史料》（民國九年）：一般交涉（附：俄對華外交試探及停止俄使領待遇）（一冊），十二月由近史所出版。

民國五十八年二月一日，在討論會報告「蔡元培在清末的革命活動1898-1911」，李國祁說俞理初（正燮）為漢學家，我說他絕對不是漢學家，他很不服氣，最後郭所長也說不是漢學家，他才無話可說。二月十日，發福特補助費，比照國科會調整，我加300元為1500元，助理研究員加200為2000元，副研究員加600為3000元。

三月二十七日晚，劉紹唐與沈雲龍在上海復興園合請吳相湘師，我與梁敬錞（和鈞）、方豪、工專近代史教授徐志強、劉國瑞（學生書局老闆）、李振華作陪。是我和梁和老第一次見面，沒想到不久他來近史所接任所長。

民國五十八年四月十四日，聽說為升等問題，幾位資深的互相爭吵。七月八日，所務會議十分鐘即結束。李毓澍報告審查呂實強著作結果，王樹槐報告審查李國祁著作結果，即付表決。王聿均謂李之著作為德文，好壞不知，惟本院規定，任副研究員至少須三年方可升研究員，李任副研究員僅一年，於法不合；本人只有棄權。結果呂實強以四票通過，李國祁僅得郭所長一票，三票棄權。會畢郭所長即回家。會議前一天郭所長心臟病發，故會前魏仲韓甚緊張，預備了床供休息、並著司機將車開至門口候命。亦有人謂係政治病，故意製造緊張空氣以利通過。會後三公聯名上書王世杰院長，謂李國祁升等與研究所組織規程之規定不符，「因郭所長謂有承諾在先，堅持立場，同仁等迫於情勢，爰乃投棄權票。竊以此舉開本院未有之先例，誠恐評議會慎重訂定之組織規程，因而形同具文，致滋紛擾。用特陳明同仁等對此案之意見。」王院長批由人事主任胡佛簽擬意見，於提院會時報告。胡佛簽〈李國祁先生資格審查意見〉：大意為：本院於五十五年八月聘李為副研究員，至今已三年，李於應聘後因故延至五十七年八月到職，不能視為任職三年。李於大學畢業後，在國內

外研究機構從事研究工作已十三年，符合本院聘任研究員第二項之規定。[4]在七月二十五日所舉行的院務會議中，李國祁以十票通過升研究員。升等案方告平息。

六月，我所編《中俄關係史料》（民國九年）：中東路與東北邊防（附：外蒙古）一冊，由近史所出版。

（三）助理研究員五年（1969年8月～1974年7月）

民國五十八年七月十日，周道瞻忽然送來升等表，報升助理研究員。依照規定，任助理員至少須三年才能升等，這時我任助理員剛滿三年，事先沒有聽到任何消息，可以說非常意外！郭所長自本年八月至五十九年七月，應美國夏威夷大學東西中心之邀，前往研究講學，為期一年；並趁便考察美國研究機構。所長職務由副研究員王樹槐代理。有人聞信不服，即排闥直入所長室怒質郭所長云：讓王樹槐代理所務究竟是誰的意思？郭所長自座中猛然站起來一拍桌子，厲聲答曰是我的意思！怎麼樣？當時周道瞻適在所長室談公務，親眼目睹此幕精彩好戲。事隔多年，仍記憶猶新。

七月三十日，院裡開第二十三次人事會，討論本所升等案時，植物所所長李先聞說，編檔案不是研究工作，不能算作成績。郭所長即將出國，由代理所務的王樹槐出席人事會解釋說，本所助理員皆編史料，不作專題。李先聞才不再堅持，我和黃福慶同時通過升助理研究員。八月二十二日，拿到任函。

八月二十八日，張朋園、張存武發起歡送郭所長、蘇雲峰、黃嘉謨出國，歡迎趙中孚、王樹槐、王爾敏回國。九月三日，郭所長赴美。

1、王世杰辭院長，錢思亮繼任

民國五十九年四月一日，王世杰院長以年邁辭職獲准，被聘為總統府資政。五月二日，中研院第七屆評議會召開臨時會議，選出錢思亮、吳大猷、閻振興為院長候補人。五月七日，蔣中正總統圈選錢思亮為院長，於六月四日上

---

[4]　所務會議紀錄及三公上王院長書、胡佛簽註意見，係七十二年十月在人事室檔案中查得。

午到任，由總統府秘書長張群監交。下午三點，在蔡元培館舉行歡迎酒會，首由四朝元老植物所李先聞所長致詞，謂研究院越來越走下坡，沒有成果。並笑指史語所李濟所長為五朝元老。李濟謂五朝元老不是恭維的話，說錢先生六十二歲任院長，蔡元培先生也是六十二歲（不正確）任院長。化學所魏嵒壽所長簡短致詞後，錢院長致謝詞，聲明兩點：首先解決福德坑垃圾場問題，一日不解決，一日不罷休；頓獲熱烈掌聲。（李遠哲接任院長時亦值垃圾場問題）其次就是到各所看看。又謂昨天在台大畢業生會上說，諸位在台大四年畢業，我則十九年才與諸位同時畢業，大學畢業，又進研究院，是順理成章之事，願諸君也能入研究所繼續深造。頗為幽默。錢向以不會演說著稱，每年台大校慶講話，開場白照例是先講今天天氣好、各位精神也很好等，高年級同學往往能一字不錯的與之同時說出，其可愛處即在此。雖為老生常談，但每次說完，台下必報以熱烈掌聲及發自內心的笑聲。有一次天氣不好，不得不改了詞，台下笑聲更熱烈。六月十日上午，錢院長到近史所各研究室巡視，恰巧我不在位子上，沒有見到。十一月二日，新任總幹事高化臣先生到任。

五十九年二月八日，農曆正月初三，星期日，上午明正感到腰痠，乃趕赴省立台北婦產科醫院，12:30到，找不到指定之郭大夫，由值班大夫檢查，即辦住院手續。直到14:50郭大夫才到，乃送產房。15:45聞嬰兒呱的一聲大叫，知已順產，旋即哭聲大作，十多分鐘後實習護士抱出，是男孩，6.7磅3250g，面目紅黑，取名俊如。正月初三，糕餅店都休假過年，所以他每年都吃不到生日蛋糕。

2、郭廷以所長辭職，梁敬錞接任

五十九年五月三日，郭所長函王世杰院長辭職，謂「廷以久患心臟之疾，……所任所長一職，屢次面辭，庶免公私兩誤，未邀俞允。近來體力益為衰頹，實不宜續行濫竽，務懇准如所請，感拜無涯。萬一有所不便，亦請留轉新任，為禱為幸。」[5]王院長批留後任辦理。六月二十七日，上午所務會議，

---

[5] 陸寶千主編：《郭廷以先生書信選》P.13。

王聿均提上書挽留郭廷以，李毓澍附議，交周道瞻起草。七月十五日，郭先生函王樹槐，辭意甚堅，謝挽留。決繼續留美治病，末云「早晚終有相見之日也」[6]。九月十六日，上午布告欄貼一布告：郭廷以辭職，勉予同意，在新所長未到職前仍由王樹槐代理。郭先生被逼離開他所一手創辦的近史所，心中之痛，可想而知！他說「早晚終有相見之日也」，沒想到也未實現；民國六十四年九月十四日，以心臟病發作，在紐約住進醫院，由於醫護人員疏於照顧，從病床上跌下，即歸道山，享壽七十有二。一代學人，竟落得如此下場，天道寧論！十月十九日上午，近史所在台大醫院第七講堂舉辦郭廷以紀念會，錢院長親自主持。陸寶千代擬本所之輓聯：

　　　　創作新史整理舊典手摩金匱存故澤，
　　　　上庠振鐸北美敷化音消絳帳倍傷神。

　　是對郭先生的蓋棺論定。
　　民國六十年三月十六日晚，應邀到沈雲龍先生家談話，沈公說：梁敬錞（和鈞）與錢思亮院長之封翁鴻業（謹庵）先生，為法界老友，錢院長已去拜訪過梁和老兩次，堅請主持近史所，和老已允為考慮，乃問計於沈公，沈公將所內情形具實以告，恐未必詳盡，故召余詳談。我認為人事複雜，恐難相處；而且福特基金即將結束，經費有限，同仁之生活將面臨困難，如何約束使之安心研究，亦成問題。余意為本所前途計，由年高德劭之和老出任，應為適當人選；但為和老個人計，恐將得不償失，以望八之高齡，再跳此火坑，天天與後輩相周旋，若能相安無事固好，否則有損令譽。沈公自謂長於調和，顯有出山相助之意，能否扭轉乾坤，實難意料。沈公又說，如由和老接任所長，過渡一個時期，則委王聿均為副座而扶正，是否可行？我說現在大家已經撕破了臉，甚至見面時連最起碼點點頭的禮貌都沒有了，屆時如仍不能心平氣和的談問題，豈不和現在一樣！相談一晚，並無任何結論。（沈公六十一年七、八月在近史所

---

[6]　《郭廷以先生書信選》，p.102。

兼任的薪水，是由梁所長薪水中支付的，由於人事費超支就停掉了。）

　　三月二十五日，錢院長請秘書主任萬紹章向三公疏通梁敬錞出任所長事，消息乃在所中傳開。五月七日，劉紹唐謂梁和老體檢，心臟有點問題，要作進一步檢查，如不行，即據以辭所長。五月十一日，張朋園等又上書錢院長，謂三公處處掣肘，所務無法推展，請速決定所長人選，或請郭廷以先生回國協同解決。六月八日，上午開所務會議，討論聘梁敬錞為本所研究員案，六票通過。（有了研究員的身分，才可聘為所長）當晚，王樹槐宴請梁和老，由沈雲龍及劉紹唐作陪。六月十日，院務會議通過聘梁敬錞為本所研究員。通過後，錢院長報告，已決定聘請梁先生兼任近史所所長。

　　民國六十年六月十九日夜，李恩涵自美國返台。六月二十六日，上午所務會議，討論王爾敏、李恩涵升研究員、張玉法升副研究員案，僅通過玉法升等案。二十七日晚，周道瞻來談：二十五日黃、王、李三公即知二十六日所務會議定不平靜，商量對策，李即電高總幹事，請預籌安全之策。高即電萬紹章主秘，萬再電人二室趙保軒，趙問計於周道瞻，擬向汐止派出所報案，請派員鎮壓，周以有辱院譽，否決之。二十六日晨之安排：技工黃傳鑫坐在會議室門口，總辦事處技工楊繼雲立於本所通道口，而萬紹章、趙保軒、王志維及唐輝明警員則在胡適紀念館待命，會議室如有打鬥，黃傳鑫一舉手，老楊即去報告，萬等即可抓人，送法院，停職。儼然「鴻門」會，真是奇聞！開會時，果然充滿火藥味。一段口舌之爭後，王樹槐代所務始宣布言歸正傳，由審查人宣讀審查意見。李恩涵迴避，王爾敏則根本未出席。投票結果：李恩涵、王爾敏均為3：3票，沒有通過，張玉法以6票全票過關。李恩涵再進會場，已不克自持，砲火直射三公。

　　會前，高總幹事問王樹槐何以要在此時開會？為何不再等五天新所長來後召開？又施壓力云，如開的不順利，恐怕也不是你代所務者所希望的吧！言外之意，一切後果由你負！（王樹槐以後所以與所長一職絕緣，應與此事處理不當有關。錢院長很在意所長處理事情之能力，雅不願將所裡的大小紛爭，送由院長為之解決。）

　　七月一日，新任所長梁敬錞（和鈞）到任接篆視事，上午十點在會議室開酒會歡迎，劉紹唐、李雲漢、蔣永敬、沈雲龍、楊紹震均來參加。竟然有人拜

託劉紹唐在梁和老面前說項，意在爭取副所長位子。梁和老在這種情形下出任所長，怎麼能夠收拾得了殘局！

七月六日，上午又有人為王爾敏、李恩涵升等事上書梁所長，梁也不知如何處理。七月七日，梁所長新著《史迪威事件》由商務印書館承印，囑找人代校小註，王樹槐、周道瞻二人推薦我代校。我校完後將有問題處用紅筆註明，即交周道瞻送給所長；周約我一起送梁所長寓所，我說稿子是你交給我的，看完自然要交給你，請代轉送所長即可。他說我太傻了！意為別人想求這樣向新所長邀功的機會也沒有，而我有此難得邀功的機會，卻不肯善加利用。

八月二日，梁所長首次到各研究室看望同仁。十一日，梁所長在欣欣餐廳宴請全所同仁、院長、總幹事、各處室主管共五桌。九月二十九日，梁所長新任之管理員曹介甫，自十月一日起兼管圖書館業務，不久又帶來林偉（後來才知道是王志維的親家）及一位謝先生（忘記名字），還是北洋政府時期官場的慣例，新官上任，可任用幾個自己的人，因而引起許多同事的不滿。大家最初對梁所長有所期待，不久便漸漸失望。

十一月二十四日，公布梁所長自十二月二日請假兩個半月赴美，六十一年二月二十九日返台。由王聿均代理所務。近日為代理事暗潮洶湧，今天上午更是個個面色凝重，互相走訪、密談，空氣十分緊張。並聯名上書院長反對王聿均代理所務，聽說還有兩位要辦理退休，以示抗議。

十一月二十七日，上午十點，輪到我在討論會報告，題目是〈蔡元培與大學院〉。我早就聽到屆時要罷聽的風聲，係為杯葛梁所長。先是李國祁特來告以二十七日不能參加討論會，並說「你老兄不過夾在中間受點骯髒氣而已」，希望我不要誤會。王聿均則告訴我，在我報告時他中途退席，係梁所長所授意，怕他因替我辯護而引起爭執。十二月十八日，輪到黃嘉謨在討論會報告，竟然有十位研究人員為與王聿均冷戰，拒不出席聽講。在這種情形下，所務如何推動！

六十一年一月二十八日，農曆辛亥年十二月十三日，次子俊安出生。昨天半夜明正即感到不適，晨起腰痠加重，吃飯後即去台灣省立護理專科學校附設

婦幼衛生中心，13:00入產房，13:22出生，4010g合8.8磅。母子平安。兩男一女，非常理想，至為興奮！

3、兼管外交檔案室（1972.06.16～1977.10.11）

民國六十一年六月八日，梁敬錞所長的秘書曹介甫告訴我，外交檔案室主管呂夢颷老先生將於七月一日屆齡退休，梁所長要借重我接替呂先生兼管外交檔案室。旋由梁所長約談，謂檔案室人選，經考慮再三，以我最為合適。諦聽之後，即再三懇辭，不能勝任。梁所長仍堅持由我來接，謂人事由我作主，工作不力者調換之。

緊接著王聿均也來談兼管外交檔案室事，顯然他們早已商定，不容我推託。他說事先曾考慮過三人，皆不適宜，就認定非我不行。我請王公代辭，如不能卻，則以一年為期。王公與梁所長談後，允任一年，惟不能見諸文字。只有答應暫兼。（民國八十三年李遠哲找我兼秘書主任時，我也是答應以一年為期。）六月十二日，側聞李公云，梁所長暑假赴美，屆時仍由王聿均代，故檔案室事徵求王公意見。我人微言輕，只不過是一個任人擺布的棋子而已！

六月十六日，到檔案室接事。七月一日正式上任接管檔案室。七月十一日，檔案室移交完畢。八月八日，原在檔案室工作的詹秋蓉女士，為隨夫婿物理所的曾忠一出國深造而辭職，十一日調王世福來接替。王先生為山東人，有長者之風，可能是王、李二公舊識，退休後再來任約雇人員，與我非常談得來。另有一位傅錫舜小老弟，也曾在檔案室短暫工作過。

檔案室的工作尚算輕鬆，除同仁借閱外，偶爾也會有國外學者來查閱。十月二十日，Y.C. Wang汪季千（一駒）教授自美國來看檔案，他因在台時間不長，乃請師大學生駱某代閱外交檔，並代抄錄。當時沒有影印機，而且各保存檔案的機關，觀念十分保守，本所也有類似的規定，國外的學者，能夠閱讀檔案已屬不易，哪有能力和足夠的時間抄錄，可是規定又不能請人代抄；我基於職責，只有拒絕駱某代抄，自然使汪教授不滿。十二月七日，汪季千向錢思亮院長口頭、書面告我的狀，說原允許他看檔案，現在又不准他看。錢院長向代所長王聿均查問原因，王公告以與現行規章不符，陶某人是依規定處理。錢院

長是最守法的人，也無話可說。九日，汪季千託友人向我道歉。

十二月二十八日，李公突然到我研究室來，厲聲責我帶人到他那裡看檔案。答以非我介紹，係東海大學研究生張先生與中日檔之小姐認識，昨去看中日檔二十一條，我隨去查蘭辛石井案是否在中日檔裡而已。李公仍怒氣未消的離去。兩小時後，方知錯怪了我，再來向我道歉！

民國六十二年五月二十八日，外交檔自B棟搬至新建的檔案大樓，為了放置的樓層及面積等，又惹得主持經濟檔的李國祁不高興，所放是公家的檔案，並非私人物品，何必為此動怒？為息事寧人，我不和他計較，也不敢計較，完全尊重他的意見。

4、奉命接管經濟檔（1973.11.01.～1977.01.17.）

民國六十二年十月二十六日，李國祁辭去本所一切職務，借調師大，本所改為兼任。十一月一日，經濟檔之主持人，我又奉命接管。

民國六十三年六月十五日，王聿均來云，經濟檔名義上由我主持，實際則由他負責；如能與國外合作，可不必請國科會，在經費方面，他可以活用。說白一點就是要我掛個名。七月四日，王聿均又來談，美國史丹佛大學胡佛研究所東亞圖書館館長吳文津，函詢編印經濟檔的費用貳萬伍仟美金夠不夠？也就是說有成功的希望。詳細情形，我不清楚，也不敢多問。

民國六十六年一月二十一日，有人告訴我，經濟檔已於本月十七日交由李公管理了。不禁為之愕然！我無緣無故被強拉去接管經濟檔，現又無聲無息的被免了官！人微言輕，只有服從！

十月四日，鳳翰告訴我，外交檔新用一人按件計酬，係前南港鎮長家的年輕人。我立即去看，適王世福請假，我問你是誰？他反問我你是誰？我說我是這裡的主管，是誰讓你坐在這裡的？他答是所長。數月前所長調外交檔，也未曾知會我，缺乏權責觀念，實在亂來，根本不知尊重人。我忍無可忍，立即寫了辭呈：「自民國六十一年七月一日奉派暫行兼管外交檔，迄今已逾五載，請另派人接替，以便移交。」王聿均問明為何辭職後說係一時疏忽。十月五日上午，王世福奉命來挽留。他曾舉經濟檔事質問王聿老，聿老說不同，經濟檔

僅請李毓澍主持編目工作而未更動管理人。王世福對曰,恐非如此,經濟檔同人均曰換老闆了。我向王世福說,當初與華府中國研究資料中心主任余秉權商量合作時,王公曾持計畫到檔案室告訴我,如計畫成功,他月拿5、6千,我拿4、5千,比照國科會標準或稍高。你是在場目睹經過的;後來不知何因事未成功。現在情勢不同了,要換人,在禮貌上也應先與我打個招呼!再退一步說,即使如他所說編目與管理分開,那就是還承認陶某為管理人,編目計畫可以不必知會我,而本年6-9月之績效報告也不再請我填寫了,還能算是管理人?太不誠實了,撒了謊又不知如何去圓!

十月十一日上午,王聿老送還辭呈,未批,謂由王世福接管,不必再辦移交。回想民國六十一年六月,我是在「非我不可」的複雜因素下,被逼著接下外交檔主持人;至是總算得以義正辭嚴的正式擺脫,不再做唯命是從、被人利用的棋子!

當時同仁們所爭最切身的問題,一為升等,一為考績。梁所長可能不了解考績對同仁的影響,於六十一年竟然有人被打了丙等,除非犯了嚴重錯誤,是不能打丙等的;真不知他的標準是什麼!也引起不小的波瀾。又聽說醞釀要為文攻擊梁所長及延阻《集刊》的出版,以影響梁所長選院士,不與合作,集刊的編輯委員也擬總辭。當時年輕一輩的分兩派,得到所長安撫的一派,即一心保皇;而另派則堅爭原則,研擬改革所務方案,大致為升等、考績定一標準。

六十一年七月十七日,上午所務會議討論十六人簽名之十項革新所務事,爭執甚烈。十八日上午,再開所務會議繼續討論十項革新所務事,幾至動武,乃改開談話會,命我任紀錄,砲口一致對梁所長。傳記文學劉紹唐社長說,梁所長月底即走,昨天錢院長至梁公館挽留,自下午四點談至晚上八點,誰也沒說服誰。七月二十一日,公布梁所長請假三個月,八月六日赴美,所務由王聿均暫代。九月一日,梁所長帶來之曹、林、謝三人,皆已辭職。十月二十五日,梁所長續假半年,仍由王聿均代。

民國六十二年一月三十一日所務會議時,張朋園提梁所長逾假不歸,應予彈劾。王聿均函梁請早作歸計,梁不悅,回曰:「以衰廢之身,院中為何不放一條生路?」二月二十二日劉紹唐說,他曾函梁和老,謂恐不能擺脫所長職

務。後接梁信，謂錢院長和他在紐約長談，允辭，並共同斟酌辭書字句，返台後即發表，不料突接續假半年之公文。他說所長一日不擺脫，一日不回台。拒領公費，院仍照寄，決捐圖書館買書。辭意甚堅。

六月八日，所務會議決定升副研究員者提劉鳳翰、陸寶千，升研究員者提王樹槐、李恩涵。六月十六日開升等會，王樹槐、李恩涵、陸寶千、劉鳳翰都通過，解決了一大難題。

直到七十一年二月，有關當局令國科會為梁和老辦理特約講座，錢院長派我（時調兼總辦事處秘書主任）於二月六日上午到中央黨部與蔣彥士之機要李聖謀商梁和老來台機票事。七日，電紐約梁和老，告以請先自購頭等機票，來台後由本院歸墊。十五日晚，梁和老自舊金山抵台，中央黨部、外交部、本院均派人前往接機。

三月四日晚，近史所在福順樓為梁和老接風。十五日，我去接梁和老來蔡元培館錢院長午宴，蔣復璁、蔣彥士、華嚴、梁乃予（和老之侄）、王聿均、呂實強等作陪。

七月十二日，到國賓飯店赴劉紹唐晚宴，到後方知為梁和老祝九十大壽，他送一銀盾，中書「史學泰斗」，署名者乃紹唐擅自所加，並未先徵人同意，有：李璜、黃季陸、沈雲龍、李國祁、張玉法、蔣永敬、陳三井、張朋園、呂實強和我，玉法見之不悅，但未表示意見，朋園立即要走，經三井婉勸留下。玉法、朋園皆不吃蛋糕、壽桃。李璜、黃季陸都是元老輩，亦似有不悅之色。紹唐事先未知會署名人，十分不妥！

七十二年六月八日，總統府秘書長蔣彥士函錢院長，大致謂梁和老：「年事已高，梁夫人復久困夙疾，近聞處境頗有困難，友好均甚關切，至請貴院繼續惠予禮遇，逾格資助，俾敬錞先生得獲頤養，完成巨帙，亦學術界之盛事。」作者案：梁和老之特約講座聘期，第一年自七十一年二月十六日至七十二年一月十五日，係計算錯誤，尚差一個月方滿一年；第二年自七十二年一月十六日至七十三年一月十五日，這時尚未滿期，不知蔣彥士所言「繼續惠予禮遇，逾格資助」，是何用意。七十三年三月十六日，梁和老病逝台北，二十八日出殯，我協助料理喪事。

5、王聿均所長由代理到真除

六十二年七月二十八日，傳說梁所長辭職照准，由王聿均真除。所中有些原來反梁的人，忽然又簽名請梁速回，意在拒王。出爾反爾，太無原則。二十九日，王聿均來談，謂二十六日即收到聘任的公事，擬明日公布，不意有簽名反對事。謂錢院長自美返台後，隻字不提梁所長辭職事，係在考驗他對升等事處理得如何，今既圓滿解決，證明尚可勝任，才發表。八月一日，所長移交，由會計主任吳家槐監交。

6、出國夢

大學畢業時，很多同學（包括實中的）都在準備出國，我連想都不敢想。因為自知英文程度不好，而且囊空如洗，不具備任何出國的條件。民國五十三年到近史所工作時，初為臨時人員，當然不敢奢想能以公費出國。五十五年八月補為助理員後，就有了出國的希望。可是照王聿均五十五年七月八日對我的說法，這半年之福特基金沒有我的份，因為只有半年的時間，不能作一計畫。自然更談不到出國了。

所中的研究人員，諸先進及同輩們，多已在福特基金的資助下出國進修過了，第一次：李毓澍去日本一年、呂實強去美國兩年、黃嘉謨去美國一年。第二次：王璽去日本、王爾敏去英國各兩年。第三次：王聿均去英國一年、張存武去美國兩年。第四次：林明德去日本、李念萱去美國各兩年。

福特基金的補助雖然進入了尾聲，但仍有出國的機會。當時所中資送出國人員分兩組，甲組為研究員及副研究員，乙組為助理研究員及助理員。五十七年四月二十七日上午所務會議討論送出國人員名單，郭廷以所長事先向與會人員分別打招呼，乙組送蘇雲峰一人。投票結果，蘇雲峰只得了兩票（郭廷以、王聿均），張玉法三票（郭廷以、李毓澍、黃嘉謨），黃福慶三票（王聿均、李毓澍、黃嘉謨），劉鳳翰零票。

九月一日晚到所參加歡迎回國者：李國祁、陳三井、王萍；送出國者：賴澤涵、張玉法、黃福慶、王樹槐、王爾敏、李恩涵聚餐。（我雖無緣出國，但歡

送、歡迎則不能缺席。）每年此事均由三公發起，今年三公都不辦。郭所長令張存武發起，存武婉卻，推魏仲韓發起。我事先不知內幕，見發起單放在電話間，去接電話時，順手就簽了名（為此以後曾被人責怪）。三公拒絕捧場，李毓澍曾簽名，後又向魏仲韓告假，說王聿均告訴他如參加，今後與黃嘉謨與之一刀兩斷。李說不能出賣王、黃二公，故也不參加。王璽未簽名，郭所長親自去請，方出席。由此小事，可見所內這時已經不睦之一斑。

五十八年三月六日，所中發下出國申請表，看到所中同仁彼此不睦情形，我不存任何希望，但仍決定填表一試。三月二十一日上午，王聿均約談：首謂郭所長暑假去夏威夷講學一年。再談申請出國事，暗示陳存恭今年不申請，如投票，我必可通過。我萬萬沒料到這時竟獲得一有力保證。為了做好準備工作，乃於三月二十五日致函先期赴美的亓冰峰兄，請教美國各大學情形。下午周道瞻勸我速交出國申請表，建議填一個本所尚無人去的學校，如耶魯大學的辛亥革命資料甚多，不妨一試。三月二十六日上午，在洗手間巧遇黃嘉謨，他問我申請出國了沒有？答正在考慮如何填表。他即請至其研究室一談。首謂現為民主時代，所中資送出國人員，應由選舉產生，不能不投票即決定人選（意為現在申請者只一人，三公不支持，如無人申請，則不需投票即可通過。）勸我要爭取此一機會，並出示其過去出國計畫底稿令我參考，又詳為介紹美國各大學藏書情形。我說想去耶魯研究「蔡元培與辛亥革命」，黃公首肯，並傳授填表技巧，謂蒐集資料之餘，要旁聽有關課程，如經濟能力許可，即攻讀學位，說不定所中還可以補助學費云云。而且耶魯尚無本所之人長住調查，所長或可允許。說得十分具體。參與投票之王、黃二公都如此明白表示，出國之事，當有很大的希望。

三月二十七日上午，將申請表送王聿均過目，他看過後同意，並明白表示不支持某人，此公昨天也曾與王公懇談，王支吾其辭，不予正面答覆。去年王曾投他一票，以示大方，並未因被他罵而不投他。下午我將申請表送周道瞻。

四月十五日，周道瞻來談各路消息。又說，李國祁昨向郭所長提哀的美敦書，其升等問題，限十五日（即今天）以前為之解決。又云，為升等事，呂實強曾與李毓澍吵，又與王聿均吵，李國祁也與王聿均吵。周公比喻為軍閥混

戰。妙哉！

四月二十六日，上午舉行所務會議討論出國事，李國祁指三公攬權，投票不當。王聿均駁云：此為本所單行法，初由所長指派，後因所長不願為此得罪人，乃委三公分謗，故改為投票。今既被攻擊為攬權，願放棄投票權，退請所長指派，即作成決議。此前所有支持我的承諾，都落了空！又為其他瑣事爭執甚烈。

四月二十八日，王璽來云，出國事由所長指派將對我不利。我何嘗不深知之，王、黃二公之承諾，盡付東流，我也只有淡然處之，不去強求。下午王公來談，為所務會議臨時生變，愛莫能助表示歉意。我答以為王公謀，既有煩言，只能如此做；今年無望，只有等明年；明年希望亦不大，唯有認命。我向不與人爭名奪利，只能怪自己既無本事，又乏貴人鼎助，不認命又能如何！

五月十二日，鳳翰告知，出國事已決定派蘇雲峰矣，上周已報院。

五十九年月四三日，所中又發下出國申請表。四月六日，與趙中孚談習英語及出國事，擬去英國，題目未定，原擬作朱爾典John N. Jordan與中國，中孚以為作外交史吃力不討好，勸找點李提摩太Timothy Richard的資料。四月七日，王家儉云，李提摩太有自傳。我說不妨作朱爾典與民初政治。四月八日，晚去看王曾才，請教英國資料及研究題目。四月十日，鳳翰、陳存恭均申請赴英。郭廷以所長手諭，今年甲組不考慮。四月十三日，中孚勸我改填美國哥大。四月十六日，決定填哥大，題目「蔡元培與近代中國教育」，下午送周道瞻。

四月十八日，上午所務會議，申請出國者四人：鳳翰、存恭、郭正昭及我。決議：援去年例送請所長遴派，不討論。郭所長提名王樹槐、王爾敏升研究員，趙中孚、李念萱升副研究員。沒有鳳翰。五月二十六日，周道瞻云，郭所長已向王世杰院長呈辭。王批留後任辦理。六月二日，王聿均也來談出國事，謂郭所長令王樹槐決定，樹槐恐不能決定。

六月二十七日，上午所務會議，趙中孚以四票通過升研究員，王爾敏2：2未過。王聿均提上書挽留郭廷以所長，李毓澍附議，交周道瞻起草。出國事等新所長遴派，又擱置了下來。七月二十一日，郭廷以所長來信辭意甚堅，謝挽

留。決繼續留美治病。九月十六日,郭廷以辭職,勉予同意,在新所長未到職前仍由王樹槐代理。只公布了一小時,王即撕去,很多人未見到佈告。

　　九月十九日,上午所務會議討論出國事,李毓澍提議送出去之三人可一次決定,分兩批走,以免再開會。已列入紀錄而無異議者,李說即可作為通過。呂實強忽然起來反對,李國祁見不可開交提議休會,乃作鳥獸散。

　　九月二十六日,上午又開所務會議,王公來告:出國事決定今年乙組兩人,明年甲組一人,多數仍決定由代所長王樹槐指定,他已不能有所幫忙矣。

　　五十九年十月十二日上午,王樹槐代所長召我、鳳翰、存恭開會(郭正昭未到),出國事擬照四項標準計分,每項25分,得分多者去。我年資10、工作成績22、品行(以考績代)25、合計57分,居第三。鳳翰為64分。存恭為61分。郭正昭47分。另一項語文能力,則委託語言中心代考。凡是好事,臨到我頭上時即橫生波折,還好我得失之心並不太重,總是逆來順受,否則,後果真不堪想像。

　　語文是我的最大弱點,我與鳳翰即於五十九年十月十五日同去美加補習班補習。因為時間倉促,我和鳳翰希望延長一下考期,經提十月二十四日上午所務會議討論後,決議交王樹槐辦理。十月二十九日下午王樹槐召我等四人開會,決延至明年一或二月考。如明年八月三十一日前出去者尚未離台,即以棄權論。我提不要考了,即送鳳翰、存恭二人可也。王樹槐不肯。

　　十二月一日,存恭提議到語言中心補習,我與鳳翰同意。四日趕辦語言中心報名手續。十六日上午去語言中心筆試,聽力及選擇題,不難。十七日下午口試,兩位洋女士問與陳、劉是否為朋友?又問擬赴何國何校?研究何題?有出版品否?幾個小孩?多大?會走路否?速度甚快,答音甫落,另一人之問題即提出,毫無思考時間。二十八日上午到語言中心註冊,繳費2940元。

　　民國六十年一月五日,到語言中心上課,每天6小時。九百句、文法由生於寧波之美國老太太Mrs. Christina Wong教,聽錄音帶由Mrs. Be zner教,在TTV教英文之Mrs. Wilson,教發音及閱讀者為Mrs. Tillman(華人宓聯卿)田太太。我對m、n之音分辨不清楚。

　　六十年一月二十日,語言中心正式考九百句,我得96分,存恭96,鳳翰87。

二月九日，9:00許開始考，分三大部分：usage test 100題60分鐘，聽力60題30分鐘，生字70及閱讀60分鐘。二月十日，14:00口試，太緊張，考得最差。十五日通知分數，名列第三，大局已定，已無話可說。

三月六日，鳳翰與存恭擬各縮短五個月，由所補助旅費讓我同時出去，他倆的好意，我只有心領，不願再作出國夢。

六十年七月七日，鳳翰說，他請劉紹唐向梁敬錞所長提一下出國事，甲組尚有一名未定，目前似無人去。紹唐允與沈雲龍同去談。七月十六日，紹唐已向梁所長提我出國事，梁云甲組有人表示不放。8月24日晚，王聿均、李毓澍聯名請鳳翰在東亞飯店吃西餐，我作陪。這天下午兩點，王、李二公先到中央黨部看薛人仰（梁所長同鄉，與李熟），為王公進行副所長事，請薛向梁說項。李本人正辦借調中興大學，無意於此。王一向表示無意問鼎，此舉殊令人費解。我未到席前，鳳翰問甲組出國名額事，王指李曰：他要去。李即說，要送人出去就是他去，他不去寧可退回。鳳翰即不便再問下去。散席後，我與李同乘大有公車回南港，我問甲組名額事，李知我有意爭取，表示他不去，如可能即送乙組可也。斯人斯語可信乎？李又曰，此名額為郭廷以用去一半，林明德、王璽各用一萬，所餘無幾，已不足送一人矣。李又說他與錢思亮院長、高化臣總幹事關係如何好，並言梁敬錞所長之來，如他不同意則來不成，我只有笑笑！

八月二十六日，趙中孚與李國祁談甲組名額事，李國祁仍贊成送乙組。中孚擬多徵求意見作成提案交所務會議。盛意可感。

到了六十一年三月九日，通知福特出國最後一名為甲組。五月五日，黃福慶告訴我，甲組出國已決定了人選。此為福特出國之最後一名，從此我與福特基金出國絕緣。

出國鍍金，回來後自覺高人一等，有一同事自日本回來後，住在單身宿舍，在外面一排洗手池說，自來水管怎麼也比日本的細。在國外拿到博士學位，回來升遷也快，直接聘為副研究員，且配住學人宿舍。真是風光！

（四）副研究員六年（1974年7月～1980年7月）

民國六十三年四月十三日上午，王聿均所長通知：十五日上午約應升副研究員者交換意見。我問擬升幾人？答二、三人。余謂升二人無法解決問題，可不考慮我，惟黃福慶為調換宿舍，急需升等以增加分配的點數，請考慮。實則他已先與黃福慶談過，擬升李念萱、蘇雲峰二人，福慶至為不滿，緣去年曾再三勸趕撰專刊稿，今已繳卷，又不考慮，缺乏誠信。故當王所長通知時，福慶不發一言，無意謙讓。晚與福慶談，他勸我不必再表示謙讓意，否則他不心安。

四月十五日上午十點，王所長約應升副研究員者座談，陳存恭未到。首云擬提王萍、張存武、張朋園升研究員，每所每年無同時升五人以上者，故升副研究員者以二人為宜。繼云，就年資言，李念萱最久，蘇雲峰次之，再次為陳存恭，我比黃福慶早一個月；就著作言，蘇雲峰、黃福慶和我均已繳稿，並已請人看過，李念萱尚在趕寫中，陳存恭則不具備此條件。因問李念萱何時繳稿？答五月底。王云太遲，應於五月二十日前繳來，以便請人審查，六月十日提所務會議。李念萱云，即使繳稿，距出版尚有一段距離。王云，蘇、黃、陶三稿亦距出版有一段距離，總須再修改後方可付印。（此言太無道理，我三人之稿已交人審查過，並照審查意見修改好，其所以不能印純係所裡缺少經費，怎能與尚未完稿者相提並論！）王問福慶意見，他雖深為不滿，但念及師生之誼不便作露骨表示。我則始終不發一言，靜作壁上觀。王云，升等事明年可全部解決，陶某曾私下相告退讓（玉法認為我此語被利用作擋箭牌，深不以我謙讓為然。）似可決定：甲案提李、蘇二人，乙案提李、蘇、黃三人。又再三對李念萱說，在不妨礙健康情形下，速將著作提出。辭出後，李念萱乃笑著對我說：如果他生病不能繳稿，則我可依序遞補。細繹前後情形，始知以誠待人而大受其騙。我之一再謙讓，力謀為其解決問題，太天真了！歸將經過告知王世福，他說如此不誠，今後將如何使人為他做事？面允升我之事，世福曾親聽過兩次（他未聽到者尚有多次），今竟如此，令人不解！

五月十四日，王聿均所長來云，今年因開院士會，院囑五月底前辦妥升等，李念萱因病無法如期趕完，今年放棄提名，故決定提蘇雲峰、黃福慶、陶英惠三人，院亦同意，請將書稿準備好送所交付審查。早知如此，又何必多等一個月，徒惹人不快！其愚真不可及！如今雖獲提名，因係拾人棄物也不感激。五月十五日，將《蔡元培年譜》稿送所，另附論文五篇。王聿均來云，近日病情加重，擬住院檢查，如病好後仍不能擺脫，擬請院准設副所長，我之升等必可順利通過，屆時擬挽余副之。余敬謝不敏。

　　五月十八日，所務會議正式提名升等。王聿均說明升研究員者上次會已宣布，李國祁謂紀錄為「擬提」不能算正式提名，相互爭辯，終至拍案，王不得已再聲明正式提名。李又責以未經所務會議通過即逕付審查，與手續不合，而原定審查之期為兩個月，今天提名，下周投票，太草率。

　　六月一日，所務會議，升研究員之王萍、張存武、張朋園皆全票通過，升副研究員者黃福慶16票全票，蘇雲峰14票，2棄權，我15票，1反對。六月五日，補填送升等資料。六月二十七日院務會議，本所六個升等案均順利通過。七月十日接到聘書。自八月一日起薪。

1、蔣中正總統病逝誌異

　　六十四年四月五日，星期六。早上九點半赴基隆張憲浩、董立楹兩位老同學家玩，遊和平島、中正公園。晚上九點半看完「保鑣」連續劇後，他們留我在基隆過夜，我堅持要回家。劇中有皇甫清先生者，演員讀音為「黃埔先生」，為一身份不明之人，曾有人傳言影射蔣中正總統，今在劇中被賈糊塗殺死。我當時說：「此人如何能死？」到凌晨一點多就寢。白天萬里無雲，此時忽然狂風暴雨，雷聲大作，頗疑怪。翌日始知昨晚十一點五十五分蔣中正總統病逝。專制時代皇帝駕崩時，天象示警、天地含悲等說法，不意又見於今日，也許是一種巧合。

　　六十五年五月十五日，所務會議，不提升等案，林明德大聲爭辯。王聿均又失一高足。玉法云：今年皆不提，明年豈不太多？無人響應。呂實強打圓場，李毓澍為王解圍，蘇雲峰厲言你們已上車了，就不讓別人上車。以乘公車

為例，倒很有趣！晚帶孩子散步時遇到王聿均，得意的說今年問題解決了，我說明年將更嚴重，何得云解決？他說到時再說。我問為何不提王璽？王說本擬提王璽，並將其著作要來，嗣因林某爭乃決定都不提。大前年要提王萍，因張某爭而犧牲王萍，今又為犧牲弱者遷就強者增一例。我感到語言無味，即帶孩子走開。

五月十七日，趙中孚與王聿均談，劉鳳翰在積極趕稿，擬明年升等。王曰他急什麼？即使今年提別人，明年也不一定提他呀！如據實告訴鳳翰，現在就會翻臉！五月二十一日，陳存恭曾問林某，林說絕無與王璽相爭之意，並表明不提他也可提王璽。王聿均又說王璽著作〈李鴻章與中日外交〉只數萬字，不夠分量，實則有15萬字。鳳翰問王璽與王聿均所談經過，王璽云，初所長對他說，今年有空，可提名，請準備著作，王璽早有所備，即裝訂成兩冊送去。開所務會議前忽被退回，並致歉云：「沒有把握，故今年不提了，請諒。」王璽說就算了。氣憤之至。又聞當初為補李健民飽受攻擊，今年仍不考慮升他。助理員滿三年即可升，且無需所務會議投票，健民已滿三年半，為平息別人攻擊就犧牲老實人，徒令眾叛親離，親痛仇快！

六月十七日，考績提院會，我自王聿均代所長及真除以來首次獲得甲等。歷年均為他解決問題而甘為乙等，今年不再鬆口才有甲等。七月一日，王萍語趙中孚，王聿均在最孤獨時，只有陶某人理他；如今二人也有了距離。

為了圖書館館長的位子，曾有多人、多次在竭力爭取，我不知究竟是為了什麼！是名？還是利？我一向不願與人爭名奪利，也從不關心這一職位。在梁所長時，聘曹介甫兼管圖書館業務，曾引起很多人的不滿，聲言非要把他趕出圖書館不可。王聿均真除所長後，由黃嘉謨兼管圖書館。至六十五年七月二十六日，黃嘉謨為其所主持的中美檔補一助理被拒，與王聿均有了芥蒂，堅辭圖書館，至三十一日不再兼。王聿均來請我相助，婉卻之。八月二日，劉鳳翰勸我不要堅辭圖書館事。事實上早已內定了，其所以挽余出任，純係趙中孚曾向他推薦過我，不好不有此一問。至八月四日見李念萱已坐在圖書室辦公，始悟過來。我基於他曾為我到國史館謀職寫介紹信，故多方忍讓以報答其恩情；但何必老是要弄我這個老實人？心中很不是滋味。

六十六年四月六日，王聿均來談，不擬提名升劉鳳翰，我據理駁之，說劉鳳翰志在必得。相談甚不歡。四月七日，鳳翰云，昨天李毓澍跟他說，王聿均與我談罷即去與李談，今年決定只提林明德一人，說已與呂實強談好，不提陸寶千亦不提劉鳳翰。並說我用話威脅他。真是豈有此理！明明是他來徵詢我的意見，我據實相告，就說威脅他。他既已決定，又何必再來徵詢我的意見？豈不是又在耍人？他不提之理由：不能滿四年即升，不能都變成研究員。去年不升李健民，說他還年輕。都很牽強。黃嘉謨支持提劉鳳翰，但不願與王聿均談。二人刻下十分不睦。十三日，王聿均面告劉鳳翰不提他，鳳翰以組織法質之，亦相應不理，說不提就不提。

四月十六日，上午所務會議，提升李健民為助理研究員、郭正昭為副研究員、林明德為研究員。張存武提變更議程，先討論升等案，王聿均不允，存武大為光火，出言頗不客氣。趙中孚為王聿均曾言前年他升等有錯誤，也大表不滿，又認為王說不久都成研究員之觀念太荒謬。王聿均否認曾作此言。我實在忍無可忍，起立作證曾聞此言，說過即應承認；一吐多年來被愚弄的心中悶氣。王甚難堪，謂我有誤解。存武言，有話要拿到桌面上來說，不要整天躲在陰暗處鬼鬼祟祟的。王問你為何罵人？存武厲聲責曰：本來就是這樣。遂不歡而散。這次會中發言者，竟然一反常態，皆為台大出身之人。

2、呂實強接任所長

民國六十八年七月三十一日，王聿均兩任六年所長任期屆滿。至於下任所長的人選，據說高化臣總幹事支持由李毓澍繼任，王聿均則支持由呂實強接手，僵持不下，故遲遲不能發表。八月十六日，突然發表呂實強接任所長，並到各房間道謝、請支持。所長發表後，有人曾與王樹槐說先考慮過李毓澍事，王樹槐立即變色，謂院長最先考慮的是他，有人到院長處反對，乃作罷。遂問是誰反對？其實真正的原因，是他不聽高化臣總幹事的勸阻，堅持要在新任所長梁敬錞即將於民國六十年七月一日到任接篆視事前的六月二十六日，召開所務會議，討論最棘手的升等案，可能是想力求表現，結果非常失敗，才與所長寶座擦身而過。

七十一年五月十一日，舉行第十一屆評議會第四次會議。會後，高老總又數落呂實強。當初王聿均力薦呂實強，萬紹章〔恐是高自己〕則為李毓澍說項，高不贊一詞。亦有推王樹槐者，錢院長對王樹槐代理所務時不知何事不滿，不予考慮；而王聿均在錢院長面前力陳對李公的不滿，最後則走迂迴路線，由劉廣京院士函錢院長推薦三人：呂實強、王樹槐、張玉法。劉廣京為劉崇鋐〔我讀台大時任歷史系主任〕之姪，劉崇鋐與錢院長有交情。此中曲折，高老總說是首次向人道及。我認為這個說法近於事實。

（五）研究員20年（1980年8月～2000年1月）

六十八年四月十三日，接到所裡升等通知，謂「擔任副研究員已滿四年又七個月，於所內、外發表論著甚多，敬請於四月底以前，將大著〈包括專書、論文等項〉惠賜提供，以備參考。」四月二十七日，送升等著作：北大、中研院、教育行政組織變革、清季革命論文四篇及巨人出版社《中國前途的探索者・現代中國思想家，第五輯：蔡元培》一本。附記本院大事記八萬字、立法院大事記五十八年十一萬字，尚在撰四十九年部分。五月九日，王聿均所長退回升等著作，謂只提王璽、蘇雲峰升研究員，黃福慶也被刷下來。六月十四日，王璽、蘇雲峰均通過。

六十九年三月十五日，上午所務會議，決定四月十日前送升等著作，因開院士會議，須在六月中辦妥。四月九日，共繳升等稿〈蔡元培與近代中國教育〉十八萬字，論文十篇。四月十二日，玉法代呂實強主持所務會議商提名升等事，提我與黃福慶升研究員，皆無異議。五月十日，所務會議升等投票，我與福慶皆順利通過。六月十九日，院務會議討論升等案，我與福慶都通過，總算了了一椿大的心事。七月七日拿到研究員聘書，自八月一日起，簡任八級，底薪500元。

回想自五十三年七月到所，十六年間，從任臨時助理兩年，補實缺為助理員後，依序升任助理研究員、副研究員、研究員，期間雖然也經過一些波折，但都化險為夷，深感慶幸！

在民國五十五年七月補為助理員時，衡量自己興趣與能力之後，乃決定從

人物研究入手，最後選擇做蔡元培年譜。向郭廷以所長報告時，他只問我要如何來編寫蔡元培年譜？我便告以如何進行編寫計劃，郭先生聽罷也沒表示太多意見，只告訴我蔡元培研究可以做。當時兩岸關於蔡元培的關注不多，相關資料甚尠，所能看到的出版品只有孫德中編的《蔡元培先生遺文類鈔》一書，其餘關於蔡元培的資料，則要自己去蒐集。隨著史料蒐集工作的漸次開展，我亦陸續寫了一些關於蔡元培先生生平事蹟考訂的文章發表，例如〈蔡元培的生平與志業〉、〈蔡元培與清季革命〉、〈蔡元培在香港的垂暮生活〉等。期間又應一些期刊之邀請，撰寫過多篇小傳，內容詳略不一。至於年譜編寫方面，已完成1868-1916部分，於1976年付梓出版，即為《蔡元培年譜》（上）一書；原計劃1917-1940部分為年譜下冊，相關資料業已蒐集齊備，嗣因調院擔任行政工作而輟筆；及至擺脫了行政職務後，同類的著作已有數種問世，而年譜之著作很難避免與人雷同，深感難以下筆，一再蹉跎，終未能將下冊完成，甚是遺憾。後來我將研究重點聚焦於蔡元培在教育、學術等方面的貢獻，致有〈蔡元培與民國教育之發展〉、〈蔡元培與北京大學1917-1923〉、〈蔡元培與大學院〉、〈蔡元培與中央研究院〉與兩本《蔡元培》小傳（一為中華文化復興運動推行委員會主編的《中國歷代思想家》中第五十一本《蔡元培》；一為《現代中國思想家》第五輯《蔡元培》）等成果。

由於研究蔡元培先生的緣故，我亦開始對中央研究院的歷史發生濃厚興趣。民國六十七年本院成立五十周年時，錢思亮院長即計畫編寫院史，我奉命撰寫自十六年成立到抗戰爆發一段；院長室秘書那廉君先生負責寫抗戰時期；遷台後的部分，則由秘書主任萬紹章先生執筆。三人分頭工作，但未就體例等有所協商。我根據本院早期的出版品如：《年度總報告》、《院務月報》、各所的期刊、以及黨史會所印《革命文獻》中有關本院的資料等，先摘記大事，按時間順序排列，計完成七萬餘字的史料長編，供撰稿隨時查考之用。後因院裡再也沒有提及，此事遂寢。七十七年，本院成立一甲子，吳大猷院長重申前議，命那先生和我負責纂輯。我因工作太忙，故主要是由那先生負責。他將我的一篇舊作〈蔡元培與中央研究院〉打散、修改，作為第壹章初創時期；至於第貳章抗戰時期、第叁章復員時期則由那先生撰寫；遷台時期由各所提供資

料，再加以整合，於七十七年六月六十周年院慶前夕倉促印出，而我已先於是年四月底離開了總辦事處秘書組，未能始終其事，對於吳院長在序文中對我曾參與纂輯工作表示謝意，頗感慚愧。

另外，亦嘗受邀參與《蔡元培文集》的編纂工作。事緣1988年11月，我到北京大學「蔡元培研究會」訪問，時任教於天津南開大學的蔡元培研究專家高平叔教授特趨來相會，大家就如何推動有關蔡先生的學術研究活動交換意見，議決以高教授所編《蔡元培全集》為基礎，再廣事蒐集蔡先生的著述文字，期以編纂一部更完整的文集，定名為《蔡元培文集》。編者除我一人外，其餘均為大陸學者，但因我人在台灣，聯繫上諸多不便，遂不克參與實際編務，於是僅將自己多年來所找到未刊或《全集》未收錄的文字，悉數提供給他們分別編入。此套書後來於1995年5月由台北錦繡出版公司印行出版，高教授是名副其實的主編，承其厚愛，也給我掛了個副主編的名義。

多年來，為了升等、考績，並為維持入不敷出的家庭開支，要使家人得以溫飽，不得不於晚間再出去兼差，一直不敢鬆懈，真有點累了。

自升研究員後，各界約稿者更是不斷，如：六十九年八月，教育部組成《中華民國建國史》編輯委員會，分別推薦專家進行撰寫工作。是書共分為五篇，不意各篇負責人均找我撰寫有關教育文化或學術研究範疇的篇章，浸淫相關研究的努力普獲肯定，深感榮幸。同年十一月，又為《中國現代史辭典》寫了十三萬多字。七十年四月十八日，去年升等稿專刊委員會通過修改後可以出版。可是自己預定要寫的一些文章，反而沒有時間去寫了。雖說債多人不愁，可也真正感到身心俱疲！

由於我曾在《新時代》雜誌社和《傳記文學》工作過，對於編印、校對有些經驗，所以所裡凡是與編印有關的工作，第一個就想到了我。例如創刊號《集刊》主編是李毓澍，那時候還是高喊復興中國文化口號時期，所以刊物採直排，李毓澍令我為助理編輯，我如不答應，他就把不辦的理由推到我身上。到了第二期，主編是李國祁，仍令我為助理編輯，他就改成橫排；當時由於所內人事的紛紛擾擾，集刊的編印竟也曾淪為權力鬥爭的場域與工具，實在令人匪夷所思！記得民國六十一年上半年，在第三期集刊（上）編印期間，梁敬

鐸先生繼郭廷以先生任所長後才半年的時間，所內紛擾尚未平息，在即將舉行的第十次院士會議中，梁所長被提名為院士候選人，他有一篇文章〈開羅會議之背景〉要在這期集刊發表。所內有些同仁竟認為梁所長這篇文章，如在院士會開幕前發表出來，將有助於他當選院士。所以，集刊出版日期的早或晚，成為同仁與梁所長爭取權利的籌碼。在雙方獲得滿意結果時，我奉命趕工，即到清水印刷廠坐鎮校稿，務必要在院士會議前印、裝完畢送來。在雙方又出現歧見時，則令我不要趕工。我這個助理編輯，人微言輕，只能唯唯諾諾，不敢有異言，頗以為苦。歷任助理編輯（創刊號到第四期下冊，共計六本）、編輯委員（第七至九期），後來媳婦終於熬成婆，於六十九年八月九日接任執行編輯（第十期），期間無論擔任的職務是什麼，我都是全程參與，未曾鬆懈。可能是習慣使然，無論任助理編輯或執行編輯，所有的稿件，必須仔細校對過才放心。各同仁的專刊、以及《近代中國史研究通訊》、《口述史》的稿子等，我幾乎都受託為義務校對人，雖然耽誤了很多時間，但也被迫多讀了許多書，吃虧就是佔便宜，對所也不無微勞！當年為編集刊所等受的一些窩囊氣，現在想想，不禁啞然失笑！

第八章　奉調總辦事處祕書組八年

一、錢思亮院長時期

民國七十年五月，報名參加青工會暑假協助教授所組歐洲訪問團出國訪問，嗣因登記人數不足，青工會乃移併太平洋文化基金會之歐洲文化參觀訪問團，於七月十六日啟程，為期三十天。

我所以參加赴歐洲旅遊團，因自己沒有單獨出國的經驗，參加團就可省卻很多安排旅程以及食、宿、交通等麻煩；再者，就是工作多年，想藉以舒緩多年來所積累的身心壓力，規劃待回國後要全力展開建國史稿撰寫的大工程。豈料在八月十四日倦遊回到台北，十五日星期六上午到辦公室報到，銷假上班，十七日星期一下午，接到院長室那廉君祕書電話，謂錢思亮院長明天上午約見。十八日上午十時依約前往拜謁。

錢院長先垂詢歐洲之行情形，即開門見山的說，祕書主任萬紹章先生八月底退休，不能再延，擬由我兼任。（可能是萬先生推薦）我一聽之下，頓感手足無措，連忙懇辭。自忖一生甚少接觸公文，對公文真可謂一竅不通，而祕書主任一職，正是全院公文的「集散地」，千鈞重擔，怎麼能挑得起來？乃尋找種種理由向錢院長說不能從命，也不敢從命，為全院工作著想，務請另覓適當人選。院長謂現在公文格式已簡化，無甚難處，稍加用心，即可熟悉，並略告如何寫法。又謂此職首重人和，不能與人爭吵，認為我最合適。答以山東脾氣，非最佳人選，一旦發作，將不可收拾。院長謂人總得有點個性，不足為慮；又推崇我的文字不錯，曾看過我的文章，且對本院歷史素有研究，實為最佳人選。我說平日為文，與公文不是一體，對本院之研究，亦限於早期，對目前情形，並不清楚。周天健先生當較我更為適合。院長謂我為第一優先考慮之

人選，否則即不會先約我談了。遂請萬先生來共談。萬先生亦助院長代勸，謂有任何困難，他願隨時相助，毋庸為慮。院長又說此事係與高化臣總幹事、萬先生三人熟商已久，不必再辭。我說研究工作皆未告一段落，升等專刊亟須修改付印、又參加三組中華民國建國史之撰稿，業已簽約，並先支領了一半的稿費，年底繳稿，深恐無法善後。院長說：晚上仍可繼續研究。可是晚上如何找資料，圖書館夜間無人上班，那時沒有電腦，更遑論上網查資料，至感困難。而院長仍不鬆口，就只有一句話：「你可以做」。殷殷至意，實不好再行堅拒。（後來方體會到其磨功甚屬害）談了兩小時，在心理上完全沒有準備的情形下，再也沒有理由可說了，既然固辭不獲，只有勉強答應試試；惟請繼續物色人選，早作接替。院長說：不能存此心理，否則就做不好。我又提出可否半日在秘書組工作，半日回所整理一下未完的研究工作，並抽空還一下外邊的文債。答以可與高總幹事相商。乃起身送客。

11:30萬先生再陪至高總幹事處，高先生見面即謂老校長借重，萬公大力推薦，如何能辭？答以實在難以勝任，如所擬之稿，似通非通，鬧了笑話，個人丟臉事小，如何對得起院？高知大事已定，乃直謂此係盡義務，沒有權力之事，僅月支特支費6000元而已；又云研究工作已做過多年，再歷練一下行政工作，亦為難得機會。（暗示有助作官意）自忖並非作官之料，且從無此念頭，暗覺好笑。明知為火坑，但又無法拒絕不跳（生平不會拒絕人），惟有苦笑而已。辭出後，回所將經過告訴呂實強所長。

平常我和錢院長沒有什麼接觸，為什麼他可以把這樣一付重擔交給我？細繹前因後果，總算理出一點頭緒，可能與院士會議有關。民國六十一年七月，本院舉行第10次院士會議，秘書主任萬紹章先生因為秘書組人手不足，而院士會議工作太繁雜，所以臨時拉我去幫忙作會議紀錄。這本來只是臨時幫忙性質，不料竟成了一件推不掉的工作：六十三年七月的第11次、六十五年七月的第12次、六十七年七月的第13次、六十九年七月的第14次院士會議，都成了當然的紀錄員。七十年九月，我接任秘書主任後，雖不再擔任紀錄，但要負責籌備整個院士會議的工作，這是秘書組兩年一次的重頭戲，比單純的作紀錄麻煩多了。七十一年七月的第15次、七十三年十二月的第16次、七十五年七月的

第17次、以及八十三年七月的第21次院士會議，都是我在「如臨深淵、如履薄冰」的心情下完成的。若不是此前曾擔任過五次紀錄的工作，後來四次的籌備工作真不知會不會出什麼差錯！

再者，就是六十六年五月十日，《自立晚報》透露錢思亮院長辭職，嚴家淦總統予以慰留。十一日上午有部分研究員及所長去慰問，錢院長說並未呈辭，惟年事日高，無力向外界澄清。九月十七日，據在中央黨部張寶樹秘書長辦公室工作的好友莊惠鼎兄說，錢院長在五月間的確辭過三次，均係因《中央日報》數度發表批評中研院之文，該報為黨報，代表黨中央的立場，錢院長認為可能是出自最高當局之意，不得不請辭。據五月十一日《中國時報》的報導：「最近有人投書監察院指出：中院人事兼職問題乃強將弱兵之局積弊良深，且部分海外院士，有為匪張目之違法行為，引起社會各界的關注，錢院長以督導不周難辭其咎，於日前呈請辭職。」他每辭一次，張秘書長即慰留一次，並指示《中央日報》不得再登。但該報仍不聽，最後一文且謂得楚崧秋社長同意始發。又牛滿江、丁肇中兩院士赴大陸被鄧小平接見事，他報皆不見，獨《中央日報》予以發布，張寶樹秘書長深感頭痛，蔣經國主席尤表不滿，認為該報自失立場，乃逕下條諭：「中央日報楚崧秋同志另有任用，應予免職，社長由曹聖芬同志暫代。」張秘書長乃轉令楚社長辭職，唯其待遇，仍舊比照社長，可以說非常厚道。唯楚社長對被免職，心中深感不平，曾為文剖白，真畫蛇添足。

五月十九日，《中國時報》記者吳文建為該報十六日新闢之讀者論壇約稿，他知道我對研究院的歷史比較熟悉，適錢院長辭職風波之時，請我寫篇文章，即於二十一日以筆名德亮撰〈我所知道的中央研究院〉一文，《中國時報》於六十六年六月六日第八版讀者論壇刊出。又在六月十五日其海外航空版第三版重刊。因為我知道研究院無端被抹黑，也難安緘默，身為研究院的一份子，僅就所知，稍作不平之鳴！此文雖用筆名德亮發表，但以高總幹事與中國時報老闆余紀忠的關係，很容易查知德亮是我的筆名。此文在錢院長被輿論攻擊時，適時刊出，完全是基於維護中研院的聲譽，沒有任何人授意。可能是此文的關係，錢院長知道我對研究院有深入的了解。據事後推想，我所以被奉調

至秘書組，很可能與此文有關。在各界圍剿中研院時，我以一個副研究員，並未負責任何行政工作，竟為之仗義執言。特附此文如下：

附：〈我所知道的中央研究院〉 德亮

　　民國十六年四月十七日，也就是在國民政府定都南京的前一天，李煜瀛（石曾）先生在中央政治會議第七十四次會議提議設立中央研究院，決議請李石曾、蔡元培、張人傑（靜江）三位黨國元老起草組織法。五月九日，中央政治會議第九十次會議決議設立中央研究院籌備處，派蔡元培、李石曾、張靜江、褚民誼、許崇清、金湘帆等為籌備員。旋於同年十一月二十日召開籌備會及各專門委員會成立大會。至十七年六月九日，首任院長蔡元培先生及各單位負責人在上海召開第一次院務會議，宣布正式成立，到今年（1977）四月，已是整整半個世紀了。

　　今年四月間，由於市民吳瑞德投書監察院，指責中研院內部不健全，立即引起了學術界及社會一般人士的廣泛注意，報章雜誌更從不同的角度予以嚴詞批評，認為「這個樣子的中央研究院，非改革不可！」在近半個世紀中，中研院是首次受到這樣猛烈的攻擊。如將各方的言論加以綜合，而且肯定其所寫都沒有錯誤的話，今天這個為國家所重視、為學術界所推崇的國家最高學術機構，豈不是一無是處了？筆者覺得在此一片批評聲中，言者固然理直氣壯，但對中研院的情形，似乎不夠了解。

　　報載中研院各研究所的工作不能令人滿意，甚少足令國際學術界重視的研究報告。要知道，從事學術研究工作，不是立竿見影，馬上可以見效的。甚至有經過長時期的研究，仍然一無結果者。這不是說中研院的研究人員就可以不做研究工作，問題在是否真正站在自己的崗位上盡心盡力去做。旅美語言學家張琨院士，去年曾回國在中研院做短期研究，他發現該院的研究人員，不僅白天

埋首個人的研究工作，就是到了晚上休息時間，仍然有些研究室燈火通明，在那裡伏案工作。他說這是國外很多研究機構所沒有的現象。筆者一位在中研院工作的朋友常常說，他們的工作是「無限公司」，意即上班時研究，下班後仍不忘研究。他們默默的工作，只問耕耘，不問收穫。這種好學敬業的精神，在今日實屬難能可貴！

中研院裡這些以研究為終生目標的學者，個人在自己的範圍內越研究越精深，深入的結果，自己很有興趣，孤芳自賞，而不求人知；即使有很高的成就（標準很難訂，是不是一定要得到諾貝爾獎才算是受國際學術界重視呢？）也只能為同行的少數人欣賞，無法為一般大眾所了解。以致造成外界對他們的誤解，認為沒有成績。民國六十年，該院曾將院士及研究人員的著作目錄以及各所歷年的出版品目錄，編印出版，十六開大本，厚達七百餘頁。從這本目錄中，我們不難發現他們的確在默默地做了不少研究工作。這是具體的事實，不是一筆可以抹殺掉的！

自從傳出「院士叛國」的說法之後，輿論界「開除」及「院士任期制」的呼聲，甚囂塵上。院士既為終身名譽職，除了第一屆的院士外，以後的院士都是由院士選舉出來的，各院士都有自己的工作崗位，既不佔中研院的缺，又不在中研院支薪，該院如何來約束他們？怎樣開除法？由誰來開除？開除後有什麼後果？筆者不敢妄參末議。如說改為任期制，恐有商榷的餘地。持任期制者的理由是：院士在某學科方面雖有高度成就，但如不繼續鑽研，可能過一段期間後，要為後進所超越。筆者以為學術是一直在進步的，後進利用前人已有的經驗和成績，可以免去前人在研究中所耗費的精力和時間，再加鑽研，其成就能超越前人，是應該的，也是必然的；否則，人類不就永遠沒有進步了嗎？若因此而改為任期制，對保有此項榮譽的學人，不僅沒有精神鼓舞作用，恐怕還有相反的影響吧！

去年七月，第十二屆院士會議快要結束時，曾討論到六十七年

六月，是中研院成立五十周年，又適逢第十三屆院士會議之期，應舉辦那些學術活動來慶祝？一位來自美國的院士曾表示，由於本身工作繁忙，第十三屆院士會議本不想再回來參加；既然是中研院成立五十周年，到時候無論多忙都要趕回來。言詞誠摯，聞者無不為之動容；大家相邀在六十七年夏天，再重聚一堂，將自己的智慧和專長，貢獻於國家和社會。

近年來，事實證明每屆院士會議的召開，旅居海外的院士，大都摒棄本身的工作趕回國內參加。雖然時間有限而寶貴，可是他們仍在盡量退掉一些飯局，抽空做些公開學術演講；或參觀與自己研究性質相近的機構，提出寶貴的建議，俾能參酌改進。而經濟學的幾位院士，為配合國家經濟建設，更是經常應政府的徵召，回國貢獻意見。他們的學術造詣，不容懷疑；他們愛國的情操，尤其令人敬佩；如今若因少數院士的心懷二志，而對大多數愛國院士的一切，都避而不談，只是一味指責，甚至在遣詞用字方面，到了令人不忍卒讀的地步，這不僅有失公平，是否會產生「親痛仇快」的不良後果？尚請各界三思！

（作者為某大學教授，德亮係筆名）[1]

由於研究首任院長蔡元培先生的緣故，我對中央研究院的歷史自然有了濃厚興趣。六十七年一月三十一日，萬紹章先生奉命約院長室秘書那廉君先生和我商量編撰中研院五十年院史，作為慶祝本院成立五十周年的賀禮，我負責撰寫自民國十六年成立到抗戰爆發一段。六十七年三月十四日，高化臣總幹事囑寫有關蔡元培先生之文，作為五十周年院慶特刊之附錄。即於三月三十日撰〈蔡元培與中央研究院（1927-1940）〉一文，在近史所《集刊》第7期發表。[2]並同時將該文濃縮送萬紹章主任，收在《中央研究院近成立五十周年紀

念論文集》中，兩文同時於六十七年六月出版。

　　基於以上各種機緣，應當是我調秘書組的原因。後來在七十二年九月二十九日到中央銀行參加錢院長治喪工作檢討會。在車上談起我由誰推薦到秘書組尚不清楚，會計主任蔣繼先云，在我與高化臣總幹事衝突後，高曾盛怒對蔣云，陶某人還認為是老萬（萬紹章）推薦的呢！言下之意是他提拔。周天健云，高總幹事起初示意由他接，他不接，赴美避之。又說有三個人選，我可能為第一個，周次之，台大已退休之程先生為第三個。錢院長主由院中物色。結果是我接下了這個位子。

1、總辦事處的錯綜複雜

　　自答應接任秘書主任後，很多朋友表示關心，提供了各方面的消息：七十年八月十八日聽傅錫蓮說，高化公想在外面物色，錢院長反對，萬主任乃推薦我。王志維告訴我，五年前萬主任要屆齡退休，即決定由我兼；旋因萬主任改任評議會編纂，係研究系統職務，得延長至七十歲，故擱了下來；今年八月，萬主任又面臨屆齡退休，不能再延聘，故舊事重提。此前因為沒有成事實，故未相告。又說秘書主任為本院第三號人物，職位不可謂不高；我答以生性不是作官的料子，其所以勉允一試，實礙於院長再三囑託之情，並非矯情。如何才能副長輩及友朋厚望，只有努力以赴。他又說，工作易做，恐與高化公不易相處，他的意向不易揣摸，往往說的是東，實則本意為西。凡事應抱持據理力爭的原則。又接到恩師吳相湘教授來函勉勵，謂我之個性適合擔任秘書工作，且可從中吸取一些經驗，了解事情轉彎抹角的奧妙，對治學相當有益。

　　李毓澍八月二十九日來道賀，謂與高總幹事私誼頗篤，遇事可代為疏通，公務有困難，亦可盡力相助，因對行政內行也。九月十三日，李毓澍又來談，謂高化公與錢院長、萬公不和，高預計十一月赴西德看女兒（在德工作）說不定去長住以求擺脫總幹事職。又謂萬公之缺，高化公主由周天健接，錢院長以周在外職務太多而婉拒。周乃將外務一一辭去，結果仍落空，其失望可知！高化公也可能因此有所不滿。故以後與高相處恐非易事。又云會計主任蔣繼先、人事主任張恭萬皆高化公請來，也可能為錢、萬所不滿。蔣的個性是公事

公辦，張的能力、程度都有限。又云那廉君為錢院長私人秘書，高化公所簽公事，那公沒有資格看，如錢院長詢問其意見，又照其意見批，則無形中那公位於高化公之上，亦非高所願，故高對那公的身份、地位不滿，也導致錢、高的不睦。總務主任楊光中來談總辦事處各組室情形。又有兩位好友說：萬公退休，英文秘書馮振東請萬公推薦調評議會萬公之編纂缺，俾可延至七十歲退休，萬公拒之，錢院長也不考慮。故相處亦不洽。

總務主任楊光中與會計主任蔣繼先、人事主任張恭萬，為坐公務車上下班事，也有些不快。秘書組某打字員之所以天天喝酒，不能上班、醉生夢死，都認為是萬公所寵壞，他一次將打字機偷出去當掉，萬公贖回，未予處分。

周道瞻則戲言，希提拔他至秘書組，可為我臂助。官場上新官上任之人情壓力，總算可以體會到一點。九月三日，王聿老來談，近日對我特別客氣；呂實強所長前幾天去參加建國史討論會，赴會前也請我代為照料所務。難道主秘真如此重要？難怪人人爭著要作官！我本無意此職，及見別人這樣看重，真有些不懂。自我檢討，對處理瑣事認真負責，對研究工作則多所懈怠，似乎宜於行政工作；惟案牘勞形，而我又不是利用職權牟利、或耍官威的人，真不知所為何來。

八月二十六日接到兼秘書主任聘書，任期寫自九月一日生效；同時又在另件公文中則訂九月十六日交接。據萬主任的解釋，其所以定在十六日交接，係錢院長有意多給他一個月的薪水，宅心非常仁厚。回想本所主管會計之管理員錢望之，於六十六年十月退休時，本所並未給予最後一次考績獎金之機會。兩相比較，待人之道，已先上了一課。

沈昌煥在王曾才兄接任考試院秘書長定案後告訴他：「秘書長的工作要領：「通上下，化異同」；總政戰部副主任、華視總經理、董事長武士嵩將軍語曾才：「通上下，連左右，無聲無色；負全責，盡心力，不伎不求。」七十四年一月三日在劉淵臨晚宴上，與前《中央日報》副刊孫總編輯（仲父）同桌，他妙語如珠，謂當時流行的「內在美」（太太在美國）、太空飛人（經常往返中美坐飛機者）外，最可怕者為「收屍團」（年輕女人下嫁孤獨老人）。又告訴我主任秘書，係承上啟下，要做到「推行」（推給別人做）才行。我好

像不是他說的會「推行」的人。

七十年九月七日上午，應萬主任之邀到秘書組了解一下業務，並正式介紹與組中同仁見面。回想兩年前的六十八年八月，為買元培新村申請公教貸款，到秘書組辦理蓋院印手續，請掌大印的朱受頤蓋章時，他正在看報，我說明來意，在他來說只是舉手之勞，他抬頭看了我一眼，然後嗯了一聲說，等我看完報後給你蓋。我就直挺挺的站在他面前，耐著性子等他把報紙看完才給我蓋印，不蓋印就不能貸款。真是瞥了一肚子的氣！沒想到兩年後我竟當了他的頂頭上司。真是應了那句俗話：「十年河東，十年河西」。萬主任說，院長僅認定我一人最適合接他的位子，也有人想謀此職，均不予考慮。

劉鳳翰兄發起當晚在時代大飯店送萬主任退休、送我至秘書組，到趙中孚、張玉法、陳存恭、李健民、王聿、張存武、土樹槐、王聿均、李毓澍。黃嘉謨不參加宴會，因與王聿均仍在鬧彆扭中。

九月十六日，上午到秘書組交接，只在四份清冊上蓋章，不必一一點交。遂即開始行政工作，新手上路，瑣事甚多，根本摸不著頭緒；遇有不懂處，仍可隨時請教萬公，他再留院十天，領著我上路。我的研究工作，從此擱置。

九月十七日上午，首次出席人事委員會第76次會議。高總幹事化公主席，首謂萬公辛勞備至；次謂我甚忠厚，由萬公薦賢自代，院長誠意徵召，方勉允一試，若非厚道，絕不會擺下研究工作任此艱鉅。先送給我一頂高帽。

九月二十三日午，到再保大樓參加北區知識青年黨部第35黨部委員會，歡送萬公，並改選我接任其黨部書記。

九月二十九日，萬主任自今日起不再到辦公室指導，以後只有獨撐大局了。起初對花樣百出的公文，真不知如何處理，除請教各經辦同仁外，就是運用治史的經驗：調卷，看看此事的來龍去脈，再研判如何處理。

十月一日起，月領特支費6000元、35黨部書記交通費700元，錢院長囑總務組自十月起由其特別費項下送我1000元（原送萬主任者）。憑空增加了7,700元的收入。

2、高總幹事談選院士內幕及本院地位之降低

七十年十一月九日,草擬評議會議程。高化公來云:評議會選舉院士候選人時,如評議員本人也為被提名人(在美院士座談曾有多人提及此事),理應迴避,往年閻某、徐某不但不加迴避,且力刷他人,留下自己,結果閻某仍不能當選;且再投票時,反較上次票數為少,台大基本票即有十餘票,說明他連此十餘票都掌握不住。去年人文組提名者很多(未當選時,希望多選些;及當選,則希從嚴少選,不欲太多人可與其平起平坐,方顯得神氣;與坐公車的道理相同:已擠上車的,對後面的人說你們等下一班吧。)人文組竟刷得只剩下黃彰健、芮逸夫、許倬雲、于宗先四人,即使都當選也不足額(每組最多五人),國外院士聞訊,大為光火,醞釀對人文組罷投;後經協調,允選出一人,暗示選許倬雲,以其可代表國內也可代表國外也,結果就只選出許一人。于宗先之被提名,係以第二項資格,即領導學術機關五年,在審查時,發現他任經濟所長尚不足五年(65年2月任,代理不算。)無法以第二項資格提名,理應刷掉,但為使能夠提名,評議會乃改以第一項資格、即學術成就提名。及院士選舉會時,其老師邢慕寰發言,謂原提名于宗先時,係以第二項資格(第二項資格如不夠,就應刷掉),評議會無權變更原提名人之本意,深致不滿,〈揆邢慕寰之意,要于宗先當選,需出自他的提拔方可,不能讓他在別人幫助下當選。這種想法,實在太奇怪!〉故大大影響了于宗先之票數,遂告落選。

此中曲折,外界如何能知?又門戶之見仍然很深,朱受頤云,中正理工學院有數人不錯,在評議會中就被刷掉,提不出來,那能算是公平?如真能有容人之胸懷,純就學術成就為準,本院也不致遭到如許外界之攻擊也。

七十年十一月十六日下午開會,高化公云:當蔣中正老總統在世時,本院報府之公文皆親自過目,親批可、同意、悉等字樣;如為要錢之公文,即可據批請款,無人敢打折扣。現在報府之公文,秘書長只復業已轉陳,或交行政院研議,真正決定本院大政者已下移至行政院了。又,當時長科會之主任委員為胡適院長,教育部長為副主委,辦事十分方便。在本院預算只有1800萬元時,長科會之補助為1300萬元,稍後即將此1300萬元直接列入本院預算(吳大猷在

院士會上也曾談過此事），由政府逕撥，不必再經過長科會轉發，而本院之各項專題計畫仍可向該會申請，且不包含在1300萬之內，故經費稍感寬裕。

那時老總統經常輕車簡從到院裡來看看，及王世杰院長時，老總統因某事對他有永不錄用之令，除了蔡元培百歲生日銅像揭幕時來過一次外，就沒再來了。由於老總統對王世杰不滿，連帶本院亦受到影響，長科會主委不再由本院院長兼，要錢則大感不便。初由吳大猷為長科會主委時尚好，及由徐賢修接主委，則不再理會本院矣；所以，要想發展科學，頓成空談。今天本院在名義上雖屬總統府，實則已無異改屬行政院矣。

十一月十七日，高化公來云，擬自19日起請四天半假，請我代總幹事職務，即在假單上簽名。又云錢對小事仔細，大事不關心，只圖守成，不求開展。十八日，將私章交我。十九日，高總幹事赴日本，由我代。二十五日，自日本返。

3、民族所自選所長

七十年十二月二十二日，下午為公文與民族所文所長有所爭執。緣數周前，文所長告訴我，以後開會通知，應加「如有議案，請於數日前送交秘書組」等語，以便提案。余答似無必要，不寫亦應有提案權，文所長堅持要加，並謂加後即可據以提案。時張玉法、張朋園均在場。此次召開院務會議，余即在議程中增加上述文字，為使院長知道為何要加，特註明係據文所長所建議。文所長對說明是出自他意，頗為不滿，已面提此事，曾漫應之。今天下午特再打電話來，又舊事重提，語氣則頗不友善，謂他本可親向院長表示，不必假余之手，為求不著痕跡，方請余辦。余氣甚，謂更改既定之會議格式，不得不簽核，簽核不得不說明理由，此事本人原不贊成，認係多此一舉，要改革院務，亦不必計較此雞毛蒜皮之小事，既非出本人意見，不能不說出原建議人，此原為理所當然之事，令人照其意做，而又不欲使人知為其意，殊令人費解！如係光明正大之事，在任何人面前皆可直言無諱，如係見不得人的事，躲在暗地，讓人頂罪，寧有斯理？他謂可直接見院長，本院任何人均可直接見院長以表達意見，有什麼稀奇？此為學術機構，並非衙門。文所長是我臺大的學

長，他在民國四十一年畢業時，我還在讀高一。到研究院後，才聽到一些學長說他處理事情的方式，也無形中多了一點防備，以求自保。

自調秘書組後，很多人的嘴臉實在讓人失望，表面是道德學問，所作所為，說穿了有時一文不值，隨時可露出其狐狸尾巴。余嘗對秘書組同仁說，過去我是研究人員，誰也不能罵我；現在則誰都可以罵我。一面罵我，尚一面讓我為他做事，我豈能心甘？不滑頭、不鄉愿、能行嗎？

日前有某所長申請明年二月赴美開會，會期竟長達十六天之久，要求補助。高化公來云：隨便找一國外朋友出一邀請函，即作學人狀，假公濟私出去大玩一趟，浪費公帑，虛耗民脂民膏，如何對得起納稅義務人？似此恬不知恥之人，稱之為學人，實在玷污了學界，實則為一不折不扣之學閥、學棍、或學瘤耳。

各所所長，向由院長決定任命。七十一年八月十一日，民族所開所務會議，竟然通過所長採選舉方式，結果推曾任過兩任所長的李亦園重行出馬。高化公大聲批評，簡直是胡鬧！怎可將院長之權力剝削！這種不合體制之做法，誠屬新潮派也。文崇一的所長兩任即將於十一月任滿，他想交給副所長謝繼昌，所中很多人不服，方有此選舉之法，在本院尚屬創舉。

八月十四日，高化公來說，文所長一直以培養年輕人接棒為言，任謝繼昌為副所長，蕭新煌、莊英章為組主任，今到臨下台時，又改變初衷，選李亦園為所長，不論錢院長是否同意李亦園再任所長，但對謝繼昌的面子很不好看。院長顯然也不會同意他的做法，所以一直沒有批示。當時院長室在數學所四樓，與民族所僅一路之隔，所中人天天在等消息。直到十月二十九日上午，錢院長才約文崇一談民族所所長繼任人選事，竟然談了三小時。三十日上午，院長再約李亦園談民族所所長投票經過，李謂眾意推誰皆可，惟不能讓謝作。錢院長說：個人不僅不反對票選，反可代我解決一個人選的難題；但是，此舉深恐影響各大學之系主任，若均援例選舉，後果不堪設想，我們不能開其端。然後再約資深研究員劉斌雄談，劉為老好人，行政工作非其所長，也沒有任何興趣，沒有答應。聽民族所朋友說，謝繼昌已在積極安排人事，準備接班。在院長約文崇一談時，謝即在等候約他的電話，終於失望。

十一月二日星期二上午，院長再約劉斌雄談，劉仍不答應。院長說，聘書已於三十一日寫好（該日為星期日，怎能寫聘書？實則今天尚未寫好）你先作一個階段，若實在不能勝任再說。劉為老實人，是真不想做，錢非要他做不可，很想做的人，反落了空。下午見到批聘劉斌雄為所長。由劉斌雄出任，所中皆口服心服，為最明智之選擇。十一月六日，民族所長辦理交接。十二月二十一日，謝繼昌之副所長第一任屆滿，民族所昨開所務會議，票選莊英章繼任，報院公文不再提票選之事。謝本有繼任所長之望，結果連副所長也丟了，顏面盡失，離職赴美不歸。

七十一年十一月十八日上午，舉行本年第四次院務會議，將散會時，錢院長交議親擬之提案（亦為向所未有之事）：「本院各研究所所長、副所長及組、室主任，任滿兩個任期後，照成例不得連任。但經過若干年後，是否可以重任原職，似應有所規定，為此將本案提出，請予交換意見。」顯係針對民族所之選李亦園重任問題。他解釋提案之理由，謂一個好所長，兩任六年之中，應已將其理想、抱負施展出來了；若是一個不好的所長，同仁們忍受了六年，也夠長了，應該換換人做。該案無異議通過。沒想到在吳大猷接任院長後，完全不理此條規定，在他信任的物理所所長林爾康兩任期滿之後，再延長一年；延長期滿，又延長了幾個月才換人。

4、與高化公發生不快

高化公為山東滕縣的鄉長，因罹患心臟病，裝了心律調整器，我深知不應該再刺激他，更不宜當面頂撞。可是我的修養不好，從幼年時起，即能吃苦耐勞，習以為常；自認凡事可以任勞，但不能任怨，而潛意識中且隱有抗上的習性。因此不久就和高化公為了一件小事，發生不快。

七十年十月廿三日，經濟所于宗先請函國科會補助以色列經濟學者來台，錢院長二十九日批函外交部，以為于宗先已與外交部洽妥，又面囑俟于宗先補充說明後再重批，故囑承辦人陳秀玉暫緩辦稿。于宗先之補充說明於十一月六日送高總幹事（連同前卷），高未細看，認為陳秀玉積壓公文，即來秘書組大罵，謂妳膽子越來越大了，上月二十九日批辦之公文至今不辦。不等陳秀玉解

釋即走。我是時適赴近史所，及回秘書組，陳秀玉將經過見告，我十分光火，乃寫一報告，詳述未辦之原因，係奉院長面示，並無積壓之事；又謂于宗先二十三日之補充說明，本組今天才收到，想係因逡呈總幹事之誤。即送高化公，高大不悅，令工友林麗華來解釋確係今日收到，請我改寫，我不允，高即囑林麗華寫明（令工友在公事上簽字證明，為前所未有之事），又請經濟所劉克智所長證明為今日送文，再轉呈院長。院長找我去，謂如何批法，我問所簽經過有誤否？答所簽是事實。我說：院長最初疑慮外交部之態度，今該所既已寫明與外交部商洽經過，似可不必再函外交部，逕函國科會請求補助可也，副本可送外交部存證；如有問題，當由經濟所負其責任。院長批如擬。高化公又來解釋他未積壓，我乃告以本組也不敢積壓，請以後將事情問明後再責備人，更不要不給人申訴的機會。高化公怒言陳小姐隨時可以申訴，現在仍可申訴，不應向我告狀。我見已非理性談話，乃不再理會。秘書組之事，應向我查詢，不此之圖，則逕來本組怒罵承辦人，置我這單位主管於何地！實在太不應該。

5、人二室主任改任總務主任

七十一年二月二十五日，開院務會議一整天，總統府文立徽幫辦來查核人二室（安全室）主任的業務。會後高化公持錢院長於二十日批楊光中准辭總務主任兼職公文示余，自三月一日起由趙某接充；至於趙原任之人事室副主任（例稱人二室主任），另由文某推薦。文之所以對趙不滿，一因將家室移民美國，而他卻留在臺灣審查別人的忠貞；二因院中許多瑣事，如張主任晚上打麻將、上班時在辦公室先補眠等均上報，文不勝其煩，堅要趙離開人二，接總務主任則是最好之安排。文今天來院，高化公數度離席，即為與談趙調職事。趙十分不願調離人二室，因為他不久就要屆齡退休，人二室是屬於調查局的人事查核系統，每月繳200元，退休可領十萬元；他接總務主任，這部分退休金就領不到了。他又兼國民黨知青黨部保防系統，其情資一魚兩吃。晚上來我處訴苦，謂錢院長與他談時，他以仍兼人二為條件，錢院長允之；及接了總務組，再找人接其人二室，他深感無可奈何！趙在人二室時，有許多情資可以上報，如接送院士飛機，亦為其報告之材料。除報領出差費外，還以情資重要與否領

取不同的獎金。

二月二十七日，趙來要我填與舍妹英東通信表，填由內弟明儒轉，每年三節寄點錢予以接濟。

6、閻琴南接人二室主任、改敘事

七十一年六月二十六日，高總幹事告訴我，調查局介派一文化大學博士之山東人為人二副主任，錢院長一直壓著不肯發表，趙以人二兼總務主任，自己監督自己，頗不適宜。

七月十四日，新任人二室副主任閻琴南，奉核於七十一年七月十六日到職，人事室已簽辦，但趙尚未辭職，舊的未去，新的已來，真荒唐！高化公云：一年前，總統府文立徽幫辦即函高化公免趙安全室主任之職，高全今鎖在抽屜中；緣趙之妻兒皆已赴美，文立徽派人來查，藉口遊胡適公園，請趙作陪，遊累乃要求到趙家拜會他太太，趙推說到臺中去了，婉拒，該員以其不誠，回去即簽報，乃有免職之事。今年二月下旬，文立徽來查人二業務，又舊事重提，乃調為總務主任，原由美文所調兼總務主任之楊光中方得解脫。但趙仍要求暫兼人二，今又四個半月，方派員接替。期間高化公曾推薦由秘書組的朱受頤或植物所袁守方兼人二，文參事不允，方演成今天地步。高化公婉請趙速辭人二，趙才呈辭。趙與人事室張主任不和，與總務組陳復慶水火，張、陳皆高之愛將，以後如何相處，頗成問題；而且無論誰來接人二，都會讓趙少領一份退休金，預期相處一定不會和睦。

閻琴南於七月十六日到職，泰安人，台大中文系同班同學于大成兄之高足。

七十二年三月二十四日，上午與錢院長談閻琴南銓敘為薦十一，比院內其他行政同仁未具博士學位者為低，太不合理；擬改聘為秘書，仍兼人二室主任，則可改敘為薦二。經我說明情形，原則同意，囑我研簽提人事會。（琴南放棄原有合格實授銓敘，改依研究院人事法規，獲得博士學位起敘為薦任五級，再計年資改聘為秘書兼人二室主任，從此只能在研究院內任職(俗稱黑官)，嗣後他再參加八十年十月考試院舉辦之中央研究院簡任特考及格，始得

重新銓敘，獲得實授資格及外調機會。）

琴南云，其父執、泰安同鄉劉紹奎（斗南）為幫會中人，在上海任公共租界巡捕房督察長時，錢院長的父親鴻業公，以第一特區地方法院第一刑庭庭長兼代院務，執法不阿，竟致遭忌，於民國二十九年七月二十九日遇刺身亡。時錢院長不在上海，劉紹奎代為料理喪事，錢院長十分感激，每年均前往劉家拜年。（劉紹奎在其《回憶溯懷》，載《山東文獻》14卷1期，有一段記錢院長尊翁遇刺與治喪經過。）三月二十五日，簽請改聘琴南為秘書兼人二室主任，韓代總幹事及錢院長均批同意。

四月七日，舉行人事會。朱炎因係以美文所所長最後一次參加人事會，大放起身炮，責會計室要多配合，並對高化公之不尊重所長，深表不滿。

7、代理總幹事

七十一年三月一日下午，高總幹事簽自三日起休假四周、再請假三周赴西德探視女兒，因夫人體弱多病、思念女兒，不得不陪往。仍請我代理總幹事職務。告以責任太重，事情太多，請另物色。高云已與錢院長談過，獲得同意；若再找一人，業務不熟，於我反覺不便，如由我代，只秉承院長一人意見即可，辦事當可順手。遂不便再推。

三月三日，高化公下午赴西德看女兒。正式代理總幹事，深感責任重大。四月二十七日，高化公自美函錢院長，月底返台，謂陶某人「忠勤明敏，以院作家，必符厚望。」錢院長召與趙保軒主任商高化公返台後住處問題。五月一日晚高化公返台，暫住自由之家。三日上班，五日移居蔡元培館。送我西裝料一身，告以胡適墓園被侵佔事又敗訴，乃云從中搞鬼，有此內賊，焉能不敗。

8、統計所M君到任

七十一年五月二十五日，統計所M君至院報到，原申請國科會客座專家，月6萬，比一般籌備主任高出甚多，因日期銜接問題，又作種種無理要求。回國學人，國家已予以特別優惠，仍想盡辦法需索，令人難以認同！

七十一年六月二十四日，本年第二次院務會議。進行擬聘案至統計所時，

M君向人事室開砲，怪罪議程不在一周前送其複閱，以致其擬聘之人送審著作不全。我忍無可忍，立即據實痛斥之，不送著作是提聘所之事，人事室無法代為蒐集；列入議程之案，係各所將提案送來，呈請院長核定後方能列入，秘書組也無權擅列。此次統計所擬聘之五人，有四人連籍貫都付闕如，昨經人事室催補方送來，如何在一周前再送統計所複閱？況且每次院會核定之期有時都不足一周，更無法在一周前再送複閱。錢院長支持我所說的話，方把他堵回去。

八月十三日，M君簽不滿意總務組為他修繕之學人宿舍，理由是「花錢太少」。從他自美返台前，即接其多次來信，說他的宿舍要怎麼修，紗門如何裝等等。我對這種回台不是為貢獻所長、報效國家、而是來享受特權的學人產生反感。按當時的規定，返台學人所有的家具、汽車等，均可享受免稅驗放。趙回台後，一天到我辦公桌前，用命令的語氣，讓我給他寫公文給海關，他所帶的東西要免稅驗放。我故意倨傲的坐著對他說，我不會寫。他說，你是秘書主任怎麼不會寫公文？我說：我是總辦事處的秘書主任，不是你們統計所的秘書，我是核公文的，不是寫公文的。他自討沒趣，被我嗆了一頓，默默的走了。我待人的原則，你客氣，我更客氣；你不知如何尊重人，我也不會尊重你！

七十二年五月二十日，總務組胡公溫說，統計所所請的建築師，乃M君之親戚，比圖完全不符合規定程序，連總務組都不知道。

七十三年三月十三日，M君日前來說，他太太中英文俱佳，可來秘書組為我臂助，我一口拒絕。今天上午他又向吳院長推薦，吳囑我任用，我不鬆口，以秘書組為全院行政樞紐，不太相宜。我據近史所魏秀梅所著：《清代之迴避制度》中云：「人事制度為避免機關首長徇私拔用親人，自1949年以來，就規定「各機關長官對於配偶及三等親以內血親、姻親，不得在本機關任用，或任用為直接隸屬之長官。」吳院長向不守法，說不要管那些。我說，他太太既然中英文俱佳，請她來任秘書組主任，我就可解脫回近史所了。堅決拒絕。下午M君又來談，謂其妻中英文俱佳，若不予以安定工作即返美，她返美M君亦隨之返，統計所一定垮。真大言不慚，無法入耳！他曾向會計室及生醫所推薦，

均遭拒絕。十七日，韓忠謨與我談，為顧全吳院長面子，只有將M君的太太延攬至總幹事辦公室上班。真會迎合上意！人事室簽自十九日生效。做了一段時間，他太太因職務之便看到了全院的公文，越看越感到不公平，七十五年二月六日來云，她對吳大猷、韓忠謨（為選院士拉生物組的票）暗許生醫、分生兩所之好處憤憤不平，謂周院士為資訊所事十分惱火。分生室來函要20戶學人宿舍，如分配不公，周院士將強烈反對到底！當初我的顧慮，不幸而言中！不久她就自動辭職了。

9、公布院士候選人名單風波

　　兩年一次的院士會議，我雖然曾被徵調去做過五次紀錄，見識過其謹嚴、繁複的流程，畢竟只是奉命辦事而已，完全不放在心上。這次第十五次院士會議，我竟然一下子成了總提調，於是調閱歷屆開會的流程及細節，仔細研究並牢記，好在還有錢院長及高總幹事兩位駕輕就熟的上司隨時指導，幸未發生大的差錯。

　　七十一年五月十一日，舉行第十一屆評議會第四次會議，決定院士候選人名單時，為了電視臺記者在場採訪，錢院長十分生氣，請記者馬上離開會場。高總幹事認為讓記者拍一下會場的鏡頭，為我們報導一下是件好事，只要不將得票數及名單洩露即可；可是錢院長執意不允。氣氛已有點僵。及宣布開會後，先由院士籌備會分組召集人報告被提名人資格審查結果，報告完後，高總幹事即過來囑我宣讀綜合審查結果，即同意分組審查之結果。這完全是正常的程序。我剛站起來要讀，錢院長即怒目而視，責以宣讀什麼？我還不知是什麼事即擅自宣讀！我為準備開會諸事，已忙累不堪，現在又無緣無故被當眾責備，心中自然深感不快，即憤然坐下，不發一語。可是高先生並沒有看見這一幕，見我坐著不動，也責問我為何不宣讀？我的山東倔脾氣發作了，自知在這時說話，一定會有所頂撞，所以仍然不發一語。會場空氣一時陷於沉寂。稍停，錢院長覺得有些不妥，都僵在那裡也不是辦法，可是他也不知道該如何進行，乃輕拉我手臂，溫語問究竟是要宣讀什麼？我立即對自己的倔強感到歉意，乃據實以告，並找出原紀錄給他看，他看完後始請我起立宣讀。

上午分組審查時，討論至侯健，周法高因為朱炎和侯健都是台大外文系的，又是山東同鄉，所以請朱炎略加介紹一下侯健，朱立答跟侯不熟。我甚感詫異。

　　第二次投票前徵詢意見時，心目中之人已進入候選人名單者，反對再投票；反之，則力主再投一次，結果人文組大部分人投白票，一人也不圈，心胸之狹窄令人詫異！高化公以傅斯年期許侯健、而台大人不支持；他又說：台大人各自為政，且互相排斥；師大人則甚團結。史語所全力支持芮逸夫、黃彰健二人，王叔岷竟由台大提名，史語所亦不支持。學術界之選舉尚且如此，與市議員選舉何異？

　　依法院士候選人名單，必須先送《總統府公報》發布，其他媒體才可報導。五月十四日，我與各報記者約定院士候選人名單於十七日和《總統府公報》同日見報。《中國時報》記者不守信用，電告堅要明天見報，我厲聲責之。即至高總幹事所住的蔡元培館找他，時間已經很晚，高化公將要睡眠，因為事情緊急，不得不打擾他，請與其老友余紀忠電商；高化公即電《中國時報》採訪主任，她不肯緩登，高化公即將電話交我直接與她相商，我說如何讓我向其他各報交代？她仍不鬆口，我乃說「人言為信」！斥其為何不為人著想？她說，你怎麼罵人？我即掛電話，馬上回辦公室逐一通知各報明天一律見報，不讓《中國時報》獨家報導。媒體人之不能信，總算得一經驗。（七月十九日，記者來信解釋其苦衷，並致歉。）

　　五月十五日，各報都登出了院士候選人名單，總統府葉甫庵參事、錢院長均問登報經過。錢云：李崇道在評議會投票時不迴避，且透露給《民族晚報》，對他很不利。閻振興每次高票入選，到院士會時得票反而減少，落選後不形於色；徐賢修則落選後風度不很好。又追憶他自己選院士經過，胡適堅決為他提名，他時任台大校長，與清華大學校長梅貽琦同時以第二項資格、即領導學術機關在五年以上、成績卓著被提名。開評議會時、錢校長堅請退出，因與梅校長同時當選機會不大，任何一人落選都不好，王世杰主尊重當事人意見，胡適則不以為然。最後終於退出候選人。後於五十三年九月第五屆當選，時胡適已去世。自謂當時任台大校長，聲譽正隆，當選增加不了多少光彩；萬

一落選，則顏面有關，真無意競選。又云，對新聞記者印象不佳，絕不守信，而對《中國時報》印象尤壞，至今仍不看該報。

五月十七日，錢院長在科導會早餐會報為報載院士候選人名單事，被吳大猷和徐賢修等圍剿。若多方保密，可能更令人產生懷疑。

五月二十一日，近來錢、高對任何事意見都不一致，我夾在兩大之間，頗感難以適從。高又責錢遇事不抗辯（可能指公布候選人名單事）。錢今向我解釋：別人即使當面罵他，也不生氣，非修養好，是沒有什麼好生氣的，自認對問題反應甚快，且判斷正確，考慮周詳，錯不在己，不必與之爭論；如自己全對而對方有誤解，則需與之澄清；如自己不完全對，則不與之辯，絕不主動攻擊人。高與吳大猷之性格則不然，皆自以為是，主觀觀念甚強，並喜主動攻擊。此為其自述其個性之特點，了然於此，於其處人處事方可了解。又自謂對其上司，不論其地位、聲望高低，都很尊敬，如任台大校長時，對教育部長之聲望不如他者，仍予以尊敬。談畢，高又約談，謂錢不必事事遷就，其年齡、地位、聲望均已夠高，不必再有所顧忌，必要事可甩烏紗帽也。此語證明高對錢仍欠了解。高又云，初為于宗先奔走提名院士時，因錢反對作罷，緣怕開罪蔣碩傑，蔣等認為于宗先要出來，必須他們提名方可，別人提則不能同意。于宗先對院確有重大貢獻，五年計畫之最初發動者，即于、高兩位山東人。

八月七日，舉行第十一屆評議會第六次會議。通過資訊所成所。在討論《中央日報》投書建議公布院士候選人名單時亦應公布提名人案時，吳大猷認為毫無道理，並不懂選舉規程（實為吳自己沒有道理，也不懂選舉規程），對本次公布名單以為不對，並責備我將其老友李新民之現職都弄錯（意即因此而落選）。高總幹事即說明：候選人名單係依法公布，並宣讀有關條文；謂如認為不應公布，須先在評議會中修改組織規程。錢院長繼解釋本次公布名單經過。均對我加以維護。我要求發言，謂吳大猷先生責備我兩點，公布名單事，錢院長及高總幹事均已有說明，不贅；至於將候選人李新民之現職弄錯一事，秘書組係根據原提名者所填寫的資料，對錯與否，我和秘書組同仁無法、也沒有能力去查證；而吳先生亦為李新民提名人之一，本人希望吳先生於以後提名時，要提供給我們正確的資料才好，免得我們又受到無端的誤會。予吳先生以

極大的難堪。會場馬上報以掌聲，吳先生即席向我致歉！大家對其勇於認錯之精神，亦報以熱烈掌聲。朱炎對我使吳大猷當眾認錯，認為十分難得，是向所未有之事。（無人敢公開頂撞吳大猷先生）

10、籌辦第十五次院士會議

七十一年七月十九日，上午十時，第十五次院士會在美文所開幕。這是我首次負責籌辦的一次院士會議，當時的心情，真是如臨深淵、如履薄冰，惟恐出一點差錯！副總統謝東閔（字求生）、前總統嚴家淦，均依例邀請觀禮，但未請演講。嚴前總統接到請柬，即回不參加，足見其聰明而深知政治行情。謝副總統表示要來，則深感難以安排，不請是本院失禮；請，最好不來，雙方皆好。既來，不請致詞不好，但蔣經國總統已不願其經常露面，故錢院長堅不請其致詞。高化公的意思，到時不妨禮貌性的讓一下，錢院長則竭力反對。不意今天《中央日報》頭號標題謂：謝副總統應邀來院致詞。錢院長見報以為大不妥，囑查真相，告以乃報社想當然耳。謝辦公室主任沈景驤（台大歷史系沈景鴻之兄）也來電查詢，告以未安排致詞，係《中央日報》猜測之詞，請婉轉報告求公。為此大費唇舌。總統府馬紀壯秘書長辦公室亦打電話來，詳詢上午議程。（《中央日報》的記者真是害人！由此，我就感覺到謝副總統已經不會再連任了）應付完各上級的查詢，即飛奔美文所會場。高化公不知道我剛才所應付的各方查詢，對我之遲到已有不滿，我也無暇解釋。開幕式後，即至蔡元培館作院務簡報，再到美文所為王故院長世杰銅像揭幕。高化公抱怨總務主任在這麼忙迫之際，不坐鎮指揮，只知跑機場接院士，因有加班費可領。

七月二十日，院士分組至各所訪問。二十一日，全天討論議案。二十二日，全天選舉，共選出數理：韋潛光、楊念祖、閻振興、吳賢銘4人；生物組：黃周汝吉、宋瑞樓、吳瑞、王倬4人；人文組：黃彰健、芮逸夫、劉遵義3人。閻振興於二十日晚，在統一飯店宴請全體院士，在此敏感時刻大宴院士，實在欠妥。今天到第二次投票時，才將閻振興選出；會場內即傳言半年後或將接任院長。近史所李國祁在第一次投票時，得本組13票，如得14票，即達本組2/3，則綜合票1/2即37票就可當選。因本組未達2/3，則需綜合74張之2/3即50

票始可當選。第二次得35票，第三次得44票，終未能當選。人文組院士蔣復璁臨時因病住院，沒有委託投票，他是留德的，一定會支持同是留德的李國祁，他若不是因病住院，李國祁一定可以當選。時耶！命耶！楊聯陞、劉廣京、許倬雲竭力為李國祁拉票，劉廣京照稿唸，冗長又不動聽，錢院長說可能有反效果，因大家都已倦甚。許倬雲謂李國祁兼具一、二兩項資格，其第二項係基於第一項資格已有優良成績，與閻振興、李崇道之有第二項資格不同（此語傷及閻振興、李崇道，支持此兩人者必生反感，真幫倒忙！）許又云，師大文學院在其主持下，成績已超過台大文學院。高化公對此語極為不滿，斥其忘本，而台大出身者亦必生反感。為李拉票，但又損及他人，真不可思議，是否別有用心，不得而知。

11、呂實強任張玉法為副所長經過

六十九年一月三十日，呂實強所長眼睛開刀，由張玉法代理所務。三月一日出院。

七十年九月二十七日，是我兼任秘書主任的第十一天，晚上呂所長來談，強調總幹事與所長平行，總辦事處各組室主任低於所長。不知何出此言？我從未擔任過行政工作，也還沒弄清楚秘書主任的工作性質，而且各人所擔負的工作不同，我也從未認為總辦事處各組室主任高於所長，為何竟先來向我作此告誡！

十月二十七日，老友張先生說，呂先生為報答王公大力推上所長之恩，所中大小事，均惟王公之馬首是瞻，王公亦以太上所長自居。惟呂所長每見到高化公，就先自己矮了半截，事後又作阿Q式自我解嘲，謂高為鄉長，又有心臟病，不便當面頂撞。

七十一年二月十二日，高總幹事在我辦公桌前打電話給呂實強所長，請他查填梁和老著作及簡歷。呂云手邊沒有完整資料，容徐查；他平常就話多，這時又絮絮不停道其困難處；高總幹事本來就對他有成見，這時頗感不耐，即說「不敢再麻煩你老人家了」，即掛電話。緣係為梁和老辦理特約講座事，中國國民黨中央委員會秘書長蔣彥士已交代國科會主委張明哲，張即交代人文組

華嚴馬上辦，華嚴請高化公補送梁和老的著作目錄，收到即可簽辦。此係政策性決定的案子，早已安排好了，著作目錄只是完成應備之手續，完整、對錯與否，根本無關宏旨。呂不知其中經過，堅守治學負責態度，認為是由所填報，即應對完整性及正確性負責，殊不知在行政立場係求儘速完成手續，細節容後再說，而且對錯也無人過問，何苦如此計較！兩人觀念、立場不同，故不易溝通。我馬上在《傳記文學》六十九年七月號找到梁和老的著作目錄，影印一份，即告解決。

七十一年二月十九日晚，呂實強談各所皆感高老總（大家都習稱高總幹事為高老總）之壓力甚大，性子太急。告以，錢院長年事已高，處理事情謹慎有餘，但顯得有些迂緩而無效率；高老總處事明快，當機立斷，不免予人以專權感。要是沒有像高老總之人為輔，恐將更無效率可言。據我在總辦處幾個月的觀察，實則各所亦不甚健全，且有許多弊端，如有兩個所長竟然將所中汰換之冰箱、沙發搬回自己家中享用；若無一精明之人主持，恐怕毛病還會更多。

二月二十日，呂實強來云，昨晚一席長談，藉知高老總對張玉法印象不錯，錢院長去年也保舉玉法為本院績優人員，而且近又奉最高當局核定與秦孝儀同赴美國開會，他雖非國民黨員，而黨部亦信任之；至於玉法之操守、治學更不成問題，凡事皆能本公平態度處理，個人之權益向不計較，實為最佳副所長人選。早就想要提報，總覺得時機尚未成熟；現據各方情形看，似皆無問題矣，擬趁高老總出國前完成此事（七十一年三月三日赴西德看女兒），並已與王聿均談過，也無意見。因問我有何意見？答以很好，請先向高老總洽商，如有需我進言處，自當盡力。呂即去與高老總談，高深表同意。錢院長因事到院較晚，尚未面報。我認為另一位張先生可能不服氣。呂謂他處事太無原則，且常作無理要求，近日竟然向他要兩間研究室，並再為其助理要一間，否則不寫文章。呂以很多人尚只有一間，何能給你三間？張說這是你們行政的事，我需要就得給。呂沒有答應。如委為副手，很難配合、協調。

三月三十日，星期二，玉法赴美開會，亞洲研究學會1982年度年會在芝加哥舉行，並舉行一次國際特別討論會，以「辛亥革命與民國創建」為主題，秦孝儀為團長（他堅持要享受頭等機票，故決定先一天動身，不和團員同

機。）、玉法及李雲漢、張忠棟、林明德共五人前往，大陸亦有代表參加，是兩岸學者首次面對面的學術討論會議。四月十二日晚返台。

四月十二日，錢院長約談近史所設副所長事，他原則非常同意，謂與其他所無關，其他所沒有反對的必要。我說呂實強曾與高化公談過，高亦同意。並云各所最好都能設副所長，所長不在時便於洽公。院長云，史語所若設，丁邦新一定推薦管東貴。

七十一年八月十二日，呂實強所長任期至十五日即滿三年，七月十二日人事室即簽是否續聘一任？迄未蒙批示，數日前我曾託那廉君提醒院長速予處理，仍無表示；大呂兄甚為焦慮，一為面子問題，一為公事如何處理，自己又不便直接去問院長。我再託那廉君，俟院長一到院即盯著先批此件。院長到院後即與高老總相商，乃批續聘一任。下午即將聘書寫好，我將聘書送大呂兄，以舒解其困擾。

八月十四日上午，高老總來云：院長對大呂兄之擔任所長有些不滿，故考慮很久不能決定。前天與高老總相商時，高以為儘管不滿，但不能不續聘一任，因為其他所長皆六年，連化學所之林某那樣的所長也是六年（因為林某經常在台大，很少來所，置所務於不顧，院長決定換人，經林苦苦哀求才續聘一任。）如讓呂實強僅任三年，有點說不過去；同時，如不續聘，呂一定認為是我高某人從中作梗。至於錢、高心目中的所長人選，玉法是最先考慮之人。此話真假，無法向錢院長求證，是否為高老總投我所好而言，亦無從證實。

八月二十日，大呂兄右眼有剝離之兆（上次為左眼）。上次接所長未久即患眼疾，今獲續任又患眼疾，是巧合耶！八月二十三日住院，請玉法代理所務。九月二日出院。當晚大呂兄又談副所長事，決定下周報玉法。二十九日，大呂兄報請聘玉法為副所長，公事已送至高老總處，又以電話報備；高老總再囑先向院長報告，乃又撤回。

恰在這時，我和高老總又發生了一些不愉快的事：九月二十日，高老總將《中央研究院中文概況》中之一個標點「；」誤看為「：」而打電話責問，我說沒有錯，高說錯了，而趙保軒、蔣繼先正好也在他處，都說錯了。三人皆老花眼，看不清，我找眼力好的林麗華來看，確係「；」，沒有錯，高仍不相

信，真是有理說不清。為了一個沒有錯的標點符號，竟對我橫加指責，直如指鹿為馬。九月二十一日，高老總又責備我昨夜辦公室有六個窗戶未關，我說昨天我走時皆檢查過，都關好了；高老總仍堅說未關，並說係令三民所的工友王信來關的；我即電王信求證，他說都是關好的。似此無中生有之事，無端找我麻煩，如何能忍？上午即與院長談，謂高總幹事近來老是看我不順眼，常吹毛求疵，以無中生有等事相煩，太難侍候了，請速物色替人。院長說，耽誤我太多時間，他亦深知，但找一適合者相當不易，只有暫時請我勉力維持。

九月二十三日，高老總昨天為送《漢學會議論文集》交周天健擬致各部會首長函，周天健下班時尚未擬妥，即留置在我的茶几上。今上午十時，周天健尚未到班，高老總來催，問我寫好否？答不知道。高乃厲聲責曰：你主管的業務為何不知道？我實在忍無可忍，即大聲抗言，這是你直接交辦的，並沒有交給我，我怎麼知道？他即責我和他吵架。那有如此不講理的人，只許他吼別人，不許別人抗辯！一連三天藉故找我麻煩，我不能一直任其侮辱。（事後想想，我當著秘書組全體同人的面予以頂撞，秘書組是大辦公室，沒有隔間，太令他下不了臺，但也是累積了多日的悶氣，未經思考衝口而出的。）數日前，某所長見錢院長，建議為研究院計，速令高離院，勿再挽留。並言以後人事會皆由副所長出席。

九月三十日，上午開三十五黨部委員會，我對高老總仍然冷遇之。周天健說：自我與高化公吵架後他又申請退休，堅持自十月一日起生效。錢院長囑周代擬慰留函，高老總收到後將周叫去，謂你睡醒了，又寫此無聊的信，言下甚為滿意，故又打消退意。

十一月六日上午開土地規畫小組會，我既為小組的成員，自然有表達意見的權力，我建議將史語所之研究大樓讓予美文所，而拆掉考古館，另建新大樓。高化公即曰：陶先生沒有說的話我替他說了吧，美文所之新大樓讓給近史所。我一笑置之，即使如高所言，亦係為全院觀瞻而言，並非為一所之私也。

十一月三日上午，錢院長約呂所長談設副所長人選事，呂所長推薦張玉法，院長再問有無其他合適人選？呂所長以陶某人對。院長說，總辦事處其他主任皆可常換，惟秘書主任不能輕言換人。乃再問其他人，呂曰：已無第三

者可資推薦，如所推之人不能合作，則不如自己作還好。院長笑笑稱是。談甚久，仍無具體結果。院長對各所人事十分慎重，表面雖廣徵意見，實則已成竹在胸，一經決定，不輕易改變。玉法六日見告：錢院長約呂所長談，有一段呂所長不便對我說，即錢所以遲遲不能決定人選，非有意在拖，實因高老總有意見，高認為正副所長皆出身師大不妥，故未決定。語氣相當誠懇。錢院長自謂向不注意人之出身，當初所中攻擊李國祁時，錢莫名就裡，及李國祁接掌師大文學院，方知李為師大人。錢之無門戶之見，想係得自北大遺風。

十一月十日上午，錢院長召談兩小時，謂有數案因不同意高總幹事所簽意見尚未批，召我商量，其第三件即談近史所設副所長事，謂他向不注意人之出身學校，更不在意台大、師大之分，只注意其最高學歷及能力。外國著名大學，多不用本校畢業生，如哈佛用伊利諾化學系畢業生，伊利諾則多用哈佛畢業生，如此可吸取他校之長以補己之不足。又云己為浙人，但不能說浙語，故也沒同鄉及省籍觀念。在台大，曾用過許多非台大人為院長、系主任者。但高總幹事頗注意出身何校，認為近史所不應由師大世襲。錢曾勸呂所長推薦三人，呂堅不肯，因說高、呂都太固執。我說山東人都很固執，乃略述上個月與高老總不快之事。院長又說可否不設副所長，及呂所長任滿後，逕聘張玉法為所長如何？答以原無不可，惟呂所長雙目現均動過手術，視力甚弱，處理公務至感不便，非有人相助不可。現在所中大事，呂所長皆託王聿均、王樹槐、張玉法三位相助，但皆師出無名，如有副所長相助，所中同人也無閒話。院長乃為呂所長借箸代籌，推薦三人，（上次呂只肯推我與玉法二人，而高總幹事明言知道呂所長推我為不可能，只是藉以充數；錢院長則言秘書主任不能常換，不能為解決近史所問題而製造秘書主任問題）各述其長、短處，第一人短處少而小，且強調能與之配合，後二人之短處多說些，如此可應付高總幹事要求推薦三人之意，但絕不可將我列入三人名單；院長則可圈第一人，三方面皆顧到，豈不圓滿！但此意院長不便直接示呂，囑我轉告，並勸呂不要再堅持只推二人。此話甚坦率，且明言不欲拖延，係為儘速解決問題而不傷高總幹事之顏面。由上述可見其重視高總幹事意見之一斑，小事儘可遷就，大事則以曲線堅持己意。此即多年行政經驗之結晶。

午將院長所言告訴玉法。玉法言，大呂兄已不能等，眼睛又有剝離之兆，萬念俱灰，已無與高總幹事對抗之鬥志。而玉法亦草擬致院長函，請准退出副所長人選，不願因自己而影響本所設副所長事。呂所長知道後更為焦急，勸先緩送呈。故院長今天所談甚為重要，否則連院長也將誤會呂所長，則事情將更複雜。玉法又云，院中所長多為台大人，美文所正副所長朱炎、孫同勛亦皆台大人，偶有師大人點綴有什麼不好！又說：本所在王聿均時代，閉關自守，大家都埋頭寫了些文章；大呂兄接任三年，與外間關係改善，但外務甚多，如中國現代史辭典、建國史等，耗費了許多人力，則都是人家的成績；我說五年計畫之專題均未動手，只延聘新人、建房子，到時如何繳卷？玉法說，如任副所長，即協助推動各項工作。晚與大呂兄談，已擬好推三人，依次為玉法、英惠、樹槐，因已知錢之底牌並具誠意，自不便再堅持二人，言談間心情頓形開朗。又謂高化公曾向趙中孚打聽玉法之為人，中孚說人非常好，惟稍固執耳。我自知列名其中，純係陪榜，根本沒想到錢院長囑咐：推薦的三人中絕不能將我列入之關鍵為何。

　　十一月十六日上午，錢院長先批定呂實強所推三人，以張玉法為宜，再會高總幹事。高看到批定後再會他，即簽「既已批定，化臣敬會。」其情躍然紙上。即交人事室發聘。周折多日之副所長事總算定案。我即電告大呂兄，呂即告訴玉法，並云真想痛哭一場！下午高總幹事來拍拍我的肩膀說：原想請你去作副所長，錢院長仍指定張玉法，其實張玉法也不錯，只是你又要在此辛苦一陣子了。弄得我一頭霧水。玉法云，高老總可能是一石二鳥之計，既可擋住他接任副所長，又可使我離開秘書組，以除去其眼中釘。

　　十一月十八日舉行院務會議前，錢院長跟我說：呂實強先生太固執，不應推薦王樹槐和我，如先會高總幹事，高可能會建議王樹槐或者我，將造成處理上之困難；故先指定張玉法，再會高總幹事（不符錢院長批公事之慣例），故高總幹事所簽之意見甚不高興。為達成呂所長推薦張玉法為副所長之願望，亦即尊重呂所長意見，不得不先行指定再知會高總幹事。十二月十八日，周天健告訴我，高老總日前對他說，幾次申請退休都是真的，唯獨九月底與我吵後之簽退，純係姿態，意在逼我離開秘書組，並聲言陶在高去，或留高去陶，以此

向錢要挾。結果錢無逐陶意，高很不快。適近史所報設副所長，高極力主由我擔任，則可達到逐陶目的，怎料錢不同意，才有不先徵求高之意見而逕聘張玉法，以堵其口。至是，高實在難以嚥下這口氣。個中曲折，我雖猜個大概，但不能確定，這時真相終於大白。當時，我問心無愧，故處之泰然，未料波濤洶湧如此，思之不寒而慄！周天健又云，錢也曾問過他高老總為何申請退休？究與陶某人有何不快？周天健漫應之，謂高先生挑剔過甚，實難伺候；又謂陶某人適應如此之快，也很難得。我深感行政工作之複雜，整天勾心鬥角，無聊之至！

　　我與玉法、趙中孚三人之缺為學術審議名額，係當年本院供作調劑用的，共有十三個名額，薪水係由總辦事處支領；玉法副所長之特支費奉行政院核下，但會計室不同意由總辦事處支付，呂所長允由本所支付，會計主任蔣繼先則主張將玉法之缺在所內補，而將玉法學術審議之缺還給總辦事處（前幾天張恭萬即簽請此事，被高駁回）。各所久借荊州，誰也不肯還，商之於我，我請教前會計主任吳家槐先生，他建議可與會計室協調換另一同等級之人在總辦事處支薪，而將張玉法之薪水改在所內。後來怎麼解決的，已不記得了。

12、高化臣總幹事退休經緯

　　七十一年四月二十日，台大法律系主任問文崇一，高化公已於三月初交代他在台大辦退休。我問錢院長有此事否？答有過數次，皆慰留，允幫至這次院士會結束，緣其夫人肝病甚重。自謂退休後可靜坐家中看小說消遣，視外出旅遊為畏途；高先生之性格好動，閒不下來。

　　七十一年八月二日，高總幹事令人事室函教育部，自本年九月一日起辦理退休，係上年十二月錢院長批定之案。

　　周天健云，昨奉錢命代擬一批，大意為高來院十年，多蒙臂助，今五年計畫方進入第二年，正需借重長才，以為國效力，函教育部延長退休年限。周意錢院長可能已與高化公說過，高意已動。趙保軒云：余英時夫人、陳雪屏的女兒陳淑平（與我在台大歷史系同班同學）向趙保軒打聽高化公退休事，陳淑平如何知道此事？可能是錢院長託陳雪屏代為勸留也。

八月五日，為秘書組負責發文之同仁老是積壓公文不發，且怪陳秀玉辦理出國開會之公文太多，而坐著聊天。氣甚。我忍無可忍，即與高化公商量調他至別處，高表示支持。我因求高放我回所，以脫離苦海。高笑而不答，謂自身亦求去心切，尚不能脫離，何能助人！我告以錢院長批高化公延退一年之公文曰：「十餘年來，本院院務，承高總幹事臂助，獻替良多，實深感紉。最近高先生健康情形較前更為見佳，而國家需才方殷，本院五年發展計畫甫進入第二年重要階段，尤須繼續借重高先生之才智，以收輕熟之效。應函教育部延長其任期一年，並請高先生曲予諒解此意，惠予俞允。」高化公作驚曰：那能如此！去年底為退休事曾與錢院長拍案曰，退休並不犯法，始批准於今年九月退休，怎能不照批辦事？此前我曾問過那廉君，錢院長在批前與高化公有無談過？曰有；問高同意否？曰已獲首肯。現又對我作如此表示，真演戲耳。

以高先生所見，閻振興雖當選院士，但不可能如外界謠傳接掌本院。錢為閥閱之家，三個兒子俱有成就，長子錢純有中央銀行總裁之望，次子錢煦曾兩度當選模範教授，係公開選舉，美國教授竟告落選，殊難能可貴；三子錢復有長外交部之可能，而其本人廉潔可風，有清望，當局即借重其金牌裝綴門面，做事與否尚其餘事，國家培養一位這樣的人物不易，不會輕言更換，老閻〔他們老友間稱閻振興〕作官可，如做本院院長，尚需再養望以待。高自謂僅夠作錢之奴才耳。

十一月十七日，周天健云，高總幹事近又請自明年元月退休，由周擬復，錢院長指示大意：明年四月，立法院審預算以及秋天赴美舉行院士分區座談，均需借重；至住所之困難，下周面商解決。高化公十分高興，笑責周天健老是坑老朋友，其實是非常贊許。

錢、高的辦公室同在數學所的四樓，但兩人往返的公文、函札，都借重周天健擬稿，所以對周的遲到、早退等不良習慣，同仁們不無怨言，但都予以寬容。不料十一月二十七日，周天健忽然在辦公室大發牢騷，謂一再委屈自己，仍不能得高化公滿意。錢院長對高不薄，但對高竟如此軟弱，即使現在退休，也不會對不起錢院長了。秘書組是大辦公室，所有的同仁都不知他為何發那麼大的脾氣！

十一月二十九日，高化公又要退休，上午與錢院長談至下午兩點，令人事室辦稿，自明年元月生效。下午收拾東西，帶回家一部分。三十日，批准高總幹事自明年元月十六日退休，函送教育部。

　　下午與高化公談甚久，向我述說得病經過，此次心律不整，係數日前為徵收土地被吃裡扒外的H氣的。謂錢院長也是多病之身，糖尿病、高血壓，脾氣很壞，從前與夫人經常吵架，尚請高化公婉勸之；但在辦公室中，遇事強忍，於病體甚不利。談及繼任人，高曾建議數人：韓忠謨、李新民、羅雲平、侯健、李國祁；錢院長未表示意見。如一時物色不到適合人選，恐又需高化公代。其心目中總幹事人選的條件：國民黨黨員、中文造詣好、且懂法律知識、公共關係廣。因為錢院長本人並非國民黨員，當時每個機關的正副首長，一定要有一人為國民黨員，便於政令之推行。

　　十二月四日，高化公來，見周天健在改銘傳商專兼課的試卷，即曰：你老兄私而忘公，請你試擬答立法院質詢事，即請三天病假。此話確係實情，但他為資深人員，我無法約束他，遲到早退，習以為常，自錢院長、高總幹事、乃至萬紹章主任，都因借重其如椽大筆，便任其所為，我也只有一仍舊慣，莫可奈何！由此可知，秘書組根本沒有紀律可言！

　　十二月五日，周先生電告，高化公罵我之話非常難聽。但我問心無愧，不予置評。十二月七日，周先生又數落高化公，高對他多方容忍，不能算薄，何忍對奉准退休之人再出惡言？

　　十二月六日，下午與高總幹事談甚久，為閻琴南之敘薪及特支費事，人事室越幫越忙，吃虧很大。因盛讚琴南為不可多得之人才，囑我多予照顧。

　　十二月十五日，高總幹事云，趙保軒在人二時，常有瑣事向文幫辦報告，文不勝其煩；閻琴南來院後無隻字報告而主動為院解決問題。下午朱炎來談，日前錢院長約他談總幹事人選問題，謂人甚難找，其條件為黨員、愛國、愛院……朱認為自己已被列為候選人，說急忙逃出，並請我保密。我說顯然錢院長已經意有所屬，即使逃也逃不脫。錢院長的個性，越是逃的人越要抓到（如民族所聘劉斌雄為所長事），越是鑽營的人，反不重視。相約保密。十八日，高化公即獲知朱炎見錢院長事，聽說朱見錢後回至辦公室，走來走去，坐立不

寧，未能午睡。〔高先生到處有眼線，所以消息特別靈通〕可見朱未嘗無意此位，以其性格，已在認真考慮接否了。十六日《中國時報》忽然刊出〈誰將接任中研院總幹事？〉一文，猜測可能接任總幹事的人選：李亦園、郭宗德、朱炎、張崑雄，據傳說係高化公透露的，意在使其見光死。

聞台大前教務處秘書程某在多方活動總幹事職，今接成大管理學院周院長來函毛遂自薦，錢批復：總幹事一職，業已聘定。不在此位子，看不到官場之醜態百出。會計主任蔣繼先來云，希望向錢院長進言，聘高化公為顧問，按月致酬，以存厚道。

十二月二十四日，朱炎聽說總幹事繼任人選是韓忠謨或周玉津。朱為錢院長所擬美文所於12月29日舉行1940年代中美關係研討會之講稿，於二十五日飯後去錢公館商改稿事，錢院長明告已商請韓忠謨矣，惟尚未得覆。

直到民國100年6月3日，在《聯合報》看到朱炎所撰〈一位國科會主委的做事態度與方法——為慶賀夏公〔漢民〕八十華誕而寫〉一文，才知道錢院長也曾徵求過朱炎接任總幹事，他說：「錢院長看我勇於任事，就要我接替早已疲憊想退休的高化臣先生，擔任全院的總幹事，這是何等的榮耀，我卻不理不睬沒作任何答覆。錢院長實在忍無可忍，見到我竟然氣憤地說：『有的人四十歲了還想拿諾貝爾文學獎，我在三十歲時已是任教於北京某一所大學，就知道拿諾貝爾獎已經無望了，就接任了該校的化學系主任。』我一聽，這話中有話，就不客氣的頂回去說：『錢老師，鐘鼎山林，人各有志，你何必逼我做我不願意做的事？』」

十二月二十七日，農曆十一月十三日，高化公生日。上午錢院長交下聘韓忠謨為代總幹事。塵埃總算落定，

七十二年一月四日，上午團拜，高總幹事預料屆時會送他紀念品，故意不到會，也不接錢院長電話。錢院長說，高總幹事之為人，有時太周到，有時則太不周到。他的性格，實在令人難以捉摸。

一月十三日，本年第一次院務會議，在會中贈送高化臣總幹事紀念品。一月十五日，正式退休，錢院長擬聘為三民主義研究所學術諮詢委員會主任委員，陳昭南所長已同意。

今天為高總幹事最後一天在院上班，周天健仍然遲到，昨天高先生為其國防部十二年年資不計事，託周天健代為擬稿，周竟將原卷不知放在何處，今天到班後即大呼小叫，遍覓不著，本應晚一點走親向高化公面報，卻又急於赴銘傳商專補課，竟留一字條給高化公，請於晚7時打電話給他。

四月二日上午，周天健對我說，他原在銘傳兼課12小時，後因預備接萬紹章主任缺辭去8小時，保留合法之4小時。近因家中開支大，擬恢復為12小時。答以院長正在趕辦出國、以及後天赴立法院報告，忙迫不堪，不便為此瑣事代為轉達。他說此等小事不必報告；答以規定只能兼4小時，如查到超出，將影響全院。他想趁我忙亂之際，無暇思考而遽予以答應，我仍未同意。

此前他曾數度向我表白無意接秘書主任，並為逃避此事而請假赴美探親，啟行前，並特請那公於主任人選決定後，無論是誰，均快信通知（他料定應由他接任）。後來假期未滿即匆忙回臺候信，不料卻落在我身上，不免大失所望！今天又明白表示為接秘書主任而辭去8小時兼課，現既無望，無異賠了夫人又折兵，故想再恢復12小時之兼課。其說詞前後矛盾，今天所言應是實情。

13、到立法院參加預算審查

七十一年四月三日上午到立法院，係首次參加預算等七個委員會審查72年度中央政府總預算。總算見識到了立委問政情形。

先是三月二十六日，經濟所一位副研究員申請赴LA開會，會後到Boston停留兩周，再取道倫敦停留兩天回台，向院裡申請全額補助各項費用。院裡編列出國開會的費用並不寬裕，錢院長批只能補助開會期間費用。緣該員新婚未久，有藉機環遊世界度蜜月之嫌。其親人為立委，二十五日電錢院長，絮絮道道要求全額補助，謂去年同樣情形為何准？如去年合法，則今年之不准即屬違法。院長二十六日到院查卷，看看有無先例；謂時間真不巧，如在四月三日審查預算後發生，則必不理會，今在此當口，實感棘手。民意代表為私利竟如此濫用其職權，享受特權，成何體統？院長問我有何法不使其達到目的？代請國科會如何？答以一案分由兩個機關出錢補助，恐有不妥，可請劉克智所長一商。不得已只得照准。四月三日到了立法院，在開會前，其親人特先到會場向

錢院長道謝，即離席。七十七年四月五日晚，與經濟所許先生聊天，他對於這位研究人員霸用所中數部電腦作生意，十分不滿。

14、高化公驟逝

我初調秘書組時，對總辦事處的情形一無所知，高化臣總幹事與錢思亮院長已有心結，更非我所能知；高化公當時可能認為調我去是對付他的，實在是天大的誤會！我糊裡糊塗被調去，只想把自己的工作做好，不要出任何差錯；惟愚直的個性，見有不合理的事，即據理力爭，因此曾數度頂撞高化公。他退休後，仍時常關心我的工作情況，認為我就是山東人的直性子，並非對他有何成見，對我完全改觀。例如我在評議會開會時當眾批評評議會秘書阮維周時，高化公認為我不亢不卑、據理予以駁斥是對的，竟在台下為我鼓掌。高化公是很重鄉誼的人，在退休後，曾多次邀請我和于宗先、張存武、王國璋等同鄉到天廚菜館小吃，話話家常，對過去的一切不快，隻字不提，說明他早已原諒了我這個晚輩。

七十七年四月三十日，我憤而辭去秘書主任兼職，高化公是知道的；八十三年三月一日重回秘書組，高化公見本院《週報》刊載，始知我又被借重回秘書組，特於三月九日下午電話道賀、慰勉，謂過去受了那麼多委屈，總算再次受到肯定，證明吳大猷、韓忠謨無知人之明；今好人又出頭，至可欣慰！四月初他將出國，擬擇日設宴為我賀。隆情盛意，感人至深！

九十五年一月十二日，我去洛杉磯子女家過農曆年，二月十九日返台，不料在二月十四日，高化公和實中老同學常永棻（在加拿大多倫多），兩人同在這一天邃歸道山。三月三日上午，去聖家堂參加高化公之追思禮拜。據劉光庭云：高化公係夜間在床前跌倒，面部埋在棉被上，窒息而亡。獨居老人，乏人照料，可悲！四日《聯合報》C4北市綜合版報導：其子女十六日從美國趕回奔喪時，發現當天一只勞力士金錶及家中數萬元不翼而飛。其女兒說：十四日消防局經由「獨居老人緊急救援系統」發現沒有生命跡象訊息，立即派員前往察看，即由大樓管理員通知平時照料其生活起居的林姓管家及賀姓司機到場。賀說化公的皮夾內是空的，提款卡也不在。金錶是十七年前夫人送他的，一

直隨身戴著。高姓兄妹表示，化公平時都會放數萬元現金在家中，以備不時之需。一代強人，晚景竟如此淒涼！

15、聘韓忠謨為代總幹事

我第一次見到韓忠謨，是民國六十四年七月十八日～二十三日，參加北區知青黨部暑期教授國防建設參觀訪問團，初次赴金門訪問時，韓忠謨被推為領隊，但和他沒有任何互動。

六十四年十月，韓忠謨改任考試院銓敘部部長。十一月二十日，據G兄云，韓之得任銓敘部長，是他的閒話一句。緣有一天，考試院長楊亮功電中央黨部張寶樹秘書長商銓敘部長出缺、請推薦人，張原想推朱某，問G意見，因朱與秦某關係甚好，乃答不妥；又以朱與劉季洪校長在政大相處不洽，劉為考試院副院長，亦不宜使朱長銓敘部。張不知此段恩怨，遂不再考慮朱，乃問G有何人可推？談及在台大曾任過院長而又得學生愛戴者有那些人，G乃以韓忠謨對。張秘書長默記在心，考慮多時，遂明令發表。其實G與韓並無私交，僅以其為台大法學院教授而已。

六十六年，韓忠謨出任司法院副院長。七十年，應聘為台大名譽教授。傳聞即將接任台大校長，忽於七十一年（月日失記），台大法學院林紀東教授投書《中國時報》，謂：「異議分子多出自台大法律系，而其皆為韓忠謨之學生，韓氏主持該系及法學院多年，思想必有問題」等語，因而未獲出任台大校長，令他氣憤難伸。

七十一年十二月二十七日上午，錢院長交下聘韓忠謨為代總幹事，塵埃總算落定，即趕辦報府發聘公文，仍在府支國策顧問薪。錢院長召我去，告知此事，謂韓之優點：法律常識豐富、人很嚴肅，但不會當面令人難堪如高化公那樣、清廉。缺點為對院中情況缺乏了解，各所對他不熟，希我多予協助，並問我的看法。我說清廉乃所有公務人員都應有的條件，但是總幹事不必非懂法律不可。院長以胡適墓園土地被人侵佔，經委託許婉清律師打官司，反而敗訴，認為總幹事應該懂法。我說打官司可以請律師，高總幹事亦懂法，但仍須請律師出庭。我認為此一職位，關係全院之發展甚大，五年計畫現已進入第二年，

如期滿仍無具體成績，將無法面對外界的批評。錢院長一臉茫然，意為已經商妥，不能更改矣。我說，承垂詢，謹就所見奉告，自然不能再改。

十二月三十日報府公文，總統府承辦人堅請將韓忠謨已同意敘入。三十一日改稿送去，並抽回原文。錢院長說，馬秘書長紀壯初即堅持韓代總幹事之薪水在院裡支，總統府可騰出一國策顧問名額補其他人；錢與韓商，韓堅持在府支（可能國策顧問的薪資較本院為高），否則即不接任代總幹事，遂決定仍在府支，唯承辦人不明真相，故囑在文內敘明。七十二年一月三十一日，上午錢院長談韓忠謨在本院所得甚少，擬另設法彌補之。

至於聘韓忠謨來院的原因，有很多說法。很多人以為係高化公所推薦。一月二十八日，王志維告訴我，韓忠謨與錢院長之上一代皆在上海法界服務，乃世交，交情甚篤，從在臺大起，錢對韓忠謨即一路予以提拔，當非高化臣推薦。

七十二年一月三十日，聽說，韓忠謨為臺大胡佛教授之內兄，胡妻為韓之堂妹（過繼或自小收養者）。胡、韓感情不佳，發表韓為總幹事後，胡佛對李念萱說，你們研究院有的受了。

三月二十九日，駐衛警員殷惠民（江蘇泰興人）來談，他與韓家相識，韓先生只有法理，沒有情字，只懂政務，不懂事務，故來本院實不相宜，係受錢院長敦促才來。另據某君七月二十八日說：韓之答應來院，實為出一口氣，因為即將發表為台大校長時，被臺大林紀東教授在《中國時報》的一篇短文所打掉。韓自然心有未甘，高化臣覷準此點，向錢院長建議力邀，定會答應。

七十二年一月十七日，上午到韓忠謨家接他來院就任代總幹事，並陪到各組室拜會。周某一見到韓來，即要求改至蔡元培館辦公，韓尚不知蔡元培館在那裡，更不明白為何要去那裡上班，初次見面，自然不好拒絕。然後請我轉告總務組購置電話、答錄機置其睡覺處，以便未到時聽到留言知道要辦之事。儼然是高級大員。高總幹事一走，似乎沒有人可以管他了！十八日早上，錢院長一到辦公室，我即去談周某要到蔡元培館辦公之無理要求，錢院長一口拒絕，謂本可重用他（意為秘書主任），但早退、遲到之習慣不改，無法用他。上班有幾種型態，一為按時上下班，一為遲到遲退，一為遲到早退，周乃屬後者。

又談馮某要求升編纂及非主管加給事，升編審的基本條件是否有著作？升編審則是否有名額？都難以解決。我一出來，周某即進去見錢院長，結果遭到峻拒。

當時各機關的情治單位有兩個系統，一為人事室（二），負責行政查核；一為黨部的保防工作，在趙保軒任人（二）室主任時，同時也兼黨部的保防工作。及調趙保軒為總務組主任，由閻琴南接任人（二）室主任，可是黨部的保防工作，趙保軒不肯交出。我雖為黨部書記，但對黨務完全不清楚。七十二年一月中，為籌備35黨部委員會，閻琴南來告，黨部之保防組，總統府文立徽幫辦交代由他擔任，我允照排議程。二十六日，趙保軒來爭，謂這是兩個系統，人二僅負責查核，無權過問黨內保防，並歷述其負責保防組時之功勞，如鄧大量案得獎金五千、費正清案似為一萬元。據說此獎金趙皆未分潤王新鳴科長等人，其室中同仁嘖有煩言。真想不到這麼複雜。

七十二年一月八日，上午在美文所舉行35黨部第6屆黨員大會，選韓忠謨為委員。一月二十七日，35黨部開委員會，推韓忠謨為主任委員。上級派鍾源德來列席指導，據他請示中央後說，行政查核與黨內保防並非同一系統，趙保軒對院中人事較熟，不宜換人。李毓澍云，趙好打小報告，名聲不好，其所以戀棧此職，主要是經費。五月九日，下午35黨部委員會開會，為保防組工作韓仍令趙保軒兼，閻琴南頗不以為然，向韓說：「你的決定我服從，你的意見我反對。」拒不出席。

16、錢院長由出國到病逝

民國二十年六月，錢思亮在清華大學畢業。是年秋，與吳大猷、內兄張茲闓由滬同船赴美，以庚款入伊利諾州香檳城伊利諾大學化學系研究所攻讀。二十一年（1932）六月，獲伊大理學碩士學位。九月，繼續在同校攻讀博士。二十三年（1934）六月，以畢業論文「具有旋光性之雙輪基質變為不旋光體之速度」獲伊大哲學博士學位。在美時被舉為「Phi Beta Kappa 名譽會」會員。

七十二年一月十九日，錢院長榮獲其母校美國伊利諾大學1983年名譽博士學位第一名，訂於五月十五日頒獎。錢院長獲知後，興奮異常！這是一項莫大

的榮譽。遂即安排前往領獎的行程。

　　七十一年三月十五日下午，西德巴伐利亞科學學院院長Prof. Dr. jur, Dr. Phil Herbert Franke夫婦應本院之邀抵台，十六日來院拜會錢院長，院長午宴招待。因為Franke對文化藝術有興趣，故安排參觀民族所。十八日，院長交代，為表示對Franke之禮遇，除負擔其來臺之全部費用外，應再付一部分禮遇金，商定致送新臺幣三萬元，便於他在台期間有當地的貨幣可用。這是他應邀訪問美國、新加坡和西德時曾享受過的禮遇，使我又學到了一點常識。Franke於二十二日離台，同時也邀錢院長到西德訪問。

　　除到西德回拜Franke外，還要到其母校美國伊利諾大學獲頒名譽博士學位；再就是在美國各地舉行國外院士分區座談〔每兩年舉行一次院士會議，在不舉行院士會議之年，院長要到美國與院士座談一次。〕前後為期一個半月，長途奔波、應酬，是相當辛苦的。

　　七十二年一月三十一日，英文秘書馮某竟然說，錢院長獲榮譽學位奉命代擬謝函係私事，他所領的是公家的薪水，不應代辦私事，如辦，就應給非主管加給。又謂他應與周天健一樣改為編纂，沒有著作怎能任編纂？理由十分牽強。院長此次出訪，不是私事，身為公務員，不辦首長的文稿，真是大扯了！

　　二月三日，會計主任蔣繼先對錢院長出訪所買禮品（計算機、原子筆，每套385元）有意見。三月五日，約美文所朱炎談，這次出國，仍請他陪同，朱立即答應。秘書組則忙於為院長趕辦出國之行程、資料、入出境等手續。四月二十七日，錢院長忙累不堪，脾氣特大。其德國簽證今天辦好。二十九日，韓忠謨仍將例行不重要公文送呈院長批閱，不節省其時間、精力，真為之氣結！三十日，為錢院長最後半天上班，公事更是特別忙。

　　五月一日，乘植物所鄔宏潘所長車去機場送錢院長出國，12:10 CX 450。他非常小心，所有行程，都是親自安排，甚至連飛機的機型都查問清楚。他這次出國，有三個重要行程，五月一日，接受西德科學研究基金會秘書長席祿博士（Dr. C. H. Schiel）與國際合作處處長魏有恒博士（Dr. J. Wiercimok）之邀請，啟程前往西德訪問，在西德停留十餘天，備受禮遇。五月十二日，由法蘭克福飛芝加哥，十四日轉赴伊利諾州香檳城，於五月十五日接受其母校伊利

諾大學所頒贈之名譽科學博士學位。在獲得此項殊榮之伊大傑出校友中，其屬於中華民國國籍者，錢院長為第一人。十七日再回芝加哥，舉行院士座談會。十九日飛華盛頓，二十一日舉行院士座談會，並在錢復家宴請院士及夫人。二十二日，台大校友在銀宮飯店宴請老校長。二十六日，拜訪美國國家科學院院長。二十八日飛波士頓，五月三十日上午九時，錢院長自芝加哥打電話來，問鄧昌黎院士回台是否國科會負責？近史所與費正清研究中心合作事進行得如何？後天要與該中心主任Philip Kuhn孔復禮一塊吃飯。其做事之細心，由此可見一斑。六月一日轉飛紐約。六月十六日晚上八點多，搭華航CI 003返台，我去接機，看到他一臉倦容。這次出國，為期一個半月，對一位年長的糖尿病患來說，長途奔波、應酬，是相當辛苦的。由於長途勞頓，身體已覺不適，並未稍事休息，立即到院視事。22日，終感不支，以糖尿病併發症入臺大醫院醫治。病情時好時壞，旋又伴發急性心肌梗塞及心臟衰竭，病情惡化，群醫束手，於9月15日下午六時四十分溘然長逝，

　　錢院長在外一個半月，六月十六日那麼晚才回到台北，不料代院長竟不體恤其風塵僕僕的勞頓，打電話告訴院長，謂積案太多，請早日到院處理。故六月十七日一早即上班，片刻不能休息。其心態，實在令人匪夷所思！

　　六月二十一日一早，錢院長一到辦公室即約我去談，我看他癱坐椅子上，不發一言，雙眼發直，我問何事？即指韓留了一大疊卷宗云，我如何批？聲音沙啞無力。我見狀，知已倦極，實不能再處理公事，即與那公勸速回家休息。適韓忠謨至，即請代批公事，令院長休息。韓云，需院長授權方可，乃面請院長將圖章交韓代蓋章。我與韓、那三人共同建議如何處理積案，即促回家休息。院長出國，向由總幹事代拆代行，且已報府核備，怎能說未獲授權？「韓推事」之外號，由此可見真是名副其實！

　　二十二日，錢院長終感不支，其長公子錢純請醫生到家診視，初不肯，醫生既來，接受檢查，疑似腦血管意外，可能是輕度中風。下午三時許，強其住入台大902病房。二十三日，午與那公、閻琴南、朱炎同到台大探病，院長知道我等要去，竟穿西裝以待。及至，已入睡，乃回。二十四日，上午與那公到台大，院長正要去做心電圖、照X光，面容憔悴，聲音沙啞低沉。那公見此情

況，乃相約不談公事，即回。回程與那公商應報府請假（馬秘書長已到醫院看過），但不宜告知院長，以免予以刺激。回院後與韓忠謨商，堅持如代請假，須先徵得院長同意。經再三解釋，仍不接納。下午再與韓重複上午所談，竟云並不嚴重，毋須請假。因為一請假，韓即代理院務，揆其本意，是怕負責任。既允來院相助，怎可尸位素餐？晚間院長已改住加護病房（ICU），疑係尿毒。顯然病情不輕。韓至台大時，院長已神智不清，連他也不認識了，血糖高至600多近700，二十五日晨降至160左右，恢復清醒。二十六日上午，院長約韓忠謨、那公到醫院指示報府請假。面色紅潤，大為好轉。那公云，初入ICU時，尚怪護士不將院中公文給他看，錢純說，院中未送公文來，他指一堆卷夾云就在那裡，錢純云，那是病歷，仍堅持要看，錢純云上面有細菌，方不再索閱。二十九日，血糖又升高，血壓降得太低，訪客太多不能充分休息，令人耽憂。下午與韓忠謨商，公事應予簡化，並促開院務會議，很多事情如升等、考績等案，必須由院會解決，韓仍要等院長主持。真氣死人！七月一日，再請韓定期召開院會，他仍要留院長主持。我再三解釋，以目前情況不可能主持，仍不允。乃請先訂期，屆時由誰主持再視情形而定，方定七月十四日。即發開會通知。

七月二日，上午張正岡自醫院電告，病情又惡化，呼吸困難，已用氧氣，決再入ICU。即告訴韓，韓認為有不祥之兆，急令前天新買之交通車，車身原為藍白色，令改噴較深顏色。並謂自己是來幫忙的（實為幫閒的），雅不願見有喪事發生。即與那公趕至台大，護送至ICU。紀經總云，有因血糖過高而引起併發症之跡象（紀之女婿任職台大醫院），心臟已發現問題，血管有堵塞現象，肺部有少許積水，因呼吸困難而用氧氣，不甚樂觀。年紀太大，此處治好，他處又發生毛病。今天講話仍無力氣，神智尚清醒，我推病床進電梯時，因為不平，用力抬床，院長急責紀經總云，怎麼能讓陶先生抬？我急言無妨。人在重病中，尚能注意此細微末節，處處體諒人，尊重別人！真君子也。我親身感受，印象特別深刻！

七月五日，自ICU遷回912病房，該病房有特殊設備，與ICU相同。六日下午與那公至台大，氣色甚佳，講話已有中氣。七日上午又轉壞，心肌梗塞，

故不穩定。再續假兩周。八日，主治大夫李源德云，係因血糖過高而引起之心肌梗塞絞痛，現尚為初期（初入院未查出真正症狀），至少要休息6周。錢純建議續假一個月，韓仍主2周，我建議3周至七月底，韓仍不肯決定，堅持須先徵其本人同意。臥病在床之人，如何決定？韓又謂7月適年度開始，事情特多，亟待錢院長出院處理。其不願代負責任之意甚明。真無話可說！有人稱韓為「推」事，李念萱據其妹夫胡佛稱之為「老佛爺」，真有道理。七月九日，早上韓到台大，仍未好轉，醫生言已輕微中風過，危險期尚未度過。決續假三周。即辦稿報府。

十一日下午，與那公、閻琴南、朱炎到台大，血糖仍高，已無大礙，問題仍在心臟，每天早晨發作，下午好轉。錢云，出國前已感不適，實為抱病出國。朱云，錢於旅館中常一人取出夫人遺照觀看，內心之寂寞可想而知。那公云，自夫人逝後，變得易發脾氣，發脾氣時即勞累或不適之表現，惟發過後仍覺對不起人，道歉，令人敬佩。再續假三周。十三日又住入ICU。十九日，余南庚與李源德會診，謂無大礙。七月二日為最危險的一天，現已穩定。二十五日，上午自ICU回912，大為好轉。自余南庚回台，等於吃了定心丸。二十八日，下午與那公到台大，已大為好轉，體力仍弱，脾氣甚大。商定續假半個月，韓意只續一周，實不願再負責任，近日一直叫吃不消！八月二日，錢下午又惡化，再用氧氣。韓為錢病時好時壞焦慮，欲在恢復健康後擺脫，因不勝繁劇。八日下午與那公到台大，已好轉，可散步5000、6000步。十五日，再為錢續假半個月至月底止。

八月二十日，丁肇中全家來台，為選取學生赴美隨其工作，連日我為安排此事而忙迫不堪。二十一日，丁肇中特去探錢院長病，二十八日返美。二十九日下午，與那公到台大向錢院長報告招待丁肇中經過，一切圓滿，請放心，錢甚滿意。再續假兩周。

九月一日，下午到臺大送薪水，院長云，魏火曜院士之內兄在九病房住九年花一千萬元，每年100萬元，並問那公公教優利存款數字。想在為龐大醫藥費操心。〔六月二十七日那天，下午我與那公、趙保軒至台大，錢院長謂已自鬼門關過來了。但仍虛弱，囑不要每天去看。其特別費餘一萬多、韓忠謨餘三

萬多，今全部提出共四萬六千多元，送醫院周轉，錢仍不肯用，又退回。雖無積蓄仍不肯用，其清廉實在令人敬佩！〕

九月三日，院長原訂本日上午回家適應一下家中生活，病情忽又發生變化，心跳加快至90次，出冷汗，不能回家。九月四日，又入ICU，韓忠謨甚焦急，問我如何是好？九月五日，又回912病房。九月十三日，上午與那公到台大，仍用氧氣，精神較前差，談約半小時，眼皮即抬不起來。請假至十五日期滿，商定再續假一個月，自認半個月無法出院。肺有積水現象，呼吸急促，近日已不敢再散步。

九月十五日，下午黨部開委員會，近五點始結束回到辦公室，張正岡電傳錫蓮轉告：錢院長於下午四點再入ICU。我以多次出入ICU，並不以為意，即趕辦下午積壓公文。六點半回到家，即接到韓忠謨電告病危的消息，我表示懷疑，他說是台大醫院院長楊思標告知的，應該可信，乃電那公，亦曰病危。再詢台大ICU（18:50），謂尚在急救中。遂匆忙吃點東西即趕至台大，到時錢純說19:00病逝，醫生報告則說是18:40走的，最後竟無一句遺言。享壽七十六歲。20:10將遺體送市立殯儀館。我即約周天健到醫院，再同回南港寫新聞稿，送至中央社時已23:00矣。電告吳大猷，吳已知道，主由嚴前總統家淦任治喪會主委，吳謂其消息係閻振興告知。

17、為錢院長治喪

九月十六日，函總統府派代理院務之人。第一局局長劉垕（厚予）電詢胡適院長過世時，為何不由代總幹事全漢昇代理院務？答以胡院長過世時，全漢昇已出國數月，而接任之楊樹人先生，沒有代總幹事名義，係以個人名義協助胡院長整理院中財務，故由資深所長李濟代理院務。又問王世杰辭職時，為何不由代總幹事李亦園、而由化學所長魏嵒壽代理院務？答以魏所長資深，韓忠謨雖亦為代總幹事，但現任所長均為韓之後輩（意即找一所長代理院務，將置韓於何地！）劉局長即云懂了，將會考慮如何簽。下午，高化公來指導如何治喪事。整日電話不斷，應接不暇，近16:00才抽身出門，先送公文到府，再至錢府拜祭。韓忠謨以棺木、禮堂太貴，近50萬元，囑與錢純面商。錢純云，此

係家屬之事，由彼全權作主，而請中央銀行之何柏枘先生辦事，他放心，其令堂張婉度、舅舅張茲闓均由何先生辦的，十分信任，請韓先生不必多慮。錢純又云，家中規矩，父在，一切由父作主；父不在，由他這個兄長作主，錢煦、錢復兩位弟弟均無發言權。錢思英亦云，錢家向例長的管幼的，喪事由錢純作主。

九月十七日，15:00到中央銀行開治喪籌備會，皆上午韓忠謨與總統府馬紀壯秘書長商定者，籌備會只是追認、分工而已。高化臣云，閻振興與蔣彥士、俞國華、馬紀壯關係甚好，由閻繼任之可能性很大。發院士、評議員函，訂於二十二日15:00在三軍軍官俱樂部開治喪會，請嚴前總統家淦擔任主任委員。

錢院長一生清廉，連他應該得的特別費，也分文不取，全分給總辦事處的同仁，所以沒有任何積蓄。九月一日我到臺大醫院給他送薪水時，他就暗自在為龐大的醫藥費操心。前總幹事高化臣深知其困難情形，所以在九月十九日建議台大醫院院長楊思標，錢院長住院費用甚大，不勝負擔，除伙食費外，請一律全免，藉示對臺大老校長的一點敬意。楊院長深表同意，這是臺大醫院前所未有之事，以後恐怕也不會再有。

九月十九日，總統府令韓忠謨暫代院務。二十日，光復大陸設計研究委員會秘書長郭驥令鄧組長來電，要求列名治喪會副主任委員。錢院長之行述稿改動頗多，為爭取時間，由汪芳淦到精華印刷廠坐鎮校對，周天健下午有課，不肯請一天假協助辦理喪事，其私事永遠較公事重要。二十二日，15:00在三軍軍官俱樂部開治喪會，到百餘人。嚴前總統家淦親臨主持。

為了辦理治喪及選繼任院長，諸事蝟集，真是忙得不可開交，傳記文學劉紹唐社長電囑一定要為《傳記文學》寫篇紀念文，距其每月一日出版的時間非常急迫，乃於九月二十三日，趕撰寫了一篇〈追隨錢院長思亮先生兩年小記〉，聊表對老校長、老院長的追思之情。[3]

九月二十九日，10:00到中央銀行治喪工作檢討會，事太繁雜。

---

[3]　該文刊在《傳記文學》，第43卷，第4期，pp.39~42。民國七十二年十月一日出版。後收在《雪泥鴻爪——近代史工作者的回憶》，pp85～95，秀威資訊科技公司，2006年10月BOD一版。

十月一日，蔣經國總統明令褒揚，並將生平事蹟，宣付史館。晚上九時許，舊化學所樓上放置藥品之房間，忽然自焚，警衛盧運承即以電話相告，我立即趕去現場處理，在房子後面有個消防栓，因為生銹打不開，真急人！直到晚上十一時才完全撲滅。失火是史語所副研究員邢義田路經此處首先發現的，他是成功中學我教過的學生，在救火時才知道他於七十一年八月到史語所工作。這是我首次處理院中火災。失火的時間及地點，似均與錢院長有關。我不迷信，但也太巧合了。

十月二日，星期日。上午去辦公室加班，下午與秘書組同仁到第一殯儀館景行廳布置靈堂。錢氏三兄弟在工作人員桌前轉來轉去，或許認為這是我們這些人應該做的事，沒有一個來說聲辛苦或謝謝！

十月三日，晨6:20即趕赴景行廳，11:30啟靈，送至陽明山公墓。12:30安葬。13:40抵家。天氣殊熱。十八天來，至是方可鬆一口氣。

回想於民國七十年九月十六日奉調至秘書組，至七十二年九月十五日他老人家仙逝，為時整整兩年，兩年相隨之種切，誠屬難得機緣；除在匆忙中趕撰之〈追隨錢院長思亮先生兩年小記〉一文，藉明梗概外，又於2007年4月18日再寫了一篇〈感念錢院長思亮先生〉，[4]補充前文未盡之意。

本院同仁送上陽明山墓地者不多，計近史所呂實強、張玉法；史語所高去尋；動物所李文蓉；物理所林爾康；地球所蔡義本；工友孫進寶等數人而已。高化公對有些所長不上山送葬，頗有怨言，人情冷暖、世態炎涼，殊堪玩味！

十月四日，為農曆八月二十八日，是我五十歲生日，送走了錢院長，心中不免若有所失，但仍要強打精神，辦理選舉新院長的任務，既送往，也要迎來！

十月八日，韓忠謨頭暈，將圖章交我代為處理公事。（我成了地下代院長）我建議去量一下血壓，他不敢面對所量之數字，認係老毛病，已自行服藥矣。

十月十二日，準備移交清冊。陳秀玉擬開會通知，主持人寫韓總幹事，韓

---

4 收在《典型在夙昔——追懷中央研究院六位已故院長（下）》，PP.69～102，秀威資訊科技公司，2007年10月BOD一版。

親改代院長。三代以下無不好名者，由此可見一斑。不論新院長是誰，照例我必須呈辭秘書主任兼職，今將辭呈遞出。韓批：留陳新院長核奪。會計室對錢院長喪葬費用，不同意多所負擔，令人感慨！十月二十九日上午，錢純來院一一道謝，並至化學所看錢院長紀念室，以便將家中之物送來布置。

18、評議會開會選院長候補人

根據「中央研究院評議會條例」第十一條：「中央研究院院長辭職或出缺時，由秘書召集臨時評議會，選舉院長候補人。」七十二年九月十六日，即錢院長歸道山之翌日，評議會阮維周秘書電囑先函各院士、評議員報喪，並定期開臨時評議會，再開正式評議會選舉院長候補人。

九月二十四日，阮秘書擬於十月十四或二十一日開評議會。代理院務韓忠謨云，阮秘書不能片面決定，應先與總統府洽商，萬一所選非總統所屬意之人，責任太大。二十七日，阮秘書又催開評議會，我以十月十四日實在趕不及，近日整天忙於治喪事，十月六日監察委員馬空群、劉耀西要來院巡察，不能不準備一些接待資料。阮秘書云，有些評議員在催問，不宜太晚。乃商定十月二十一日舉行。徐賢修定十月一日回來參加喪禮，十八日要在美國代表本院頒獎予國會眾議員周以德（Walter Judd），如二十一日開會，勢必再趕回來。阮秘書說，頒獎可以另外找人。

九月三十日，10:00到台大地質系與R商開評議會事，R堅持十月二十一日召開，我說諸事蝟集，恐不及準備，且代理院務之韓忠謨有不同意見，可否逕與其相商，以免我居中傳話左右為難。R云：韓應來看我，或主動與我聯繫，我沒有與他聯絡之必要。我仔細欣賞其說話之神態，只有笑笑！乃解釋韓近日特忙，實無暇及此。R云，再忙也可打個電話。我又云，韓慮尚未得總統府暗示，如所選不合上意，恐難負其責任。R曰，開會通知發出後，他即去見馬紀壯，探詢府意，此事由他負全責，韓毋須顧慮。聽其口氣，他可以主導一切。又說評議會議長出缺，由秘書代行議長之職，故開會時他為當然主席，不必另推。我告以前兩次皆曾另推。他說，當時他年方52歲，資望不如李濟，王世杰則示意由李濟為主席。言下之意，今已資深望重矣，當仁不讓。我即將所擬評

議會議程中推舉主席一條刪除。R又云，根據「中央研究院院士選舉規程」第三條：「為辦理本院院士選舉之預備工作，由評會組織選舉籌備委員會。以左列人員組織之。一、本院院長、評議會秘書、及總幹事。」由排序看，評議會秘書亦高於總幹事。他處處與韓代理院務相計較，自以為其地位高於代理院務之人，故表現出自大的樣子，殊覺其為人似有些膚淺。談一小時，返院後將所談告訴了韓，韓云，不必太遷就他，真準備不及即再延一周。他二人心中似皆有鬼。

十月三日，R向《民生報》記者發布評議會訂十月二十一日開會選院長候補人消息，我即於晚間親送新聞稿通知中央社及《中央日報》。

十月六日上午，史語所D請我解釋為何代所長不能在評議會投票？答以法規如此定的。D云，史語所情形特殊，與其他所所長出國之代所長不同，平時可不爭出席、列席名義，但這次選院長，關係重大，不能不代表史語所投票。我即推請逕與評議會R一談，我為總辦事處秘書組秘書，無權解釋評議會法規。下午他又來電話嚕囌，仍以前言答之。晚飯後，史語所某院士來電，謂史語所無所長，代所長不能投票甚不合理。答以不合理之事甚多，如院務會議，亦以所為單位，理應每所只有一票，但史語所有組主任，組主任即有權投票，未設組之所即認為不合理。意即史語所於吃虧處力爭，於佔便宜處即不講話，是何道理？高遂顧左右而言他，顯係理虧。又云，係為史語所爭，非為D個人爭也。我說這是評議會的事，我無權代為解釋，請逕與R商談。高云，他與R為北大同學，深知其為人，也有人向他代R拉票（R也想問鼎院長寶座），表示可投阮一票，但須R自己拜託。我以事不關己，不再多言。高亦知多言無益，方掛電話。對D、高兩人再三以與我不相干之事相詢，深以為苦，更加強我速速求去之心。處處是火坑，一不小心，即掉入陷阱，可不戒慎戒懼！

十月十三日晚，《聯合晚報》徐梅屏電告，美國東部有24位院士聯名推薦余南庚或蔣碩傑為院長候補人，想係藉杜某人之當選，明天刊二版頭條。十四日下午四時，徐賢修來看韓忠謨後下樓，和我打一招呼。韓即約我談，他與徐賢修皆認為美東院士此舉不妥。答以院士關心院務，表示其意見，何來不妥？任何人均可表示意見，如所推為他心目中人，即不會持此看法了。韓云，如所

選非最高當局所屬意之人，責任大矣。答以此係評議會阮秘書之事，你何必搶著替他負責？韓又云，我係代理院務。答以評議會由秘書召集，非代院長召集，阮不來找你最好，由他獨負其責，何必多慮！

《民生報》王震邦今以美東院士事訪問閻振興校長，閻苦笑云，很好！意為已可穩操勝算了。徐梅屏以此事訪問吳大猷院士，吳明言認為閻不適合，謂徐某人曾向他為閻拉票，吳不發一言。吳對徐梅屏說：「我不發一言，就是反對，絕不違背良心說話，不會虛與應付。」其不討人喜在此，而率直可愛處亦在此。（後證實他自己也想問鼎，閒來無事，有個位子總是好事。）

十月十五日，午收到美東院士致韓代理院長電，照韓指示送阮秘書處理，並依電文意見影印分送院士兼評議員之19人。我問阮意見，阮裝糊塗說未看清楚，經仔細看後同意照韓意見辦理。我說如不分送，韓將負藏匿公文不轉之責，阮遂無言。即加蓋機密字樣編號寄出。記者詢問電話不斷。晚王震邦、徐梅屏來索去電文，言明非取自我處。韓甚緊張，深怕外洩。此事對院只有好處，毫無機密可言。各報對院長候補人意見甚多，此電引起不小的震撼。拉票者不斷。

十月十六日，為開評議會事，韓一直絮絮道道個不停，告以由阮秘書負其責，不必費心。十月十七日，上午馬紀壯約韓去談，問評議會如此重大之事為何不報府？韓云，此為秘書阮維周之權限，無權過問。馬問阮為何如人？秘書何來如此大權？韓出示中研院法規，馬看後方明白。決定令人傳話給阮維周秘書，總統尚未決定人選，二十一日之會只能先就人選交換意見，不能當日投票，須另訂日期開會投票。韓囑守密，決將會場改在近史所新建圖書館3F會議室舉行，便於管制。

十月十八日，11:00蔣彥士召韓忠謨、阮維周、陳雪屏、李國鼎至中央黨部商開評議會事，二十一日是否投票，尚未得總統指示，故未獲結果。

十月十九日，錢故院長五七，晨到善導寺行禮，送花籃。高化臣對評議會開會阮秘書搶作主席事深表不滿，問我歷任院長選舉之主席，經查皆係公推，非由評議會秘書任主席。又云，韓為兼代總幹事，如為當然評議員，則丁邦新之代所長亦應為當然評議員，有人曾提及，已代化解。又云阮秘書曾向吳大

猷、陳雪屏、高去尋等拉票,吳云,真後悔當年支持其當院士。《中國時報》社論反對美東院士之建議,頗多外行話,不准院士向院士所選的評議員表達意見,尤為不妥。電徐梅屏為文駁之。

十月二十日,晨剛起床,韓忠謨即電告,明日照常開會投票,囑備飯。及上班,乃密告云,總統希望吳大猷當選為候補人之一。命我至各所長及本院聘任評議員處一一傳達「聖旨」,皆表示支持。(當天下班時,閻琴南與林爾康同車,林要司機金國良先送他到科導會向吳先生報訊。)又接李政道、楊聯陞、鄒至莊、鄭洪、吳大峻、項武忠、韋潛光七院士聯電建議提名吳大猷、蔣碩傑為院長候補人。東北籍立委金紹賢對行政院書面質詢中力荐嚴家淦、李國鼎為新院長。提嚴為幌子,實為李國鼎拉票。由於近日各報紛紛報導,將選情攪得非常混濁,而反閻之情勢至明;屬意於吳大猷,自為明智之舉,各方皆可無言。15:30阮秘書來看會場,狀至得意,殊不知已有人在預備屆時反對其任主席也。(有人什麼都爭,就是不爭氣!)

十月二十一日,9:00到達會場時,阮維周、鍾皎光已先到,閻振興也到的很早。9:40開始,我報告到會人數後請主席宣布開會。阮維周起立,剛說了「各位先生」後,評議員高化臣即起立發言,反對阮以秘書為當然主席,根據評議會議事規程第三條:「議長因故不能出席時,由評議會推定臨時主席。」阮則照評議會處務規程第四條之解釋:「在舊任議長辭職出缺而新任議長尚未就職之前以本會秘書代行議長之職。」堅持代任主席。高化臣則主張開會應照議事規程。爭持約20分鐘之久,最後仍公推阮維周為主席,但非為當然主席。予阮以甚大難堪。阮自以為作了主席,便可控制會場,便可進入三名候補人名單,進而可能獲得總統遴任院長。若真有此一廂情願之想法,則未免太天真、好笑!

第一次投票,吳大猷即以向所未有之高票40票當選(過去評議員人數少),我的任務完成,放下心中一顆石頭。閻振興18票。評議員共47人,蔣碩傑、王兆振未回信,樊畿委託高化臣,王世中委託閻振興,羅雲平委託鍾皎光,共45票。第二次投票,閻以23票剛過半數當選。第三次無人獲得過半數。第四次余南庚以24票當選。會後,韓代院長才告訴我,蔣彥士傳達聖旨,除吳

大猷外，也希望選出余南庚。至是全部任務圓滿達成。11:30散會，在2F吃自助餐。飯後各記者仍尾隨到辦公室挖新聞，倦甚！不少出身自台大之同仁，耽心吳不就則閣會來。吳在答覆記者時云，在總統未遴任前不便表示意見。其將接任之意甚明。閣甚得意，似尚未知底牌也。又傳云，明年總統改選，擬安排李國鼎接科導會，使吳任院長可空出其位子。

十月二十二日，9:00第一局第二科電話催送公文，即送去。晚徐梅屏電吳大猷，問府中有徵詢意見否？答不會這麼快。自謂沒有班底，覓一總幹事甚難，脾氣也不好，請徐代為留意適當人選。若不接任院長則不會如此說，在科導會太寂寞了。我向徐梅屏說，經濟所于宗先對院中情形非常了解，也愛護院，且為五年計畫創議人，對本院貢獻卓著，請向吳大猷推薦為總幹事人選。吳也向徐提到如來院住，需有人照料起居。徐云，吳知總統府屬意於他，乃林爾康去通報邀功。

十月二十三日，吳大猷電韓忠謨問王世中病情，因找不到人。韓囑我查，經問他的本家王世流，知住台大，即據以告吳。此為新院長服務之始。

十月二十四日，下午四時許，第一局通知有重要公事已派人送出，請留人收件，並謂正本已送院長公館。17:30收到，特任吳大猷為院長。塵埃落定，即向電視臺及各報社發布新聞。吳早上去清華，19:30返抵科導會，電視臺均未訪問到。十月二十五日，各報均稱慶幸得人。

十月二十六日，第一局劉垕局長、陳科長分別電詢胡適、王世杰、錢思亮三院長就任時監交人，查卷均為張群秘書長。馬紀壯旋電韓忠謨定十一月一日交接。下午韓到科導會看吳，商定一日交接。即趕擬公事報府。

十月二十七日，吳對韓云，他只一人上任，不帶任何人，原班人馬皆留任。韓允暫為維持。下午林爾康自科導會回院，謂吳不願坐錢院長原在數學所四樓辦公室的位子，欲在物理所借一辦公室。我即與韓、趙總務主任至物理所4F看房子。王震邦云，吳堅持在院中物色總幹事。又云，閻振興在二十日晚尚未獲得任何指示，料將無望。又云，韓與吳長談，告會計主任、人事主任皆不理想。

十月二十八日，周天健昨簽請退休，韓批留新院長核。周說本院少不了像

他這樣的人。他到院不過四年，此前不也都正常運作？那廉君代吳大猷院長擬妥謝函稿，謂不服氣周天健之狂言。

二、吳大猷院長時期

民國七十年九月，奉錢院長思亮之命，調兼秘書主任。七十二年九月十五日，錢院長病逝。時值第一期五年發展計畫開始實施，院務特別忙，而自忖對行政工作外行，即擬乘機擺脫。新任院長吳大猷先生於十一月一日就職，他不帶一個私人，對各單位主管均予留任。我與吳院長沒有任何淵源，因深感其明快的作風及誠懇的態度，遂允暫時留任，以為過渡。

在他接任院長時，筆者調兼總辦事處秘書組主任已為時兩年；原以為可以趁機擺脫；沒想到吳院長又切囑繼續相助。直到七十七年四月底，才離開了秘書組，重回近代史研究所的工作崗位。計在吳院長身邊共四年六個月。由於職務上的關係，得常親謦欬，對其風骨崚嶒、純真、以及「橫來逆受」（吳先生致王世杰院長函中語，見民國五十六年八月二十五日《王世杰日記》）的性格，都獲得直接的觀察和認識！

錢、吳兩位院長，係多年老友，可是性格、作風截然不同，吳院長在〈念思亮兄〉文中說：「我們的脾氣有時適相反；他的謹慎、心細、忍耐、認真，而我則對人對事，喜怒形於色；有時粗枝大葉，不耐細節。」秘書工作，經常隨侍左右，要如何調適，並與之配合，不能無慮。直到七十七年四月三十日，因為處理一件人事案，與韓忠謨兼代總幹事之意見嚴重不合，雅不願違背自己的良心再待下去，即拂袖而去，重回近史所，我的辭呈，直指：「近日深感工作日益繁重，而不合理之事太多，實不敢尸位素餐。敬請准予自即日起辭去秘書主任兼職，還我初服，不勝感戴之至。」未留絲毫商量的餘地。當時頗讓吳院長為難。事後反省，對他老先生不免有些歉意。八十二年八月一日，又奉吳院長之命兼胡適紀念館主任，由此可見他對我五年前的斷然求去，似乎並未介懷。

七十二年十一月一日，星期二，上午十時，吳大猷在蔡元培館正式就任院

長，總統府秘書長馬紀壯監交。儀式結束後，在蔡元培館門口吳院長向我交辦之第一項指示，即其特別費之一半要全數支領，並說韓代總幹事的也應該領。答以錢院長及高總幹事向例均不領，請逕與韓代總幹事談。適韓至，乃請與談。我即離開。吳院長給我的第一印象，乃他應得者都要，可能是久居國外的習慣，亦理之當然。但首先就迫不及待的交代此事，總覺怪怪的。16:00蔣經國總統召見吳院長，勉為國家整體學術，開拓美好遠大前途。

十一月二日，上午11:30吳大猷在總統府會客室宣誓就職。下午三時，中研院在蔡元培館舉行歡迎茶會。今為錢院長尾七，送花籃，下班後到善導寺行禮。送故迎新的工作，至是方完全告一段落。

那公云，韓忠謨受吳院長重託，願留下相助，幹勁較前為大，韓固執的要命，不通氣，以後如何與之相處，頗以為憂。我辭兼職事，奉批「請繼續協助」。

十一月三日，錢院長特別費應領之一半，原補助部分同仁，那公問吳院長如何處理？吳說與各同仁都不熟，暫不分送。以後也未分送。

十一月四日，上午吳院長約談，定十一日召開在台院士座談會，十八日舉行評議會。再三解釋自己脾氣不好，對行政不在行，請多協助。談完後一出門，韓即召我去他辦公室，問我與吳院長所談何事，疑心病太重，又怕我分了他的寵，因為他與吳院長素無關係。在吳院長任內，發生了幾件事，分別敘述如下。

1、首次主持在台院士座談會、評議會

七十二年十一月十一日，上午舉行在台院士座談會，吳院長沒有主持會議的經驗，老是自己喋喋不休，講個不停，葉曙院士即站起來說，主席若要表達自己的意見，請先離開主席的位子，指定代理主席人後再發言，予以很大的難堪，幾乎下不了臺。以吳之脾氣，絕不能忍受，但終究還是強忍下來。吳從前老是批評錢院長不會作主席、處理議案拖泥帶水，不夠明快，不該忍受太多氣；現在輪到自己作主席，反而遠不如錢院長之能力。真是事非經過不知難。評議會秘書阮維周當著吳院長的面，責我為何不將座談會議程先送他一閱？新

院長一上臺，他就向我耍起官威來了。答以照往例向來不送。

　　下午與閻琴南、前會計室主任吳家槐商錢院長出國所購計算機禮盒案，採取化整為零方式報銷，不提總數300個，以免超過稽查限額10萬元。會計、總務均同意。錢院長逝世已快兩個月了，這時才將其出國的禮盒案得到解決。

　　七十二年十一月十八日，上午舉行十一屆評議會第七次會議，評議會秘書阮維周請我報告到會人數，我站起來說明，據「評議會處務規程」第六條規定，報告到會人數為評議會阮秘書之事，即坐下。會場一時僵住。阮以喉嚨不好不報告，他怎肯屈駕做這種事！吳院長打圓場請我報告。我說，評議會之業務全由秘書組承擔，但係額外負擔，非分內之事，院長、總幹事交辦，我無話可說；但本人為秘書組主任，評議會之秘書則無權交代本人做任何事，因行政體系不同，為維持體制，不得不聲明此係奉院長命代為宣讀，非有意僭越也。（暗指如評議會秘書與總幹事為同一人，則指揮靈便，即不會有今天之事發生。）這時前總幹事高化臣在臺下即為我鼓掌。會後吳院長又好言相慰。我說，不是不願意做事，乃是因為阮維周常藉故找我麻煩，心中實在不平，不得不發耳。吳云知道，上周五在台院士座談會時，阮責怪我為何不先將議程送給他看？我沒有答理他。當時吳院長適在場親見親聞，請我不要介意。

2、萬家保由技正改聘為研究員案

　　七十二年六月，史語所技正萬家保要求改聘為研究員，技正為技術人員，到65歲就要限齡退休；研究員則可延長至70歲退休。丁邦新以副所長代理所務提交二日舉行的所務會議討論，投票結果：贊成11票，反對8票，棄權2票，宣布通過。六日，丁邦新又召開緊急所務會議，謂贊成票中有一問題票（係陳槃院士在「可」上畫圈，但在圈外又加無意義的線條），故再開會討論。遂引起一連串風波。

　　六月十三日，聽宮雁南云，史語所所務會議老一輩的人向不喜發言，這一次則言詞非常激烈，因年輕人過去對李濟所長不滿，而萬家保來院係李濟一手所促成，當時已佔盡了便宜，今為改聘事重提對李濟之不滿；老輩見年輕人之跋扈，不禁對李濟反生懷念之情，乃竭力反對反李濟之言語及情緒。討論萬家

保之學術成績時，張以仁頗有批評，周法高院士斥云，你有何資格作第一組主任？你對史學又有何貢獻？大家都已撕破了臉。

開票時為何沒有發現問題票？既未發現，會後則不應再私下去複驗。丁邦新發現問題票後，持之去見韓代總幹事，韓曾任台灣大學法學院法律系教授、系主任、法學院院長等，為法學專家，竟建議丁邦新再投一次票，這哪像懂法之人說的話！

錢院長於五月一日出國一個半月，六月十六日返台，這時疲憊不堪，在六月二十一日批復萬家保案：「請丁代所長決定十一張票中之一張是否為費票報核。」〔竟然把「廢」字還誤書為「費」字，可見其精力已不濟了。

六月二十二日，接萬家保來電，堅持丁邦新動了手腳。我據實以告，他仍不肯罷休，竟問我站在那一邊？無理至極！我即告以此係院長職權，而院長現在健康出了問題，關係到全院，似不宜再以一己之私相擾，請相忍為院，暫時擱置，俟院長恢復健康後再議。二十三日，又接到萬家保簽呈，堅持既已在所務會議宣布通過，不能不承認，指丁邦新於會後再行私自檢查，手續不合。

七月六日，上午萬家保來談，謂丁邦新決定那張問題票為廢票報院，萬堅持丁違法，請院長維護其權益。

七月八日，上午萬家保又來喋喋不休，謂他已聘妥石美瑜律師。他說不能再拖了，因已花數千元律師費矣。我實在沒有耐心了，因言既不容我保持客觀態度，可否不再講任何話？方悻悻然離去！萬先去與韓忠謨談，韓勸稍安毋躁；容再約李孝定向老輩疏通，俟院長康復後再徐圖解決。韓對萬之態度亦有反感，認為讀書人為了個人利益，竟不惜一切手段以爭，完全不考慮錢院長正在與生命拔河，向一位垂死的老長官爭蠅頭小利，就不肯緩一緩，太過分了。八月十二日，萬家保在《中央日報》頭版刊大幅廣告，聘石美瑜為常年法律顧問，意在促解決改聘問題。為一己利益而不惜犧牲全院聲譽，尚復何言！十五日，又在《中央日報》刊登廣告。

九月一日，下午到台大醫院給錢院長送薪水。院長說，日前石美瑜律師偕萬家保至台大去看他，未提改聘事。昨天石美瑜致函錢院長，請提院會解決。紀經總將函交我轉韓忠謨，未讓錢院長過目，以免增其煩心。九月十五日，錢

院長病逝臺大醫院。不知萬有何感想！

　　十一月五日，丁邦新問萬案院裡如何打算？告以據萬說，韓已答應代他提院會解決。

　　十一月二十三日，萬送來石美瑜律師給丁邦新信，副本送吳大猷院長、韓代總幹事。下午丁邦新來看韓商對策。丁走，韓約我商，我分析：如提院會，須分兩層，首先應就問題票是否有效表決，如認定有效，則丁面子掛不住，定會辭；再就萬之升等案表決。如判定為無效票，則萬之箭頭不僅對丁，將是全院，本院勢將受損；如判定為有效票，也不可能通過萬之改聘案，結果是丁、萬兩敗俱傷。韓傾向於先免丁所長職務，以示對其處理不當負責，則令萬案不提院會。緣丁於明年元月出國，可於此時免其所長，不著痕跡；惟萬是否肯就此罷休，不敢預料。韓謂丁上午見吳院長，亦有薦人自代之意，並提出代理人選管東貴，吳院長不置可否。蓋此舉已侵其院長權也。韓與我商代理人選，屬意黃彰健或李孝定。大約係為丁分擔責任。陳投何票無關緊要，處理過程有誤，丁難辭其咎。此盤根錯節風暴，令人頭痛！

　　十二月八日，丁邦新又收到石美瑜律師信，謂不論如何處理，均以偽造文書告丁。丁之疏失固不可恕，而萬之不斷糾纏，尤令人心煩！

　　十二月十二日，丁邦新又來談萬案，經詳予分折，他對我之苦心已有所了解。十三日，韓忠謨命萬家保送著作、填送審表，以吳大猷院長交議方式提院務會議，非作為史語所提案。萬家保表示也不願再拖下去，精力、財力均有所不濟。翌日來向韓忠謨道謝。

　　十二月十五日，上午院務會議，討論萬家保改聘案，票決結果：贊成14、反對17、棄權3，未通過。院務會議的決定，萬家保已無話可說，只有服從，即使所裡通過，也要經院務會議通過才能算數。困擾半年的案子，歷經錢、吳兩任院長，至是方告結束。萬案能提院會，並獲得少數贊成票，使史語所顏面盡失。萬家保在此半年裡，不顧錢院長的健康，且正在與生命拔河之際，一心只為爭取自己的權力，我想參加院務會議的成員，也都有所耳聞，只有用選票來表達對他的不滿。此案對史語所和萬家保，可以說是兩敗俱傷！史語所丟了面子，萬家保則是面子、裡子都輸了。

3、為梁敬錞治喪

七十三年三月十六日，國科會特約講座、近史所前所長梁敬錞（和鈞）病逝台北。七十一年七月十二日，傳記文學劉紹唐社長在國賓飯店為梁和老祝九十大壽（民前18年〔1894〕5月24日生）；我因職務的關係，則奉命協助料理喪事。

總統府第三局朱副局長電告，總統府不便出面為梁和老治喪，我答本院義不容辭。陳履元局長電兼代總幹事韓忠謨，韓與我商，告以梁和老之背景。韓堅持由近史所主辦。近史所所長呂實強則決不主辦，只允協辦；我為之解釋一個小時，他仍不肯。山東人之固執及不能成功，原因在此。實則只是由近史所出名，秘書、總務兩組在操辦一切。我在總辦事處做了很多不盡符合自己原則之事，或被人認為和稀泥或拍馬屁，但自己深知要善盡幕僚之責，為院解決問題，不得不如此；堅持己見或掛冠都不能解決問題。但與自己原則大相逕庭時，也絕不妥協。

三月十九日，梁和老的侄子乃予夫婦來談為和老治喪事，決定二十八日出殯，和老的女婿林家翹院士要回台奔喪。我寫和老簡介，由汪芳淦寫呈請褒揚文。

三月二十四日，下午在黃金樓飯店召開梁和老治喪會。電告第三局吳大猷院長因事不克到會，由代總幹事韓忠謨代為主持。稍遲，第三局電告，馬紀壯秘書長不到，改由陳履元局長代表。此即官場學問。會中沈雲龍先生報告和老生平。本院前總韓幹事高化臣對吳院長有意躲避治喪會議，非常不滿，又指吳院長講話太多，將為院增加麻煩。

三月二十五日，徐賢修函韓代總幹事，謂林家翹院士仍在「拒絕往來戶」名單內，其來奔喪，不可在報界渲染。韓代總幹事即囑我不可去接、不可與之接觸。我持完全相反的意見，謂此時更應善加招待，為改變其對台偏見之最佳時機。劉紹唐電話勸我節勞，不宜久任行政，終為幕僚。又說和老晚年脾氣甚大，不易與人相處，聯合報提供轎車及司機，竟三易司機，與侄梁乃予也不融洽，甚少能講知心話之人，非常孤獨。

三月二十七日，各報均於頭版刊登恭賀蔣經國當選為第七任總統連任，拒刊死人消息，故下午親到中央社，將梁和老出殯消息稿，放到各新聞媒體信箱，再到景行廳布置靈堂。梁乃予對兄、姐頗有意見，梁守渠回台前，曾電囑他全權辦理，要儘量風光，花錢不必在乎；及抵台，則又不然。其家務事，自不便置喙。二十八日，梁和老出殯。三十一日，總統送和老奠儀十萬元、殯葬費五萬元，以示尊崇。四月三日，由總務組孫茂如陪梁家人去翠園公司結帳，和老之喪事至此才完全告一段落。我在和老擔任近史所所長時，未曾受到絲毫垂青，沒想到其喪事竟由我來替他料理！世事之難料，於此又得一明證。

4、李公退休案之風波

民國七十三年六月二十八日晚，近史所歡送出國及離職者，李公問我退休金可拿多少？應於何時辦理？答以三個月前，此時應該辦了。我猜他想所裡挽留或延聘，但又不便求呂實強所長，因為兩人素來不睦。殊不知是自己隱瞞了年齡！

七月二日，人事室來云，李公戶籍為民國二年生，他自己填的資料是民國八年生，現在已超過七十歲，即使延長五年也超過了，問題非常嚴重，應如何辦理，深感困擾。七月三日，李公來告訴我，他決定退休；可能也自知理虧。

七月十六日，本院人事室為李公應即退休案致函教育部（部長李煥），教育部於八月二十四日函復：李研究員屆滿六十五歲時，未辦理延長服務手續，於超過命令退休年齡七年後始辦理退休，經轉准銓敘部的解釋：「核定自滿七十歲之月為退休生效日期，並以核定退休生效日期核算退休給與。」依照上開規定，李員應核定自七十二年六月一日退休生效。

九月二十七日，教育部致銓敘部函，副本送中研院。主旨：為中央研究院研究員李公應即退休乙案，請查照撥款。說明：一、根據中研院七十三年七月十六日、九月十一日函辦理。二、經核與學校教職員退休條例之規定符合，應准退休，惟其已逾七十歲限齡，依照銓敘部規定核定自七二年五月卅一日屆滿七十歲之月退休，並自七十二年六月一日生效，依其任職四十年以上，核給捌拾壹基數之一次退休金計新臺幣……元正。」

同日，李公來云，其女兒李女對在資訊所任技佐不滿意。又告知其小女兒明天出嫁，不發我喜帖。又問其退休及十月薪水，說要告人事室。銓敘部核定退休生效日期為去年六月一日，何來今年十月薪水！

　　九月二十九日，周道瞻來談李公退休公事，怕李於十月一日到所裡索薪時無法應付，遂立派人事室李漢笙到教育部取回。如再來索薪，即可出示公文拒之。此公一生處事強勢，臨退休尚不承認自己隱報年齡之錯，真不知如何收場！

　　十月一日，一早李公持教育部公文來氣呼呼說，我退休金為130餘萬，你們「好心」去催，催掉了8萬多，這事還有得扯呢！說完就走〔代催公文也是過錯！〕教育部原核定81個基數，李漢笙去取時發現算錯，改照去年6月1日生效之薪給核算，故減去8萬多元，給本院副本已改，但李之正本未改即付郵。如不去催，或派一不知底細者去催，即可能糊里糊塗的發給130多萬。斯人始有斯報乎！人事室張恭萬主任云，教育部給銓敘部的方是正本，將來核發係由銓敘部付。如果李再胡鬧糾纏下去，連去年六月至今年九月已領之薪俸，恐也難逃扣還之命運。張主任因與李公同好京戲，常在一起拉胡琴、唱戲，關係一向良好，今也感到李太過分，無法忍受了。呂實強、張玉法正副所長及周道瞻，則更是小心翼翼，步步為營，李公本未佔理，總有黔驢技窮之時。

　　十月六日，李公又來氣呼呼的說：「你知道不知道，近史所竟不發我十月薪水，我的退休金最快月中才拿到支票，存入銀行要滿一個半月才能領到利息，這兩個月讓我如何生活？研究院怎可如此對待一個工作了三十年的同人？錢思亮院長給我的聘書到九月止，我如期辦理退休，一點也沒給院方製造麻煩呀〔這話也說得出口，所製造之麻煩還少嗎？〕研究院怎能這麼對不起我？是不是非讓我寫文章在報紙上抖出來？還有更氣人的呢，所裡竟通知辦離職手續〔退休辦離職手續不是很正常嗎？〕借書交給誰，檔案交給誰……簡直要馬上掃地出門似的！真是豈有此理！既然如此，非逼得我見院長不可了〔本院不是衙門，在院裡要見院長，易如反掌，嚇唬誰！〕看看院長如何對待我！」我默默傾聽其歪理，不贊一詞，心中暗自好笑，見其今日處境，不免想到人平日還是要多與人為善，以免下場難堪！

十月八日，李公質問周道瞻為何不發十月薪水？周答聘書到九月止，無法發給十月薪水。他即到人事主任張恭萬處索薪，張主任云，所中可根據照顧退休人員辦法，致送程儀或紀念品等，惟數目沒有規定。李之目標為一個月薪水，張云不可能，惟不妨寫報告給院長。李公即於同日上書吳大猷院長，謂：「已奉准退休，因公文稽遲，迄今尚未領到應領之退休金，而本人之薪俸，則自本月已停發，敬懇鈞座批交人事主管單位早日設法為感。」形同乞丐，為不應該領的十月份薪水，一再索薪，完全失去讀書人的風度！可笑亦復可憐！吳院長於九日批：「請人事室會同會計室酌辦。」（吳院長外行，此事與會計室無關。）

十月十一日，韓忠謨云：李公已上報告給院長。下午我遇到李公，他說收到互助金九萬多，人事行政局六日寄出，每天損失利息千元。將彙集有關資料上書黨主席云云。我一笑置之，上書黨主席，則非我能力所及。其實，退休的業務，係人事室主管，與我秘書組也沒有關係。

十月十七日，李公再上書院長，張主任為厚待其票友，簽由近史所以臨時人員任用，李漢笙認為應先會近史所，不願簽，張主任以抗命責之，謂不必會近史所。

十月十八日，李公又來抱怨為何不發他十月薪水，謂今天才收到退休金，明天才能存銀行，看看院如何還他一個公道！答以因年齡不符，多一次公文往返〔乃咎由自取〕故有所延誤。他悍然說不管。又云院中人情澆薄，兔死狐悲也做不到。仍不自省！他過去大權在握時，其情不更澆薄！

十月二十日，李公又上書院長，依六法全書要求發十月薪水。無理取鬧之極。內云：「未便以最後一紙聘書至退休九月止，即斷然不發給十月俸薪。」簡直不知所云。吳院長未批，由韓忠謨批：「請人事室核簽」。人事室張恭萬簽：一、李之退休金已於十月十六日領訖，並函知近史所參照「退休人員照護事項」及「交代條例」有關規定酌給酬勞，以彌補其半個月之損失。二、至退休金支票延緩開出，原因頗多，李先生應自知隱瞞退休年齡之事，實不宜再多生枝節。

十月二十三日，張恭萬據李公第一次上書，擬稿函近史所酌予補助，以彌

補李半月之損失。韓忠謨極為不滿。

十一月一日，呂所長簽：「李先生係奉准自72年6月1日起退休，而薪俸則領至73年9月底，已多領達五十四萬餘元。李研究員何損失之有？人事室建議本所『彌補其半個月之損失』，因於法無據，本所歉難照辦。」

十一月二日，張恭萬日前語李公：「你老兄不要告了，要告時我還要先告你呢！」李公已醜態百出、方寸大亂，橫行一世而失算一時，臨退休尚留下一個話柄！

十一月二十七日，李公問我，你知道不知道我被他們趕出來了？竟書面通知須在一個月內搬出研究室，否則就依照「公務人員交代條例」第十七、十八條，「應移送懲戒。」真是太過分了，院士會議後要找院長評評理。可能當初大話說多了，沒有嚇倒人，下不了台，只有再說些無用的狠話來自我解嘲一番！

民國八十四年四月，李公以心臟病突發，送醫即告不治。

5、丁肇中來台選拔學生案

民國七十二年六月十四日，諾貝爾物理獎得主、美國麻省理工學院教授丁肇中院士來台選拔學生，是為他的實驗室向全球招考學生以來，第一次在台灣招考，為國培育人才，我曾居間協助、聯絡。此案發生在錢院長任內，直到吳院長時，才得以結束，本來是一件很單純的好事，卻被韓忠謨代總幹事百般阻撓，攪和的亂了套，以致波折橫生；雖然終底於成，但留給我一難以磨滅的印象；曾於2016年寫了一篇和丁肇中博士的一段交往經過，茲附在下面，藉明原委。

附：我和丁肇中博士的一段交往

為文慶賀他榮獲諾貝爾獎

民國六十五年底，美加文教機構總裁叢樹朗兄要辦一個刊物，以提供國內外學子第一手留遊學最新資訊為服務宗旨，請張玉法兄

和我去幫助策劃，決定取名《美加學訊》，於同年十二月二十二日創刊。這年十月，我山東日照的丁肇中博士榮獲1976年諾貝爾物理獎，消息傳來，舉國為之振奮，我就以內子李明正的名義在《美加學訊》的第2期，為了填滿版面，寫了一篇〈丁肇中博士得獎　對我學術界教育界的啟示〉，沒想到後來竟然和丁博士有過一段交往。

民國七十年九月，我以中央研究院近代史研究所研究員的身分，被錢思亮院長徵調到總辦事處任秘書組主任。因為公務，與各院士常有些互動。所以，在七十二年六月，諾貝爾物理獎得主、美國麻省理工學院教授丁肇中院士來台選拔學生時，與之有些接觸。

丁肇中博士來台選拔學生

丁肇中博士，在美國、西德及瑞士都有頂尖的實驗室，而以瑞士的規模最大，有助理350個博士在從事原子核內構造之探測。他經由舉辦國際性的考試，錄取了一些具有優秀物理天賦的年輕人到其實驗室工作，各國人都有，包括中國大陸及蘇聯。所以，民國七十二年六月十四日，丁肇中院士來台選拔學生，是為他的實驗室向全球招考學生以來，第一次在台灣招考，是一件非常令人振奮的事。雖然他委請清大教務長李怡嚴、台大物理系王元沛、中研院物理所所長林爾康三位教授協助，先辦理報名、筆試等。可是中研院一定要居間協助、協調。

六月十四日，6:30 CI 011班機丁肇中抵台，住圓山806室，總統府馬紀壯秘書長中午即在圓山飯店設宴歡迎，中研院則於天廚菜館晚宴接風。丁肇中看起來有點木訥，不善言詞，但對協助培養物理人才則很熱心。他的父親台大工學院丁觀海教授，也受邀前來赴宴，因為年紀大了，已有些重聽。

丁肇中安排好選拔的順序後即返回美國。八月四日，丁肇中來電：將偕夫人與兩位千金於二十日晚抵台。八月九日又電告，謂在

台大、清華、東吳、東海四校應徵之58名資優生中錄取了六名，台大五名，清華一名，二十日來台親自面試，錄取兩名赴美深造。

在機場安排記者會

八月二十日，為丁肇中安排記者會及五學生面試等事，均已妥當。18:00即趕赴中正機場，20:30丁肇中〈DR. Samuel C. C. Ting〉偕女兒明雋Jeanne、夫人凱蕙Kay帶次女明美Amy，分乘PA 801及CI 005抵台，即在機場舉行記者會，丁院士怕妻女初次來台，不了解台灣的狀況，總是細心的解釋給她們聽，並親自將記者的問題翻成英文，以免她們聽不懂。可見他是一位非常顧家的人。記者會後，即送至圓山飯店606及608休息。

安排面試學生及旅遊活動

八月二十一日，安排丁肇中全家13:30遊故宮，15:30至錢思亮院長公館探病。18:30中研院在來來香格里拉大飯店B1貴賓廳歡迎晚宴，到其全家四人及其尊翁丁觀海教授、繼母汪素賢女士，我與中研院林爾康〈物理所所長〉、黃榮鑑〈物理所副所長〉江慶章〈物理所研究員〉張昭鼎〈原子與分子科學研究所籌備處主任〉、黃麗春〈植物研究所研究員〉作陪，因為錢院長住院，由代總幹事韓忠謨作主人。其中有一道菜，係用百香果之子做的甜湯，名「百子千孫」，丁夫人不語華語，當她聽到英文的解釋後，即曰：no daughter。一語道破了中國重男輕女的傳統，全桌為之大笑。席間，丁院士說，他有五個大陸學生隨其工作，係在合肥科技大學、哈爾濱、西安交通大學各選一人，科學院選二人，都非常優秀。他在西安所選的學生，連中等教育也未受過，所穿的衣服，破了很多個洞，但很優秀，他非常賞識。他給每個學生年薪兩萬美元，照那時大陸上的慣例，政府要抽成，丁院士特去見鄧小平，說這五個人係為他工作，其應得報酬必須

全部用在五人自己身上，否則即不付給他們這麼多。鄧小平立表同意。丁院士又要求國務院，在工作未告一段落前，不得任意召回這五個人，亦獲同意。國務院則反問丁院士：這五個人學成後，如拒絕回國服務將如何處理？丁院士答以恕不負責，他只負責培育人才。國務院也無異議。可見對他禮遇之一斑。

丁院士在台初選的五位學生，原安排分三天面試，旋又囑改為兩天，8月22日上午口試二人，23日上午口試三人。由清大李怡嚴、台大王亢沛、中研院林爾康三位教授協助。事後我問丁院士口試的情形，他說：台灣的的學生都很會考試，筆試都沒有問題，但到口試時，則很緊張，我問的是很簡單的題目，他們認為我怎麼會問這麼簡單的事？就儘量往艱深方面去找答案，所以成績不好。丁肇中欲去蘭嶼一遊，我說安排不易，他誤以為是政治因素，有點不大高興。我說是基於安全的理由，去蘭嶼乘八人座之小飛機，太不安全；後來我找到不久前飛蘭嶼小飛機出事之報紙給他看，他才釋懷。

八月二十三日下午，丁肇中到清華演講。眷屬至翡翠灣游泳，我請黃麗春女士陪遊。據黃女士說，她感到丁夫人好像不願有人陪著，可能是到大陸時，到處有人監視，因此存有戒心，認為我們的服務人員，也負有同樣任務。經多方解釋，是怕旅途遇有困難，可代解決，方不再存有戒心。

八月二十四日，丁院士全家乘07:40華航班機赴花蓮旅遊。仍請黃麗春女士陪往。到太魯閣時，有原住民陪照相，途遇暑期活動之青年學生，他就被包圍、合照、簽名，狀至愉快！一切都很自然，不是故意安排的，當可改變他先入為主之成見。黃女士問他在瑞士實驗室工作情形，他說手下有350個PH.D從事原子核內構造之探測。黃再問是否壓力很大？答他給手下之壓力更大。在科學界，因為他的獨斷、嚴厲、苛刻，而被戲稱為「皇上」、「沙皇」。可是對我們這些和他研究工作無關的人，卻是和顏悅色，平易近人。

八月二十六日，丁夫人及兩位小姐、二老及外孫女唐孝萱等六人由江慶章先生陪同南下高雄轉墾丁，因大雨折返澄清湖圓山飯店。丁院士到台北賓館中央早餐會報講演，講完趕至高雄圓山與家人會合，當晚再飛回台北。

　　八月二十七日上午，蔣經國總統召見。下午我陪丁院士逛台北市手工藝中心，再到中山堂前尋舊。他是一位很念舊的人，站在西門圓環的高架橋上，追憶當年中華路的風貌，真北平、清真館兩個當時有名的飯館仍在。步行約一個半小時，手持新加坡李光耀總理所贈的萊卡相機，不停的拍，自由自在的在人群中穿梭，路人也都不以為意，可以親自體認一下社會各個層面，十分高興，認為係此行最大的收穫！他對官式的拜會及會議，均不感興趣，連美國國家科學院之院士會亦向不參加，認為都是些無聊的談話。對記者之窮追不捨，更是厭惡。他與我也可能是山東同鄉的關係，聊的非常愉快！

　　八月二十八日，丁肇中及Jeanne乘12:00 PA 800／Kay Amy乘18:20 PQ班機先後離台。翌日我到台大醫院向錢院長報告招待丁肇中之經過，一切圓滿，請他放心，錢院長甚為滿意。不料九月十五日，錢院長即病逝台大醫院，經過繁雜的選舉後，由吳大猷先生接任院長。

為選取學生辦出國手續，波折橫生

　　由於丁肇中選拔學生的事，遲遲沒有結果，很多人躭心，如果入圍的五位學生全軍盡墨，將對國內的物理學界予以重大打擊，顏面無光。我曾將此意婉轉告訴《聯合晚報》一位記者，請她相機反映一下。直到十二月二十九日下午，接到丁院士電報，錄取張元翰一人，進入美國麻省理工學院，跟隨他深造實驗物理。這是丁肇中為他的實驗室向全球招考學生以來，第一次在中華民國招考錄取的

一人。電報中又說，張元翰將攻讀博士學位，三年當可唸完；如果成績優異，可繼續攻讀，這期間一切費用，完全由他負責。又想請張元翰於1984年2月底赴美兩個禮拜面談，並授予資料。

12月31日，星期六上午，我在擬復丁院士電報稿中，說明張元翰赴美兩個禮拜事，因為張元翰正在服預官役，本院正與國防部接洽中，俟得復另行奉告。不料韓忠謨代總幹事深怕張元翰如一去不返，則責任太大，囑改為張元翰之赴美，由張向國防部申請，能否成行，則視國防部之決定而定。他認為這樣做，中研院可以一點責任都不必負！真是名副其實之「韓推事」，令人氣結！我說，我們函國防部，如果國防部同意了，根本不發生妨害兵役法的問題；如果國防部不同意，我們則據以答覆丁肇中，也好有個交代。韓忠謨就堅持說不行，我實在無計可施。丁肇中得此電報，想必一定會非常失望！公文批下時已近下班時刻，而且今天是今年最後一天的上班日，我只有徒呼奈何！

民國七十三年一月四日，新年開始第一天上班，為彌補韓忠謨致丁肇中電報之缺失，請吳院長電行政院長孫運璿交國防部簽辦。上午團拜時，吳院長云，國防部已與他聯絡，可設法令張元翰赴美，惟需本院辦一函稿，以資有所依據。我即請周天健編纂擬稿，不料下午韓忠謨見到所擬公文後，仍堅持本院不得主動代為辦函國防部，以免張元翰一去不返而構成妨害兵役法。我說明係國防部主動電告吳院長，他們可予幫忙，惟需本院去函，院長令其辦公室那廉君秘書交辦擬稿，怎可抗命不辦稿？韓忠謨仍持不可。我請那公來說明情形。最後韓仍堅持代為申請赴美兩周萬不可行，如代為申請准予提前退役，如該部照准，則不發生妨害兵役法問題。因為他是頂頭上司，我不得不照此意改稿。韓忠謨之不通、不敢負任何責任，由此可見。真會讓他氣死！一月五日，函國防部稿，韓又改為丁肇中主張提前退役，但所附丁之電報並無此意。欲以此瞞天過

海、幼稚的騙人手法逃脫根本不會發生的責任，真是愚不可及！

一月九日，接國防部電告，允先調張元翰至中正理工學院，再辦提前退役。張元翰之令堂，翌日亦電告此事。國防部真有高人。

一月十一日，《傳記文學》劉社長夫人王愛生女士電告，丁肇中已通知其親戚張平於二月間至其實驗室工作，是在台錄取之第二人。張平沒有兵役問題，不需要本院協助。

吳大猷於七十二年十一月一日接任院長時，即說自己沒有耐心處理繁瑣的行政工作，將例行的院務託付韓忠謨代總幹事處理。至於重要的事，仍應向吳院長報告，但是他並沒有這樣做。如為張元翰事，吳院長已裁示要致函國防部，韓不同意吳院長意見，竟照己意改稿，不僅不將函稿送吳院長過目，連影本也不給他一個，以致國防部與吳院長商談時，他一頭霧水，完全不接頭，轉由那公向我索一影本，才知其來龍去脈。

一月二十六日，接丁肇中電報，我當面向吳院長、韓代總幹事說，應將丁之電報辦稿轉送國防部，韓即說事已解決，不必再轉；這是什麼邏輯？我說不轉國防部，國防部將無所根據，吳院長當面指示要轉。乃辦稿送韓忠謨批，韓竟不簽字，以示反對到底。經那公送吳院長逕批照發。一件非常簡單的事，為何竟無端惹出這麼多波折？我一直不解，韓忠謨為何對丁肇中選拔學生這樣為國培育人才的好事，卻一直排拒！

一月二十七日，國防部同意張元翰以丁肇中之獎學金名義赴美深造，請本院告知出國日期，以便辦理出國手續，於明年五月預官役滿時，由張元翰自行決定繼續留營或退役。比我們所想像之解決辦法更為高明。

九十三年十月七日，我在《聯合報》上讀到〈遇到丁肇中，張元翰改變人生〉一文，張元翰時任中央大學物理系主任，我非常慶幸當年沒有完全遵照韓忠謨的意見處理，方未埋沒了一位物理界

的人才。深有所感，才寫出這段不為人知的經過。

　　三十多年過去了，我沒有再和丁肇中院士聯絡過，因為「大夫無私交，春秋之義。」不在其位，不謀其政。自離開行政工作後，就沒有再聯絡的必要了。

民國一〇五年十月十日於南港[5]

6、風光的慶生會

　　民國七十五年，為吳院長晉八十華誕（清光緒33年8月22，即1907年9月29日生），蔣經國總統送壽屏「碩學遐齡」四字，中研院即於九月二十七日上午在蔡元培館以茶會為他慶八十大壽，中午吃自助餐，到約三百人。在八層大蛋糕前，他堅稱只有七十九，不是八十歲，其不服老的個性表露無遺。他當時許的願是要將中研院辦的像劍橋大學一樣，人人爭著來，可以吸引許多一流的學者，並非到處去拜託人才來院工作。各界前來祝壽的人很多，院中同仁參加的也非常踴躍，尤其是幼稚園的小朋友們，也由老師帶著來拜壽，並表演化妝歌舞，又蹦又跳，吳院長也隨著小朋友手舞足蹈起來，使整個壽堂喜氣洋洋。他非常開心的對小朋友們說，希望他們一年長一個頭，引來大家一陣笑聲。

　　我所以籌辦這次慶生會，不是拍馬逢迎，主要的目的是想藉此為同仁爭取慶生會鋪路。這個構想是來自數理組周元燊院士。周院士經常自美來院指導研究工作，對院中應興應革之事都了然於胸。在七十三年八月二十九日返美前，特別在敘香園宴請總辦事處各單位主管，席間他很客氣的提出許多應該改進的地方，其中一項就是建議每月舉辦一次慶生會，準備一些茶點或小的紀念品，以促進同仁間的感情，同時也可以交換一下對院務的意見。我認為這個建議非常好，所費不多，而收效很大；於是就在七十三年九月二十六日所舉行的人事委員中提案，通過每月舉辦一次慶生會，並於當天會後先為吳院長舉辦慶祝晉七十八歲生日。又於七十四年八月一日，以院中知識青年黨部的名義為主任委

5　（原載：2017年《台灣山東日照同鄉會會刊》pp.99-108，民國一〇六年元月二十日出版。2017年《山東同鄉會會刊》，pp.57～64，民國一〇六年二月二十一日出版。）

員韓忠謨代總幹事慶七十大壽。院中的正副首長都舉行過壽宴了，我乃根據人事會的決議案促為同仁舉辦慶生會；原以為應該不會有問題的，不料還是行不通；乃再於七十五年為吳院長擴大慶祝八秩華誕，俾可再據以為同仁爭取。結果仍未獲准。同仁給他倆慶生可以，但是同仁們不能過生日，雖經人事會通過也不行；韓代總幹事是教法律的、知法而不守法；吳院長則是不懂法、也不守法。周元燊院士的一番美意，始終沒能達成。

7、到立法院列席審查預算會

七十三年三月三十一日，吳院長到立法院列席審查預算會，總統府馬紀壯秘書長深恐在詢答之間言詞激烈，吳院長若按捺不住，則將影響中研院的預算；乃於會前就委員們可能詢及之敏感問題一一列出，囑我擬具答案送府，屆時如有委員詢及，則由他代吳院長答覆，以免當場發生言語上不快；同時協調黨籍立委，謂吳院長到任未久，在其到任前之院務問題，請勿提及。結果順利過關。馬秘書長之細心、周到，令人心感！而吳院長之受政府尊重，也由此可見一斑。聯合報系的記者徐梅屏小姐來採訪時，曾告訴我一個故事，她說吳院長從前有一次以科導會主委身份到立法院備詢，有些委員問了一些外行話，他老先生大發脾氣，即席答稱：「我只聽總統〔蔣中正〕一人的，其他人一概不理。」說完即拂袖而去。與會委員當時都楞住了，此舉不僅空前，也將絕後。惟各委員基於尊重學人，也就不了了之。

七十六年四月二日，是立法院預算審查之第一天，吳院長再去備詢，枯坐一天，並挑燈夜戰，炮火均集中在國安會。會中有些委員質詢時，聲震屋瓦。第二天，吳院長對我說，昨天本想講一個笑話來諷刺一下聲大氣粗的發言委員，因時間太晚而未講。他說，從前有一個人發言時，在講稿旁加注提醒自己云：「此處理由不夠堅強，聲音要大一點。」這是他幽默的一面。他曾在《聯合報》副刊寫過很多則寓意深刻的小故事，讀後令人發出會心一笑！

8、託人赴菲領獎 為國人保留尊嚴

七十三年八月八日，吳院長以推進台灣科學教育貢獻卓著，榮獲1984年麥

賽賽（Ramon Magsaysay）獎之政府服務部門獎，獎金為兩萬美元。秘書組即代為趕辦出國手續。原訂8月29日赴馬尼拉領獎，可是手續辦好後，他老先生一直不想去，原因是麥賽賽基金會只負擔二等機票，而菲律賓在台辦事處則請吳院長到他辦公室面談後始予簽證；又云俟吳院長自菲返台後再宴請其夫婦，並不知吳夫人阮冠世女士業於六十九年十二月二日在美國病逝。這些舉措，就吳院長的身份地位來說，顯然不夠禮遇。他認為個人受委屈事小，但此行係代表國家，故覺得不太相宜。所以對前往領獎事十分躊躇。不料八月二十四日晚，其因內耳不平衡導致天暈地轉的老毛病復發，乃如獲得解脫般即以此為藉口，請沈君山教授代為前往參加頒獎典禮，替國人保留了一點尊嚴。再者，他還認為，為自己國家貢獻所學，卻勞他國頒獎，似乎也不太自然。

9、我「因故」被告

　　民國七十四年十一月七日，政風室主任閻琴南，將人事室主任W一些不法情事簽報兼代總幹事韓忠謨。十一月九日，吳大猷院長批交W逐條答覆。十一月二十八日，韓忠謨召我談W案，將三份報告函送總統府人事處參辦，勿言查辦。並囑婉達沈昌煥秘書長將W調走，免予追究。三十日，韓囑我至總統府面遞W案往返報告，並轉達調職之意。再由韓與總統府副秘書長張祖詒面談。十二月三日，下午至總統府先拜見葉甫庵參事，與談W案。葉參事介紹見人事處長錢銓，商定不擴大、不深究、以保留本院顏面原則，由錢處長於九日面報銓敘部長陳桂華本院調走W之意。不料W心虛，已將答辯書先期送錢銓處長，約定均暫時保密。返院面報韓總幹事。

　　我對院事如麻，整天面對這些無聊的事，再耗下去毫無意義，請韓儘速物色替人，准我明年院士會後辭去兼職。他說他恐會先我離院，不容我言辭。

　　十二月四日，閻琴南之報告尚未送調查局，W也先送去一份，局派李督察來院調查，先問W，再問琴南，琴南乃將全份資料送調查局。由琴南向總統府文立徽幫辦說明本院態度，請文幫辦向調查局說明暫不採取行動。十二月十二日，與錢銓處長聯絡，他已轉告銓敘部次長趙其文。無處可安插W。十五日，韓總幹事與陳桂華部長、政次徐有守談調W案。

七十五年一月三日，錢銓處長電告W案，無處安插，尊重本院處理。一月四日，上午吳大猷院長、韓忠謨總幹事、陳桂華部長在科導會談W案，韓認為都是閻琴南多事（這是政風室分內應做的事，影響到韓的太平官，故認為琴南多事。）他令W自行設法離院。一月七日，W之考績「暫予保留」。吳院長向陳桂華部長強烈表示：本院絕不要W。一月九日左右，陳部長約W，限兩周內自行解決。

　　一月十五日，W請假四周，並申請提前退休，自三月十九日生效，吳院長批勉予同意。二十日，錢銓處長催為W考績打乙等。我在二十三日出版的《週報》刊登W「因故提前退休」的消息，這是報導重要人事的變動，沒有任何褒貶的意思；不料竟因此被告。

　　五月三十一日，收到W控告案，六月十七日開庭。六月二日，我與吳院長、韓總幹事談W誣告案。吳院長云，此人為何以怨報德？趕快由院聘請律師，將資料交律師對付他。六月三日，吳院長囑速請律師，費用由院負擔。我說韓代總幹事為法界前輩，可否推薦一人？韓急搖手止之曰：「萬萬不可，若推薦了，人家會懷疑我拿回扣怎麼辦？」何出此言！吳院長聽到這麼荒唐的說法，立即轉身回辦公室，已無話可說。若連總幹事也不能相信，還有誰可以信？韓又怪琴南多事，不應將W弊案報告送調查局及總統府人二處，才惹出官司。我已向韓解釋多次，報告是W心虛，認為琴南一定會送，才惡人先告狀自己送去，並非琴南先送去。但韓仍持此看法，令人費解！我與琴南被告，全係為院，韓沒有一句安慰話，反怪多事！因為影響他作太平官。面對如此上司，尚復何言！

　　六月四日，琴南將答辯書弄好。下午TTV張德芬、莊靈來訪總辦事處無專屬辦公室事，七日午播出。馮振東云，曾與李學智為W餞行（他們為票友），席間W揚言要還其清白，那有清白可言？W上次赴港，帶回一把胡琴，執意賣給馮，報價750港幣，以台幣4千買下，馮問史語所龍教授（曾在香港崇基學院任教），龍曰不過港幣百元而已。

　　六月六日，上午與琴南訪梁開天律師，即簽約接受委任，公費25,000元。乘盧丁財車去，盧云，W曾在其車上與蔣繼先商，以《週報》之「因故」提前

退休二字羅織我罪狀。又云，W快退休時至盧家索買手錶收據，盧拒給，W既未付錢，當然不給他收據。

六月十六日，去看梁開天律師，他代寫答辯狀，不構成誹謗要件。六月十七日，9:30與琴南至士林分院出庭，10:26開始。法官先問我曾犯罪否？即感到自尊受損，即答從來沒有。再問W所告何事？答告琴南匿名誣告，告我唆使誣告及誹謗。琴南出示原簽及吳院長所批，證明非匿名，而所告各事，均係基於政風室主任職責。問我「因故提前退休」究因何故？答以「因故」二字為公文套語，且係不便公告之原因。週報篇幅有限，僅A4的紙一張，也不容詳述。又問是否指琴南所告各事？答是。法官作無奈表情。又問請律師事，告以因公被告，係中研院代請，並負擔費用。法官已明白誰是誰非了，遂在筆錄上簽字即告結束。在12法庭即少年管訓法庭開庭，梁開天因說真是兒戲！八月六日，收到台北地方法院士林分院刑事裁定書，W誣告案「自訴駁回」。八月二十三日，收到W刑事抗告狀，聲請原裁定撤銷。九月二十一日，接高等法院刑事裁定書，W抗告案「抗告駁回」，並「不得再抗告」。W已無法可使了。

這是我生平唯一的一次被告，被告的理由竟然是「因故」二字，回想起來，真是哭笑不得！

10、首次主持院士會議

七十三年十二月十八日上午十時，中研院第十六次院士會議開幕。吳院長為第一屆院士，參加過很多次院士會議；可是親自主持則尚屬首次。在第十六次院士會議舉行開幕式時，他不等司儀報告即開始主席致詞。那時開會，都要先唱國歌，是緊張？還是沒經驗？太草率了。令與會人士不免一陣錯愕！其缺乏主持會議的經驗和不耐繁文縟節的個性，由此可見一斑。

接著是李登輝副總統代蔣經國總統宣讀書面賀詞。宣讀畢，總統府的來賓馬上來質問我，所印講稿與李副總統宣讀者為何不同？劉垕局長也來電質問，告以會前接到典禮科電話，謂講稿已核定，未改動，我再問一字未改？答是。遂先印送記者及出席人員。現既不對，即通知三家晚報暫停，等改正稿再印。

劉壐云，核定稿已於十二月一日寄院，並批評係抄襲舊稿，皆敷衍塞責文句，不能不改。我問寄給誰？答吳院長。即知糟了。那公在吳之抽屜中找到來文，但未見講稿。那公問韓忠謨，韓云已交陶某人矣。這位推事真會栽贓！我大怒，再去找，結果在另一抽屜中找到。原來吳院長見有「密」字，即未交下，我怎麼能見到？典禮科電告隻字未改，係指核定送來之稿，我因未見此稿，乃想係原來代擬之稿，陰錯陽差，出此大紕漏，若在專制時代，豈不是犯了欺君之滔天大罪？及持核定稿送吳院長，他這才自承疏忽，說沒有什麼大了不起的；可是害得我心急如焚，被整的好慘！

　　為籌備院士會，我幾乎是在唱獨角戲，秘書組兩大秘書：周秘書擬稿敷衍塞責，這次擬稿就是明證；汪秘書辦事牛步化，遇有急要公文真急死人！總務組完全癱瘓，其主任只喜歡跑機場，我有時還不得不越組代庖，代為指揮派車接送院士；會計室則坐在那裡乘涼也就罷了，還不時弄些不關痛癢的事挑剔一下，為裝XEROX，百般刁難，經琴南協調才於十九日裝機，但已趕不上院士會之用。只此一端，即可了解我辦事之難！韓推事完全插不上手，吳院長則不聞不問，還捅了大紕漏。我縱有天大的本事，也難以兼籌並顧。

　　十二月二十一日，全天選舉，拉票費去太多時間，直到16:00才開始投票。第一次投票相當複雜，有現場投票，有委託票，委託票有已通信投票、有未通信投票，後者之受委託人第一次即有兩張票。我怕監票人發錯了票，故將委託票除親自向被委託人說明外，再開單交給監票人，請他照單發票。原以為這樣就可萬無一失，仍然出了錯，而且錯在吳院長。鄧昌黎委託吳大猷，但已通信投了第一次票，故吳在第一次投票時僅有他本人的一張，到第二次投票時才有兩張票。但數理組監票人韋潛光、楊念祖發票時，給了吳一張，可是吳又向他倆要了一張，結果葉玄只有他本人之一張，受顧毓琇委託之一張被吳院長拿去了。我聽到後急問吳院長，吳距票櫃最近，他已將兩張都投了下去。此乃極為嚴重之錯誤！我問吳為何要兩張？他不認錯，反責我沒講明白。我說，其他院士距主席台遠，容有聽不清楚之可能，而你距我最近，怎可說聽不清楚？吳又不許我說明經過情形，仍一副自以為是的態度，我真氣極了，也顧不得一個幕僚當著全體院士之面頂撞首長，即大聲吵了起來。因為責任太大了，落選

者可據以控告選舉無效，兩年一次的院士會重頭戲即在選院士，如選舉無效就白開了，浪費多少公帑、多少人寶貴的時間！阮維周和韓忠謨都來勸說，可是問題沒有解決。在場的院士也不知如何辦。僵持了一會兒後，葉玄聲明他不在乎少投一張，承認吳所投之兩張有一張是代他投的，是否可以？經在場院士都無異議，方告解決。我再一看，鄧昌黎之通信投票，吳尚捏在手中不代為投下，該投的不投，不該投的亂投。經我再三說明後，才交給我代為投下。開幕時，他為我惹了一場大禍；閉幕時，沒想到又造成幾乎不可收拾的局面！他自以為是的性格、做錯的死不認錯，反抱著沒有什麼大不了的態度，做他的僚屬實在難為！在錢院長、高總幹事時，倆人考慮的非常周到，對行政工作認真、仔細、且內行；任何事我只聽命照著做就萬無一失。吳院長、韓推事，則恰恰相反，我不但做，並要思前慮後，總是在不該出錯的地方出了錯。面對這倆個人怎麼能再做下去！當晚還聽說有一位史語所的院士，興奮得不能成眠，因為他所支持的老友及學生雙雙順利當選；更讓他高興的是：「其他皆未過關。」這是什麼心態！院士選舉，在外人看來是何等神聖！但是了解內情後，又與民意代表選舉何異？

十二月二十二日，院士都分送金門及中南部參觀去了。上午韓忠謨來我辦公室慰問辛勞。四天大會，他竟一言不發，像泥菩薩似的，好像完全不干他的事。

11、第二期五年計畫及17次院士會議

七十一年七月第15次院士會議中，建議將本院「五年發展計畫」延伸成為一個延續性的、永久發展方案。第一期五年計畫，至七十五年期滿。七十三年二月八日，吳院長忽囑辦稿送總統府，請核准本院第二期五年計畫。我說，各所尚未擬具計畫，以何報府？他又說，先行報府，俟奉准後再擬具體計畫。我說這不合常理，也不合公文程序；他仍堅令即時報府，只得照辦。三月一日，又囑速通知各所補送計畫大綱。因為馬紀壯秘書長向他要計畫大綱，否則無法批復本院公文。這時他才知道理虧。

七十五年一月十七日，舉行第十二屆評議會第六次會議，先討論研究所

組織規程修正案，評議員高化臣數度發言，均言之成理，吳院長均裁決無妨，不必再改。高化臣怒云：制定法律與寫文章不同，文章可隨便寫（諷吳），制定法律則不可，採用與否悉聽尊便。繼又針對附則中修法前已到職之研究人員發言，韓忠謨抗辯無妨。兩案吳、韓都碰了釘子。我認為高先生在會中頻頻發言，大概是真的看不下去了。

七十四年，就著手協調之第二期五年發展計畫，也提至第十二屆評議會第六次會議討論，李國鼎首先發言，謂第一期五年計畫送行政院時，經評估後退回本院修改，再送去方獲准。這次為能順利通過，建議先就第一期五年計畫的實施成效，以及對新提出的第二期五年計畫的發展方向，經嚴謹的評估後再送出。遂成立一個九人評鑑小組，吳院長指定李國鼎為召集人。

七十五年三月十二日，李國鼎派人來核對五年計畫員額、經費、研究人員論著統計表等，吳院長很不高興，聲言他沒有資格如此煞有介事的審查。李國鼎為吳院長指定九人評鑑小組的召集人，怎能說沒有資格？他不來核對五年計畫員額、經費、研究人員論著統計表等，根據什麼提出正確的評鑑報告？吳院長一向主張學人著作不應怕別人審查評估，但別人審查他主持的計畫時便不能忍受，是標準「父權心態」的表現。[6]

七十五年五月二日，李國鼎將五年計畫評估意見送到院裡，吳院長看完後，非常不滿，並常在私下或公開場所嚴詞批評李國鼎，絲毫不留餘地。這些話，自然會輾轉傳到李國鼎的耳朵。五月十二日，舉行院務座談會，就評審報告交換意見。五月三十一日創刊之《時報週刊》，又大幅報導吳院長為第二期五年計畫對李國鼎評審意見之不滿等，吳院長大發脾氣，疑本院有內奸（實疑為我洩露。六月四日吳院長向我澄清，該刊記者另有消息來源，特電告之，意在消除我之嫌疑。）

其後經過許多繁複的手續，於七十五年七月十四日方將第二期五年發展計畫送至行政院，第六組簽的意見是：與申請第一期五年計畫之程序不同，呈請俞國華院長親核。吳院長深恐俞院長再交給其他有關人員簽註意見，將會

6　見七十七年七月十八日《自立早報》朱敬一：〈學術機構裡的父權心態〉一文。

別生枝節；乃於十五日親擬致俞院長函，語氣相當強硬，大意為請先就原則核定本案，以後逐年編列預算時，再就政府當時的財政情況核給經費數目。說實在的，這也有點強人所難，更不像求人的公函。七月十八日，吳院長擬親函行政院長俞國華，說明五年計畫評審報告皆陳腔濫調、不正確之詞，若傳出去對本院將造成傷害。當時我曾建議：評審報告是否欠妥是一回事，但究係評議會所推定小組之報告，其報告只向評議會負責，應將其評估意見再提交評議會討論，修改後才隨五年計畫送出，用評議會之決議堵李國鼎之口，他既為評議會成員之一，評議會之修改，縱使不滿也有口難言。不宜僅憑院長一人之好惡而拒之。可是吳院長不予採納，就怕一開會就將報告洩露出去，囑我將報告編號鎖在鐵櫃裡，嚴禁洩漏出去。在影印機非常普遍的情形下，他認為這樣就安全了，真是天真、可笑！因此，頗為李國鼎所不能諒解！

及至七月十八日，吳院長獲知俞院長仍交有關人員先行審核時（這是公文的正常手續），便按捺不住了。他說，當年那些人欺負錢思亮院長時，錢院長氣得臉發青，最後還是強忍了下來；我吳某絕不吃這一套！他要再寫一封更強硬的信，那廉君勸說措詞緩和些較好，吳院長堅持不改初衷。那先生又建議最好去和俞院長面談，以免見諸文字，弄得更僵。吳院長考慮了一下，接受了這項建議，吳、俞兩人於二十二日面談後，俞院長同意照吳院長的意思辦理。行政院之同意公函於二十八日送到總統府，在第一局劉垕局長協助趕辦下，立即呈請總統批准，於二十九日院士會議開幕典禮前送達本院。

這次院士會議，最令人矚目的是H出來競選院士：凡在學術圈工作的人，莫不想要獲得院士的榮銜。七十三年八月一日，H對我說，有人慫恿他競選院士，以無把握拒之。意在探詢有無可能，我自然不便置喙。七十五年一月十日，H之院士提名表，由吳大猷院長領銜署名。

一月三十日，H為提名院士事，親來向我再三道謝。二月五日，一位人文組的所長，來質問院長為H提名院士事，連說荒唐！答以吳大猷以院長、院士、議長任何一種身份，皆有權為任何有資格者提名。遂出示H的提名資料，他見高去尋也為H聯署，深感訝異！我說明係奉院長命代為奔走聯署，以完成提名手續，非為拍馬。

H為選院士，做了幾件非常怪異的事：（1）七十五年二月十二日，農曆正月初四，是春節假後第一天正式上班，早晨我一出大門，驚遇H由司機陪著屈駕舍下拜年，深感訝異！我一向不去長官家拜年，這時頂頭上司竟來我家拜年，真是折煞我也！如果不是為選院士，怎麼可能有這種事？此舉非但不會受寵若驚，反而更看不起他。我再陪他至鄰居周法高院士家拜年，他再驅車去高去尋院士家拜年。（2）二月十三日，史語所丁邦新所長來談，譏諷H到其所長室拜年，意在求其在評議會之一票。（3）為選院士，這時利用其職權，不惜一切來爭取選票，其舉措實在有些離譜；我看在眼裡，覺得可笑！例如二月二十六日，周法高院士函H，推薦其以前的助理孫書蘭，H即囑我立即簽報進用。爭取到周法高一票。（4）六月三日，甫於三月八日新到任的人事室主任周國卿云，分生室以跳三級進用謝繼遠為技士案，H面囑一定要達成提人事會通過，因吳成文院士當面求H，H已答應。（5）八月二十日，我與吳院長談分生室王倬要求在研究院路二段61巷3、4弄間新建的40戶學人宿舍案，王倬簽該40戶係為分生、生醫兩所所建；我知道不確，旋在第一期五年計劃中找到此案，影印並簽當時分生、生醫兩所尚未籌設，而編列經費時，會計室也未提為何所而建。吳院長說，千萬別再翻此案，H已說明係為那兩個所建的，院士會時已擺平了周元燊、趙民德之詰問，若再翻案，周、趙將再起波折。H為了拉生物組院士的票，竟一手遮天，將這40戶學人宿舍私自分配給這兩個所。九月十日，吳大猷囑H速編辦公大樓預算，又謂40戶學人宿舍招待所是否專為生醫、分生兩所所建，已請蔡作雍電余南庚有無向行政院口頭作是言？如有，也算一項根據，可釋群疑；如沒有，則H是錯的。現在各所已有不滿，尤其是資訊所周元燊和統計所趙民德，恐有麻煩。為平息各所不平，速在77年概算中再列增建20戶，即用40戶圖，如要到則分配各所，要不到，也可向各所說已盡了力。

　　五月三日，第十二屆第七次評議會決定院士候選人共28人，包括H在內。五月三十日，一位所長為選院士，到處送茶葉，送院士兩罐、送我一罐。這種怪現象，非親自經過，是不會相信的。六月二十七日，我與吳院長談楊振寧要來台為其祝壽事，我建議也請楊振寧來參加院士會議，吳院長也正有此意，曾與蔣彥士相商，認為入境沒有問題，請陳履安向安全單位探詢，尚未得復。七

月二日，吳院長囑函楊振寧來台參加院士會，謂已由李煥詢問馬樹禮秘書長，俞國華及安全局皆已允可，並函外交部轉知駐美外務機構及香港中華旅行社予以提前簽證之便利。七月三日，吳院長親函楊振寧，請來參加院士會議，寫好即直接寄出，沒有留影本存卷，以致我們工作人員完全不接頭。七月十七日，發電報告訴楊振寧，請在美國或香港辦簽證。吳院長又請行政院長俞國華安排蔣經國總統召見楊振寧夫婦。

七十五年七月二十九日上午十時，第十七次院士會開幕，為免再出差池，我親自客串司儀。在這次會議中，有兩件事使吳院長特別風光：第一件是本院第二期五年計畫，在開幕典禮前，適時核准送達本院；這個大紅包，來得正是時候，吳院長接到後，神采顯得格外飛揚！第二件便是他的愛徒楊振寧院士來台參加會議。楊振寧之來台，不僅煞費周章，更是一人突破。因為此前兩岸關係尚處於嚴重敵對狀態時，有七位在海外的院士與大陸方面頗有往來，最高當局指示禁止他們來台，即俗稱的所謂「拒絕往來戶」，本院不可再邀其返台出席院士會議。楊院士就是七院士之一。吳院長認為不能一味保守，要積極開拓院務，爭取海外學人回來，實刻不容緩。自七十三年九月十九日起，即指示研擬如何邀請楊院士來台開會。他也不斷的與政府有關負責人溝通，終於獲得同意。七十五年六月二十七日，吳院長面囑儘速辦理楊院士簽證、入境等手續，我請他親函楊院士說明一切，以消除其對來台不必要之疑慮，遠較用公函邀請為佳。楊院士終於排除萬難，於七月二十八日下午抵台，吳院長親去機場迎接，即參加當晚在圓山飯店之歡迎院士晚宴，並在宴會上代表院士致詞。他說除參加院士會議外，另一個重要目的就是為乃師吳院長祝壽，即率全體院士同唱生日快樂歌。氣氛非常好，吳院長一直笑得合不攏嘴巴。

由於楊院士之順利來台，不僅解除了限制七院士來台的禁令，後來他又擴而大之促成滯留在大陸上的第一屆院士，也應邀來台參觀。在當時，這幾乎是絕對不可能的，他卻做到了。從此為兩岸學術交流開闢了一條更暢通的管道。其識見與魄力，真非常人所能及！

以製嵌名聯聞名的張佛千先生，自動為楊振寧製一嵌名聯：

學術至尊，金聲玉「振」；
智慧最大，心泰身「寧」。

　　並裝裱好送至會場，由我交給楊振寧。在拆開綁著的線繩後，我與楊各扶一聯，記者都搶著拍照。後來我將與楊合照的照片寄給英東一張，引起台辦極大的重視，不知我和楊到底有什麼關係，使英東的地位頓時提高不少。

　　七月三十日，分組參觀。總統府交際科詹科長電囑掌握楊振寧、丁肇中二人行程，要保密。我請楊振寧將其活動隨時見告，以免有事找不到他。他問有沒有杜致禮——我的愛人——出口發覺不對，即改說為夫人。我告以未定，請保密。18:00許詹科長電話，確定明天下午由吳院長陪往召見。15:00楊振寧在生醫所第二場演講，由物理所長林爾康主持。先由吳院長頒院士證章，恰為100號。

　　七月三十一日，上午討論議案。陳省身建議將兩年一次的院士會議改為五年開一次院士會，費景漢首先反對（兩年可免費來台一次，五年太長了）。吳院長見老友之案被反對，頗覺無光，即責備我不應列入議程。我說係奉批「提院士會」，怎可不列入議程？吳仍說不妥，批了也不應列。真是有理講不通，我缺乏先知之明，怎知會遭到反對？如批了也不列，豈不是抗命？一個幕僚，若不照批辦事，成何體統？中他意者什麼都對，不合其意者皆錯。院士瑣碎意見，均一一裁示，鮮有令人交換意見機會，一副專制模樣。16:00蔣經國總統召見楊振寧夫婦，吳院長的司機紀經總先接楊太太至院長室，15:00吳、楊同時離席，大家就都知道是什麼事了。吳陪楊振寧去總統府，由阮維周代吳主持會議，也是一團糟。

　　八月一日，選舉新院士。會議尚未開始，吳院長即指著記票單左上角之參考資料不應列全體院士數，應只列出席者。我和他解釋良久，如照他所說只列出席者，通信投票還要不要？如要，票數如何列？自己不懂，也不問，並以權威裁判，出了錯誰負責？他又認為委託及通信之開票應先做，答以已經先做，唯院士不依限寄回何！身為主席，事前絕不問這些他所鄙視的行政工作，更不知工作人員之辛苦，臨到會場，不懂的地方即認為不合理，無理也無禮貌的百

般挑剔，對工作人員之自尊完全不放眼裡，一味指責，令人心寒！由於他的狂妄自大，毫不虛心，致造成錯誤百出。我一面做，還要耐著性子為他解釋，備感辛苦！

我特請吳院長為候選人韓忠謨介紹其貢獻，並私下請負責計時之王珠美酌予延長時間，及吳院長之話告一段落，鈴聲即響，台下哄堂大笑，因早已超過規定之五分鐘矣。

院士選舉之計票方式相當複雜，有關的法規我都要牢牢記住，並徹底了解，以免臨場出錯。在八月一日下午第一次投票後，人文組候選人皆未獲得本組三分之二的票，照規定需要獲得全體院士三分之二的票方能當選。這時，生物組袁貽瑾院士持院士選舉規程囑我為之解釋有關之第十三條條文：

> 院士會議各次投票（第一次包括通信投票，第二次以後包括委託投票）結果，候選人得三組綜合票數達投票人數三分之二者當選。但在第一次投票時，如本組投票數達本組院士人數二分之一，候選人得本組票數達本組投票人數三分之二者，則其在各次投票得三組綜合票數過半數即為當選；如本組投票數未達本組院士人數二分之一，仍須得三組綜合票數達三分之二方為當選。

袁院士認為第二次投票仍應計本組票。我告以本組票只以第一次投票為準，以後不再變動，因為不克出席者，已委託人代為投第二次及以後各次之票。無論怎樣解釋，他仍不以為然。最後我翻出歷次院士會議紀錄，再就實例說明，他才勉強接受。袁先生為第一屆院士，出席過許多次院士會議，並曾擔任過將近四年的本院總幹事，至今尚弄不清楚這條條文，真有點不可思議。當我和袁院士在主席台上辯論時，吳院長也在反覆琢磨該條文，怎麼看也看不懂。及袁院士回座，吳院長就向我說這條條文不通，而不承認看不懂。我再為他解釋，他卻說：「你不必解釋，我不聽。」我說：「你不聽我解釋，怎能斷定該條文通不通？該條文已行之有年，從未有人挑剔。」他仍不讓我說話，一直在喃喃自語，並不停的寫2／3、1／2，就是轉不過彎來。五十多年前，他在

美國作高電荷正電離子的計算，那麼繁複的算式也沒有難倒他，現在竟連這麼簡單的也算不過來？學自然科學的人，所接觸者多為平舖直敘的文字，稍涉複雜的句子，往往就不易看懂。最後吳院長令我用他能了解的文字寫下來給他看。我耐著性子試以口語方式改寫該條文。尚未寫好，他說：「我看懂了，你是對的。」他太過自信，自己看不懂，即認定是錯的，又不虛心接受別人的解釋。不過，他發現自己錯了時，也會認錯，只是音量放低了一些。白白浪費了我和全體院士的時間，結束了一場無謂的爭執。

八月二日，晨院士等赴南園遊。上午去慰問H之落選；他對人文組院士無人肯為他講幾句話，十分不滿。有人說，吳大猷未交代任何人為H拉票，選前謠傳吳有意藉此使H難堪而迫其辭職，故僅得人文組四票。不知確否。連日睡眠不足，頭痛欲裂，大吐後去睡了一大覺。

安排院士會後旅遊的曲折：每次院士會議結束後，照例安排一些旅遊、參觀的活動，使旅居國外的院士了解台灣的情形。我在排議程時，考慮到去年聯合報系創辦人王惕吾委託漢寶德建築師，在新竹山壑間建造了一座佔地27公頃之山中園林，取名南園，頗具傳統中國建築及閩南建築之特色，值得一遊。七月五日，吳院長同意由聯合報邀請招待院士並遊南園，但他個人不願接受該報的招待。

七月十九日，電聯合報劉國瑞先生，商定八月二日去南園，他表示當天只招待院士，其他客人一概拒絕，盛意可感。七月二十一日，吳院長為聯合報未正式函邀院士至南園事不滿，謂如不函邀即撤消。我說已與劉國瑞接洽好了，何必再計較形式？那時南園剛建好，是眾所矚目的熱門旅遊區，我們明明是捧著碗向人要飯吃，卻偏不開口，還要人家雙手奉上，豈不太過？他近為第二期五年計劃、楊振寧入境等事，情緒很不穩定。七月二十二日，吳院長去見俞院長，昨天閻振興勸將嚴重性降低，被吳罵了一頓。二十三日，吳院長與韓忠謨相商後，決定取消赴南園。我即電告聯合報王震邦，他即向劉國瑞報告，乃決定出函邀請（18日可函邀史學界人往遊，為何不能函邀院士？令人費解。），晚上專送吳院長收，冀有所轉圜。二十四日，吳、韓認為王惕吾不出名函邀，而由報社出名，定有其困難，因當時傳言南園之興建與蔣家有關，又決定取消

南園之行。我即電告其福利會章主任，請婉達劉國瑞。因此，所有安全單位安排好之勤務全部變動。有權者的三言兩語，就使工作人員忙得暈頭轉向！二十六日，聯合報王惕吾先生獲知不具函邀請事震怒，即派張季高於下午赴科導會向吳院長道歉。二十八日上午，王惕吾將以生醫所基金會副董事長名義來參加啟用典禮，再親向吳院長道歉。

　　七月二十八日，生醫所、分生室大樓落成典禮。我再問吳院長究竟去不去南園？以便安排下面的程序。吳云，王惕吾約定今天上午親來道歉，至今未到，仍無法決定。我即電震邦聯絡，12點才找到王惕吾先生，他竟不知約好面吳之事，即驅車來院，於下午一時許晤吳道歉，商定仍去南園。

　　七月二十九日，接到王惕吾請帖，不僅請院士，連評議員、代所長、及總辦事處各組室主任也都邀請；不知何故，竟然漏請韓代總幹事。

　　八月四日，吳大猷院長電話向我道謝，謂會議期間備極辛勞，若不是有我相助，真不知如何開會。總算說了一句良心話！

12、我辭祕書主任的經過

　　中研院的總幹事，是院內實際行政的中樞，照傅斯年的說法就是「內閣制」。由此可知總幹事一職的地位及重要性。我在中研院曾追隨過兩位總幹事：高化臣與韓忠謨，兩人都是台大法學院的教授。高先生積極負責，勇於任事，予人以強勢、專斷的感覺；韓先生則遇事推拖，怕負責任，看起來是好好先生。錢思亮和吳大猷兩位院長的性格、作風，也是截然不同；他們所聘請的總幹事，竟然也是完全不一類型的人。我盡了最大的耐心來調適，仍然有許多格格不入之處，發生一些不快，最後斷然擺脫了所兼的行政工作，重回近史所。我與吳院長沒有任何淵源，在七十二年他接任院長時，因感其明快的作風及誠懇的態度，遂允暫時留任，以為過渡。錢、吳兩位院長，係多年老友，可是性格、作風截然不同，吳院長也自知「對人對事，喜怒形於色；有時粗枝大葉，不耐細節。」也由許多小故事獲得了印證。

　　七十七年四月，我兼祕書主任已有六年半的時間，對案牘勞形的行政工作至感厭煩；而與直屬長官韓忠謨代總幹事之間，在處理公事上經常意見相左，

力爭則不得伸，曲意奉迎則非所願，並有虧職守、良心難安。因此深感痛苦！吳院長年事已高，接任院長時，即說明不耐繁瑣，他只主持院的大政方針，負責對外爭取經費、員額等權益，不看例行性的公文，院內事務悉委由代總幹事處理。因此，不便為了一些瑣事煩擾他老人家。我的個性是可以任勞，於任怨則有所不能。終於為了會計室一件不合情理的人事案件，在忍無可忍的情形下，於四月三十日將長久以來鬱積的情緒一下子發洩了出來，與韓代總幹事在電話中大聲爭辯後，立遞辭呈，重回近史所研究工作崗位，不留絲毫迴旋餘地。

　　吳院長向以敢言、直言著稱。記得七十五年四月二十八日他曾召談云：中國官場缺乏敢犯顏直諫之人，首長所決定之事即使不正確，部屬亦唯唯諾諾，不敢抗辯。他並舉例說，如鐵路電氣化，遠不如改為雙線效益大，他曾經建言，惟所得的答覆是：行政院蔣經國院長已決定了，請勿再言。我在他身邊待久了，對他那種不屈服、不鄉愿的作風，自然也會受到某種程度的影響。我自認素有抗上的個性，這次犯顏直諫，也許是不自覺的受了吳院長的影響。既然得不到結果，只有立即辭職，以求無愧於心！在盛怒之下，只是抱著「合則留，不合則去」的單純想法，也未先向吳院長報備。使他在心理上完全沒有準備的情形下，感到有些措手不及。至今想起當時的情景，仍不免有些歉疚！因為第十八次院士會議已訂在七月四日舉行，臨時換人，難免令人有些手忙腳亂。可是既已呈辭，也就管不了那麼多了。當時許多同仁對我的去職表示真摯的遺憾，讓我覺得正是我離開的最好時機，即所謂見好就收；同時也證明我在秘書組所做的一切，還沒有讓大家失望。

　　五月七日星期六，10:30~12:10應吳大猷院長之召，與之閉門長談100分鐘。我先請那廉君秘書作陪，萬一吳院長激動而心臟病發好有個見證人。進門後，我先笑語向院長致歉，因此事而惹他生偌大之氣。吳院長讓座後即回身將門關上，此舉太小家子氣，我問心無愧，且不怕與韓總幹事當面對質，其辦公室即在對門，可請他來一塊談，實不必局戶密談，並無不可告人之事，反而是院長有點心虛。我先傾聽他的意見，主要的是怪我為何不先向他報告，俾能適時加以疏導；再就是在我和代總幹事間，他只能犧牲我。「棄車保帥」的道理

非常簡單，我告以充分理解。

我說我之辭呈已批准，院長也已決定了繼任人，無可轉圜。今日相見，不在求挽回什麼，且感謝在決定人選後約談，此舉可避免別人誤會本人後悔來求院長有所挽回之嫌。因細述4月30日與韓總幹事在電話中爭執經過，是非曲直，請院長自作判斷。（其實已決定了繼任人再約我談，毫無誠意可言，也太不公平！）

我鄭重告訴吳院長：我向不結黨營私、或聯誰反誰，並舉梁和鈞任所長時所中亂成一團，個人從未簽名反誰，那公可以作證。我坦承與聯合報記者王震邦談院中事甚多，乃因在所有採訪本院之記者中，震邦之學養最好、且最愛護本院，是可以與言之人；再者，他也是院長所熟知、願與深談之記者，凡涉院中家醜，我不便向院長面報，以免有打小報告之嫌，乃請震邦便中向院長透露，冀有所驚覺而徐圖調整、導入正軌。凡此震邦也皆信守承諾沒有見報。吳大罵同人（當然包括我）將院中醜事透露給外人，對本院不利（影響他作太平官）；可是同人告訴他院中不合理之舉措，他又不處理，透露給外人或說假藉外力，乃出於不得已也。就院長言，可能因為高高在上、沒有切膚之痛，認為是小事；但就當事人言，則為困擾之大問題。

五月十八日，吳院長在《民生報》發表了一篇短評：〈美國官員去職寫回憶錄〉，大意是說美國的重要官員在去職後，有些藉寫回憶錄致富，其中也含有「報復」的成分。我直覺的認為似乎意有所指，或係對我而發。因為院中不合理的事，我的確知道一些。記得七十六年三月十六日，《風雲榜》周刊第二十八期登出幾天前來採訪時我的訪問稿，內容非常平實，惟標題十分刺眼：〈吳大猷的心腹之患——中研院所長缺人的怪現象〉；更惹人注目的是在標題下放了一張我的大照片。如果不看內容，好像我就是吳院長的心腹之患。

編印院史稿：民國六十七年中研院成立五十周年時，錢院長即計畫編寫院史，命我撰寫自十六年成立到抗戰爆發一段；那廉君先生負責寫抗戰時期；遷台後的部分，則由秘書主任萬紹章先生執筆。三人分頭工作。我先摘記大事，按時間順序排列，計完成七萬餘字。後因院裡再也沒有提及此事，也就未再繼續。民國七十七年六月九日，為本院成立一甲子，吳院長於七十六年二月二十

六日重申前議，命那先生和我負責纂輯。我因工作太忙，請那先生偏勞。由於時間太過匆忙，而本院在大陸時期的檔卷都存在南京的中國第二歷史檔案館中，無法查閱，那先生便將我的一篇舊作〈蔡元培與中央研究院〉打散、修改後，作為第壹章初創時期；第貳章抗戰時期、第參章復員時期由那先生撰寫；遷台時期則由各所提供資料，再加以整合，於七十七年六月六十周年院慶前夕倉卒印出，而我已先於四月底離開了秘書組，未能始終其事；而吳院長在序文中仍然對我曾參與纂輯工作表示謝意，有些愧不敢當！

七十八年六月，吳院長忽然送我一本他甫於六月一日出版的《在台工作回憶》（台北，遠流出版公司出版）一本，並親自題簽：「英惠吾兄惠存　吳大猷敬贈　七八年六月廿一日」。他對我的辭職，這時想必已經有所諒解了，不然不會將其大著送給我。八十二年八月一日，在胡適紀念館管理委員會呂實強主任委員的推薦下，又承吳院長聘我兼任胡適紀念館主任。由此可見，他老先生對我五年前的斷然求去，似乎已經知道我所受到的委屈，也不再耿耿於懷了。

13、知法玩法修改中研院組織法

中研院的第一任總幹事為楊銓（杏佛），有雙管齊下之才，於民國十七年一月擔任總幹事，不幸於二十二年六月十八日遇刺身亡。由物理所長丁燮林兼代總幹事。二十三年五月聘名地質學家丁文江（在君）為總幹事。起初，丁文江希望將總幹事改為副院長；以蔡院長當時的聲望，經多方努力，仍然沒能完成修法，丁文江才接任總幹事，總幹事之職稱一直沒有修改。

七十二年，總幹事高化臣屆齡退休，錢思亮院長特聘韓忠謨繼任，韓因時任總統府國策顧問，堅持在總統府支薪，故以兼代總幹事名義於一月十七日到任。九月十五日，錢院長不幸病逝，吳大猷繼任院長，韓忠謨留任。

中研院的各項法規，行之有年，已自成系統，或被譏諷為自己關起門來做皇帝。因久未修訂，難免有些與現行法規扞格之處。七十四年五月一日，教育人員任用條例公布實施。由於中研院人員之任用，一向比照各大學辦理，現在是否適用該條例？頗感困擾。七十六年七月三日，行政院核定了教育人員任

用條例施行細則，對本院構成了壓力。韓忠謨想修改不合時宜的法規，於十月十六日上午，先協商總辦事處組織規程，沒有結果。十二月十九日，韓忠謨問我：總辦事處組織規程是何時訂的？答二十八年。他又問：向何處備案？答：由院長批准實施，至三十六年二月才修正為呈准備案後實施。不料韓忠謨即嚴詞質問我：如此重要法案，且涉及預算，為何僅由院長批准即可實施？否則也就不會造成今日處理之困難！我無言以對，因為制定該項法規時，我年方六歲。現在我雖然調兼秘書主任，也沒有辦法將四十多年前所訂法規的緣由解釋得清楚，當然更談不到代負其責任。可是他仍質問不已，其說話的語氣，好像都是我的錯！他又問：當時的院長是誰？我答：蔡元培。再問：其任期至何年？答：二十九年三月五日病逝香港。他身居院中重要職位，竟對中研院早期的歷史，而且是創辦中研院的蔡院長，一無所知，而且連院長並無任期之規定也不知道。

　　韓忠謨一直以他法學專長，致力於修改中研院的組織法。七十八年（1989）十二月七日，行政院會通過本院組織法修改案。七十九年（1990）一月十七日，立法院三讀通過本院組織法，二十四日由總統明令公布，故趕在這天舉行院務會議，俾可照舊法通過新聘人事案。吳院長在會中首先說明：本院組織法經評議會授權修法小組開會通過後報府……近史所張玉法所長即提請更正：修法小組至今尚未開會，遑論通過？韓忠謨代總幹事深感難堪，即起立說他是修法小組召集人，曾加整理。張所長再反稽說：只能說是召集人通過了，不能說修法小組通過，因為修法小組根本沒有開會，本人即為修法小組委員之一，並未接到開會通知。此種瞞天過海之做法當場被拆穿！他所以趕在立法院的這一會期通過，就是因為在修改的版本中，將總幹事改為副院長，通過後，他就是首任副院長。由此可知，本院組織法修改案，雖然提至評議會，但仍是草案，先徵詢大家意見，故成立修法小組，修法小組既然尚未開會，怎麼可以直接函送總統府？韓忠謨不會不懂這點道理！難怪在七十九年七月十六日《中國時報》26版之「時報科學」中，楊維敏撰寫〈六十年修法一次 還是黑箱作業！事關國家學術發展 焉能草草了事？〉在文中嚴加批評曰：

「這項六十年來首次的正式修法工作，卻被院內不少主管指為『黑箱作業』，甚至出現因其程序不完備而有主管不願承認新法的事實。……不少院內研究所所長及一級主管嚴屬的批評修法過程是『黑箱作業』，在少數人草擬過程下，中研院組織法草案只經過院內決策單位評議會一次的討論，即送出中研院由立法院審查。……這根本是草草了事，在許多評議員尚未弄清楚草案內容，或仍有意見的情形下，草案居然已經送到立法院！──新的組織法──較明顯的改變只是增加了副院長及助研究員的編制，這兩個改革在中研院內獲得的掌聲最少，但引起的非議最多！」

儘管院內院外對這次修法有這麼多意見，吳院長還是聘請了韓忠謨為首任代副院長，對於所有的批評，也沒任何說明。

14、正副院長換進口車

七十二年（1983），中研院總幹事高化臣屆齡退休，錢思亮院長特聘韓忠謨繼任總幹事，因時任總統府國策顧問，故以兼代總幹事名義相助為理，於一月十七日到任。九月十五日，錢思亮院長不幸病逝，吳大猷繼任院長，韓忠謨留任兼代總幹事。七十八年底，修改中研院組織法，取消總幹事職稱，增設副院長一或二人。七十九年一月，韓忠謨改任代副院長。由於院中同仁對於這次修法，認為程序不完備，而副院長之任命，正是根據這次修的法，所以引起很多人的不滿。據七十九年七月六日《自立晚報》記者陳玖霜的報導「中央研究院人員普遍對代副院長韓忠謨不滿，指責其『欺上瞞下』、『一手遮天』、『專制獨裁』，要求撤換或增設一年輕具衝勁人士任副院長以制衡。對此，韓忠謨表示，他祇是借調中研院協助院務而已！他不是中研院的人，早晚他都要走的。」在這種氛圍下，他在副院長的位子上，想必並不十分愉快！

吳大猷自奉甚儉，其座車已屆齡更換，他要換國產車，總務主任說，國產車不符合其院長身份，而韓忠謨本無乘進口車之資格，他一再央求總務主任說服吳大猷換車，自己也好「搭便車」跟著換。總務主任再以進口車降價求售向

吳大猷進言，吳才同意，乃為之換加長型之凱迪拉克；並在節省之預算內也為韓忠謨改購BUCK 3100cc。兩人進出大門，呼嘯而過，好不神氣！惟同仁則不免為之側目，因為大家所坐之交通車，連冷氣也還沒有。

七十九年（1990）十月十四日上午11點多，韓忠謨因想拍幾張證件用的照片，從泰順街家中出來到照相館照相，才走到和平東路人行道上，突然被一隻大狼狗撞倒，左側股骨近骨頭處完全骨折，被送至台大醫院救治。原來這隻大狼狗，是看到不遠處也有一隻體型與牠類似的狼狗，不顧一切往前衝，沒有閃開擋其路的韓忠謨，於是釀成一場「狗禍」。（見七十九年十月十五日《聯合報》第六版記者郭錦萍的報導）吳大猷院長即於八十年一月改聘李崇道為代副院長。韓自七十九年一月～十二月代副院長，至八十年一月由李崇道接任，為時僅僅一年；自七十九年九月十九日換車，到七十九年十月十五日被狗撞倒，坐進口車尚不足一個月。

15、吳大猷院長的趣事

吳大猷院長有時閒極無聊，在報端寫些小故事，令人解頤。我記得有幾則：

1、在七十五年十月二十三日《聯合報》副刊撰〈腰花〉云：「教授考學生：試述腎臟之功用。某生答：『腎臟之功用甚多，炒腰花其最著者也。』」

2、在七十五年十一月一日《聯合報》副刊撰〈不夠意思〉云：「美國一位大學足球教練，向英文教授為一個足球員說情。教授說：『我說一個字，祇要他拼對其中一個字母，我即算他及格。』教練說這『夠意思』。教授說『咖啡』（Coffee），球員答『Kauphy』。」

3、吳大猷廁所門聯：「室雅何須大，花香不在多；入門三步急，出戶一身輕。」三十四年冬，他在重慶傍山而建之三軍招待所見廁所聯：「山高水流急，坑遠糞落遲。」深合物理學。吳自撰：「什麼戒急用忍，還是解放抒身。」諷刺李登輝的戒急用忍政策。（八十六年十二月二日《聯合報》）

4、最令人哭笑不得的是「聘趙少康為本院訪問學人」案。七十六年十月十二日，吳大猷聽說趙少康為本院訪問學人，立即調卷，確係七十年十月一日開的，是總幹事高化臣（也是本院北知青三十五黨部主住委員）交代數學所長

陳明博簽辦。吳院長乃大罵陳明博糊塗，又大事批評錢思亮院長。我說：陳所長不能不聽命辦事，錢院長赴美舉行院士分區座談會，十月一日22:30才抵機場，公事是高代院長批的，而且錢院長不是黨員，一向不過問黨務。吳院長才不再怪錢院長，但也未批評高總幹事。吳院長今將親自撰寫之「聲明」打字稿簽名後囑存卷密存，以備日後有人查問。時隔六年，而且是前任所處理很不重要的公文，他再做此事真是太閒了！又談本月五日宿舍區同時有五家遭竊事，吳院長囑各家換鎖、裝鐵門。我說40戶學人宿舍之門及鎖皆堅固得很，錢煦家仍被竊。他遂為我畫圖講鎖之構造原理，（我在幹校受訓時，有一門課就叫鎖）說如換一種key上有不規則小洞之鎖即安全矣。又說令總務組全部換新鎖，而且半年或一年換一次，小偷就無法得逞！真是天真？他很喜歡物理所所長林爾康，研究院的規定，所長的任期為三年，得連任一次共六年；七十六年十月十三日，物理所長林爾康第二任期滿，吳院長竟條諭再代理一年，破壞制度，置物理所同仁的觀感於不顧，不知原則又何在？

八十二年十月十六日上午評議會，吳大猷在會中宣布：昨天已向李登輝總統辭職。然後對記者說：「我在評議會宣布辭職，他們都嚇了一跳！」

十月二十九日，周天健電話，說吳院長請辭，李登輝總統連禮貌性的慰留也沒有。

16、學人風範　令人長相懷念

八十八年四月二十六日，報載吳大猷先生病危，於昏睡中曾說：「我的個性本來是內向的；但是在面對學術和國家利益時，我的態度轉變為好勝和積極。我這一生以誠對待同事、學生及我所擔任的所有職務，因為誠實，我這一生沒有留下任何的遺憾。」（民國八十八年四月二十六日《聯合報》）

他為人誠信，所以瞧不起那些說話不算話的政客和偽君子；他雖為特任官，但從未以作官自居。在接任院長之初，仍不習慣被稱作「院長」，不斷的在糾正，要人稱呼他「吳先生」。後因不勝糾正，只好隨俗了。他自認是位學者，即使為官，也不改其書生本色，好仗義執言，看不慣的事絕不隱瞞，所以痛恨那些披著學者外衣到處逢迎阿諛、耍弄權術的人。在電視劇「包青天」播

映時，他每天準時守在電視機前觀賞。因為在現實社會中，到處充斥著是非不分、善惡不明的事，所以藉觀賞戲中的包青天來排遣其心中的鬱悶。他如果從政的話，定是一位現代的包青天！《聯合報》王震邦兄電告，其遺囑火化後，骨灰分灑在北大、南開、南港，惟聽說南港方面有異議，我說可灑在胡適紀念館前的小水池中，與胡適之先生作伴，吳先生當樂於接受，而紀念館現由我當家作主，不理會反對者。接著他即請我預撰悼念文一篇，我深感人還沒走，即寫悼文，未免有失厚道，且缺乏臨場感；再者，已和實中十幾位老同學，訂於五月六至十日赴雲南昆明遊園藝博覽會，再赴西雙版納一遊，匆忙中難以定下心來撰寫。震邦兄再三要求非先寫好留下不可。及聞院方已在商量治喪會名單事，才較為坦然。〔記得在于右任病重時，劉鳳翰兄即預寫于右老之傳一篇，在看到其病逝消息時，填上逝世日期、時間立即送去《中央日報》社，報社在沒有預備的情形下，自然歡迎此類稿件，即於翌日見報。《聯合報》也是要預作準備，以免臨時措手不及。各新聞界大概都有類似的做法。〕即預撰〈敬悼一代學人吳大猷先生〉文寄震邦備用。而吳先生直至八十九年三月四日方歸道山。而去年五月所預撰之文，《聯合報・聯合副刊》即於三月五日全版刊出。美國的《世界日報》副刊，於民國89（2000）年3月10日轉載。

八十九年三月十四日，《傳記文學》劉紹唐夫人王愛生女士電囑寫一篇紀念吳大猷先生文，乃趕撰〈風骨崚嶒的吳大猷先生瑣憶〉，刊在《傳記文學》，第84卷，第3期，PP.16-21。民國八十九年四月一日出版。

中研院自首任院長蔡元培，至第六任院長吳大猷，均曾在北大任教，可以說一脈相傳，始終保有蔡元培主持北大時的遺風。自吳大猷先生逝世，有風骨的知識分子，已越來越少，似乎象徵著北大之學術傳承，也將告一段落。他逝世後，李登輝總統親臨弔唁，中共國家主席江澤民也電唁其家屬，推崇他為海峽兩岸科技交流的傑出貢獻。獲此殊榮，絕非倖致！

三、李遠哲院長時期：重回秘書組一年

1、李遠哲「三顧」經過

　　民國八十三年一月十五日上午，李遠哲、吳大猷新舊院長交接典禮在學術活動中心第一會議室舉行，副總統李元簇監交，觀禮者限正、副所長及組主任。10:30茶會，其他同人始可參加。一月二十一日，總辦事處發出非常有趣並極堪玩味的兩件連號公文，受文者均為統計所戴政，一為同意他辭秘書主任兼職，自一月十五日生效；一為請他兼代秘書主任，自即日起生效，至二月二十八日止。

　　一月二十二日，星期六。早上一到到研究室，即聽到院長室秘書留言，謂李遠哲約談，即去院長室。彭旭明乃李遠哲之學生，則由化學所調去為院長特別助理。9:40與李遠哲面談，他首謂與我同為1959年在台大畢業者，我說我的歲數比你大，但你的成就則遠超過我。他繼說這次接任院長，係真想為國家做點事。接任後，因為總辦事處人事稍有變動，現任秘書主任戴政堅辭，雖挽留仍不肯續任（實則吳大猷已批准其辭職），乃允於物色到適當人選後許其辭職。經與各所長分別談話，並請推薦人選，均異口同聲以我為適當；惟本院組織法修改後，因加了處長，秘書主任已較原來地位為低，深感抱歉，但仍希望我能屈就。我即答以當年好不容易擺脫，實難再做馮婦，而且深知自己山東人之脾氣不好，當年見韓忠謨處理事情不僅有欠公平，且多不合理，而自己無力扭轉，不得不拂袖而去。李謂他所要找的理想人選，就是這樣能公平處理事的人。我說過去在總辦事處的那段日子，深知案牘勞形之苦，實不願再跳火坑。李謂雖甫告接事，已能體會箇中三昧，今後將逐步簡化之：充分授權，分層負責，院長只掌握大原則，不宜為例行公事浪費太多時間；故誠懇的希望我能助他一臂之力。他說他在國外多年，思維方式全為英語式，說國語都辭不達意，更遑論文字！故特別借重於我。他很想做些事，惟苦無任何行政經驗，不知如何做起，希望我不要拒絕。我又說自己之研究工作荒廢多年，好不容易勉強拾

起，尚未能告一段落，不能不慎重考慮，容詳加斟酌後再予答覆。乃告辭。

談約40分鐘。出院長室後，即到政風室友人辦公室詳談。他於一月十七日呈請調離本院，李遠哲於徵詢大家對他並無不好批評後批慰留，並親至其辦公室慰留。李對各級主管均曾去拜訪，唯獨不到鄔處長室，因為他一當選院長，就有很多人向他批評鄔處長，故對鄔處長、秘書主任戴政師生均無意挽留。他認為目前會計、人事二主任相處不難，勸我回去接任。

回所後，即與老友張玉法談，他說有人（不肯說是誰）向他徵詢秘書主任人選，他以我對，為院計，為本所計，均主張我再去。他說總辦事處大換血之後皆為新人，無人知院之傳統，我去後可維持傳統，保持一股清流。再與呂實強兄電話相商，他與玉法持相同看法，也贊成我接。

晚與老友莊惠鼎通電話，他則反對我回去，認為不值得，去後將來會後悔、痛苦；因為李遠哲接任後，定會有一番改革，為配合其改革，一定很累，年紀大了，再委屈自己太不合算。亦言之有理。他認為李遠哲或藉此表示大公無私，沒有省籍觀念。即使要去，也應再推卻一次，看他是否真有誠意，並應有條件的接任，如以一年為限等，屆時再看情形以定去留，必須為將來之退路作好準備。此為真正好友之寶貴意見，自當詳加考慮。

後來丁邦新兄於四月九日面告：李遠哲返台前，他曾向李遠哲推薦過我，似未明言是處長或主任。他又向李遠哲談我民國七十七年離開秘書組所受之委屈，力薦我接任處長，事後方知他選處長乃從做過所長者中挑。老友不忘為我美言，十分可感。在一般人的的觀念裡，仍然認為官大學問大，所長一定是所中最優秀的人；但據我的經驗，有些所長的人品及學問並不一定是所中最優秀的。

又聽說是羅副院長銅壁向李遠哲推薦我回秘書組的。三月十二日，化學所楊啟春面告：在秘書主任人選未定前，彭旭明在化學所與同仁聊天，謂秘書主任難找，王之士女士對曰：從前陶某人為秘書主任時，政通人和，做得很好，為何不考慮？彭答不知陶某，王即為之稍加介紹。承諸老友抬愛，十分感謝！閉門家中坐，「事」從天上來，在完全沒有心理準備下驟有此波折，究應何去何從，反覆斟酌，實難下一決定。與李遠哲沒有任何淵源，他誠意相請，以我

向不會拒人之個性，不便峻拒；若一口承諾，又慮將來或發生不可預知之後果，屆時如何自處，亦不能不為之計也。

一月二十四日上午，再與琴南、玉法、黃福慶等老友商談。晚電鄭艷霞，她說現已分科辦事，只要部勒科長即可，應較前容易做，惟乏中英文秘書，目前之英文函稿，皆院長、副院長親自擬稿，亦屬怪事。她說亟盼我去救救她。上午總辦事處主管會報，李遠哲宣布李國偉為處長候選人之一。二十五日上午，內定之處長李國偉奉院長命再來敦請，長談一小時，他說了很多「使命感」等高調，表示要採取一些不同的方式，對院務作些興革，並多與各所溝通。聽說他昨天下午即展開拜會各主管了。他說院長很誠懇，也頗能為別人著想。他與李遠哲唯一的淵源即《科學月刊》社（吳大猷說這是科學界之民進黨）的一些活動。我說院中人才濟濟，適合並願擔任此項工作者大有人在，請他在年輕同人中去物色。他說院中固多藏龍臥虎之人，惟短期內難以發掘，而總辦事處多為新人，對暑假即將舉行之院士會議等事不知如何接手〔這才是請我回任的主要原因〕，我可做傳承者。再三相勸，情不可卻，遂允有條件的接受，即以一年為期，作為過渡；屆時如合作愉快，而兩相情願，自可再議，否則任滿即回所，也不著痕跡，此純為自己之退路著想，免得像上次沒有任期，直到發生不愉快時才不歡而散；因有聘期，即使發生不快，也可彼此忍讓到期滿分手。同時也對院長有一約束，對我不滿時，必須到期滿才可換人；我有不滿時，也必須忍耐到約滿走人，雙方不傷和氣。李國偉再三道謝。苦思焦慮了三天的問題，經此痛苦決定後方感到輕鬆，既然做了跳火坑的準備，只有勇往直前了。即將與李國偉所談的結果電告玉法，不料玉法又說與他推薦的處長人選也吻合，即他曾推薦我回秘書組，也推薦李國偉接處長。當二十二日與李遠哲談完後告訴玉法時，他即說於某人向他徵詢意見時，他說推薦我，故對李遠哲找我一點也不感到意外。我當時心緒很亂，即問他是向誰推薦的，他笑而不答。（一年後始知是劉源俊）今天我再問他是向誰推薦的，仍密不見告，我至感不解。

一月二十七日，上午十時，商界友人陳宏正陪李遠哲到胡適紀念館，看如何由院支援修繕事。由呂實強主任委員簡報目前之困難及解決之道。李遠哲

允將此問題放在心上。同時再問我：他已請李國偉來面請我兼秘書組主任，李國偉來談過否？乃答以以一年為期之決定，於他於我皆有彈性，以免有所不快時造成困擾。李遠哲說不會有任何不快發生，陳宏正也在幫腔勸說，李遠哲再三道謝而去。陳宏正陪李回院長室，再回紀念館取車時，又轉達李遠哲對我道謝之意，看樣子確屬誠意相邀。我所以定一年為期，怕當中或有不快，他不能立予換人，以免我的老臉在院中無法待下去。其實我潛意識中尚有一絲絲報復的心理，因七十七年與韓忠謨發生不快而離開秘書組時，吳大猷院長太對不起我，不僅沒有半句好話，反而背後說我壞話；現在他被李登輝拉下台，我則又被人借重，重回秘書組，總算可以出了一口悶氣，也是要給吳大猷看看！韓忠謨已於八十二年七月二十四日故世，看不到了。

三月九日，前總幹事高化臣先生見《週報》刊載，始知我又被借重回秘書組，特電話道賀、慰勉，謂過去受了那麼多委屈，總算再受到肯定，今好人又出頭，至可欣慰！四月初他將出國，擬擇日設宴為我賀。其實在高總幹事任內，我被錢思亮院長約去接秘書主任，那時他對我可能有所誤解，認為錢約我去是共同對付他的，真是天大的冤枉，我與他二人素無私下接觸，也沒有利害關係，沒有必要幫誰打誰，可是高化公對我心存成見，常以不合理的小事責備我，我自認沒有錯，任勞不能任怨的脾氣，不免據理頂撞。自高化公退休後，他遠距離看我所做的一切，才對我另眼相看，每年聚餐一次，總是他埋單。四月十一日，接到吳相湘師自美國打電話來，謂傅斯年（孟真）之事功在辦台大，不在學術，因勸我致力於行政，也是一種貢獻。過去老長官的肯定，老師的鼓勵，隆情盛意，深所感謝！

三月十七日，八十三年第一次院務會議，我再以秘書主任身份參加，李遠哲特別介紹李國偉、彭旭明和我，並請我說幾句話，我即席說明，我並無意重回秘書組，因院長再三相邀，不便峻拒，方允以一年為期，作為過渡。實為期滿再回所預留地步也。俗語說上台容易下台難，我未上台即先為下台作好準備。

李遠哲在台灣沒有班底，唯一有關係的就是《科學月刊》，周延鑫為《科學月刊》總編輯，李國偉為社務委員，劉源俊也是該社成員，故也請他推薦

人。李遠哲自然要借重該社社員。

　　八十三年一月二十八日，發表李國偉為處長。二十九日，傅錫蓮送來20屆院士被提名人資料，她說戴政人不錯，他也自知脾氣不大好，簽名將戴字右側之「戈」故意少寫一筆作「弋」，以避大動干戈也。中午下班時遇到化學所呂政義，談院中人事，謂皆對鄔處長有意見，故未留任！又謂與彭旭明為老友，彭說怕將來與副院長之權限衝突。談話間，李遠哲自行政大樓出來，謂很想早日請我去相助，因受聘約限制，無法提前，深感抱歉。答以絕不要更動聘期。

　　二月十六日上午，李遠哲約談，再度為我允回秘書組相助表示感謝！謂處長人選有三四位，在徵詢21位所長意見時，問及半數始歸納出傾向於李國偉；而對於我則自始至終均無異議，實為眾望所歸。又說十八日為錢院長生日，他將親自演講，藉此宣示對院之大政方針，是一次相當重要之演講，連日親撰講稿，屆時分送各媒體，現已完成60％，惟遣辭用字，頗感為難，且多英語式句法，特請我於清稿後代為潤飾。我說，目前秘書組既無中文秘書，又無英文秘書，甚不健全，亟應物色人才，乃說明周天健情況，擬以臨時人員每天下午到院相助，惟周有習慣性失眠，不能按時到班，錢院長愛其才，曲予包容。李說他也是個夜間工作之人，深知不能早睡之苦，對不能早到辦公室者亦能體諒，同意用周。我又提及英文秘書之重要性，李說他以英文回信沒有問題。我說這不是你英文好壞的問題，若不經承辦人簽擬，則上下不接頭，而院長對法規不可能很熟，對全案也不可能完全了解，更無時間查卷，則難免會出問題。他因舉最近答覆ICSU派代表事為例，親自回復後發現似有問題，經我說明公文程序後方悟確有不妥。又說林素琴很能幹，但不能擬英文稿，打字很好，一次請秘書組代打一文件，碰了釘子。經我說明後，他也知英文秘書之必要性。我又提及公關科長事，亦應物色適當人選，他也深以為然。在談及應付記者事時，我說吳大猷太好批評別人，凡看不慣者均評之，以學者身份好發議論尚不打緊，但學者與院長之身份是分不開的。（有點交淺言深）李說他在國外時，以局外人看台灣之教育學術，也多加批評，如今則置身其中，如予批評，必須先進行了解溝通。今天李遠哲致聘：

茲聘近史所研究員陶英惠先生為總辦事處秘書組主任，聘期自民國八十三年三月一日起。此致人事室。

二月十七日，下午為李遠哲修改講稿〈中央研究院未來的展望〉約7500字。主要內容為：避免各所的任務重疊、建立學術的大殿堂、堅持重點與擇優的發展、打破平均主義、強調人文的重要性，認為本院應走入社會，建立公信力，和加強國際交流活動，配合政府南向政策，加強與東南亞各國的交流等。明天演講公告稿中謂錢院長「八十七歲誕辰紀念……」有人電李遠哲挑剔應為「冥誕」，告以「紀念」二字足以說明為已故世之人，不必一定要用冥誕。

二月十八日，農曆正月初九日，錢思亮87歲生日，李遠哲講「中央研究院未來的發展」，錢復代表家屬致謝詞。李國偉下午來送聘書，自三月一日生效，我問何以未訂聘期？李國偉說，當初洽談時已有諒解，如合作愉快，即可繼續做下去，請我不必介意。二十八日，15:30秘書組慶生會，即在行政大樓3F會議室舉行新舊主任交接，由羅副院長銅壁監交，各組室主任均參加觀禮。羅副院長對戴政及我表示感謝之意，王靜厚代表秘書組同人致詞。交接完畢後，到戴政之辦公室，他將經辦之公文一一交代，頗熱誠。羅銅壁在活動中心晚宴，到彭旭明、閻琴南、李念萱、馮瑞麟、郭哲光、林誠謙、郎宏潘、戴政、李國偉、各組室主管。

2、「復行視事」

八十三年三月一日，星期二。再到秘書組上班，乃自我解嘲，謂係仿照民國三十九年三月一日蔣中正總統在臺北「復行視事」，先到各組室拜會，忙迫不堪。三月二日，簽聘周天健回秘書組。到秘書組整理辦公室。

三月七日，星期一。10:30首次參加主管座談會，說明此會係由我於民國七十七年四月三十日憤辭秘書主任而成立的，回想當年不愉快之情景，而今又得參加此會，不免有些嘲諷的意味！周天健案，羅銅壁批「按件計酬」方式辦理。

三月十一日，八十三年第一次院務座談會。劉國瑞電告：聯合報邀戈巴

契夫於本月二十三日上午座談，戈之行程十分緊湊，不克更動，希與李遠哲一晤，囑代轉達。三月十五日，又接到邵玉銘電話，聯合報邀戈巴契夫座談，係由他主持，因李遠哲於二十三日赴宜蘭看第二院區，特改於二十二日舉行，請代邀李遠哲參加。我於十六日問李遠哲，他答以不願參加政治意味太濃之談話會。我對其遠離政治之意，感到不錯；五月十六日，李惠惠電告，台視定二十日播李登輝就職四周年，於十九日錄影，請李遠哲講幾句場面的話；彭旭明說，三家電視臺都曾邀請，均予婉拒。李登輝任總統期間，李遠哲均在國外，對其政績不清楚，故不便發表感言。如真能遠離政治，貫徹不談政治之主張，將是一件好事。不料以後完全走了樣！

3、聘張光直為副院長案

八十三年五月十二日晚，張光直抵台。十六日，來院看空著的副院長辦公室，確定要來接任了。他曾去台大醫院檢查身體，是否能照顧其巴金森氏病Parkinson's disease。十七日上午，李遠哲陪見總統，惟張太太不教夫君覓封侯。十八日返美。

六月六日下午，李遠哲舉行記者會，發表聘張光直為副院長，今擬稿報府，自八月一日起生效。六月九日，第一局問張光直係專任抑兼代？答係向哈佛借兩年，為兼代。張光直所領哈佛之待遇，係由李遠哲基金會捐贈給哈佛，哈佛再付給張光直。

八十三年八月二日，與老同學赴大陸旅遊，係去年在美國時約定的。八月二十一日返台。二十二日上午拜會張光直，談頗久，其背後牆上掛李濟照片，桌上擺著高去尋照片（並無家人或夫人照片），問我認識否？他說皆其恩師，證明尚篤念舊情、不忘恩人。他也深知擔任行政工作職責繁重，不宜輕易說話，以免言者無意，聽者有心。

八十四年一月十三日，張光直邀至他辦公室談，去年七月第21次院士會議通過「本院會同國科會暨台大、清華等大學召開全國人文社會科學學術發展會議」事，擬先成立籌委會，他為召集人，李亦園副之，委員擬聘史語所杜正勝、社科所彭文賢及國科會一人，並請我加入。我說此事之最初提議者為張

玉法，似應請其加入，允之。然後由他口述、張淑惠筆錄請院長函聘。謂因罹巴金森氏症，右手不便提筆，而口述時先想到英文再翻成中文，思想雖敏捷，動作則遲緩。又說對國內之行政手續完全外行，我允竭力相助，有任何問題均請其助理張淑惠與我相商。他說到院將近半年，承我相助甚多，衷心感謝。談次，他體力已感不支，因屆吃藥時間，謂現靠藥物維持體力，在體力不支時，即後悔擔此重任，服藥後，又精神抖擻，全心投入工作，將病忘卻。遂告辭。

八十四年一月十四日，張光直請假赴美。一月十五日，接丁邦新自美來電話，談史語所分所事，力主語言組應先獨立成所，誤認為張光直有私心，先成立考古所。告以分三個所之計畫書，已送給張光直，均未作最後決定。

八十四年一月二十日，張光直日前邀嚴耕望自香港來台討論不知何事，既未付出席費，也未付機票，住活動中心之費用，要結帳時張淑惠不知如何辦理，才來找我，即洽總務組補發一切費用匯去。

八十四年一月二十三日，李遠哲函請參加照張光直副院長意見所成立之「全國人文社會科學學術發展會議聯絡小組」。三月六日，本院全國人文社會科學學術發展會議聯絡小組第一次會議，到張玉法、李亦園、杜正勝、彭文賢，對與國科會合辦之性質尚辯論不清楚，究竟為何而開？為誰而開？似與院士會之提案原意不符。

八十四年4月下旬，秘書組接到張光直傳真，謂陶英惠已離開秘書組，其全國人文社會科學學術聯絡小組之職務，應由戴華接充。這個虛銜，我早就要辭了，辭呈且已寫好，以雜事太多尚未遞出，沒想到已先被不聲不響的免掉了，而事先事後均不知會一下。八十四年六月八日午，在活動中心遇到張光直（前天返台）、莊英章，面辭學術會議聯絡小組成員。我是想看看張光直有什麼話說，結果沒有任何話說。

八十四年十月二十八日，到汐止鄭艷霞新居吃飯，羅銅壁副院長也去了，他問我為何不參加「全國人文社會科學發展會」？而且是最初參與籌備之人？告以被派參與及免職經過。相與搖頭苦笑！

4、L之種切

八十三年三月九日，L來談《週報》事，要完全交研究人員主編，他和我皆不直接介入，意在貫徹李遠哲研究員治院之意。十六日下午，L又來談，謂他與彭旭明對李遠哲之構想較清楚，並經常交換意見，羅銅壁則不清楚李遠哲之構想，遇事要我先知會他一聲。言下之意，他和彭與李接近，羅非核心人物，很明顯的就是要我和他與彭一起孤立羅。由此看來，L欲包圍李遠哲、想一手遮天之企圖，甚為明顯。我自忖是來做事的，不是來結幫抓權的。五月十九日，某人來談，L已漸漸攬權，近日責總務組為維護處長公館之安全，為他修理家中車庫，裝鐵絲網，加裝遙控電動門，共花用公款26萬5千餘元。貪此小便宜，而且授人以柄！處長之公館有安全顧慮，那麼院長及副院長之公館就沒有安全顧慮？又該如何維護？難道處長比院長、副院長還重要？首任院長蔡元培是無殼蝸牛，錢思亮院長借住台大校長公館，吳大猷院長則住在廣州街科導會的辦公室。L為其公館安全，竟用公款修圍牆，是否太逾越了？

九月一日，L下午來談，本院高層人員（即高薪者）皆全力從公，相對的各同仁（低薪者）有些渙散，自明天起，中午改由14:00提早至13:30開始工作，請轉知秘書組同仁。位高權重的人，自然沒有上班、下班之別，全心全力從公；若各同仁也拿高薪，工作時間自然也可加長。

5、籌辦第二十一次院士會議

李遠哲接任院長，適逢舉行兩年一次的院士會議，他雖然參加過院士會，但不會留意各種複雜的過程，這應該是借重我的主要原因。李國偉雖然也想借舉辦此會力求表現，但對諸事外行，不知從何處著手，完全使不上力。

三月三十日，院士會議工作協調會，商工作分配、進度等事。

四月七日，院士分組同意票（即假投票）開票。四月九日，第15屆評議會第二次會議，選出院士候選人39人。

四月二十三日，第21次院士會議籌備委員會，李遠哲說，李登輝授勛吳大猷事，他曾與李登輝總統當面商定於院士會議開幕時親自頒授，以示隆重與尊

敬；不料前幾天忽通知去觀禮，大約是承辦人溝通不良，至感費解！

五月九日，主管會報即決定七月八～十日院士會後旅遊的行程。不料各所長發起之「吳大猷院長榮退學術研討會」，竟訂於七月八日在生醫所舉行，為期兩天。旅遊雖然安排在先，演講會安排在後，但明顯撞期，有些院士可能不克參加，易使人誤解為李遠哲故意不重視其榮退；因此，旅遊不得不為其演講會延後一天。而地球所又為他塑銅像，也於七月八日下午六時舉行「吳大猷先生銅像揭幕酒會」慶祝。吳大猷接受各方為他安排之活動，如：在自己主持的最後一次院務會議通過優遇卸任院長辦法、要求總統授勛、五月十七日由物理所舉辦榮退研討會，這一連串的活動，皆假他之名而行。我不去捧場！因為連日腰疼，「周轉」不靈，服台大家醫科李貴智大夫藥才好。七月二十八日，吳大猷要李念萱來代為索取院士會議所送之兩個皮包，因為他參加開幕式領了出席費、交通費後就退席了，沒將兩皮包資料帶回去。我問他是要開會的資料？抑要皮包？答以兩者都要。

六月二十一日，總統府機要室主任數次電話要修改本院代總統所擬之院士會議開幕、晚宴講稿，一會兒要這樣改，一會兒又要那樣改，嚕嗦之極。晚上照其意見著手修改，直到凌晨4時方改定。二十二日，修正稿FAX，仍不合其意，謂提及李遠哲處太多，怕其他院士吃味。答以李遠哲係新任，且係代表全院，由總統多予肯定，是理所當然之事，且對吳大猷、羅銅壁、張光直都提到，已是面面俱到。他仍不接受。我已忍無可忍，答以本人不知總統口味，無法揣摩其旨意，閣下位居君側，勞神修改可也。他已應允修改，不料又電李遠哲告狀。李遠哲於晚間打電話來問緣由，告以經過，乃決定請陳三井另行起草。該晚陳三井有應酬，李遠哲沒聯絡到，乃改請周昌弘擬稿。周大約通宵未眠，二十三日一早已打好字送來，李遠哲仍不放心，再FAX給陳其南，二十七日中午，收到陳其南FAX所代擬之講稿。

六月二十五日上午，黃振福又來電商講稿。李遠哲今去台南成大參加畢業典禮，羅銅壁昨去高雄打網球，李國偉則去參加教育會議，彭旭明已數日未到院。我的幾個上司，在院士會議忙迫不堪之際，竟無一人關心準備工作做得如何了，甚至連日常公事都無法推動，只有我全天坐鎮，電話不斷，手不停

揮，想想負更重大責任的人都不務正業，做得真不是味道，我這究竟為誰辛苦為誰忙？

七月一日，為安排總統晚宴，李國偉堅持要排座位表，以免秩序混亂。我則堅主隨意入座，方能維持秩序。上午十時羅銅壁副院長召開「改進中央研究院院士選舉辦法」討論會，七嘴八舌窮嗑牙，我則忙迫不堪，到下午一點半始散。倦甚！

七月三日中午，方聞請代安排其女兒參加今晚本院歡迎晚宴及明天總統晚宴。告以本晚係本院所辦，沒有問題；明晚之主人為總統，則恕難從命。方聞即憤然表示明晚他夫婦也不去了。他去不去一點也不重要，但說這氣話好像會嚇倒我似的，我不是嚇大的！旋又請李亦園來說項，仍答以實在無法辦到，因為主人是總統，客人名單早已確定，不是可以隨便增減的。如各院士全家都要參加如何辦？

下午六時半本院歡迎晚宴，李院長先向院士介紹各行政主管，及提到我時，我尚在樓下忙於接待，院長找不到人，即說陶某人尚在忙得無法吃飯，全場大笑。

七月四日，上午九點半，第21次院士會議開幕，由院長、總統致詞。下午兩點，從數理、生命、人文科學三方面探討人類之未來，由三人主講，三人評論。下午六時半，在圓山飯店總統晚宴。

七月五日，上午九點，分三組由院士與各研究同人座談。下午兩點回活動中心，先分組與各所長討論，再綜合討論。嚴耕望來參加分組座談時，我迎之於門口，但見他面部表情極為凝重，而盧某緊隨其後，面無人色，想係兩人一路談毛漢光案，話不投機。

七月六日，上午討論了17個議案，殊嫌草率。下午教育部、國科會報告。

七月七日，上午九點分組審查候選人。下午兩點，由三組主席綜合報告上午審查結果後開始投票，第一次選出數理組6人、生物組5人、人文組5人。第二次投票選出數理組2人、生物組1人，此時已經很晚，李遠哲認為施敏尚未選出，非常可惜。乃投第三次，選出施敏、王光燦後閉幕。真是有幸有不幸！

晚宴時，新科院士在台者周昌弘、麥朝成、施敏、王光燦均趕到會場。這

次會議，由於第一科王珠美、湯絢細心策劃執行，我省卻不少力氣，一切均照計畫順利完成，至感欣慰！秘書組過去各科壁壘分明，獨立作戰，鮮有相互支援之情事；自我接事後，力矯此弊，至少在表面上已做到了通力合作。這次黑函特別多，最重要的是攻擊毛漢光。七月八日晚，李國偉電話道謝。

會後旅遊：七月九日，與明正參加會後旅遊，在松山站搭8:49北迴鐵路自強號參加赴花蓮、墾丁旅遊，鐵路局長親到松山站送行，加掛兩個車箱，特派路警保護。11:16到花蓮新城站，在菁松餐廳午餐，遊太魯閣、天祥，回花蓮富國飯店晚飯，宿美侖飯店。晚花蓮市老友陸啟東，派車來接相熟的老友，先去參觀蔡子盛之萬石雅堂，再到其辦公室盛大招待唱歌、跳舞、吃宵夜，玩得十分盡興。

七月十日，提姆颱風直撲台灣，晨起即下雨，在飯店遠眺海浪拍岸高數十公尺。自花蓮赴墾丁換三部遊覽車，至光復糖廠時，風雨驟大，幾經考慮，仍照原計畫南行，在瑞穗午飯，雨勢更大，在墾丁北平飯店晚飯後，宿凱撒大飯店。

十一日，晨起打電話回家，知颱風雖在花蓮登陸，台北之風雨也非常大，家中屋頂吹走1/4鐵皮，安兒清運時刮傷足。在凱撒早飯，雨勢忽大忽小，上午在墾丁附近逛了一下，午飯後直奔小港機場。17:30遠東班機北返，19:00到家，一路總算都平安無事。院士會議至此圓滿完成。

八月二十二日，李遠哲在活動中心2F午宴參加院士會議之全體工作人員，表示謝意；並歡迎張光直副院長，約十桌。李遠哲致詞云：「主管會報原訂八月八日舉行餐會，後來方發現是一錯誤之決定，其原因為陶主任赴大陸旅遊尚未回來，幸虧老天爺也認為不妥當，及時使我們有所改正，八日當天吹起中度颱風道格，令我們改期。陶主任昨晚返台，本人明天赴歐，今天是最好的時機。」全場為之大笑！他以十分幽默之話語強調此席不能沒有我參加，以突顯我對院士會議貢獻之大！又云，聽到很多院士向他反映，盛讚各工作同人之辛勞、周到，說這是他最希望聽到的，以此證明院士會議之成功，肯定各同人之工作努力，實為最佳之表達方式。

6、毛漢光選院士案

這次院士會議，唯一美中不足的就是毛漢光案。

四月十五日晚，到許嘉明家與毛漢光共進晚餐，談今年院士選舉情形，毛漢光已進入院士候選人名單，他十分樂觀，商量如何分別拜託友人為之拉票。

四月二十日晚，中正大學的友人談雷某在中正大學案。史語所R在挖雷某在東吳大學時有無此事？要去其擋路之雷某，恐係項莊舞劍，志在毛公也。

五月十六日，震邦FAX假趙中孚（近史所研究員，已於民國八十年元旦病故）之名攻擊毛漢光之黑函，謂中正大學博士班錄取名單，已事先內定。以死無對證之方式，非要破壞他當選院士不止。五月十七日，上午電毛漢光，謂假趙中孚名之黑函，所述皆屬捏造。

六月二十七日下午，D來談院士選舉，我問毛漢光如何？他說，毛在所中有些事令人難以信服，也有人謂絕不可令其當選。繼又出示一封「重慶南路2段502之23號10F張寄」之匿名函：〈敬請慎頒學術桂冠〉，指控毛漢光之論著抄襲，且影印其著作及所抄襲《文史雜誌》中蒙思明文，上欄為毛漢光文，下欄為被抄襲的蒙思明文，兩相對照，並以色筆勾出，有很多字句全同，實在無法辯解。D已不會支持矣。他走後，鄭艷霞送來羅銅壁及人文組海外院士由院長室轉者13封。我見事態嚴重，即電中正大學找毛漢光，找不到人。晚與玉法商，他及國內院士皆已收到，已無法封殺。

二十八日，一早即電毛漢光，並FAX去原函，請他速擬答辯書，以便同時轉發各院士。同時又派車請秘書組張正岡到重慶南路查看匿名信地址，結果並無此門牌號碼。與羅銅壁、李念萱談匿名信原委及毛漢光所受委屈。

二十九日，上午簽匿名信事請毛漢光答辯，並向李遠哲說明此為一連串有計畫之行動，皆因文人相輕而起。三十日下午，毛漢光送來〈敬答「匿名信」〉，軟弱無力，即影送人文組各院士。《聯合報》李彥甫電告，史語所少數人開會商匿名信事，D指所述鐵案如山。請慎勿輕易發表。萬事蝟集，昨晨起床，左腰痛疼，行動至感不便。深夜自思，所為何來！

七月一日下午三點，毛漢光來見李遠哲，談與中正大學合聘事，人事室

及管東貴所長皆簽不可兼任行政職務，若兼則改由中正大學支薪；毛漢光以為在院支薪，則可多領兩個月的考績獎金，本院之合聘辦法並未明訂不可兼任行政，只要院長批可就行。結果李遠哲囑彭旭明協調後再議。在此抄襲案火燒屁股之際，尚在為兼職事分神，只是為了兩個月的考績獎金，不知輕重緩急，令人費解！管東貴電告，史語所編輯會決定毛漢光所編《唐代墓誌》應用「纂」，毛漢光說用「撰」，很不妥。又說原聯署毛漢光為院士候選人者，正在醞釀撤銷簽署，乃仿四年前饒宗頤案例辦理。抄襲案媒體多已知道，明天可能見報。我告訴毛漢光，請他向許某求證撤銷簽署事，但不要說是聽我說的。結果他都照轉，真是氣人！許告訴他並無撤簽之意。毛漢光因此仍抱樂觀看法。真是當局者迷！

七月二日，上午L見報載毛漢光案，即氣沖沖的來我辦公室，站在門口厲聲質問曰：「毛漢光的案子你知道不知道？」答以知道；他說：「我是本院新聞發言人，今發生如此大事，為何事先不向我報告？」（我一看他那種向我擺處長的臭架子，心中便有一股無名之火向上沖）答以院長和我商量要暫時守密，我怎能向你報告？而且院士會議舉行在即，千頭萬緒，正事都忙不完，那來時間管此不急之務？更哪有時間再一一向你報告？（你也配要我向你報告！）我又說：昨天下午院長來我辦公室，走到門口，見我忙得團團轉，竟進不得門來（院長都如此，你個處長算什麼！）院長之開幕詞，院長令再看一遍，我尚無暇細讀，而印刷廠等著取稿付印，不然就來不及了，你閒來無事，也還沒送給你看，就在這裡看一遍吧！他乖乖的坐在沙發上看了一遍，就默不吭聲走了。他一直想在院士會中表現一下，而無著力處，所以想借題發揮一下處長的威嚴，不料我這個向無階級觀念的人，又讓他碰了一鼻子灰！晚與王震邦談，種種跡象，已於毛漢光十分不利，似可速辦提前退休。有人認為應該賭一下。連日小道消息甚多，百忙之中，再加此事，更覺得時間不夠用。

七月三日，上午九點半到近史所安排人文組院士與人文各所長、副所長、組主任座談各所整合問題。午黃與我密談，昨天上午他與眾學者商毛漢光案，決議撤銷提名。可是今天《聯合報》載許之談話，與事實完全不符，將質問他為何背棄誠信原則？我說記者所言未必盡可信，言詞應和緩，以免傷了和氣。

這時《聯合報》李彥甫來訪，黃問我可否據實以告？答以請自行斟酌。黃即關室與李彥甫密談，李云，所寫皆據許之言而寫，黃更火，乃全盤托出，並言饒宗頤為一冤案，因其書被指抄襲部分，業已註明引自何書，惟疏於註明作者為日本人高橋，高橋乃函史語所控告抄襲，經提院士會討論時，在完全未經查證下即由原聯署人函吳大猷院長撤銷，事後方有人查証，知為冤枉，但已無法補救矣。此段秘聞，又是一段珍貴史料。

七月五日，史語所管東貴所長奉院長命以所長名義對毛漢光被檢舉涉嫌抄襲問題案寫一報告，說明檢舉函提及涉嫌抄襲之兩件著作，是否涉及抄襲，非經專家仔細比對分析，無法判斷，而此事非短期內所能完成。

七月七日，上午九點分組審查候選人，我特去人文組旁聽，毛漢光為被審查的第一人，討論了一小時。陳槃由夫人陪同坐輪椅到場壓陣，為毛護航，許說受故人之託照顧毛，現發毛抄襲事，深感痛心，聲明撤銷聯署人。黃引經據典，證明毛之抄襲行為鐵證如山，余英時則請大家不要窮追猛打，何炳棣、刁錦寰、全漢昇等則力主應審慎。主席李亦園則綜合各種意見歸納為兩案，一為撤銷聯署，即剔除於候選人名單；一為在假投票時以投票表達自己贊成與否之意見。在舉手表決時，于宗先急起立發言，請大家注意，此地非美國，若通過第一案，則毛之下場會很慘，不僅中正大學的飯碗要丟，史語所的位子亦將不保。結果無一人舉手贊成第一案，幾乎全都舉手贊成第二案。于宗先的發言，救了毛漢光，這時我才鬆了一口氣。毛案之解決辦法，總算是不幸中之大幸。及假投票時，他仍獲得8票，較一位最低得4票者還多了一倍。我陪許上洗手間時，他說如果照第一案通過，我認為等於認可抄襲的事實，不僅毛漢光無地自容，史語所的金字招牌也將蒙羞。下午兩點，由三組主席綜合報告上午審查結果後開始投票，毛漢光雖然落選，但仍是受傷害最少的結果。

至於〈敬請慎頒學術桂冠〉黑函之真正執筆人，一說乃G。九月二十一日，《自由時報》記者電告，管東貴所長上周不續聘G，史語所又有黑函攻管東貴。十月十六日晚，我到民族所一位同事家聊天，他也是毛漢光的好友，他說：毛用卡車將在史語所之書拉到某校，R乃對G言，某計畫由他接替，囑G應有所表示，作為投靠之禮。G（曾有此方面前科）乃寫黑函揭毛之短。所長

管東貴聞知，問G是否由他執筆？G竟坦承不諱，原以為可作為晉身之階，不料管東貴即令編審辦文予以解僱。G以聘期未滿而被解僱，揚言要告，管東貴不理，任憑他告，遂沒轍。毛漢光聞知，於七月二十七日問管東貴：某計畫是否結束換人了？管東貴答並無其事，如你不做，自然結束，不然則根本沒有停掉或換人之意。這又是一則新儒林外史的絕佳史料！

院士會已經結束，毛漢光事本可告一段落；不料毛河光要為乃兄擊鼓鳴冤。

毛漢光的胞弟毛河光，也是這次院士會議的被提名人，而且當選為數理組院士。如果毛漢光也能順利當選，兄弟同榜，將是院士史上的一段佳話。院士有父子檔，如錢思亮與錢煦，夫妻檔，如袁家騮與吳健雄。項武忠院士的弟弟項武義，過去也曾被提名院士候選人，可惜不幸落第。

七月十九日主管會報，我報告院士會工作檢討，認為應在評議會中制定院士候選人時，成立小組處理對候選人之質疑事件，必須規定具有真實姓名，並設一時限，否則不予處理，以遏止濫肆攻擊案件之發生。下午李遠哲來長談，再三謝謝辦理院士會之辛勞，謂如果沒有我相助，可能沒有如此順利。並言七月十五日，接周天健函，擬自九月起辭去兼職，赴大陸九江老家。也要向周天健道謝四個多月之協助，如不能在大陸久居，仍歡迎回院。我說周天健走後，秘書組又面臨無中、英文秘書之困境。李云，有某公司願免費提供一人到院長室相助，尚須俟面談後決定。

七月二十三日星期六，下午三點，李遠哲收到毛河光的FAX：「榮譽與責任——從另一角度看中央研究院院士選舉風波」一文，要送來給我看，俟二十五日研究如何擬復。我請其傳真給我即可。我說任何人皆可為毛漢光抱不平，惟毛河光應該避嫌，以免火上加油。李遠哲深以為然。我拜讀毛河光文後，深感此等嚴肅的問題，怎可用些遊戲文字的筆調來寫，即電毛漢光，請電乃弟在院長未答覆前萬勿送登報紙，毛漢光竟說「不便置喙」！謂自黑函後，連家人的電話也不敢接，以免家人情緒激動。我費盡心力為他爭取到可能是最好的結果：即完全照正常程序辦理，與其他所有的候選人一樣由各院士自由投票以表示是否支持；毛河光文竟批評中研院在此事件過程中「袖守中立」，真是一派

胡言！我第一時間即通知毛漢光，速寫答辯文，即印送各院士，他並未缺席裁判。我認為對此案之處理已仁至義盡，希望毛漢光能阻止乃弟不要再節外生枝，把剛好的瘡疤再揭開撒鹽；但換來的卻是冷冷的「不便置喙」四個字，我只有公事公辦了。自投完票後，即未接到毛漢光的電話，他一度避往阿里山，我無法找到他，但他可輕易找到我，至少可以和老友商量一下後續的善後事宜，但是沒有等到任何消息。毛漢光仍認為許為他盡了大力，但我親聞許說的「深感痛心，聲明撤銷對毛之聯署」等語。真不知道現代史如何研究！

七月二十四日，晚代擬李遠哲致毛河光信1500字。二十五日，李遠哲一字未改，親自送來，謂寫得很好，惟應酌加如登報紙，對其兄弟可能不利數語。我答以已考慮及此，若阻其登，日後可能被他埋怨，好心可能無好報；據漢光云，毛河光與朱經武院士交情至篤，擬函朱院士代為勸阻。李稱善。中午即代擬致朱院士函，大意謂毛河光在盛怒之下寫成此文，辭氣不免有些情緒化，一旦登諸報章，或將引發不必要之討論，屆時可能對其賢昆仲造成另一次傷害，實在得不償失。素知先生與河光友情深厚，或可婉轉代達此意，以免別生枝節。二十六日，FAX朱經武院士。

管東貴送來一份傳真：〈毛漢光事件評議〉，罵許倬雲、嚴耕望。黑函至今仍不平息，大約矛頭又指向許倬雲了。二十七日晨，又接到毛河光傳真之改稿，認為不宜再理了。

八月二十三日主管會報，李遠哲說上次開會（八月九日）時，風雨交加，今天陶主任回來了，便風平浪靜。八月二十七日，張光直數電毛漢光，找不到人，今上午毛漢光來看張光直，適張赴台東，又未見到。日前張光直將毛漢光之全卷調去交給彭旭明，由彭函本院法律顧問許文彬律師，徵詢其意見。許律師於九月十四日函復：「因匿名信已直接寄給人文組各院士，非院方所能掌控（更談不上受理與否），此際院方一方面派員查證寫信人是否真實姓名（終揭穿其為黑函），一面儘速與毛漢光先生商定由其提供說明（答辯），分送各院士參考。……足見均無暇疵可指。……。」

毛河光又為乃兄事於八月十九日致函李遠哲，請舉行公聽會為之洗刷。此函仍在咄咄逼人，看樣子是不會善罷干休的；而漢光之語氣，已默許乃弟之

做法，兄弟聯手欲討回公道。惟公道在那裡？恐怕甫要癒合之瘡口再受一次傷害而已。毛河光之文，於七月十九日在《中國時報》、八月二十二日《中時晚報》及八月二十三日《自立早報》發表了摘要，各報都興趣缺缺，沒有跟進炒作，《自由時報》記者彭國偉電告：大可不必如此。似可代表了新聞界大部分人之心聲！

九月五日，下午與張光直談毛河光信一小時，他說本院只能答覆本院對毛漢光三十年在院之工作成績、學術貢獻表示尊敬，其餘不贊一詞。他說：毛漢光答辯書中謂當時因政治禁忌，不便引用大陸人著作而列入參考書目中，並不合理，至為牽強。約定俟院長返台後，共同面報此意，以答覆之。（五日至九日李遠哲赴港）

九月十三日，上午主管會報，我提十月一日評議會應討論改進院士選舉，好給毛河光一個交代。張光直不贊成接受具名質疑函訂在提名辦法中，以免有鼓勵作用，應要求提名人切實負責。我說明事實為受請託才聯署。李遠哲認為可改成由一人即可提名，俾責其負責。究應如何做，並未作明確決定。我之言責已盡，與一群外行人會談，實難有明確之結論。

九月十七日，毛河光又傳真給李、張正副院長，請在中研院《週報》澄清，又撰〈學術誠信與引用規格〉一文，請傳閱各院士。九月二十四日，代張光直擬復毛河光：令兄事可在本院《週報》中作一說明，本院《週報》均分送各媒體，供作參考採用。李、張正副院長於九月二十九日函復毛河光，關於其所撰〈學術誠信與黑函風波〉一文，將在近日舉行之評議會中傳閱。九月二十七日，毛河光傳真給李、張正副院長，表示感謝之意。九月二十九日，又傳真李、張正副院長：「多謝，多謝。漢光的事終於圓滿結束。」

毛漢光的案子本可隨著院士會議的結束而告一段落，不意毛河光又延長了兩個多月，不僅使毛漢光在心情上備受煎熬；也使在幫助他的人失去了耐性！我是從毛漢光開始選院士就參與其事者之一，對他的落選，深感可惜！究其原因，他的為人處世可能有值得檢討之處，才激出這封黑函，不然一定可以順利當選。

八十三年九月二十九日，上午張光直連接毛河光二十七、二十八兩件

FAX，我與張光直、李國偉分談擬復要點：他要刪的文字，因已付印，不及更動，來文可分送各評議員傳閱。張光直亦深感不耐煩，連說不能再理他了；李國偉說，當事人毛漢光躲在背後，不作任何表示，而由第三者出來攪和，豈有此理！本院不能再以毛河光為交涉對象。弄得一心想幫他的人，也失去了耐心與同情心，真愚不可及！

7、社會學研究所設所之經過

八十三年十月一日，第十五屆評議會舉行第三次會議，通過原子與分子科學研究所正式成所。在討論社會學研究所設所案時，發言盈庭，正反意見都有：李國鼎首先反對，陸續發言主緩設者頗多，在李遠哲、張光直強力支持下，討論了一個多小時始通過成立籌備處。張光直的口才不好，聲音又低沉，面對強大之反對意見，答覆的太軟弱，沒有說服力；李遠哲則大力護航，他請張光直來院，主要的就是為整合各研究所，若首舉失敗，恐將影響張之去留及顏面。有七人接受委託，在表決前，統計所所長魏慶榮問他受人委託，表決時應如何？李遠哲答你有兩隻手，我即再宣布接受委託者，若贊成，可舉雙手。總票數為46，魏慶榮未再堅持票決，而且我事先也沒有準備票，李遠哲即裁示舉手表決。結果37票贊成，反表決時只李國鼎一人舉手。在討論時持反對意見者，亦多舉手贊成，頗有馬屁味道！敢於堅持反對者，只李國鼎一人，棄權之8票，實為反對者。似此重大案件，理應票決；如票決，很可能就通過不了。此事之結果與過程，殊堪玩味！琴南謂我幫了大忙，其實我根本沒聽到魏慶榮提議票決之提議。（十月四日10:00主管會報，李遠哲首先說，有人告訴他，評議會討論社會所成立案時，本持反對意見，及見他強力護盤，且採舉手表決，乃不敢不贊成。李乃戲言：以後再遇舉手表決時，他轉身不看台下好了！拍馬之人，惟恐李遠哲不知道，特再去當面表態，亦現代官場之現形記也。）

十月二十七日，下午與張光直、羅銅壁、李國偉、會計、人事及計算中心主任商社會所在報府公文中如何編列預算及員額，討論了一小時仍不得要領，只求先准予核備、掛起招牌而已。

八十四年六月五日晚，到民族所一友人家聊天，他說社會所自五月一日起

正式掛牌，與民族所為分所、分財產事，爭執甚多。

8、蔡元培、朱家驊兩院長的生日演講

八十三年十一月十九日，張光直電告，明年元月蔡元培院長生日演講，他原推李遠哲主講，李則推他講，他已決定在胡適院長生日時講，不便再講，而知我研究蔡元培，經查歷年蔡先生生日演講，均未涉及其生平與貢獻，故推我來講。這是一項光榮的任務，立即答應。

十二月二十八日，蔡元培生日講稿修改完。八十四年一月十一日蔡故院長元培127歲生日，上午十時在本院學術活動中心會議室講〈蔡元培先生與中央研究院1927-1940〉50分鐘。我研究蔡元培多年，到這時才有機會在本院演講其生平及對中研院的貢獻。[7] 其後又於2000年6月3日在學術活動中心第一會議室朱家驊108歲生日演講會中，演講〈朱家驊先生與中央研究院〉。這次演講，實出偶然：2000年4月11日，呂芳上所長電告，6月3日朱家驊院長生日演講，與中央大學基金會董事長楚崧秋早已洽妥合辦，由中大負擔費用，請王聿均主講〈朱家驊與中央研究院〉，王聿老也已同意；今天上午主管會報通過後即電告王聿老，不料他今去醫院檢查，發現患心臟病，不能演講，因時間過於緊迫，不易找人，擬請我代講。因為平常我也曾留意過朱院長之資料，就答應下來。五月十一日，萬紹章先生開了一份名單，囑發函邀請於六月三日來聽我演講，名單皆與朱院長有舊之前輩，深感壓力太大。五月十八日，農四月十五日，為朱家驊108歲生日，我的講稿恰於今天趕完。先送請萬紹章先生斧正，萬先生看過後表示滿意。

六月三日，10:00在學術活動中心第一會議室朱家驊108歲生日演講會中講〈朱家驊先生與中央研究院〉，中央大學及學術基金會為舉行「驊先講座」，特召學生參加活動，由楊國樞副院長主持，中央大學校長劉兆漢及董事長楚崧秋先後報告，作為紀念活動，再由我講約50分鐘。談及朱家驊辭職經過及代理

7　　講稿刊在《中央研究院學術諮詢總會通訊》第四卷，第一期，pp.27～33，八十四年四月一日出版；同時也在《中央研究院週報》第519期，pp.6～8及第520期，pp.9～12發表，民國84年三月三日、三月十日出版。

院長十八年而未能真除，以及所受之委屈，竟至情緒失控，語言哽咽，非始料所及。萬紹章由公子其超陪來，方志懋由楊澍陪來，周廣周也到了。事先中大請萬先生開邀請聽講之名單，萬先生雖然對楚崧秋很不滿意（可能為楚主持《中央日報》時批評中研院有關），但開名單則十分盡心，與朱院長有舊之前輩大約都請了，所以我這次演講，備感無形的壓力。會場中，幾乎坐滿，空位不多，為歷年院長生日演講人數到的最多的一次。演講費10,000元由中央大學付。忙了50天，總算應付過去了。楊國樞先要去講稿看，我批評民族所前所掛的「朱家驊紀念館」牌子，因原大樓的拆除而不見踪影。楊主持開場白時先消毒，謂有「家驊橋」、並新闢「家驊路」等。作官的人，永遠有為自己掩飾、擦粉的本能。中大安排聽講者中午在活動中心吃西餐自助餐，沒有人正式邀請我這主講人去用餐，連客氣一下也沒有，而我也正樂得不陪。辦行政工作真不易周到，我曾從事此類工作多年，故能諒解其百密一疏。回家吃了幾個餃子即趕搭許延熇兄所借中型巴士赴台中，和老同學唱歌、跳舞、歡聚。

六月五日，中外雜誌社王成聖電話要登此講稿：〈深謀遠慮奠磐基：朱家驊與中央研究院〉，《中外雜誌》，第68卷，（一）第2期，PP.21-26，（二）第3期，PP.48-52，（三）第4期，PP.53-58，（四）第5期，PP.62-66。民國89年8月-11月出版。

9、還是被擺了一道

民國八十四年一月九日，下午三點四十分，李遠哲約談一小時，一為要我寫一簡介，供他於十一日主持蔡故院長元培127歲生日演講會時介紹我之用；一為我去年只答應在秘書組以一年為期，是否還堅持？是否明年要退休、有私事待理？答以到民國88年8月方滿65歲，距退休之年尚早，而去年所以訂期一年，係因兩人從未接觸過，互不了解，不能不為自己留一後路；且為院長計，如認為我不適任，一年屆滿後即可換人。今天我仍強調絕不戀棧此位，如有合適之人，請速接洽，以便屆時接手。他乃歷述這一年中忙迫情形，一年之勞心勞力，較過去十年尤甚，根本沒有合適之人選，深盼我能繼續相助。他既然如此誠懇，盛情也不便推卻。我說經一年之相處，對其構想已有些了解，彼此

相處也沒有什麼不愉快，如認為我尚能勝任，也可以合作，願繼續留任；惟一旦有更好人選，請儘管明言。他再三道謝，謂一年來對他幫助甚大，而今天之一席話，獲益良多。我原想一月中或月底上書面辭呈，經此長談，似可不必寫了。所談要點：

　　※李謂自上月下定決心，自今年一月起將多分些時間於院務，決定每晚12點上床，但至今沒有在2:00am之前睡過覺的。我說很多同人對他多忙於外務，頗有微詞；將幼稚園家長會於七日開會事稍加說明，建議速訂時間與家長們面對面溝通一次。如上屆董事會決定開除兩名老師，言明寧可再自己花錢聘請；這一屆則認為自己花錢聘老師不合理，殊不知問題是上屆造成的，臨時人員出缺後不能再補缺，這些規定非他們所能了解！

　　※李又說，L與Y之衝突，竟浮出檯面，究為何事？答以L處事太過毛躁，不問清楚原委即意氣用事，舉院長指定Y整理主管會報決而未行之事為例，L當日未出席，不知道Y係奉院長命整理的，即認為是故意整他；故兩人漸不相容。

　　※他又問L是否僚氣太重？我說既承問起，就舉個人經歷之事為例：一為院長舉行記者會事，一為爭核稿欄位置，一為毛漢光選院士案，厲聲質問我為何不向他報告，一為教改會錄音不良事，證明他實在太僚氣。他說他也聽到一些關於L的閒話。我說L長於規劃，但不能貫徹執行，如開過幾次處務會議，各單位均將問題提出，L都交代紀錄下來，便無下文，則開會等於白浪費時間。又如《週報》，L堅持主張成立編委會，力行院長研究員治院之理想。我反對，他不理，結果造成今天同仁在《週報》上為文批評而無人答辯之局面，不甚相宜。他又舉瞿海源解釋四分溪防汛道路不開放事，也有不切實際之批評。我說此事L與總務組均對院中政策知之甚詳，而不肯答覆居民之無理要求，瞿海源不知詳情而自告奮勇代為答復，方造成如此結果。《週報》是我和Y在民國七十三年十一月一日創辦的，本為宣揚院中政策、方針之利器，現在則演變成同人抱怨院方之園地，殊不相宜。

　　※李又述說自今年起之大政方針，如評議會、組織法、史語所分成歷史、語言、考古三所等事，皆將著手研究改革。故深盼我留下相助。答以深知其忙

迫情形，如留下能分點勞，願再略盡棉薄；惟如有合適人選，則請知會一聲，當即讓賢，絕不介意。

談一小時，見他倦容滿面，強忍哈欠，遂告辭。院中同人常有為個人事求見者，他對所談皆不知原委，不能不集中精力傾聽，故甚累。我勸他，個人所求，只會說於己有利的理由，萬不可輕作任何承諾，以免與規定不合或影響其他同人權益，造成處理上之困難。他再三稱謝，謂獲益良多。態度十分誠懇，不像敷衍之門面話。他再三說他是學科學的人，對應付複雜的人的問題，非其所長。我又建議充分授權，分層負責，不要將事都攬在自己身上，可由彭旭明分擔一些。他說彭不能全天在院，而林祕書尚不足以擔負重責大任，難！

八十四年一月十二日晚，我坐羅銅壁副院長車去吃一同仁喜酒，為述九日李遠哲挽留經過，羅說，李遠哲多為院外事忙，雖想幫忙，但插不上手。

八十四年一月二十四日，李遠哲在世貿聯誼社34F晚宴各所長、組室主住，感謝一年來之相助，到27人。李遠哲說，最初為其基金會參加募款餐會，有人捐一百萬已認為很多了，他算了一下，募十億要吃多少頓飯才能湊齊？經李登輝交代支持後，有捐一千萬者，另有一家電子公司則一口氣捐一億元。

10、李遠哲閉門密談

八十四年二月二十一日，上午十點主管會報，十一點半散會後，李遠哲請我到他辦公室去，入室後，他即將門關上。（我立即聯想到吳大猷在七十七年五月七日約我關門長談100分鐘事，一定也是有見不得人的把戲！）首先對一年之約即將屆滿，而於一月九日約談時請我不要堅持限於一年、願再繼續相助時，我也答應，深所感激；惟覺得李國偉較我年輕，位在我之上，而他對同人似乎不夠尊重，對我有欠公平，擬物色一年輕人，請我訓練一段時間，於六月間接替。詢問我之意見。即答以向不爭名、爭利，因有一年之約在先，故對李國偉之一切均不予計較。當初答應重回秘書組，主要為應付第21次院士會議，所幸未出任何差錯。階段性之任務既已完成，由年輕人接手，乃理所當然，實不宜長久做下去。他說，院士會議相當成功，如毛漢光案，若非我處理得宜，恐會造成大錯！張光直也盛讚此事。又說，張光直對他幫助很大，人文各所之

整合工作十分棘手，幸有他相助；惟其健康欠佳，一月十四日返美前在辦公室摔了一跤，斷了一根肋骨。似此情形，亦不宜長久相煩，亦不忍長期借重，預備兩年期滿後另行物色人選；而羅銅壁再兩年即滿70歲，勢必退休，教育部長郭為藩已數度央求借將，請羅專任大考中心事。一年後我們三人同時更換（他一直誤以為我即將退休），行政體系將出現青黃不接之情形，故有物色一年輕人來訓練之構想，以資熟手；惟人選尚未找到，請我不要介意。答以毫不介意，找人接替，乃我早就提及之事，希望早日實現。乃告辭。細繹此事，有些突然，上月尚勸留下相助，現在就要換人，其中定有蹊蹺。羅銅壁之異動，早有傳聞，且在意料中。李遠哲數度表示對李國偉不滿，是否仍借重？費解！他一再表示係學科學之人，誠懇待人，是否言行一致？也尚待事實証明。2月23日，請鄭艷霞將找新人接替事告訴羅銅壁。二月二十四口，與傅錫蓮、宋玉梅、黃福慶、閻琴南談回所事。傅之次子陸昭陽說，社科所盛傳將由戴華接秘書主任，昨天李遠哲召陳昭南所長談，可能即為此事。陳回所喝酒到深夜。下午黃福慶電詢真相，傳我已遞辭呈矣。

八十四年二月二十五日，上午張正岡面告，昨遇社科所葉張繼，謂社科所上下皆知戴華要來接秘書主任。若此時我還不遞辭呈，院長即不便正式任命戴華，而戴華也懸在半空中，可能要說我戀棧，遂即遞出辭呈：

> 上年元月廿二日及廿七日，辱承兩度召談，廿五日，李處長亦啣命來促，囑兼代秘書主任一職。殷殷至意，深所感篆。經慎重考慮後始勉從尊意；惟請以一年為期，亦蒙　俯允，而不以狷介為忤。於三月一日接事以來，自忖尚無隕越，未負所託。至本年二月廿八日，即屆滿一年，自不宜再妨賢路。擬自三月一日起辭去秘書主任兼職，以踐前言。敬乞　俯准，迅予派員接替為禱。謹上李院長。

八十四年二月二十七日，上午主管會報，李遠哲完全不提我辭職事，我乃說明：官場辭職，多用口頭，那是一種姿態，希望長官慰留；我逕提書面，旨在表示堅決，絕非戀棧；元月九日院長約談，勸我不要堅持以一年為期之前

言，希望我繼續相助為理，允之；二月二十一日再約談，則表示要物色一年輕人請我訓練，並說尚未找到人，故稍有所待，而二十四日下午，院中傳言接替之人選已定，遂於二十五日呈辭，請予三月一日辦理交接。李遠哲即說明經人介紹社科所戴華之情形，並謂將來辦公室要公文自動化。言外之意我不懂電腦也。我再盯著要三月一日交接，李遠哲不答，羅銅壁則耳語曰：不忙，再說。我繼提魏火曜院士病逝，側聞三月五日公祭，應否派交通車？李國偉接口云：此為小事，他本來打算要報告的。意思是說我又搶了他的光彩，使他失去在院長面前表現的機會。院士之公祭，竟衝口而出說是小事，太不知尊重人了！下午馮瑞麟來慰問，對此決定表示不以為然。晚凱悅3F李遠哲宴院士、評議員6桌吃春酒。我與羅銅壁鄰座，向他述說經過，既然於一月九日挽留繼續相助，我也答應了，為何又變卦？這不是故意給我難堪？羅說，後面一段他完全不知情。我又說，上午李說，常被指責不顧倫理，說羅是他老師而任副院長（可能有逼羅辭之意也不一定）。我曾立駁之，舉錢院長曾言任台大校長時，教育部長之資歷或較他為淺，但因係直屬長官，仍極力尊敬之。年齡及輩份高不一定非作高官。李遠哲暗示李國偉較我年輕而職位高於我，只是沒有說破。我問羅：李遠哲之言詞有玄機，不知作何感想？羅云，我當然懂，當初李遠哲謀取台大校長，我即明告不可能成功，可爭取院長，成功之可能性大，李遠哲說不懂行政，羅說屆時願相助一段時間。李接任院長後，即與之言明相助至何時，現距約定之期未到，時間一到就會走。其做法與我不謀而合。上午李遠哲又提及鄔宏潘、戴政因忠臣不事二主堅辭。琴南很反感，即駁云：秘書、總務、處長三職由研究人員兼，具有政務官味道，院長更換時，例應一辭，俾新任找人之空間，無關事二主事。我繼云，我已是三朝元老，與馮道之五朝尚差兩朝。晚宴時，李遠哲見到琴南即側目而過。八十四年六月二十七日，上午莊英章來談70分鐘，謂李遠哲於舊曆年前就找他接彭旭明之學術諮詢總會，說是張光直大力推薦，因出國，近日方接事。問我該會此前進行情形。又說李遠哲在初次找他時，即表示將由戴華接秘書主任。

八十四年二月二十八日，中午李遠哲來道謝，詢問十五日交接如何？答可。下午周延鑫來談，謂在二十一日之前與歐美所洪某吃飯，洪說聽說戴華

要來接秘書主任，確否？周答未聽說。翌日周延鑫即來我處聊天，不便明白問我，但見我毫無異動表示，認係誤傳，不料竟是真的！我說，由此更證明李遠哲在二月二十一日說尚未找到人，又是謊言！琴南又云，李國偉與楊重信談請他接李念萱為總務主任時，曾云共同為李遠哲效力，謂陶某不能配合，要換掉。楊深感可怕！他認為以處長之尊，同仁都應奉承之，偏偏陶某人不賣帳，自然要去之而後快。權位名利，看穿了就是那麼一回事，皆如過眼雲煙，當從權位上下來時，再後悔以前之所作所為，已經晚了。學歷史者，看著政治舞台上起高樓、樓塌了的事太多了。當大權在手時如不積點德，多行不義，終有自斃的一天！

八十四年三月四日，上午傅錫蓮、張正岡來商為我餞行事，經再三婉拒，仍不允，盛情難卻。三月五日，到近史所打掃研究室。

八十四年三月七日，主管會報，我催速批辭呈並指定監交人，以便造冊移交。下午周延鑫來談，昨赴台中開會，東吳物理系劉源俊搭他的便車，談及我辭秘書主任事，劉說，陶辭是李遠哲之一大損失，問由何人接？周答一學哲學的。劉云，秘書主任之工作豈是學哲學的人所能勝任？真是看得太簡單了。劉即告訴周：去年受李遠哲之託，推薦處長及秘書主任，劉曾問過其老師張玉法，張老師推薦處長三人，首為周延鑫，次為魏良才，三為李國偉，而秘書主任則只推薦陶某一人，認為除陶外，再無更適合的人了，劉源俊即親書此四人名單送至原分所。去年玉法告訴我有人向他徵詢人選，即照上述回答，但我問是何人向他徵詢時，則堅不吐露姓名，到現在才知是劉源俊。劉與吳大猷意見相左，與我則只有一面之緣，七十三年二月十三日，時任東吳大學教務長的劉源俊、與校長楊其銑來院談合作事時，曾到我秘書組辦公室稍坐。

八十四年三月八日，上午李國偉來送所批辭職書，李批：「請留任到三月十五日交接。遠哲84.2.28」李遠哲又書

聘任案
　　秘書組陶英惠主任，就任時答應再為院方服務一年，任期已至，也請辭職務，予以同意。

兹聘請社科所戴華博士為新任秘書組主任，於八十四年三月十五日始。是日將由院長主持交接，也請羅副院長、李處長出席參加交接儀式，並請李處長安排交接事誼〔宜〕，會後並安排與秘書組同仁茶會座談。

李遠哲　八十四年三月七日

寫的實在不通，而且還有錯字！李國偉又約十六日與總辦事處各主管為我送行，經再三推辭而勉強答應。三月十日，下午李國偉陪戴華來介紹與同人見面。

我這一生的工作，都是自己主動請辭，沒有被人辭退過；沒想到這最後一次，雖然在就任前就訂好退路，還是拖泥帶水被戲弄了一下，美中不足。

11、與明正遊金門

八十四年三月十一日，研究院為了解解嚴後金門地區的軍經建設，特請國防部總政治作戰部第二處安排赴金門參觀。這是我在秘書組最後的一次活動，因為明正尚未去過金門，所以偕同前往。毛兒送至松山軍用機場，乘8:00軍用專機赴金門，共三十人。此小型飛機飛行較慢，75分到達。參觀莒光樓、金門酒廠、古寧頭戰史館，在京都樓午餐，到鑑潭山莊休息，參觀八二三戰史館、民族文化村、獅山砲據點、馬山觀測站，下午開始下雨。司令官顏忠誠在鑑潭晚宴。飯後到山外村採購酒及貢糖。

三月十二日，6:30登大武山，回鑑潭早餐，再赴擎天廳、花崗石醫院、中山紀念林參觀，午吃高坑全牛大餐，即赴機場，13:50起飛，15:00返抵松山機場。毛兒來接。這是最後一次享受研究院的招待。行程十分緊迫。

八十四年三月十三日，上午羅銅壁召談我辭職經過，頗多慰勉之意，甚感。他說他當初也只允幫忙兩年。〔聘期至八十五年七月三十一日屆滿，由台大心理系楊國樞兼代副院長，自八月一日起。〕17:30活動中心秘書組慶生會並為我送行：到王珠美、吳碧寶、林麗華、張麗華、劉悅容、鍾美育、周梅櫻、陳燕惠、湯絢、林素琴、李坤華、鄭艷霞、張秀嫚、王靜厚、陳秀玉、鄭

蓮芳、譚玉燕，17人，合送我戒指4錢1分3厘。明正同去，送每人貢糖一包。

八十四年三月十四日，星期二。最後一次參加主管會報，我除感謝外，並勸各主管以後對基層同人之福利事，請慎重考慮。18:00活動中心二樓平面演講室「陶主任離職歡送餐會」，到六十餘人，六桌，有些人我並不認識，實在可感！發起人：傅錫蓮、張正岡，文曰：

> 陶英惠主任受院長重託兼代秘書主任一職，已屬滿一年，將於三月十五日辭去兼職，返所服務。謹訂於八十四年三月十四日〈星期二〉晚上舉行歡送餐會，有意參加餐會之同仁請簽名於後，地點將另行通知。

主人為：副院長羅銅壁·院長室李坤華、林素琴·秘書組江正添、張正岡、張秀嫚、陳秀玉、陳娥珍、傅錫蓮、湯絢、楊芳玲、劉尚智、劉悅容、鄭艷霞·人二室王新鳴、吳家興、黃偉斌。葉建朝。閻琴南、嚴克仁·總務組王中璽、王業濤、王萬來、古碧鴻、吳文芳、吳金雀、吳夢熊、呂俊升、李阿仁、李厚志、周東欉、金國良、姚秀桂、姬祥發、陳彥銘、陳復慶、陳智敏、張耀通、傅愛琴、黃高宗、黃進來、楊樹楠、劉光庭、潘忠雄、蔡結泰、賴英珠、盧丁財·會計室白雲、馮瑞麟、雷穎豪、鄭一誠、鄭功揚、戴行樑、謝慶華·人事室郭瑞如、黃明福、錢慧華·歐美所宋玉梅·資訊所何建明·生化所林中山·物理所陳鈞珍、謝雲生、謝傳平·計算中心林誠謙·社科所葉張繼·紀念館柯月足、洪月霞·周延鑫因在另間作東，不克參加，特送XO一瓶，王允去接機，不能來。退回三月十五日至三十一日之主管加給10,929元。

八十四年三月十五日，10:00在行政大樓3F第三會議室交接茶會，李遠哲送九龍鼎（後轉送惠鼎），謂我曾從三任院長，而鼎有三足也。他先讓我猜是什麼禮物？我說是悶燒鍋！他問何以猜是悶燒鍋？我未答，蓋指讓我少說話，一如吳大猷也。我說，七十年九月十六日接任時，只與萬紹章先生在清冊上蓋章而已，無任何儀式；七十七年五月十三日交給鄔宏潘時，由人事主任黃萬枝監交；八十三年二月二十八日自戴政手中接任時，羅副院長監交，今由院長監交。又謂天下無絕對公平之事，各同仁對一年中我之措施，尚能諒解

並予支持，至為感謝。由於深知上台容易下台難，故於去年接任時即為下台作了準備。

丁邦新兄是最早推薦我重回秘書組的老友，現在離開了，應該向他有個交代，乃於八十四年四月九日致函邦新兄，報告經過。附信如下：

邦新兄：

三月十五日弟已辭去秘書主任兼職，本應先向「繫鈴人」〔當初他也是推薦我之一人〕報告，說明未負所託及厚愛，只因瑣事太多，才拖到現在，深感抱歉！琴南兄甫自美返台，謂在機場與兄略談數語，藉悉兄已獲知此事，弟仍應報告一下始末，以免有傳聞之誤。

上年元月廿二日，院長召談，囑回秘書組相助為理，態度十分懇切，弟以毫無心理準備，未即答應，容慎重考慮後再議。二十五日上午李國偉（廿八日發表為處長，溯自二十六日生效）啣院長之命再來敦促，弟尚遲疑不能決定，但已勢不容推。廿七日上午院長巡視胡適紀念館（弟兼館主任）後再垂詢考慮之結果，並述說放棄美國高薪回來盡瘁於學術之雄心壯志，弟感其誠，乃答應下來。惟經數天考慮，並與老友熟商，終覺與他素無淵源，合作不免有些冒險，乃提出唯一之條件，即以一年為期，俾留一退路，同時也為院長著想，若認為弟不合適，忍耐至期滿再換人。敲定後乃於三月一日「復行視事」（自嘲語）。十二月廿七日弟在主管會報中報告任期尚有兩個月零幾天，表示無戀棧之意。本年元月九日下午院長特召去談院務，謂自本年起，將儘量減少外務，除教改會外，全心全力貫注於院內事，對弟之相助十分感謝，囑不要堅持一年之約，希繼續予以協助。弟遂說明當初自定一年為期之原因，除為自己退路著想外，也為院長另請高明時留一餘地。他說相處十個月，合作非常愉快，當初之顧慮是多餘的，勸繼續留任（聘書並無任期，弟於上年三月十七日首次以新職出席院務會議時曾當眾說明允兼一年，意在為下台時存證。）這時弟實不便再行堅持，以免「不識抬舉」之譏。（弟之自定聘期，定為想攀龍附鳳者所不解）遂答應繼續效勞，並客氣表示，如有合適人選，願隨時讓賢。不料二月廿一日上午院長又召談，謂處長較弟年輕，而位在弟上，對弟不公平，若找一年

輕同人由弟代為訓練，問弟是否會介意？即答以絕不介意，請速物色，以便於月底交卸，恰符合一年之約。他說尚未找到人選，俟找妥後再說。遂告退。這次召談，弟一進門，院長竟親將房門關起，原以為要談什麼機密大事，不料僅是弟之去留問題，不禁啞然失笑！記得七十七年掛冠時，吳院長於五月七日召談，也是由院長緊鎖房門。弟自問並未做出不可告人之事，對兩次不謀而合之關門舉動，頗覺有趣！不免要問：究竟為何如此心虛？二月二十四日下午，幾位關心的老友相繼來求證繼任人選，原來在廿一日召談之前就已洽妥，早已成了公開的秘密，只有弟尚被蒙在鼓裡，心中真不是味道，遂於晚間草擬辭呈，翌晨遞出。由於繼任者適出國開會（所謂「尚未找到」，大約指不在國內），故延至三月十五日交接。大致經過如此。羅副院長事後表示，他雖負責行政，但對換人事毫無所悉，而張副院長在美國，更不可能被告知，弟作夢也未想到會重作馮婦，既接事又自定「刑」期，期滿回所，乃非常自然之事。唯一感到不解及遺憾者，即元月九日何必表演一下挽留之戲？弟已點頭了，又於二月廿一日逐客。當初奉召時，來不來在弟；如今主人揮揮手，則不能不即去。「聖人不仁，以百姓為芻狗。」有權者視弟為芻狗，用完即丟。所幸先自定一年之約，尚可藉此為自己找個台階，保留了一點阿Q式的尊嚴，否則便只有告老一途。（廿一日曾謂弟要退休，不便再「借重」，弟僅苦笑而未辯解。）貌似忠厚的聖人，也會耍弄人，真是活到老、學到老。廢話太多，旨在請兄了解全部經過，作為今後相處之參考，務請不要再提此事，以免被人認為弟真有戀棧之意了。春夏之交，冷熱無常，請多珍重。專此　敬祝

儷安

弟英惠　拜上　八十四年四月九日晚　十日寄出。

第九章　我與胡適紀念館的一段淵緣
——由間接協助變成直接負責館務

胡適（適之，1891-1962）先生，於民國五十一年二月二十四日以心臟病發猝逝時，我還在國史館服務。同年十月十八日中央研究院在第三次院務會議中決議：將胡適之先生故居完全供作「胡適紀念館」之用。我萬萬沒想到，三十一年後的八十二年八月一日，竟然榮膺胡適紀念館的主任，直到民國八十九年二月一日屆齡退休，同年九月十三日交卸此項兼職，前後竟長達七年之久。

民國六十六年三月，中研院開始辦理申購第一批公教住宅，定名為元培新村，藉以紀念創院的蔡元培院長。我選購造價便宜的四樓，完工後於六十八年四月二十二日遷居，胡適紀念館主任王志維先生與我們成了對門鄰居。

王先生長子大慶在美工作，次子大陸為華航駕駛。六十八年十月，我接到在香港的表哥轉來家信，方知母親於六十五年四月十八日在濟南病逝，表哥孫盛林自香港轉寄來母親的照片，卻被情報局查扣，母親已經仙逝，無法再拍照片，幸虧王大陸在飛香港時，將補寄到表哥處的照片親自帶來，令我感激之至！

一、以秘書組主任多予協助

民國七十年七月十六日，我赴歐洲旅遊一個月，返台後，喘息未定，錢思亮院長即於八月十八日約談，要借調我至總辦事處兼秘書組主任。王志維告訴我，五年前秘書組萬紹章主任要屆齡退休，即決定由我兼任；旋因萬主任改為編纂，得延長至七十歲，故擱置下來；今年八月，萬主任又到了屆齡退休之

年，故舊事重提。此前，他雖知道此事，因未成事實，故未相告。

八月二十一日晚，為了想對總辦事處多一點了解，特與王志維長談。他時任胡適紀念館主任，曾在胡適身邊工作甚久，民國三十六、七年在北平時，即經常為借書事與胡適有所往還，在南港，胡適把自己的保險箱也交其保管。所以，他對紀念館各種資料之來龍去脈，知之甚詳；曾於七十五年四月四日及二十三日兩度與我談起，年事日高，萬一有個病痛，館中各種資料之原委，將無人了解，所以要隨時就其所知告訴我，實有為這些珍貴資料「託孤」的味道，令我深受感動。兩人經常就紀念館之各種問題交換意見，我因為職務上的關係，也得以從旁協助解決，故對館中之事，有較多的了解。及八十二年七月三十一日王志維辭職赴美定居，吳大猷院長聘我為紀念館委員並兼館主任，由間接參與變成了直接負責館務。民國八十九年二月一日屆齡退休，直至同年九月十三日始交卸館主任兼職，前後長達七年之久。

五十一年十二月六日，中研院第四次院務會議，通過以總務主任聘為胡適紀念館當然委員，主要的是便於支援紀念館之修繕與維護工作。這時的總務主任即王志維。五十二年七月二十四日，管理委員會第十一次委員會議，又公推王志維兼任館主任，其夫人張彥雲女士則在紀念館義務助理。王志維後又調任人事室主任，於民國六十九年三月自公職退休，但仍兼管紀念館的事務。

紀念館不是中研院的法定單位，沒有固定的預算，只能靠美國美亞保險公司負責人史塔〔史帶〕氏C.V.Starr曾三次捐贈美金貳萬伍仟元、參仟元、貳萬伍仟元（折合新台幣共貳百壹拾貳萬元）作為胡適紀念館基金，只用利息，其基金不得動用。所以研究院在支援紀念館方面總有些不便。因為和王志維鄰居的關係，兩家相處極為融洽，也常互相造訪話話家常。因此，對紀念館的困難之處，也多了一些了解。我總是就我能力所及，儘量予以協助解決。而王志維也經常談起他與胡先生由相識、相交，到推心置腹，心裡的話都毫無保留的告訴了他。而王志維也感到自己的年齡和健康情形，一天比一天差，也暗含將來有一天要把紀念館交我接手之意。我有記日記的習慣，王先生所談到的重大事情，大都約略記了下來，不是為接任其職務，而是基於保留與胡先生有關的史料。

二、胡適紀念館在院中的尷尬地位

　　民國六十九年十一月十七日，王志維來談胡適的一些往事：胡先生逝後由王世杰接任院長，因為王院長要看胡先生的日記，胡老太太及王志維因顧忌內容如有不妥，會招惹麻煩，乃以係受胡先生私人所託，非公物拒之。使王院長不甚愉快；連帶對紀念館以及胡老太太亦有些不滿。紀念館在院中無地位蓋由此起。至於錢思亮院長的夫人，因為抗戰時期住在上海租界，與胡老太太住得很近，而且都喜歡打牌，相處久了，因拜胡老太太為義母；後來胡先生對錢先生也不次提拔，地位日隆。胡先生在世時，即住在台大錢校長福州街公館，每天訪客盈門，開支浩繁，而錢校長一向廉潔，入不敷出，有苦難言。[1]及胡先生猝逝，錢夫人與胡老太太的接觸也漸漸少了，胡老太太非常傷心。紀念館在中研院之所以任其自生自滅，與王、錢兩院長之態度有莫大關係。

　　王志維夫婦苦撐維持紀念館，乃感念一段知遇之恩。胡適日記手稿，原存放在美國，胡先生認為日記內容會惹禍，不要帶來；胡老太太來台時，卻無意中將之帶來。胡先生逝後，指定毛子水，楊聯陞兩人負責審閱胡先生的一切著作，楊先生曾看過，認為偶有對蔣中正總統及對國民黨有批評處，多出於善意之建議，刊布無妨；胡老太太也同意，但費用太昂，又不願開口請王、錢先後兩院長協助，故先印胡先生的手稿，並與王志維相商，俟有回頭錢而又有多餘的款項時，再以之印日記。不料忽然發生文星書店印《胡適選集》案，胡老太太大怒，連手稿也予以停印，印日記事遂遭擱置，以後又將日記運回美國。留在大陸一本半日記，香港《大成雜誌》曾予以摘錄。

---

[1]　據周天健談：胡適回台後住錢思亮家，每天客人不斷，吃飯加菜，錢家支應困難，幾無錢買菜，夫人向總務長高化公訴苦，高令工務組長設法、此人因不願造假賬報銷而請辭，錢校長不知其為何辭，因頗賞識其才幹，故挽留，此人不便言明真相，堅辭後獲准。推想高可能為此人之辭受錢責備，轉而對胡不滿，連帶以後對紀念館也不滿、不支持。世事之難以了解類此。

三、臨時僱員李女士補實缺

在五年計畫實施前，研究院的員額非常緊縮。民國五十六年三月十五日，胡適紀念館主任委員凌純聲（民族學研究所所長）函總務組，謂館中臨時工張阿財從二月九日回家過年，即稱病不歸；自三月起改用李女士為臨時僱員。七十二年十一月二十五日，主任委員高去尋函總務主任趙保軒：約僱書記李女士來館近十七年，聞總辦事處近出一技工缺，請惠予考慮以李補此缺。

民國七十三年九月二十七日上午九時許，吳大猷院長忽然約我和王志維、會計主任蔣繼先、總務主任趙保軒去談胡適紀念館問題，因為昨天總統府秘書長蔣彥士問起胡適紀念館情形，至於為何忽然問起這個問題，我不知道。對過去院不支持情形使吳院長有所了解。王世杰不關心，高化臣也不關心，錢思亮受高的影響，也不太過問紀念館事。總務主任趙保軒是王院長武漢大學的學生，受王世杰影響，亦不支持，最後連領個掃把也不給了。今天上午吳大猷僅了解大概情形，對臨時人員待遇作合理調整，與其他人相同。韓忠謨則順水人情，令趙保軒速補李。趙以困難重重漫應之。王志維請趙保軒支持修理棚子、保養冷氣、趙均拒之。九月二十九日，胡適紀念館的冷氣機銹的很嚴重，請總務組保養，趙保軒不允。錢故院長家三台冷氣機今天送院，與閻琴南商一部裝樓上，兩部裝紀念館。

七十三年十月三十日，胡適紀念館主委高去尋電約明天談紀念館事，認為王志維胡來，說一大堆；王志維則電告高去尋不講理，究竟誰是誰非，與我何干！三十一日，高去尋來談七十分鐘，只批評王之不對，身為主委啥事也不管，不為人爭取待遇，到頭來反責人不對，我越聽越氣，最後直言：請提供具體的辦法，解決目前之困難，我不再參加任何意見。

十一月一日，下午陪王志維見韓忠謨，先補李為書記，以按日計酬付王志維待遇，總務組支援修繕。十一月十九日，李補實，決定用13個學評審議名額。旋將結果告訴王志維，王將我比之為其「貴人」，公私均大力助之。

七十四年五月十日，上午王志維陪胡祖望來訪，謝我對紀念館之多方關

照。十二日胡祖望出具將全部《胡適日記》一箱帶回美國，王志維留有副本。十一月二十日，王志維來談《胡適日記》，胡適故世後，胡老太太買相機送給王志維，令拍照留館，原日記託游建文（時任駐美總領事）之妹建英以外交郵包帶美，存銀行保險箱中。另存國會圖書館一部分，並做微捲存紀念館。王世杰曾約毛子水到館同看，毛先期告知老太太，老太太即乘計程車來館將日記取走。（老太太曾至王世杰辦公室門口警告不要太過分，否則即公開其致胡信，王始未再對紀念館採取進一步行動。至於信之內容則未提。）後買保險箱保存，阮維周代總幹事拒絕報銷，及李亦園代總幹事，仰王世杰意對王志維百般施壓，並有開除之意。胡頌平隨侍胡適左右，隨時紀錄其言行，嚴重影響胡之生活自由，頗厭之。胡日記及韋蓮司百餘封信，均有影本存館。王志維忍辱負重保管至今，壓力很大。吳大猷頗重視胡日記，我認為由吳院長出面處理，任何外界之干預他均可擔起，而且他也是立場比較超然之人。如能印出，將嘉惠學人，並可疏解其保管壓力。胡適對王志維信任之專，遠超過其子祖望。志維對我之信任，也有些出乎意外。

十一月二十一日，所務會議。會後與玉法商爭取胡適紀念館的資料事，萬不可落入他所手中。十二月十日，王志維談編印胡適全集事，謂聯經公司劉國瑞有意承擔，請王震邦來談。

七十五年三月二十日，王志維腎結石開刀。下午外交部新聞司劉仁薈小姐陪前印度駐韓大使白春暉V. V. Paranjpe參觀胡適紀念館，主任委員高去尋竟置之不理，劉仁薈央我以院的秘書主任身分代為接待。

四月一日，王志維來談，擬排印《胡適日記》交遠流出版，請我先看一遍，因高去尋不管事。

四月三日，下午與韓忠謨談遠東圖書公司與胡適紀念館訴訟案，遠東委其律師武忠森函查4點，我送王志維與其律師研擬一稿作答，韓認為不妥，問引起訴訟之因，韓堅持胡適與遠東之合約是假的。我說我們認定真假無效，須由法官判定方作數。他仍堅持如故，又說王志維處理欠妥，應發表聲明。我說曾多次登報說明，並出示剪報。韓說未看過，但仍認為王未發表聲明說明真相。我真無話可說。韓又認為王不應將胡適著作拿出去賣錢。我說，紀念館基金只

餘百餘萬，印書除貼補紀念館開銷外，又可使胡之著作廣為學界所利用。韓仍不以為然。

四月四日，李龢到紀念館看王志維，葉良才（中基會財務經理？）保管中基會一批剪報及蔡元培、胡適、孫科、傅斯年、周詒春等人往返函件，影送李龢（代理幹事長），李送紀念館保存，謂胡適憑機智撲滅了楊銓（杏佛）所放的一把火。王志維上午來與我談此事，感到健康日差，萬一有意外，這些珍貴資料將無人接頭，擬交我影存一份。又說珍貴資料均鎖在保險箱中，其開啟方法已教會其夫人。頗有託孤意，不禁有滄涼之感。四月二十三日，王志維來談韋蓮司原信已交給胡祖望，紀念館留有影本。又云在館與胡頌平互無往來。

七月一日，王志維上午電告紀念館與遠東訴訟事，又云李女士卒後，已收到約20張八行書擬補李女士缺者，尚不知如何處理，擬由王太太張彥雲遞補，請我相助，真不知如何助起，允拒兩難。

七月三日，韓忠謨對胡適紀念館訟案至不滿，地方法院又來函查詢館與院的關係，韓囑答覆時，力求劃清界限，以不涉及院為主。如何能劃得清？

七月七日，韓對紀念館訟案至表不滿，上午竟問我：當初院務會議為何通過成立紀念館？問的多沒道理！在成立紀念館時，我還沒有來院呢！七月八日，上午高去尋來談胡適紀念館補人事，謂張彥雲於初二時結婚，不可能是憲群女中高中畢業，而現在本院晉用行政人員最低學歷為高中畢業，顯不合格。又云，于宗先、文崇一皆主張將王志維調離紀念館，王也允辭，惟訟案未了尚不能辭。七月九日，王志維來談，對他太太在館義務相助這麼多年，連補個最低的職員都沒有希望，失望之極，不想再蚵在紀念館了，擬辭。我亦愛莫能助。

四、高去尋辭主任委員，呂實強繼任

民國六十七年七月二十一日，胡適紀念館主任委員凌純聲病逝後，由歷史語言所研究員高去尋兼代主任委員，七十年十月二十二日真除；七十五年八月十九日，吳大猷院長召談，並出示主任委員高去尋辭呈，問我如何處理？答以高主委既然倦勤，而且數年來任由紀念館自生自滅，似可換個人予以整頓一

下。又問由誰繼任為宜？答容考慮後回復。下午王志維來探高辭職消息，並商量繼任人選，王主張由我接任，答絕不可以。擬由近史所張玉法所長兼任，經徵詢張所長意見，以所務太忙，無法兼顧，建議由甫卸任所長之呂實強擔任，並允代請呂先生偏勞。王志維又提將王太太補實事，建議即簽報高去尋主委，高主委同意後提人事會審議。王志維認為呂與高兩人有私交，對我提呂先生不免有些顧慮，我說應以大局為重，將個人恩怨擺在一邊，更不要有先入為主之成見。他才釋然。

八月二十日上午，與吳院長談紀念館主任委員繼任人選事，建議由呂實強先生接任，他是院中資深的研究人員，曾任近史所所長六年，甫於去年八月任期屆滿卸任，論資歷、聲望都非常適當；並曾徵詢其意見；吳院長認為呂先生是非常適當的人選，深表同意。即批高主委之辭呈「勉予同意」。

高之辭，不知究為何事；他與王志維為史語所多年的老同事，但相處並不和睦；尤其是對於館務，兩人意見常常相左，而且各持己見，實在難以順利推行；而高先生已是年近八旬之人，也可能已不勝繁劇，才萌倦勤之意。

王志維簽由張彥雲補李女士缺，我再三斟酌，不宜將此棘手之案留給新任的呂實強主委，令他為難，乃逕請吳院長批提人事會；王太太以年近六十之人，尚在爭取此一甚低的職位，可能是在紀念館作義工多年，沒任何名義和職位，更沒有待遇，總有點不甘心；另在感情上總是有點不捨，無論職位高低，在精神上總可有點寄託。

八月二十一日，張彥雲補李缺案，吳院長批：提人事會審議。

八月二十五日，吳院長聘近史所研究員呂實強兼任胡適紀念館主任委員，九月二十三日上午十時，新舊主委呂實強、高去尋交接，吳院長親自到紀念館監交，可見他對紀念館重視之一斑！吳院長認為呂先生治近代史，以之接任主任委員最理想。又云：已請毛子水先生函楊聯陞先生，請授權本院編印胡適全集。高先生不免感到臉上無光，在任多年啥事也未做，乃稱當年係錢思亮院長批不能編印。

七十五年十月二日晚，與玉法聊天，他說王志維請呂實強兄進用徐高阮的女兒靜華到紀念館工作，接替王太太缺，王太太則補書記。十月三十日，上午

開人事會，張彥雲補書記通過。十一月十三日，王志維來請為張彥雲作保，又簽請以徐高阮女兒靜華補張彥雲臨時人員缺。十二月十八日，韓忠謨批同意約用徐靜華案。

我向來抱持胡適紀念館存在的意義，不應只是用來消極的展示一些胡先生用過的衣物或手稿，供小學生或學人走馬觀花的看看；而是應積極的把胡先生未發表的手稿編印出來，讓所有的學人可以利用、研究，於是將拙見簽報吳大猷院長。吳院長對我這個想法頗表贊同，可是他說：「整理胡先生的檔案，既沒有人，也沒有錢，如何進行？」我於是向張玉法所長求救，商量可否從五年計畫尚未進用的名額中彈性撥出兩個，協助紀念館整理資料。此於所方並無損失，且名額不夠還可再向院方爭取。緣當時五年計畫實施未久，各所名額相當寬鬆，是以張所長慨允支持。如此一來，人力和經費的問題均獲圓滿解決。及呂實強接任主任委員後，他也認為此項工作不宜任其長期陷於停頓狀態，乃積極籌思進行，在七十六年二月十九日所主持之紀念館管理委員會第六十九次會議中提出討論，決議增聘研究人員，從事資料之整理、編纂與研究工作。此案於七十六年五月二十三日提至第十三屆評議會第一次會議討論，沒想到開會時史語所有異議，主張將二位編輯人員用他們所裡的員額。我雖反對，但不便堅持，為息事寧人，乃跟吳院長建議，如此爭執下去不能解決問題，誰出員額均無不可，不如兩所各出一名額，吳院長即照此裁決。以後史語所進用趙潤海先生，近史所進用萬麗鵑小姐，兩人分別於七十八年十月及七十九年一月到館工作，紀念館方才有了專任編撰人員。

七十六年五月二十六日，呂實強來談紀念館問題，謂吳大猷允在中基會為王志維爭點報酬，H君則說王太太不是已在紀念館補實了嗎！意即太太有薪水，先生就可純盡義務！

七十六年七月十五日，王志維待遇案，吳院長照H意批那廉君、王大文、程光遠係佔缺進用，王志維不能援例。H又在騙吳，那公等皆退休之人，何來缺額？我問王志維是如何得罪了H？為何他總是與紀念館過不去？王云，有人曾告知，遠東公司之總經理係江蘇泰縣人，與H既是本家又是同鄉，可能因有此層關係，故明顯祖護遠東。若果真如此！H處處與胡適紀念館作對之謎底，

終於揭開。十月十四日，收遠東公司存證函，詢王志維退休日期等，十七日批不復。

五、H之不可理喻

七十七年一月八日，H為本院行政人員資格、送審事，竟批評蔡元培院長「老氣橫秋」、民國二十八年立法不當；又責民國三十六年朱家驊院長修法而不送國民政府備案，致造成今日處理之困難。正談間吳大猷院長進來，吳又提王志維事懸而未決，H又強調紀念館非本院組織系統內之單位，本院不必過問，已支援維護經費及其他人員經費矣。意為已仁至義盡。我遂怒氣沖天，仍強自鎮靜斥之曰：紀念館雖非組織系統內之單位，但不能不承認為本院單位之一，其他人員之經費可以負擔，為何不能負擔王志維的？王每月僅從紀念館基金利息項下支領2600元，實在有點說不過去，傳出去多難聽！H云，若承認其為本院單位之一，則早捲入與遠東之訟案矣；況且其太太已為正式職員，領了一份薪水了。我氣極，真無話可說了。又訟案事，若由本院出面，整個局面將完全改觀，紀念館所以敗訴，正由於本院將館劃出之故。H尚為法學教授，連這點道理也想不透，簡直是糊塗透頂！

七十九年七月二十三日，上午李又寧教授來談，胡適之夫人好打牌，耽誤了胡很多時間，只有容忍之。其生前備受國共雙方排斥，雖名滿天下，但不得志。我說，他死後，本院院長、總幹事對其著述均不注意，即紀念館，也不熱心照顧。H則更是要將館與院區隔開，劃清界限。結論是：生不逢辰，死也不逢辰。

六、忽被聘任胡適紀念館主任

民國八十二年七月八日，我與實中老友組團首次赴美旅遊十七天，七月二十四日返抵中正機場。二十五日上午，呂實強約談，謂王志維夫婦於三月十九日赴美，因跌倒受傷，至今未歸，胡適紀念館主任虛懸已久，王先生請辭，請

我接任胡適紀念館。並曾先與吳大猷院長談，請他指定人選，吳院長無人可聘，則請呂實強推薦，呂謂有一適當人選，恐院長有意見，未便提出。吳問是何人？呂以陶某對。吳云，當初陶先生係與韓忠謨不和，站在院長立場，只能支持韓（吳向以是非分明自許，不料竟也支持官大者，雖然他也知道官大者不一定是對的。）他本人對陶某並無成見，立即同意由陶某接充。當年我與張玉法合力拖呂實強兼任胡適紀念館管理委員會主任委員，現在他先與玉法商由我兼館主任，自未便峻拒。又衡諸王志維夫婦，由我接充，他們當可接受。遂允之。呂實強云，每月津貼5000元，明天即簽報院長核定，以免史語所橫生枝節。我堅拒支領報酬，但他一定要我領。我建議在簽報前，先向所長陳三井兄說明，表示尊重。大呂初末考慮到這點，允先知會三井兄。民國七十年遊歐回來，即被任秘書主任；今旅美回來，則接紀念館主任。內子明正戲謂官越作越小了。其實兩職皆係出乎意料之事，都沒有鑽營。我原來是從旁協助胡適紀念館，解決一些問題；現在則是自己接下了這個重擔，真非始料所及！

附：呂實強給吳大猷院長報告文

1、以胡適紀念館主任王志維先生自今年3月19日請假去美國探親，後以腿骨跌傷，一時不能返回。經多次往返信函及由其次子王大陸轉達交換意見，現確定王先生一時尚不能回來，即回來亦難以繼續照顧館務。為此必需另行請人接替。

2、以紀念館雖然範圍有限，但其收藏多甚珍貴；且以胡先生生前之貢獻與聲譽，館主任一職，不能不尋求穩妥可靠並具有相當資望之人兼任。經再三考慮，認為近史所研究員陶英惠先生洵為相宜。因陶先生以研究蔡元培及學術思想史著稱，為人忠誠厚恕，且有行政經驗。以此，擬向　鈞座推薦，是否可聘其為紀念館管理委員會委員兼館主任，敬請鈞核。

7月26日

七月三十一日，收到胡適紀念館管理委員會聘為委員兼館主任聘書，自八月一日生效，無任期。按照館之組織規程，委員應由院務會議通過後始可發聘，呂實強不懂，吳院長也不懂，呂簽吳批即發聘。有權者率皆如此。我自八月一日接到聘書，直到四個月之後的十二月三日始完成交接，其中的曲折真是一言難盡！而王太太張彥雲業於七月以書記辦理退休，呂主任委員事後才知道，連挽留的機會都沒有。

　　八月二十七日，南山人壽陳楊美芬協理看到七月十日《中時晚報》刊登〈胡適紀念館受冷落〉之報導，欲有所捐贈，惟須先向財政部洽商是否合法，即將紀念館組織章程寄去備用。九月八日上午10:00，南山人壽楊美芬協理偕郭文德副董事長、副總經理林志偉、總經理梁家駒來送捐贈支票200,000元。王太太說最後一個心願，即將胡適墓園破損之墓碑換新，足見她對胡先生愛護之情。十一月九日，我即用南山人壽所捐之二十萬元，由明星石材廠重做墓碑，用去十八萬元。

　　八十三年一月二十七日上午，陳宏正陪李遠哲院長到胡適紀念館，看如何由院支援事。由主任委員呂實強簡報目前之困難及解決之道。李遠哲允將此問題放在心上。紀念館的建築，已三十多年，我於五月二十三日，在主管會報提胡適紀念館更換三十多年之電線、翻修屋頂事。幾經磋商，由院先撥五十萬元。直至八十四年二月十四日，紀念館修繕工程驗收共用近四百萬元，基金已所餘無幾。

　　十月二十七日，紀念館上午開會，商量與北大、北京社科院的近代史研究所、安徽的教育出版社研究胡適的學者們，都沒有私心的將胡適的資料拿出來，共同合作編一套胡適全集，胡適的文件，大概就是在這幾個地方庋藏，我努力了很久，可是以失敗收場。主要的是安徽方面和北京社科院近史所教授不睦，而且成見極深，根本不能合作；安徽方面就自己成立了編委會，於1996年9月推季羨林為總編輯，我及耿雲志、嚴雲綬被掛名副總編輯，他們怎麼開的會，怎麼成立的編委會，要如何編？我完全不知道。但是能和季羨林老鄉長的名字排在一起，真是與有榮焉。

　　八十八年四月一日上午，季羨林與北大副校長郝斌、李玉潔及台大圖書

館副主任林光美女士忽然來中研院，先拜會副院長楊國樞，11:20楊竟派其辦公室工友陪同季老先生至胡適紀念館。楊某對季老學術地位之無知、不尊重，可見一斑。我及呂芳上所長在館接待，再陪到胡先生墓上獻花致敬。季老說此行最大目的在向胡先生致敬，以了生平大願。今天出大太陽，氣溫高到30℃以上，89歲高齡昨又發高燒，仍力疾步行上山，令人敬佩！單程共有72個台階，我小心翼翼的攙扶著他，唯恐有什麼閃失。所長約了幾位同仁在活動中心午宴款待。下午季老又轉赴台大到傅園獻花，老輩念舊之風範，令人肅然起敬！席間我略提安徽編胡適全集事，季老即岔開話題，散席後單獨對我說，他也不清楚《胡適全集》編輯情形，又勸我看在胡先生面勿退副主編之聘，他認為胡先生之著作有人肯印出來是件好事。我聽後深受感動。郝斌說，胡先生遺囑現藏社科院之檔案指定給北大，因此兩下尚有爭議。又說，把持材料是人之通病，胡先生之材料永遠不可能集中在一起。猶如榨甘蔗汁，非到材料用盡只剩下渣滓不會交出來。確為一針見血之言！季老回去後，即寫了一篇〈當我站在胡適之先生的墓前〉一文，我有幸親眼目睹這次的經過。季老看起來就像我山東鄉下的老頭，質樸、誠懇、平易近人，非常親切，的確有大師風範！

七、紀念館的轉型——改隸近代史研究所

紀念館自民國五十一年成立以來，既未正式納入中研院編制，亦未建立財團法人，而外人捐贈之少數基金，由於物價逐漸增高，利息不斷降低，中研院之支助款項，又不能列入正式預算，困難遂日益增加。根本解決之道，就是必須使紀念館制度化，即變成研究院的一個單位，有固定的預算，才可長久維持。儘管吳大猷院長很支持將紀念館變成院方的單位，也曾想方設法欲謀求解決之道，但礙於法令規定，始終未能籌得良策。一直要到八十六年十一月十一日，由楊國樞副院長邀集近史所呂芳上所長及總辦事處各有關單位主管召開「胡適紀念館在制度上定位問題」協調會，獲致四項結論：

「(1)關於本院組織法修法時將本館納入編制此一方案,因組織法修法業已報院務會議討論大致定案,胡適紀念館並未單獨編制,故不予考慮。擬採第二方案,將胡適紀念館隸屬於近史所。(2)仍保留紀念館原來名義,惟原『管理委員會』建議改為『指導委員會』。(3)現有兩位研究人員仍歸屬於近史所及史語所。另行政人員及工友之歸建 在不影響胡適紀念館之運作及近史所財務負擔下,逐步辦理。(4)有關該館財產及基金歸屬問題,俟該館歸併於近史所後再予處理。」

近史所於八十六年十一月二十七日舉行所務會議,就協調會之四項結論討論後,決議:「通過納入本所編制。」再經提報八十六年十二月十八日第六次院務會議討論,決議:「通過」。八十七年元月十九日,管理委員會主任委員呂實強代表紀念館與近史所呂芳上所長舉行交接儀式。至是,紀念館在制度上定位問題總算獲得了解決。

高去尋辭主委,由呂實強接任主委,已把館和所的關係拉近,再相機併到所裡來。呂實強、張玉法和我三個山東人,完全沒有一點私心,只有一個默契,就是想為所開疆闢土。呂實強接了主委,張玉法在所,我在祕書組,三人通力合作,沒想到我離開祕書組時,王志維辭職,呂實強要我接王缺,當初是我拖他下紀念館這塘渾水,他找我,我哪能推,而且自認與王先生對門鄰居多年,相處融洽,接任應該很順利,沒想到還是產生許多波折。總算完成了交接。我們為所增加了一塊園地,沒想到所內又謠言四起,謂呂實強主任委員攬權、想把紀念館自外於近史所,不受所的約束。呂實強和我主要的意思,不要把紀念館的等級矮化為所之下的一個單位,以示對胡先生的尊崇,一切均屬近史所〔這就是我們奮鬥多年的終極目標,有了固定預算,可以維持、發展〕,只是名義叫中央研究院胡適紀念館,如此而已,於是引起很多人的猜測和覬覦,呂實強立即交印辭職,藉以止謗、明志。我因要負責辦理移交,又拖了一段時間。我於八十九年二月一日屆齡退休;九月十三日辭去兼館主任,拜託楊翠華接任。我生性儉樸,不會花公家的錢(那時也沒有錢可花),也不懂得設計、布置,現在的紀念館,布置得美侖美奐,看了令人賞心悅目,這都是翠華

及其以後幾位負責人的功勞。往事不能如煙，特將我所知道的這段經過，寫下來留一個紀錄。

第十章　為桑梓文化略盡棉薄

一、《新知雜誌》四年〈1971.02.01.～1974.12.01.〉

先由《新知雜誌》說起。五十九年七月底，老同學張玉法留美歸來，自然懷有書生論政、書生報國之壯志。民國初年創辦《獨立評論》、《現代評論》的人，都由是由學人論政而平步青雲，我想玉法受此影響而創辦《新知雜誌》。他對印刷外行，我不能置身事外，和一些好友盡力協助辦起了《新知雜誌》雙月刊，自六十年二月一日出版，至六十三年十二月一日第四年第六期出版後結束，維持了整整四年。

二、編《山東文獻》季刊二十八年

《新知雜誌》停刊後，玉法又策劃創辦了《山東文獻》季刊，於六十四年六月二十日創刊，至九十二年三月二十日第28卷，第4期出版止，歷時二十八年。實際負責編務的，是同在近史所工作的張存武、張玉法及英惠三人輪流；七十年張存武兄辭去編輯，只有玉法和英惠二人輪流編輯，人生有幾個二十八年？為了稿源、資金等，箇中辛苦，真是一言難盡！

我在《山東人在台灣叢書—新聞篇》第五章，第二節，頁140～151，寫了一篇介紹〈山東人對台灣雜誌事業之貢獻〉，竟然被李主編擅改題目，並署名李瞻，「第二節　張玉法：《山東文獻》總編輯」，下未署名，看起來這一章都是主編寫的。只有在內文中，用很小的字排了「陶英惠」三個字。

《山東文獻》至1990年創刊十五周年時，發行人楊展雲（鵬飛）老師、社長劉安祺（壽公）、總編輯宋梅村委員三位大老，以玉法兄及英惠為《山東

文獻》事頗盡心力，特分別賜頒銀盾，由孔奉祀官德成（達生）親題「吾魯健者」，文曰：

> 吾魯夙稱舊邦，風土文物，世所嚮往。自大陸變色，人倫蕩然，山東傳統，難以為繼。玉法、英惠兩兄有鑒於此，乃有出版山東文獻之議，鵬飛兄嘉其志，力邀壽如、梅村兩兄，各方呼應，並促其實現。十五年來，二位史家為文獻、為鄉誼，戮力不輟。欽佩之餘，囑題辭以贈，特書於右。

三、參與《民國山東通志》之編纂

《山東文獻》甫告結束，玉法又開始籌編《民國山東通志》，均以要為山東留些史料、為山東人盡一分力量，一頂大帽子，不容我推辭。《民國山東通志》共分三十二卷，我除了分擔看其他各卷文稿外，並負責末卷《人物志》的編纂。於民國九十一年九月十二日，由山東文獻雜誌社出版。

四、與王志信篤修師合編《山東流亡學校史》

大致來說，山東流亡學生可分為抗日及反共兩個時期，前者自二十六年七七事變起，至三十四年抗戰勝利止；山東各校後遷，為全國獨有之創舉；十二年後，山東又有八所聯合中學播遷來台，人數之多，亦非其他省份所能望其項背。當時台灣大學校長傅斯年（孟真）先生，曾翹起姆指大聲對篤修師稱讚說：「這是我們山東人的壯舉！」

民國八十四年六月十三日，我接到王篤修師電話，謂《山東文獻》編輯部在台北的工作同仁，如李雲漢、張存武、王曾才、朱炎、趙儒生、張玉法及我等，都是當年的流亡學生，自六十四年六月《山東文獻》創刊後，特別留意搜集、刊布有關山東之教育史料，二十餘年來，僅就流亡學生方面來說，已累積了不少篇，這些珍貴資料，得來不易，若能輯為一冊，單獨印行，對保管、

參閱都非常方便，更重要的是可以廣為流傳，垂諸久遠！「今我不述，後生何聞。」當年苦難的日子雖已過去，可是我們那一段悲壯的歷史，卻不宜任其隨風而逝！篤修師又慮及我等皆有公職，或無多餘的時間致力於此，他老人家願意擔任編輯的工作。他是了解全盤經過最詳細的一人，由他主持整理這些片片斷斷的資料，將上述兩個時期山東流亡學校有關的史料，編成上、中、下三卷印行，以保存齊魯青年捍衛國家民族文化的義行壯舉，以及艱苦奮鬥的珍貴史篇，自是最適當的人選。我等自然非常贊成，並將《山東文獻》一全套送去，供編選之用。經過三個多月，便已整理妥當。我於十月十七日將書稿取回，安排印行事宜。自八十四年六月篤修師開始策劃、編輯，到八十五年六月由山東文獻雜誌社出版，為時恰好一年。在編印過程中，張玉法兄及我只是在排校的瑣事方面為老師分擔了一部分勞務，而老師堅囑玉法及我列名合編，玉法兄則一再謙辭。老師又指定我撰擬序言，交代一下編印經過。一方面不宜過拂其「功成不居」之美意，再者也想讓老師節勞，遂勉從師命。謹將編印經過作一報告；以之為序，實屬僭越，內心深感不安。由於師命難違，乃本「有事弟子服其勞」之義以自解，尚祈方家曲諒為幸。最重要的，是讓後人永遠記得，在那個多災多難的年代，有那麼多的教育家所做的偉大貢獻。

五、與張玉法合編《山東流亡學生史》

民國八十四年六月，王校長志信（篤修）師著手編輯《山東流亡學校史》，我奉囑擔任助理。該書於八十五年六月順利完成，編印出版。在編印期間，篤修師也蒐集了一些有關流亡學生的史料，經再三斟酌，再另編一本《山東流亡學生史》，俾可呈現出整個山東流亡教育的面貌。篤修師於八十八年二月溘逝！所以《山東流亡學生史》的編輯工作，就此停頓了下來。直到九十三年年初，張玉法兄感到篤修師當初編印《山東流亡學生史》的心願，尚未完成，不無遺憾；同時基於歷史工作者的使命感，遂毅然挑起了編印的擔子，經多方接洽、約稿，終底於成，以告慰於篤修師。《山東流亡學校史》，所記以流亡學校之沿革、組織為主；《山東流亡學生史》，則以流亡學生個人的經歷

為主。兩本書合起來看，對自抗日戰爭起至國民政府播遷來台，這十餘年來山東非常時期的特殊教育，應該可以獲得一個清楚的輪廓。由於各個人的記憶不同，我們將這些不同的記載，收容在一本書中，經過交相比對，總可在相異中找到一個比較正確的答案，拚湊出當年流亡的藍圖，使那一段悲壯的歷史，沒有在歷史上留白。本書主要的是張玉法兄編印的，我只是協助校對而已，承玉法兄美意，掛名合編，於民國93年8月1日由山東文獻社出版。

六、編印王志信校長回憶錄《前塵往事憶述》

篤修師早年曾短期從政，旋即轉至教育界服務，一直到屆齡退休。他在教育界服務期間，與山東流亡師生結下了不解之緣。在他許多的朋友和學生中，經常掛記在心和保持密切聯繫的，則是流亡時的師生。他一生的最後十年間，更可以說完全沈醉在當年流亡的時空裡，投注於山東流亡學生史料的蒐集與編印。篤修師的回憶錄，我是許多催生者之一，他每寫一段，我即在《山東文獻》發表，並催寫下一篇。為篤修師編印這本回憶錄，原是一件既榮幸、又愉快的任務；沒想到卻是在感傷中來完成。敬愛的篤修師於民國88年2月13日，其回憶錄《前塵往事憶述》剛剛完稿，即遽歸道山，由山東文獻雜誌社於88年8月出版。篤修師未能親見其嘔心瀝血之作的出版，想為一大遺憾！

七、編印劉澤民校長回憶錄《海隅談往》

我在一臨中和一聯中時，是初中一年級的小學生，從未和劉澤民校長打過交道。自三十八年離開長安鎮一再遷徙流亡後，更未見過劉校長。直到四十四年考取台大註冊後，獲知劉校長在建國中學執教，即前往拜謁請安。見面時，我問校長是不是認得我？校長銳利的眼光瞄了我一眼，馬上就說：「你！我怎麼不認得：你叔叔是陶清銀，你是陶英惠。」當時，我真是既驚訝，又感動！校長的學生那麼多，是名副其實的桃李滿天下，我雖然兩度作他的學生，可是時間非常短，而且只是一名初中一年級的小學生，現在已是高中畢業了，時隔

數年，從未謀面，況且正在成長期，體型等變化特別大，校長怎麼還能一眼就認出我來呢？其原因很簡單，除了記憶力特強外，最重要的就是他心中充滿了對學生的愛，每個學生的面貌和一切都經常縈繞在腦海。每遇到學生，就殷殷垂詢其生活情形，兼及和他有關的同學的狀況。由於真心關注，自然對每個學生都了如指掌。像這樣的師生情感，是任何學校無法相比的。

民國七十九年（1990），劉澤民師有一天和幾位老學生餐敘，席間主要話題，總離不開當年的流亡生活。王傳璞、任明藻等學長，認為他老人家一生多采多姿，貢獻良多，而同學們所知道的都是片片斷斷，於是敦請親撰回憶錄，不僅要為苦難的時代留下一些紀錄，也將使學生們讀了之後，對當年的背景有一全盤了解。

同學們的記述，容或近似瞎子摸象，難窺全豹；而且在時間、地點等方面，不免有誤記或相互矛盾之處，想知道校長怎麼說之心情，不言而喻。於是明藻兄等又再三敦請校長撰寫回憶錄，方允動筆。

八十五年（1996）元月十七日，明藻兄將澤民師甫告脫稿之回憶錄交給我拜讀，真是大喜過望，這不僅對他的老學生們有了交代，也向現代史家交了卷，其富有意義的一生，沒有在歷史上留白。校長八秩華誕之祝嘏專集，是經明藻兄多方奔走完成的；現在這本回憶錄《海隅談往》之得以出版，明藻兄仍是催生的最大功臣。為與我商量印行事宜，又多次騎著破舊的機車，僕僕風塵，往來於台北、南港道上。其古道熱腸、以及對老校長敬愛之忱，令我深受感動！在世風澆漓、師生關係淡薄的今天，更說明其難能而可貴！而這一切，則都是受校長感召的結果，也是他老人家在多年辛苦付出後應該得到的回報。我倆先請人用電腦文書處理加以謄清、排版、校對，再交印刷廠印刷、裝訂，於八十六年三月二十一日（農曆二月十三日）校長八十六歲生日時，由山東文獻社出版。今為祝壽並面送出版後之《海隅談往》，校長十分激動，終於看到自己的回憶錄出版了，對明藻及我之辛勞再三稱謝。八十九年三月十九日晚，在聯勤信義俱樂部為劉澤民師慶九十大壽，被勞意中、韓復智等學長推為代表致賀詞，至感惶恐與榮幸！我說過去都是學長代表致詞，這次改由最小的學弟代表，向校長表達感謝及祝福之意。劉晉京將數年前所印《海隅談往》分送各

同學，並向明藻哥及我道謝。

　　劉校長晚年健康出了問題，不幸於民國九十二年（2003）九月十二日上午七時，病逝台北市立和平醫院，享壽九十有三。噩耗傳來，親朋故舊及學生同深悲悼！承諸學長抬愛，被推撰寫行述，深感責任重大，在固辭不獲後，只有勉強應允，作為對校長最後的「弟子服其勞」。在其行述中，也是我們流亡學生史的縮影，所以附在下面作為參考。

附：劉故校長澤民先生行述

　　劉先生，譜名惠元，字澤民，後以字行。民國元年（壬子）農曆二月十三日（一九一二年三月三十一日）生於山東省菏澤縣（古曹州府）臨河區劉屯村。其先祖自山西洪洞縣老鴰窩遷到菏澤。劉氏乃邑之望族，詩書繼世，以忠孝著稱。封翁立卿公，字卓三，後以字行。前清童生。天性剛正，仗義行事。民國成立後，在家鄉組織支應局，旋被推為菏澤教育局長，再升任河南方城、河北東明、山東鄆城、寧陽、沂水、魚台等縣縣長，政績卓著，譽隆遐邇。母王太夫人，端莊賢淑。育有六男四女，先生在兄弟中行二，在卓三公所創設之劉屯小學就讀，由於記憶力特強，成績冠儕輩。民國十三年，赴魁星樓讀第一模範小學。旋因南北戰事起，輟學返家。曾在南華中學讀過一段時期，於民國十八年考入有名的菏澤六中。旋再考入北平私立匯文中學插班，天資穎悟好學，畢業後考取北平輔仁大學史學系，於二十六年畢業。

　　先生在校酷愛各種運動，有一次在北平市運動大會中，參加各種球類及田徑比賽，一個人為輔仁大學奪得八個冠軍，轟動一時。而其中尤以籃球最有心得，在匯文中學時，即曾隨輔仁之籃球隊遠征菲律賓；及考入輔仁，曾參加北平各大學所組之聯合籃球隊，巡迴全國各大學作友誼賽；也曾遠征日本、香港、暹邏（今泰國）、安南（今越南）等地比賽。抗戰時在大後方之魯蕩籃球隊、勝利復

員後之濟聯籃球隊、以及三十九年在台北之老馬籃球隊，先生都曾參加，由於表現優異，頗為隊友所器重。

甫自輔仁大學畢業，即爆發抗日聖戰。先生自北平輾轉返家。戰火逐漸南移，卓三公偕先生參加呂秀文之河北民軍，獻身於抗戰陣營，保鄉衛土。山東省政府主席韓復榘以失地誤國被革職伏法，由沈鴻烈繼任省主席，於二十七年元月在魯西曹縣就職。卓三公以保鄉之目的已達，乃辭卸自衛團工作，偕先生赴曹縣，奉委任專員公署第三科科長，先生任科員。從此踏上征途。其首次任務為送公款至省政府，憑其膽識、智慧、勇氣、機警，平安通過亂區，達成艱鉅任務，為同僚們交相讚譽，也因此獲得沈鴻烈之賞識，調至省政府工作，追隨左右。

沈鴻烈於二十七年五月自曹縣北上，深入敵後，整理各區縣軍政，由聊城北上惠民、河北之南宮、平原、臨邑、商河，近兩千里路徒步夜行軍，對各抗日組織，於視察點編後予以統一番號，以發揮抗戰力量。自二十八年一月後，沈鴻烈為奠立魯西南根據地，省政府設在沂水東里店。六月七日，日軍大舉轟炸東里店，死傷慘重，省府人員化整為零，四處疏散，沈鴻烈僅帶七人受困於魯山山頂之鑽天固，欲自殺殉國，先生毅然冒險下山求援，方得脫困。不久，先生又奉命視察魯西四十二縣五個專員區，兼辦調訓政工人員達一年餘，對鼓舞抗戰士氣，貢獻良多！

二十九年初，先生在濮縣被冀中共軍呂正操部扣留，軟硬兼施，強迫加入共黨，先生嚴詞拒絕，遂被押至村外活埋，並令自己挖坑。先生用鐵鍬將押解之共軍擊斃，得以脫險。其機智、勇氣，非常人所能及！

三十年四月，奉命率部隊赴安徽阜陽整訓及領彈藥，歷經千險，橫跨津浦、隴海兩鐵路、及敵偽區之處處攻擊攔阻，達成任務，在阜陽展開整訓工作。九月底，沈鴻烈主席離魯赴渝述職，十

二月調任農林部長。適九十二軍軍長李仙洲移防阜陽，旋升任第二十八集團軍總司令，奉命於同年秋率部入魯，以先生對山東地方情形熟悉，特邀至九十二軍政治部任秘書。李仙洲為搶救淪陷區逃出之青年，成立魯幹班（黃埔分校）及私立成城中學（後改為國立二十二中）。魯蘇豫皖四省邊區總司令部召開運動大會時，成城中學奉命參加，惟缺乏體育教員指導訓練，臨時派先生至二十二中指導。經先生訓練月餘，在大會中成績斐然！

運動會結束後，學生極力挽留先生留校，並赴軍部請願，獲得李仙洲之同意，遂改至二十二中擔任歷史及體育教員。從此轉入教育界服務。

嗣因二十二中有西遷之議，先生乃於三十二年八月應邀至河南沈邱縣國立二十一中二分校任訓導主任，校長由第十五集團軍總司令何柱國兼，該校成立僅年餘，百事待舉，先生整頓校風，美化環境，深獲何兼校長信任。三十三年八月，又轉至鹿邑縣鹿邑師範任訓導主任及教師。

三十四年暑假，經王毓文（仲廉）將軍力邀至十九集團軍任上校秘書。不久日本無條件投降，先生隨軍進駐徐州，再隨十一戰區副司令長官兼山東挺進軍總司令李延年之火車返里探親，於十月十日安抵濟南。旋奉省主席何思源之命籌設省立中等學校補習班（民國三十五年，將中等學校補習班改為山東省立濟南臨時中學，不久再改為山東省立濟南第一臨時中學。）收容全省各地因戰亂而失學的青年，地址在商埠的六大馬路小緯四路老東魯中學，即展開建校工作。

首先邀請史子明、宋紹秀、郝冠岑、郝次航、錢天祐、白郁華、桑秉正等優良教師，將教務、訓導、事務三處成立，招考學生，增添課桌椅。將魯東中學原有之宿舍改為第一宿舍，由史子明教官管理；將七大馬路緯七路一處日人所住大院改作第二宿舍，由

史書青教官管理；又在七大馬路覓得一日式房屋作為第三宿舍，由王儉之教官管理。學生吃飯均在第一宿舍。

　　一臨中為男女生兼收，設有初中、高中、簡師、師範等部，並可供膳宿的綜合性學校。由於學生大部分來自陷區及外縣市，幾乎全部住校，集管、教、養、衛於一身。採用軍事管理，校訓定為勤、樸、誠、毅。目標為：學校家庭化，師長父兄化，學生子弟化，同學兄弟化。師生和樂融融，在漫天烽火中，弦歌不輟。對於功課之要求非常嚴格，日常考試甚多，學生成績突飛猛進。教育廳為提高學生水準，舉行不定時抽考各科，經評分後，一臨中均名列前茅。畢業生報考其他學校，也都獲錄取。先生在校，德、智、體、群、美五育並重，對於體育，則尤為重視。在抗戰勝利後首屆全省學生運動會中，獲得極為優異的成績，全運動會共二十七個冠軍，一臨中則囊括了十九個，而女子跳高並破了全國紀錄。在所舉行之籃球中正杯、耀武杯、思源杯中，一臨中奪得全部三個獎杯，一時傳為佳話。

　　三十七年秋，華北局勢日益惡化，濟南已成危城，九月二十四日，終告失守。先生拜別慈母，化名劉慕柳，辦一身份証南下，從此踏上不歸路。歷經千險，脫險抵徐州，率領逃出的師生轉赴南京暫為安置。即向教育廳長李泰華報告經過，被任命為濟南第一聯合中學校長。學生收容處設在下關挹江門外中農銀行倉庫。先生居中農銀行倉庫，與學生共甘苦。旋赴浙江勘察設校地址，選定海寧縣長安鎮之長安、連元兩大絲廠。在安排好火車、編隊等事宜將要出發時，忽遭誣陷，身繫囹圄。不久獲無罪開釋，即趕赴長安鎮一聯中。

　　學生都是初次離鄉背井，想家思親，情緒不穩。先生抵校後，首先解決吃的問題，安撫不安的情緒；課桌椅嚴重不足，只能先因陋就簡。因天氣漸涼，又赴上海向湯恩伯、陳大慶請求援助棉衣褲，並獲允額外贈送蚊帳四千件。詎料校中忽然發生學潮，由於先

生處理得宜，迅即平息。即將人事重新調整，健全組織，漸漸步入正軌，獲得教育部及各界好評。

怎奈徐州會戰失利，大局急轉直下，學校匆忙再度南遷。時先生正在上海交涉蚊帳，及返校後，學生已乘火車離去，乃再赴上海，乘輪船至廣州與學生會合。在廣州與其他各聯中校長多方設法，獲准遷校澎湖。第一批為濟南一、二、三聯中及煙台聯中四校師生，乘濟和輪於三十八年六月二十五日抵達澎湖馬公，高中師範部男生從軍，初中年幼男生及全體女生，另由教育部特設澎湖防衛司令部子弟學校安置，繼續教育，原來之各臨聯中番號，一律取消。嗣因軍方未遵照所定協議，竟將幼年身體較壯之男生亦編入軍隊，引起學生不滿，發生衝突，並造成一連串冤案。

先生卸下一聯中之重擔後，轉來台灣本島。一天至台北建國中學訪友，巧遇賀翊新校長，應邀到校相助，教歷史課。三十九年五月八日，正擬接任補習學校教導主任，忽以澎湖案被關入保安司令部。先生大義懍然，威武不屈，沉著應付，終將有計畫之陰謀予以揭穿，無條件獲釋，重回建中任教。旋奉命接總務主任。一年期滿，調任夜間部主任。由於家庭負擔過重，徵得校長許可後，曾任私立育達商職訓導主任一年，後在私立靜修女中專任教員十五年。四十六年元月，應國立華僑中學郁漢良校長之邀，出任訓導主任及大學先修班訓導長，一學期期滿，再回建中主持夜間部。於民國六十年六月屆齡榮退。

每逢先生壽辰，過去之老學生，輒為之稱觴祝嘏，以感念師恩。席間師生共話往事，津津有味。於是再三敦請先生親撰回憶錄，為苦難的時代留下一些珍貴紀錄。退休後，乃從事回憶錄《海隅談往》之撰寫，都十餘萬言，交山東文獻社於民國八十六年農曆二月十三日（國曆三月二十一日）八秩晉六華誕時出版。不僅對他的老學生們有了交代，也向現代史交了卷；其富有意義的一生，沒

有在歷史上留白。

先生除早歲參加抗日聖戰外，皆獻身於教育工作。其所服務之學校，多帶有特殊性質，如抗戰時之二十二中、二十一中，在生活極度難困的烽火下，仍要鼓舞學生，努力向學；勝利後主持之一臨中、一聯中，莫不是篳路藍縷，無中生有，而學生皆間關萬里，顛沛流離，無依無靠，以校作家，校長身兼師長、家長雙重角色，不僅肩負傳道、授業、解惑之重責大任，更要照料其生活，為之解決衣食住行等各種複雜問題，備極辛勞！使受教之學生，無不心悅誠服！日後在各行各業，均刻苦自勵，奮發向上，在自己崗位上守分盡職，成為國家社會有用之人。當為先生得天下英才而教之最大收穫！又如華僑中學，當時規定僑生不能記過，不能留級，更不能開除，學生有恃無恐，甚難管理；但經先生一個學期的努力，即步入正軌，並獲得學生的敬愛。

先生對於運動，從未間斷，起居定時，煙酒不沾，故身體康健；然以早年在魯南山區抗戰時，九死一生，遍體鱗傷；及獻身教育後，更是操勞過度，體力透支。自退休後，方才稍獲喘息；惟由於已屆高齡，難免日趨衰弱，不幸於民國九十二年九月十二日上午七時，病逝台北市立和平醫院，享壽九十有三。靈耗傳來，親朋故舊及學生同深悲悼！

德配萬素貞女士，系出河北東明縣望族。東明與菏澤接壤，自幼經媒妁之言，奉父母之命與先生訂婚，年十九來歸。事翁姑以孝聞，處妯娌以和著，性行溫厚，教養子女有方。計自抗戰至播遷來台，先生為公務羈身，各處奔波，從未顧及家事，甚至音訊屢斷，家事胥賴夫人侍奉撫養，繁劇集於一身。來台後，先生收入微薄，有時饔飧難繼；然魯籍學生，多屬舉目無親，而以先生寓所暫時棲身者，幾無虛日，夫人則一律視如家人，解衣推食，噓寒問暖，從無不悅，尤令學生們深所感戴！與先生結縭四十餘載，恩愛逾恆。

及家計逐漸寬裕之際，不幸於六十一年一月十五日溘然長逝。育有三子一女，長公子晉京，畢業於警官學校，在警界服務多年，現已退休；媳王林印，孫子景文，孫媳江明淑，孫女景萍，孫婿廖偉欽。次公子晉啟，於海軍官校畢業後從事船務工作；媳羅文燕，孫子景寧、孫女景欣。幼子晉德，習土木工程，現在美國任工程師；媳何濱纏，孫子景中。女晉思，在美國電腦公司工作，適歐世寧。皆受高等教育，卓然樹立。一門挺秀，蘭桂齊芳，先生應可無憾。

先生是一位元氣淋漓、從不認輸的強人！做事廓然大公，守正不阿，俯仰無愧於天地！其魁梧的身影，爽直的性格，思路敏捷，處事果斷，說話鏗鏘有力，充滿自信的神情，予人極為深刻的印象。他多采多姿的一生，曾歷經無數磨難：抗戰時期，冒險犯難，出生入死者不知凡幾，共黨曾要活埋他；而在所盡忠的國民政府轄區，也兩度橫遭誣陷繫獄。幸均憑其膽識、機智、以及浩然之氣，化險為夷。其英勇的事蹟和富於傳奇的一生，實難表達於萬一。哲人其萎，典型猶在，爰述其生平事略，用彰潛德、垂範於後世，並藉誌哀思！

劉故校長澤民先生治喪委員會　謹述

（中華民國九十二年十月八日公祭時，印在訃告內。）

八、參與編《山東人在台灣》中之（工商篇）

八十七年一月二十日午，在世貿33F與趙常恕、趙儒生、于宗先、孫震談《山東人在台灣》中工商篇事。我對工商界十分陌生，于宗先堅持要我幫忙，無法推辭。七月二十四日，著手整理《工商篇》資料。七月二十八日上午，與于宗先、陳希沼商量《工商篇》事。我因外行，只允負責人名錄部分。八月十二日，玉法介紹廖元楨來協助整理《工商篇》。十一月二十一日，支廖元楨11次整理工商人物工作費1,500x11=16,500元。

八十八年五月二十三日，會計師界元老F先生，為登《山東文獻》之文電話道謝，完全同意我所指出其文疑誤之處，認為于宗先找我協助整理工商篇，深慶得人。七月十二日午，在悅賓樓餐廳與于宗先、F、趙常恕、韓德厚諸鄉長商《工商篇》事。十月二十一日，《工商篇》人物稿全份整理好，共11萬多字寄于宗先，小傳部分寄F、史錫恩各一份，請他們增補。

　　八十九年一月三日，J催詢《工商篇》稿，慮篇幅太少，又找到些資料要附進去。我說，于宗先主學術化、精簡。J竟說要開會表決，于宗先應尊重多數人意見，這種粗俗的意見，殊不得體。于宗先為經濟學院士，他對工商篇的看法，豈是一個學新聞的外行人人所能了解！一月四日，陳希沼電商《工商篇》，也主張學術化，不必為有錢及出錢人多所阿諛奉承，他對J之態度十分不滿。一月六日，我所整理之《工商篇》人物稿，寄全份給F鄉長校對。F曾向J建議聘研究生，由他帶著去訪問工商界人，J竟不同意，F十分不滿。

　　八十九年一月十一日，《工商篇》全份寄J、孫震；一月十五日，《工商篇》原始資料掛寄J，至是我的工作告一段落。一月十九日，F電話長談40分鐘，對J之作風很不以為然，今晚在悅賓樓之會商工商篇稿事，竟也不通知我。

　　三月三十一日，趙儒生電告，《工商篇》又落到他頭上，意見紛歧，左右為難。六月十六日，《山東人在台灣——工商篇》印好送來，主編為于宗先、孫震、陳希沼三人，我這個實際也參與過工作人的名字居然不見了，只有于宗先在序中提到：「自1997年夏起，決定由于宗先。陳希沼、陶英惠、翟醒宇、孫震、李瞻、周宣頻先生繼續完成此項工作。」我一個外行人，被于宗先強拉去忙了好幾個月，浪費了無數時間，拜J之賜，都是白忙。在他心目中，只認得台大孫震校長、于宗先院士，還有什麼可說的！七月七日舉行新書發表會，J也不通知我參加。趙儒生電告，在《工商篇》新書發表會上，F為此書對J非常不滿。回想多年來，不知做了多少無名英雄的事，既無名，更無利；但是能為桑梓文化略盡棉薄，總算也對得起山東人了！

第十一章 《傳記文學》十二年四個月

一、初識劉紹唐先生

民國五十二年，台大的同班同學李敖（敖之）兄，正在主編《文星》雜誌，備受各界矚目，意氣風發。那時我在國史館工作，職位低，工作輕鬆，收入微薄。與敖之兄見面時，就說為我找份兼差，以改善生活。他知道我做事比較細心，而且剛離開《新時代》雜誌社的工作不久，對編輯、校對也有些經驗，很適合雜誌社的工作。十二月二十日約我在文星書店見面，介紹《傳記文學》的劉紹唐（本名宗向）社長，然後同去峨眉飯店餐敘，再到美而廉聊天。這是我與紹唐首次見面，談得頗為投緣。《傳記文學》1962年6月1日創刊，才一年多，正缺少人手，他希望我利用晚上公餘的時間到社看稿，月致酬600元。那時年輕，精力充沛，而阮囊不免羞澀，當即商定自二十三日起開始為之校稿。五十三年七月，我由國史館轉職到中央研究院近代史研究所工作，郭廷以所長希望同仁們全天做研究，晚上最好也要研究，不要去兼差。所以只能偷偷的去。初到所中是臨時人員，待遇也不高，仍不足以維持最低的生活。及五十五年補成正式人員後，曾數度請辭，均經紹唐挽留，而個人也對這份刊物產生了濃厚的興趣及感情，一再遷延；直到六十五年四月底，因為本身的研究工作太忙，才毅然辭去，月薪升到4,000元。計自第四卷第一期起，至第二十八卷第五期止，共看了一四九期的稿子，長達十二年又四個月之久。

根據我的經驗，校對並不是一件容易的事，例如《中央日報》校對科歷任科長，很少沒有被約談或關起來的，那時尚是活字排版，校好後再被人碰倒一個字，不容易發現，遇到無關緊要的也就算了，如把「蔣」字倒置、中共和中央弄混了，就吃不了兜著走。

二、辦傳記文學的三不原則

　　《傳記文學》是一份非常成功的雜誌，其所以能享譽文化出版界，原因很多，我認為有一個重要的因素，就是在創刊之初，曾揭示一些原則，並堅持這些原則，如：不登化名或筆名所發表之文，以示負責；不刊登空洞無物的壽慶應酬詩文；不炒冷飯，即不刊登已經發表過的文章。紹唐為堅持所訂的原則，退掉了一些不合用的人情稿，其中多為壽慶詩文，為此曾得罪過不少德高望重的前輩；時間久了，大家習慣了他堅持的原則及風格，也就釋然了。但編者有時基於實際的需要，總不免視情形而有所變通，只是局外人並不清楚。

　　例如：不能用筆名或假名發表，就曾破過例：敖之兄寫過一篇〈蔡元培與胡適〉，刊在第十二卷第一期，當時為了某些顧慮，就用「趙家銘」的化名發表，「趙家銘」當為「造假名」之諧音。又如六十一年十月十七日，紹唐出示一位蔣先生寫的〈陳布雷與張季鸞〉給我看，在文中提及抗戰期間，《大公報》的張季鸞奉命代表政府與日本議和事。作者說，世人不知真相者都瞎寫，即舉此事為例。文章寫好寄給《傳記文學》，旋又後悔，因為此前他曾為洩露機密而受到過嚴責，想要抽回去。紹唐問我知道此事否？答以曾經見過，但一時記不起在何處。他說，曾問過前在《大公報》工作的陳紀瀅都不知此事。言下之意有點不相信我曾看過。回家後，找到十年前在國史館所寫張季鸞一文給他看，稿紙已經泛黃，證明不是我新寫的，內中即根據當時報載所提及張季鸞與日本議和事，且較蔣文敘述為詳。因為那時我的職責是蒐集抗戰史資料，將民國二十年至三十四年各地的《大公報》、《中央日報》、《掃蕩報》、《新華日報》等各種報紙，以及《東方雜誌》、《國聞週報》等，都從草屯的黨史會調來，我在翻閱時，對此敏感問題特別留意，所以記了下來；因云，此事並非什麼機密，請蔣先生不必多慮，更不必大驚小怪而認為世人皆孤陋寡聞也。紹唐這才無話可說。他仍為降低作者的疑慮，乃以「郭學虞」的假名字發表在六十二年元旦出版的第二十一卷第五期：〈陳布雷與張季鸞〉。

　　在戒嚴時期，言論尚無充分的自由，辦報或辦雜誌者，經常會受到檢查和

處分。紹唐那時尚在中央黨部設計考核委員會工作，警備總部裡也有朋友，所以知道言論的尺度在那裡，但也曾試著突破一點禁忌，為歷史留些真相，在受到警告後就打住。由於人脈廣，所幸都能一一擺平。不料五十八年一月，台南王家出版社翻印《實庵自傳》，改名《陳獨秀自述》，遭到查禁。王家出版社認為不公平，申訴說該書係影印傳記文學出版的《實庵自傳》，為什麼他們印就沒有事？審查人起初不知實庵就是陳獨秀，這時不得不也將《實庵自傳》查禁，算是受到了池魚之殃！

三、社務日漸開展

　　傳記文學社最初設在台北市和平東路二段七十六巷四號之一，跟住家一起，有點像「家庭事業」。由於發行量越來越大，家中實在容納不下，便於五十五年在東門的永康街買了兩層公寓，沒有電梯，二樓住家，四樓作雜誌社，於七月十三日將存書先運去，與陳英俊、鄭少春等七、八人運了兩卡車尚未運完，搬到四樓，往返數十次，兩腿發軟。較和平東路七十六巷的平房寬敞了許多，從此得到長足的發展。文化出版事業有一個最大的困難，就是存放累積的書。東門的社址很快又不敷使用，再換到東門的信義路二段230號四樓之一，那時我已離社。

　　雜誌辦久了，自然會累積一些書稿，並於五十八年七月二十三日，將《文星叢刊》除張平買去者之版權全部買下來，八月四日到文星倉庫選出《文星叢刊》100種，作為《文史新刊》，於十二月整理就緒、介紹完稿；即起著手整理《蔣百里全集》。六十年開始整理《傅斯年選集》、《民國大事日誌》。代撰〈西湖博覽會籌備特刊前言〉，改寫〈東三省經濟實況攬要前言〉。以後又陸續編印《傳記文學叢刊》、《民國大事日誌》、《民國人物小傳》、《民國史料叢刊》等，為數頗為可觀，故被譽為「民國史萬里長城」。由於名氣越來越大，遂引起傳記類刊物的競相出版，如《中外》、《大人》、《大成》等，並被香港、大陸的書商盜印，適足以說明他的《傳記文學》，的確是非常成功的。

傳記文學最初在台北市安東街的興台印刷廠承印，五十四年十一月二十八日.在興台校稿時，蕭孟能來看他登的《蔣廷黻選集》廣告，紹唐正在寫編後記，蕭說：「蔣廷黻過世，在台只有你為他出紀念專號，我給他出選集，你就在編後替我吹噓幾句吧。」紹唐不肯，經蕭再三相求，始勉允在文末加了一句。此雖小事，也可看出同行是冤家。我和蕭孟能沒有深交，如果有，也是因為李敖的關係。我結婚時，給蕭請帖，那一桌有蕭孟能、李敖、鳳翰、紹唐及子嘉明等，有人戲稱文化太保桌，不無道理。

五十五年十一月一日，時在興台印刷廠工作的好友趙祥增老大哥說，日前他廠中一工人請喪假，事由欄寫「令尊出殯」。祥增未看即蓋章，其科長見有祥增章亦未看即蓋，及送至白寶瑾廠長處，他持假條至工務課云：「此假條我不能批，我如批，等於我爸出殯了。」相與大笑。

四、訪問西北軍將領

紹唐為搶救、挖掘曾經有過重大影響人物的事蹟，為現代史留個紀錄，也非常注意口述歷史的工作。他和近史所郭廷以所長一樣有遠見，除了刊登黃埔出身將領的文章，也注意到非主流的，如西北軍的重要將領。

在民國五十四至五十五年間，他和我曾多次訪問過西北軍的石敬亭和劉汝明兩位將軍。石將軍不願意寫回憶性的文字，怕賈禍，在我們去訪問時，一看見我掏出筆記本要記，就嚴令收起來，否則什麼也不講。好在我那時記憶力尚不錯，回家後趕快將所談的要點記下來。至於劉將軍，十分平易近人，和我們無所不談，在紹唐再三敦請下，便動筆撰寫其回憶錄，先在《傳記文學》發表，然後結集出版。在他的回憶錄發表期間，劉將軍曾多次和我交換意見，談了許多秘辛，但不能在其回憶錄中赤裸裸的寫出來，這些內容尤為珍貴。

石、劉兩將軍，有時彼此不免也互有批評，對西北軍的人物，更是各有自己的好惡，我就兩人的評論有出入處，分別再作進一步的詢問，比較之後，便可獲得到一些史實的真相。

記得五十四年十二月三十一日晚，我獨自到中和鄉拜訪劉汝明將軍。按門

鈴後，開門者為一滿臉鬍子、酷似馮玉祥而較馮稍矮之大漢，面無表情的問找誰？答劉先生。又問那個劉先生？答劉汝明先生。我遂抬腿要跨進門檻。該大漢即很不客氣的說「站一站」！我著實嚇了一跳。適劉將軍在政治大學讀行政管理系三年級的小兒子出來，馬上迎我進去，待如上賓；一會兒劉將軍自內宅出來，見到我也非常客氣。從入門到客廳，待遇迥然不同！過去聽說見大人物最大的難關在司閽者，總算讓我領教過了。

劉將軍之會客室，就在進門左首一間小平房裡，沒有任何擺設，只放了一組十分破舊的藤沙發，我未留意就猛坐了下去，不料藤網已完全失去彈性，恰好坐在支撐的木條上，屁股硌得好痛！其生活之儉樸，可想而知。

劉將軍回憶錄的第一篇〈入伍〉，就深深吸引著讀者，他說在民國元年元月，帶了兩個饢子，離開老家到鄰縣景州從軍。後來有了名氣，他說「假使有人為我寫傳，一定會說我『幼懷大志，投筆從戎』。其實不是，全然不是，我不過為了求取一個職業，用來減輕母親的負擔，並進而能養親撫幼而已。」說的多麼坦率！真是文如其人。

五十五年五月十七日，再去看劉汝明將軍。他追憶三十八年撤退時的情況，蔣中正總裁面諭他往東山，代總統李宗仁、閻錫山任命他為閩浙邊區剿匪司令，湯恩伯讓他到廈門，真是一國三公，使他無所適從。後隨湯撤退來台，在高雄登陸，他在市府看到的命令是「士兵徒手登陸，軍官妥為招待」，由陳誠長官及孫立人署名，他要給蔣、陳打電話，皆不准，而士兵在船上缺淡水，口渴得很（劉將軍親口告訴我，他是北方人，竟不知海水不能飲）只得答應。一生戎馬，落得如此下場，能不心灰意冷！事隔十餘年，今天回憶起此段往事，仍不勝感慨唏噓，幾乎淚下！後來看其原稿，因語氣太過而刪掉之一段，即今日所談，大意為：給老蔣打電話，說接不通；又要給陳誠打，說陳出遠門不在台北；乃派隨行之副軍長去台北送信給蔣，司令部人不准下樓。至此劉真有點火了，說：你們真厲害呀！這句話包含的意思太多了。他自己想，一生戎馬，從未變過節，從未向敵人繳過槍，沒想到現在卻向自己的人繳槍了。如不繳，留在船上的弟兄勢必渴死餓死，說不定還蒙個叛逆的罪名。事到如今，只有繳了。他又說，八年抗戰、四年剿匪，從未抗過命，現在已如倦鳥歸林，所

剩無幾，怎麼可能抗命？軍隊是國家的，要收編，只須一紙普通命令就行了，何必如此！其字裡行間，充滿了憤憤不平！

我兒時在家鄉即聞二十九軍大刀隊英勇抗日的故事；宋哲元、張自忠是我們山東的名將；韓復榘任山東省長的趣聞，大家皆耳熟能詳，他們都是西北軍的人物。及長，研究近代史，於西北軍所知漸多；對於能訪謁當年的名將，聽他們談西北軍掌故，實屬幸事！由於曾與西北軍名將有過接觸，後來劉紹唐再讓我輯註《蔣馮書簡》，除在《傳記文學》連載外，復經學生書局代為出版，又在大陸印行簡體字本，書名改為《蔣介石馮玉祥交往實錄——蔣馮書簡新編》，實在是始料未及的事。

五、編《徐志摩全集》

我在《傳記文學》期間，不僅學到了一些編印方面的知識；更重要的是，紹唐為了廣闢稿源，對於知名作家、學者，都積極建立關係。老朋友固然要經常保持聯繫，又要時時結交新朋友。由於《傳記文學》的知名度越來越大，各地的作家、學者，凡到台北者，也都想法透過關係一識韓荊州。因此，他的交遊也越來越廣，我則因緣際會認識了很多名家，增長了不少見聞。

例如五十七年三月八日，劉紹唐社長決定編印徐志摩全集，由與徐志摩有深厚關係的梁實秋、蔣復璁兩位先生主編，請我作助理，月薪1000元，將來由徐志摩的兒子積鍇（如孫）應得的版稅中扣除。徐積鍇在美經商，並與他簽訂了合約。我遂即開始工作

四月十日下午，我與紹唐去訪梁實秋先生，就編印全集事交換意見。在談到全集的翻譯文字時，梁先生主張置於附編，他說，如將他自己所譯莎翁全集也放在自己全集內，那太討便宜了，莎翁要抗議的，頗為幽默。為印全集事，他曾與徐積鍇通過很多次信，託他在美複印徐志摩以往所出版的書，今將全部文稿交給我，他總算是了一樁心事，鬆一口氣。又談徐志摩與其前妻張幼儀家的關係，說蔣復璁先生（志摩的表弟）是唯一知之最詳者，張君勱曾告訴蔣先生，不要再翻舊帳，所以從前陳從周所編的《徐志摩年譜》不主張印出來，梁

先生則有意改寫一下。他說：徐、張的婚變，並不盡如外間之傳說，真知底細者不願道人家庭私事，不知者卻往往以權威人士自居，根據道聽塗說，加油加醋，大事渲染，甚可怪也。蔣復璁在晚年的口述回憶錄中，稍微透露了一點口風，謂「徐志摩與張幼儀離婚是因為徐志摩長年不在及徐父的關係所致。」也只是點到為止，不失學者風度。[1]

五月一日上午十時，再訪梁實秋先生，告以搜集材料情形，頗蒙嘉許，並備述《徐志摩全集》籌印經過：啟明書局版《徐志摩選集》十一冊出版後，梁先生到南港看胡適先生，對啟明書局割裂凌亂之作風甚為不滿，又聞胡先生有書要交給啟明印，乃勸阻之。胡先生則面有難色，經再三追問，始知胡與啟明老闆有同鄉及親戚之誼，不便拒絕。梁又請胡先生主持編徐志摩全集，胡以事繁無能為力辭，請梁主持，梁亦未答應。梁云：胡適在世時，著手已嫌太晚，如現在再不做，以後恐怕更不容易，且無人肯做了。最後說這事要全看我陶某人了。此話猶如千斤重擔壓身，深恐有負前輩重託。徐志摩遇難後兩年我才出生，且對文學缺乏素養，因請梁先生還要多加指導。

六月五日下午，與紹唐再去看梁實秋先生，將我所看過之稿送他覆閱。十三日，紹唐取回已看之稿，說梁先生對我之工作非常滿意。

六月二十七日，張幼儀由日返港過台，與現任丈夫蘇季子（西醫）同來，紹唐到梁實秋家與之晤面，談其離婚、結婚事甚詳。二十八日走，允向滬方友人為全集找資料。

七月四日晚，再與紹唐同去看梁實秋，徐志摩文我已全部看完，送梁先生覆閱。談一個多小時。梁先生談陳紀瀅的文章，說那是報館體，新聞從業人之文自成一格，一點小事，便可捕風捉影渲染一大篇，是其長處也是短處，長處為洋洋灑灑頗為壯觀，且下筆甚快；短處在不夠簡練，看起來很鬆。一語中的。梁先生謙稱自己不能為長文，讀書時只能為五百字短文，現在也不過二千字，再多則不能勝矣。又說蔣復璁先生堅決反對附錄陳從周所撰年譜，陳作年譜時，張幼儀知之，並供給部分資料，其中人名、時間有不少錯誤，但大體

---

[1] 民國八十九年五月，由近史所出版的《蔣復璁口述回憶錄》p.137附錄一之三：〈訪問汪雁秋女士〉文中說：「他【蔣復璁】也常提起一些往事。譬如抗戰時他如何冒著生命危險，到淪陷區蒐購善本書；徐志摩與張幼儀離婚是因為徐志摩長年不在及徐父的關係所致。」

不錯，張幼儀和梁先生都主張附入，但不好意思不尊重蔣先生之意見。蔣之所以反對，是他與志摩關係太深，對徐之家世知之甚詳；他認為那些家庭的私事不便寫，要寫只有他有資格，陳譜不足論；但他又不寫，如一定要堅持收入，他認為只有一法，即刪去其中某部分而不署名，而梁則不贊成此法，梁請紹唐再與蔣婉商。其實，據梁說，他對徐之家世亦知之甚詳，但別人認為他不知，即使張幼儀、蔣復璁亦不知他知。前輩之謙虛及尊重別人隱私如此。晚寫致張幼儀信，請代找資料。數日後回信說大陸正在清算新月派之何家槐，附來華僑（工商？）剪報一份，謂不便再託滬方友人矣。

　　七月五日，寫致凌叔華信，寄上缺稿目錄，請她在英國代為查尋，並盼撰寫紀念文。

　　七月十九日，梁先生將徐志摩全集文全部閱畢送還。二十四日，決定不用陳從周年譜，並要我據以改寫。我立即動筆，八月六日脫稿，費時兩周，改正原譜不少錯誤。八月七日，送梁先生覆閱，提出我所考證的幾處請他斟酌，他也記不清了。記憶力真靠不住。八月二十一日，到梁先生家取回《徐志摩年譜》，他僅改動了幾個字。收錄在《徐志摩全集》第一集，pp.541-670，計56,000字。

　　九月十二日，又與紹唐去看梁實秋，蔣復璁已將我所改寫的年譜看完送到梁家。蔣先生透露，梁啟超（任公）為徐志摩、陸小曼證婚，事先林志鈞（宰平）及xx反對最力，梁無可奈何，對林志鈞說，證婚時我就罵他們一頓好了。林恐怕屆時梁任公變卦，定要他將講稿先寫出來看看，梁乃寫一長稿，林等看後甚滿意。證婚時，即據此稿講的。梁跳腳大罵，新人低頭不語，汗流浹背，後來將此講稿交給徐志摩作為紀念，存在陸小曼手中。再後由徐志摩的父親申如要去保存，蔣復璁曾見之，勸其裱好後保存。裱好後仍存申如處，今不知下落。（據《梁任公年譜》記載，他女兒信中說將稿抄給女兒看，可見任公仍有底稿。）

　　又紹唐在張佛千處見到梁實秋的畫，係民國二十九年張佛千結婚時向梁先生索畫，至今他才還債。證明梁先生也擅長繪事，梁說常為人寫字，但作畫則絕少，因為少，故特別珍貴。

五十八年一月三日，徐積鍇夫婦來台。一月五日中午，紹唐夫婦在台北市中山南路13號交通部招待所，宴請徐積鍇夫婦，陪客有：梁實秋、蔣復璁、毛子水、章君穀、劉鳳翰夫婦，我和明正也敬陪末座。地方清靜幽雅，菜甚精緻，有美國大芹菜，招待美國客似不覺新鮮，但在台卻係初嚐。梁先生十分幽默，徐積鍇則不善言談，其夫人張某風度很好，年51，二人同年生，去年在美共過100歲生日。為編全集事，他特別向我道謝。徐積鍇帶來他父親再婚時梁任公給志摩函，頗珍貴。

一月十五日，《徐志摩全集》編完，由蔣復璁・梁實秋署名主編，傳記文學於民國五十八年一月三十一日出版。我自五十七年三月八日開始編徐志摩全集，至五十八年一月十五日編完，費時十閱月。梁實秋在〈編輯經過〉云：「（述……）以上數事，做起來不簡單。傳記文學社特聘陶英惠先生主其事。陶先生是歷史學者，對於史料整理自是擅場，但在此時此地編纂志摩全集，資料難得，在可能範圍之內校讎爬梳，亦復煞費周章，耗時將近一載，始告藏事。」當時我怕梁先生在序文中提到我，將在傳記文學兼差的事暴光，容或會造成在近史所的不便，曾想刪去，或用筆名德亮代之，紹唐不同意。繼想一直做無名英雄，心也有未甘，乃決定不計後果，保留原文，以存史實。二月十二日，遇到沈雲龍先生，承他當面誇獎說：「梁實秋都說你是歷史學者（徐全集序中語），真不容易。」我為編此全集，獲得前輩之謬讚，備感榮幸！又得與文學大家梁實秋先生面接謦欬，並與徐志摩的兒子積鍇夫婦同席用餐，也算是一次難得的機緣。

五十七年十二月，梁實秋在《傳記文學》13卷6期寫了一篇〈憶冰心〉，當時兩岸隔絕，消息不通，此文發表後，才獲知冰心仍然健在，鬧了一個笑話！

六、籌印《自反錄》、《蔣馮書簡》

我雖然在六十五年四月就辭去了《傳記文學》的兼差，但與紹唐仍時相過從，偶或奉囑寫篇稿子。八十一年初，紹唐告訴我，他託美國的友人代為複印了一套蔣中正的《自反錄》，想要影印出版，廣為流傳，以彌補該書不被重視

的遺憾，並嘉惠史學界的學人；但是複印件的書邊處，偶有因為厚度的關係未印清楚，甚至漏印一行或脫頁，囑我代為檢查、補訂一下。

有關蔣中正的生平言行，經其親自核定刊行最早的有兩種，一為民國二十年冬刊行的《自反錄》，一為民國二十六年春出版的《民國十五年以前之蔣介石先生》。就史料價值言，前者遠較後者為珍貴。我認為這是一件很有意義的事，曾數度到孫逸仙博士圖書館為之查對，也曾就近史所度藏的微捲加以核對。細讀之下，發現其中頗多性情之作。蔣先生在手書自序中說是「以為朝夕自反之資」，並未公開發行，所以流傳不廣。我檢查完後，於五月寄還紹唐。

到了八十四年六月，紹唐又電囑將《自反錄》再從頭到尾看一遍，如認為值得印，則影印出版，以了一樁心事。他認為那時印蔣先生的資料，不僅不討好，更不會賺錢；為了保存史料，只有不計成本。我深深為他的熱誠所感動，又仔仔細細的看了一遍，並奉囑代撰影印本前言，於九月底送還。他也曾多次和我討論影印的方式等細節，可能是精力已經不濟，始終沒有印行。

八十七年一月中旬，紹唐又寄來一冊影印的《蔣馮書簡》，囑代為增補整理。我因為看過《自反錄》，覺得與《蔣馮書簡》兩相對照，可以理出一條清晰的脈絡，很有意義，因商定將兩人來往函電，依照時間先後順序排列，先在《傳記文學》發表，並繼續公開徵求兩人來往的函電，儘量求全。因為僅靠《自反錄》與《蔣馮書簡》，定有太多的遺漏。於是再就《馮玉祥日記》、《馮玉祥選集》以及當時有關的報章雜誌等，擴大蒐尋範圍，並到國史館抄錄大溪檔案中之相關函電。經過多方增補後，雖然仍不夠完整，但已經有了相當可觀的成績。八十七年十二月，便在《傳記文學》第七十三卷第六期開始連載。不料這時紹唐的健康出了問題，旋於八十九年二月十日邃歸道山，〈蔣馮書簡新編〉只刊出了四期，即因之中斷。嗣經傳記文學編輯部邱慶麟先生將原委轉告接辦的成露茜社長後，恢復連載。在全文刊載完畢後，又承秀威公司蔡登山先生熱心代為安排出版事宜，獲得台灣學生書局總經理鮑邦瑞先生的大力支持，以陶英惠輯註《蔣馮書簡新編》，於2010年3月出版；復承蔡登山先生協助，於2013年2月，由上海三聯書店出版簡體字本，書名改為《蔣介石馮玉祥交往實錄——蔣馮書簡新編》，使紹唐最初輯錄蔣、馮兩人公私來往函電的

願望，得以完全實現。美中不足的，是他最早就想影印出版《自反錄》的心願，恐怕再也不能實現，不無遺憾！對曾參預其事的我來說，內心也不免若有所失！

七、師徒佳話

大家都知道，紹唐先生非常好客，經常宴請各方面的朋友，旨在開闢稿源；在觥籌交錯之際，他妙語如珠，嘗戲言自己「年高德少，最有分量（體重最重）」，使氣氛輕鬆、博大家一粲！但最特別的，是他有許多「徒弟」，而且個個都是響噹噹的人物。至於師父一詞之由來，他曾在一次晚宴席上說，因初與年輕朋友聚會時，他們稱呼他兄、大哥或先生，皆不相宜，乃稱師父。七十三年一月十九日，吳夢桂、蘇墱基、江斌玉、羅國瑛在台北「安樂園」正式拜劉紹唐為師，由卜少夫作證。其他的年輕朋友知道後，也競入門下，以徒弟自居。紹唐嘗自擬一聯云：「何功何德何能，豈敢當師父；無權無拳無勇，怎能收徒弟。」橫披三個字：「人之患」（在好為人師）。又自言身為師父，須做到下列三點：第一，與徒弟共飲不能醉；第二，與徒弟打牌不能贏；第三，有美女弟子服其勞。想做到第一點，實在不容易，他雖然海量，也常酩酊大醉。八十三年十月十八日（農曆九月十四日）是紹唐先生七十四歲生日，他三十位徒弟在利苑餐廳為之祝壽，並舉行傳記文學發行三十三年紀念，在給各方的請柬上特別註明：「不收禮，只收酒。」這樣的師徒，也是士林一段佳話！自此以後，文化界、新聞界許許多多人士，見了劉紹唐都喊師父，他自己也不知究竟有多少徒弟。

八、「一代完人」

在敖之兄主編的《文星》雜誌紅極一時之際，對時人多所批評，常說：「送人上《文星》」，好像是一件很可怕的事。紹唐輒說：「送人上《文星》並不可怕，送人上《傳記文學》，那才真的嚴重了呢！」沒想到他為《傳記文

學》鞠躬盡瘁，送了無數的人物上了《傳記文學》，最後自己也上去了。

七十九年十月三十一日，紹唐的徒弟們在亞都飯店為其七十初度設了壽宴，冠蓋雲集，卜少夫致賀詞時說，他與紹唐均肖雞，他大一旬，兩人都是「一代完人」，意指他自己的《新聞天地》、與紹唐的《傳記文學》，都是一個人辦雜誌，都會及身而止。紹唐歸道山後，劉太太因為健康關係難以支撐下去，幸有成露茜社長接手，才沒有停辦。

五十六年六月，值「傳記文學」創刊十五週年，張佛千製聯嵌「宗向」及「傳記文學」六字，由臺靜農（伯簡）書之同賀，聯云：

> 多士所「宗」，史乘重立「傳」，高「文」皆錦繡；
> 一時稱「向」，言行宜作「記」，後「學」有楷模。

九、與張白帆的一段交往

五十五年十二月十一日，紹唐說，張平（原名張白帆）只是在做零工，十二本書出版後即辭退，每本書付校對費200元。五十八年五月底遇到了張平，談大林出版社事，他將文星書店無問題之書買下重印，用官成飛之名字登記。

六十九年七月十二日，接到張平十一日信云：

> 陶公〔似為第一個稱我陶公的人〕：真謝謝你幫忙！送上新台幣肆佰元，只是表示一點小意思，不敢說是酬勞。事實上我也知道你為的不是酬勞，而是幫我有個「好的開始」，光是這點心意，就不是可以用數字來計算的。因此我也就不怕你會罵我小兒科了，是不？另送上大林文庫拾壹冊，請收下。也許這些書你都已讀過，但秀才人情紙一張、老闆人情書數本，你就別問是否都已讀過，只當它是紙上人情，一笑收下就是了。弟 張 平69.7.11.

該信是由官成飛小姐轉給我的，大約為他頂下大林出版社，我代看了幾本書而送400元。張平原名張白帆，三十九年一月十三號六點三十分，臺北市淡水河邊第十三號水門發生第一個轟動社會的殉情案，男女主角分別是：張白帆與陳素卿，陳素卿是一個單身的小姐，跟一個有婦之夫的談戀愛，但是兩人無法長久相聚在一起，於是一起相約到「淡水河十三號水門」自殺，張白帆偽造了遺書。女孩子就用繩子吊死了，而張白帆做了點手腳，把繩子解開，在女朋友死了以後，他沒死！逃掉了。即所謂的「淡水河十三號水門案」，後來演變成「少女殉情記」。台大傅斯年校長輓陳素卿：「無緣何生斯世，有情能累此生！」短短兩句，道出人世間的諸多無奈。事件還被拍成電影《河邊春夢》，連帶使得周添旺作的歌謠「河邊春夢」迅速竄紅。三十七年張白帆與桃園女高畢業的陳素卿相識，三十八年進入台灣廣播電台（同年改為中國廣播公司），六月和公司同事徐冰軒結婚，陳素卿決定殉情，那封遺書是張白帆捉刀代擬的，被判處七年有期徒刑。坐完牢，改名張平。張平是位才子型的人物，待人非常和氣，文筆很好，能編、能寫，我和他是在《傳記文學》雜誌社認識的，平常也沒有什麼來往。（參考《歷史月刊》第33期）

十、偶識章君穀（1927～2007）

　　章君穀，是活躍於民國五六十年代的歷史小說家、傳記文學作家。除了以「張谷」（筆名）撰寫的通俗小說如《大刀王五》、《劍娥》、《沙三》、《黑雲》、《鐵騎》等外，更教人津津樂道的是他以「章君穀」（仍是筆名）所著，能夠臧否人物生平、掌握讀者情緒的歷史傳記小說，如《杜月笙傳》、《吳佩孚傳》、《袁世凱傳》，甚至連四川楊森將軍的自傳，《蔣碧薇回憶錄》等，都是由章君穀執筆。

　　五十六年一月三日，下午在榮泰印刷廠與章君穀初次見面，才識俱佳，下筆神速，自本期起，為《傳記文學》寫〈杜月笙傳〉。二月二十五日下午去榮泰看末校稿，到：紹唐、章君穀、張子文、于潤生等，晚同去龍山寺吃小吃，君穀說他喜歡吃小吃，在此吃小吃，比皇帝還好，放眼看去，一百多廚師隨便

他點菜。又談在《聯合報》為楊森捉刀撰〈登玉山記〉一文，《聯合報》送五千元為酬，《徵信新聞》力爭未得。蔣中正總統看到此文，甚稱道之，謂楊森曰：你寫的文章比你打仗還好。楊曰：是章君穀替我寫的。翌日，張群打電話給楊森說，找人捉刀總不是辦法，以後再換人寫，筆路不對，豈不要露出馬腳？楊曰，我今年已85歲，章君穀才四十多歲，難道他還會死在我前面？善問善答。

章君穀替楊森寫傳，在《皇冠》發表，動筆前他對楊曰：「惠公，我為你寫傳，是因為你值得寫，我決不會要你一文錢，也請你不要向我要錢，我拿我的稿費。這是雙方唯一的條件。楊傳發表後，深獲各方好評，楊很得意，於蔣公盛讚其文後曾對章說，你寫完後我給你買幢房子。章表示不必。章雖有二室，但很儉樸，也很隨和，亦有所不為，有才之人而且有行，甚為難得。

王成聖為西康國大代表，正集資辦《中外雜誌》，每天三次到章家索稿，聲言章不答應撰稿即不創辦，硬是為章等了一個月才開辦。頗為有趣。章又說，他在《皇冠》為文，都是替人捉刀，不自己署名，在《傳記文學》上才開始署真名，下加「執筆」二字，他自稱「猶抱琵琶半遮面」。從前所撰之《陳三五娘》在《聯合報》連載時，其巷口之三輪車伕聯合請他吃飯，他認為那是他平生吃得最開心的一頓飯。五月二十四日，紹唐談《民族晚報》評《杜月笙傳》，陳定山等說陸京士瞎了眼，杜門在台人士這麼多，為何找一與杜毫無關係之章君穀來寫？大有不平之氣。自己不寫，反嫉妒別人來寫，也是怪事！

五十八年三月二十二日，紹唐談近與章君穀不歡事，章想寫者劉不要，劉想要者章不願寫；章說為傳記文學付出太多而回收太少，劉說付出甚多而所回者少。各執一詞。勞資本來就是對立的，誰是誰非，非局外人所能懸揣。

十一、《林語堂選集》的故事

五十九年一月三十日晚，陪林泉去看紹唐，談《林語堂選集》事甚有趣：最先接洽者為紹唐，當時文星書店已印好3,000部，林語堂初已同意，並為之作序，對文星根據舊雜誌蒐集其文稿十分感謝，並有往來函件存蕭孟能手中。

不意尚未發行，文星關門，林乃反悔。文星出《胡適選集》時，林語堂曾謂胡適是大家的，非胡太太個人的，對胡太太控告文星頗不滿意，沒想到自己的作法尚不如胡太太。紹唐買《文星叢刊》時，孟能想連《林語堂選集》一併賣給他；紹唐乃向林語堂接洽，林反對發行；紹唐向林剖析利害，謂他買後尚可刪改，且可提出條件，由他向文星接洽。林仍固執不聽。後徐訏自香港來，紹唐又與徐同去勸林，林仍不允，紹唐乃作罷。林的意思是其作品統交開明出版，乃由開明向文星接洽，開明小兒科，想撿便宜，只肯出兩萬元，終因差價太多未能成議。乃有讀書出版社（似為一郭先生所辦）向文星接洽，郭恐有版權問題，孟能歷述經過，謂林如控告、由文星出面負責。乃乘林出國期間推出，是該社成立後之第一批出版物。林回來後，眼見陪了夫人又折兵，委律師登報禁售，禁者自禁，售者自售，林毫無辦法。最初文星曾警告林（林當時手中有一部，想就成品交開明出版，因文星已關門矣。）他們為蒐集資料等花費甚大，如林肯付，即可交林自行處理，否則要控告之。林手頭沒有資料可證明自己尚有該文，故不敢冒然交開明矣。至是，想林一定後悔未聽紹唐的話了，分文未得。人老了，腦筋已不夠用，致有此結果。聞有人向中央四組檢舉《林語堂選集》內攻擊三全大會之文，四組想採取行動，及見林登報啟事，乃作罷，反促林選集暢銷，誠有趣也。二月十二日林泉說，林選集已不賣了，歸環宇書店收回，開明正討價還價收買中。

十二、為了尊嚴而辭職

我白天上班，晚飯後放下筷子即去傳記文學校對稿子。去雜誌社的次數少了、或提早回家，社長不高興；去的次數多、或回家稍晚，太太不高興。蠟燭好幾頭燒：辦公室催印檔案，自己也要預備討論會的報告、以及升等的著作，紹唐要辦雜誌、又要印書，實在是分身乏術。五十四年十一月，社中同仁已換了五位，每逢社中換人，我便倒楣一次，稿子只有我一人校對。五十五年三月，紹唐另在其附近租一小屋存書，說欲罷不能，只有大規模幹了。同年七月十三日，在東門買兩層公寓，2樓住家，4樓為雜誌社，沒有電梯，今將存書先

運去。九月，官成飛到職。《新書月刊》勢在必辦，還要用人。十月，又為傳記文學出叢書而忙，其局面越來越大，屬於我自己的時間便越來越少。十一月九日，張子文（台大歷史系四年級，僑生，崔書琴太太徐遠暉的學生）到社幫忙，程度很好。十一月二十三日，紹唐當著我面表示對屬下皆不滿意，謂人多而做事並不多。我也是伙計之一，不知如何接話，心中雖不是滋味，也未便置喙。紹唐擬十一月辭退蘇。（數年後，蘇成了新聞界名人，又做了紹唐的「徒弟」，世事之變化，真難料！）

五十六年一月十三日晚到傳記文學，劉太太開門時說，蘇辭職了，我即趁機言明辭意。紹唐回來後，我再重申一遍，並言明將叢書發完、十卷二期稿看完即辭。二十三日晚去劉家，陳紀瀅之《齊如山與梅蘭芳》剛印好，我一眼即看出書背上名字誤作「記」，陳紀瀅最在意此事，劉太太挑了一下午的書，竟然沒有發現。紹唐即譽我為專家。至此時總算肯定了我的重要。決定重印封面，損失不小。二月三日，紹唐仍挽余相助，只月底去幾天校稿，月600元。三月十八日，紹唐想下期另闢一欄，以書信為主而襯托一史實。五月十一日，紹唐又開1000支票送我，盼多去幾次。自到任以來，待遇升升降降多次矣。

六十一年四月二十五日，沈雲龍先生勸紹唐不必躬親各事，紹唐答沒有助手，沈公乃以陶某對，並詢付若干薪水？答兩千多；沈公說兩千多怎能請到人？紹唐曰：他不能常來。沈公告訴我後，我說，每月兩千元一文也不多，每周最少去4次，還能說不常去，難道要每天去！

六十二年一月二十二日晚，在劉家遇見第一個到社的吳君璞（我是第二個），現任飛虎Air Cargo會計主任，十年前在社拿600元月薪，一去飛虎即萬元起薪。談及傳記文學毫無起色，劉太太說沒有好助手。她難道沒看見我在座，且為多年的助手？為了生活，不得不為兩千元受辱、折腰！三月五日，紹唐調增1,000元，工作自然也要加重，囑編「人物小傳」，自下期刊出，每月至少十人。

六十四年十二月二十日，我到傳記文學12周年，老是聽到紹唐夫婦批評兩位同仁，用辭不堪入耳，歲末天寒心更寒！一天晚上我和劉太太坐對面校稿，紹唐自外應酬返，謂真羨慕卜少夫；劉太太說，你們都是辦雜誌的，有什

麼好羨慕的？紹唐說，卜少夫整天在外面跑，仍有人替他負責，雜誌照出不誤。我坐對面，只有裝聾作啞，自尊心受到嚴重傷害，本欲有所辯白，繼想辯亦無益。我算了一下，自我到社的十二年多，紹唐共出國五次：(一)六十一年四月二十六日，赴新加坡書展，任團長，五月十六日返台；(二)六十二年十月四日，率中華民國出版界歐美考察團一行六人飛香港，十二月四日返台。(三)六十三年七月十四日，赴港參加書展，七月二十三日返台。(四)六十三年十月十五日，隨雜誌協會赴韓考察，十一月二日返台。(五)六十四年七月十日，赴美，八月十六日返台。試問他那一次出國不是由我代編？而且雜誌只有提前編好，沒有一次不是準時出版的！即使他已返台，因為太累，有時還讓我替他再編一期。這些往事，他是有意忘記？還是隱喻我無能，使他不能安心出國？是可忍，孰不可忍！例如六十二年十二月二十一日，為替他編下期稿，怎樣都不合意，朝令夕改，無所適從。六十四年十二月一日，于衡介紹其輔仁的習姓學生到傳記文學校稿。紹唐又抱怨事無巨細皆他一人之事，言外之意，花錢請了這麼多人都沒有做事。我不免默想，自己也是多餘的人！決定辭職，不要等著被免職！

　　六十五年四月六日晚，與紹唐談，我倦矣，請速覓人。他說滿十五年時休息。那是他的事，我不答腔。二十三日晚，又當面向紹唐說，既已請好了人，而我近日實忙迫不堪，心情殊壞，到月底要休息一下。無錢可賺之事既然擺脫不了，只有辭有錢的事。他說留至《民國大事日誌》下冊出版後再說。根本不以為意，也可能認為我只是姿態，他萬萬沒料到我這次是真的忍無可忍了，決心辭去沒有尊嚴的工作。張子文也在場。紹唐繼言他不是不出高價，只要真行，月付8、9千也不在乎，可是找不到有本事的人。他也可能指全天候在社上班者，但我以為其言外之意，我不過也就是只值4千元，如真有本領，自可提高待遇，並非他小器！此話太傷人尊嚴了，置我等於何地！

　　四月二十六晚，到《傳記文學》收拾個人的零碎東西，將文稿作一交代，乃告訴紹唐，本期雜誌已付印，所請之人已到，我即日起正式辭職。他見真辭，頗感意外，謂月初可少來幾次，俟發稿時再多來幾次。我仍堅辭。他又說先休息幾天，下月初再詳談，相處十餘年，不能說走即走；即使走，也要找一

替身，他首先考慮林泉。我允代為接洽。

　　辭出後，與張子文立在路邊談一小時，回想近年來，其地位日增，而吾等則越來越不受重視；讀書人並不全為金錢，我也向未與之爭錢，但不受尊敬則不能忍受。十二年來，這點外快，在生活上不無小補；但損失也不算小，沒有一點屬於自己的成績，做的都是無名英雄，而他名利雙收，並未想想抬轎人沒有功勞也有苦勞吧。在人物座談會中，吾等被視同工友或伺候牌局者，從未有發言機會。在社中沒有專用的茶杯，洗手間的毛巾比擦地板者還髒，根本不把所用的人當人看，如何令伙計為之盡力？十多年未出大問題，我等豈無微勞！有我程度者未必有校對經驗，有校對經驗者未必有我之程度，二者兼有則未必會為4千元折腰。我所以忍受這麼多年，是對這份刊物有濃厚的興趣！況且我尚有近史所圖書館，隨時提供查找資料之便利。向來只有他辭退員工，員工辭他者我開首例。圈內朋友問起，他面子上總有些掛不住。

　　五月十八日，收到雜誌社寄來5,000元匯票。我原來月薪4,000元，所多之1,000元難道是資遣費？沒有隻字片語。旋來電話，問忙得如何了？謂林泉也有困難，答知你們已經談過，即未再過問。九月二十日，鳳翰介紹周公與紹唐見面，談甚歡，明天上班，月薪5,000元。我熬了十二年四個月，累積了多少經驗，才月薪4,000元；有本事的一去就付5,000元，顯然我真的只值4,000元。沒想到周公只做了九個月，六十六年六月底，月薪由5,000元調到6,000元，以工作無法配合而被辭退。周公能說會道，但校對則非其所長，也非易事；不僅要看排出來的稿件與原稿是否相符，最難的是還能看出原稿的錯誤，如陳之邁曾提到蔣廷黻向聯合國提控蘇案時，打字小姐挑出一文件末署「九月三十一日」之誤，若非她細心並及時更正，因此一日期的誤置，將會使整個控蘇案文件都被認為無效。

　　七十五年九月一日，到傳記文學取關國煊托帶來之《蔡元培傳》等，紹唐已顯出老態。他下月初赴美，嘆無人代為照顧，凡事必須躬親，因而唸道：「不像你在社裡時，可放心出去。」其實那時他也抱怨無人相助，不然我也不會拂袖而去。人，總是在失去後才知道可貴！

　　七十六年七月七日，下午至中央圖書館參加「七七抗戰50周年暨傳記文學

創刊25周年紀念歷史圖片展」茶會，冠蓋雲集，紹唐躊躇滿志。沈雲龍先生對我和張子文說：我二人為傳記文學功臣，當年有我二人相助，紹唐可省不少力氣，一心應付外界事。沈公與紹唐交非泛泛，對社中的情形，有深切的了解；今得長輩如此肯定，備感安慰！

十三、紹唐病逝

我在《傳記文學》十二年多的日子裡，學了很多。由於紹唐交游廣闊，也增加不少見聞。他為了開闢稿源，老朋友固然要經常保持聯繫，又要時時結交新朋友，所以應酬特別多。他具有燕趙兒女的豪氣，而且酒量驚人，他喝酒的豪語是：「你喝多少，我喝多少」（要用台語講）、「你喝什麼酒，我喝什麼酒」。喝起來不免過量，久而久之，以致嚴重影響到健康。他曾說辦滿十年就休息，及十年滿，又說滿十五年就不辦了，結果仍然捨不得放棄一手締造的傳記王國。

八十八年，經榮民總醫院醫生診治，發現有肝腫瘤，以他年事已高，不建議施以較劇之化療，改以中醫長期醫治；四月十二日，他在電話中告訴我，近來深為白內障、攝護腺所苦。六月，入書田醫院接受攝護腺手術、左眼白內障手術；七月上旬，因急性心肌梗塞倒於浴室，急送榮總開刀，電擊後幸救回一命。

八十九年一月二十四日，以肝腫瘤入住三軍總醫院。二月九日，電劉太太王愛生，謂紹唐是在醫院過的年，情況很不好，氣喘已不能說話，在書田醫院開攝護腺，也沒有開好，心臟也有問題，言次數度哽咽。問住那個醫院，仍不告知，堅拒去探病，醫囑多休息。二月十日下午四時，終因群醫束手去世，享年八十歲，夫人王愛生、子嘉明隨侍在側。獲李登輝總統明令褒揚，二十三日上午八時，在台北第一殯儀館景行廳舉行家祭、公祭，遺體移往第二殯儀館火化，骨灰安放松山寺。十月，王愛生將傳記文學社轉讓與成舍我（平）女兒嘉玲、露茜接辦，社中之全部書籍、光碟、雜誌，均由成家姊妹繼續經營。

九十八年七月十八日，王愛生於家中睡眠中仙逝，八月十二日公祭。我是

七月七日到洛杉磯小兒處小住，九月九日返台，回來才看見訃聞，沒能參加她的喪禮送她最後一程！十一月十六日，近代史研究所黃克武所長與李又寧教授共同舉辦劉紹唐、唐德剛兩先生追思座談會，得以藉機談談我所知道的劉紹唐先生與《傳記文學》，同時也向劉太太表達哀悼之意。

十四、幾件軼聞

1、阮毅成談掌故

　　七十三年八月十九日晚，紹唐在寧福樓宴自香港來台的關國煊夫婦（1959師大國文系畢業）。阮毅成即席講了幾個奇怪的故事：

　　（1）朱家驊（騮先）病逝前，其夫人與阮毅成到中山北路四條通皇后大飯店主人林浩（中央大學朱家驊之學生）家開乩壇，問朱之健康及壽命，得四句「天地蒼茫……一聲臘鼓，隨風飄揚？」當時並未措意。翌年元月三日，夫人去看早場電影，家中無人，朱家驊自椅子上倒地不起，是日適為臘八，一語成讖。

　　（2）西安事變時，阮毅成去戴季陶家，在座有會測字者，乃取一書，甲說第幾頁，乙說第幾行，丙說第幾字，為「室」，以卜蔣委員長安危。測字者乃書「有女變安，無刀亦到」，意即有女人即安全，不必用武力也會回來，曰：平安無事。及宋美齡夫人到，蔣即平安回京，十分靈驗。

　　（3）阮毅成在浙江省府為中央化解不少問題，是協調高手、才子。他有五子，俱為大字輩，日前發表阮大年為教次，有三個記者問是其公子否？初說不是，最後不勝其煩說「是，但不要告訴我太太。」（十分幽默）。紹唐云，阮大年之父壽雍，英文甚佳，曾在海關任職，來台後至財政部任嚴家淦秘書，很多重要英文合約及文稿均出自其手。

　　（4）阮毅成又云：民國二十年至濟南，友人請吃涮羊肉，主人連對伙計說：皇帝的媽媽，伙計道歉，阮不解其意，原來是嫌切的「太厚」。

2、商岳衡談CC

七十九年十一月二十日，紹唐在同慶樓晚宴，到劉鳳翰、蔣永敬、朱傳譽、商岳衡等。商君在美經營餐館，明返美。多年前，他在《大華晚報》採訪〈國會春秋〉，對立竿見影之派系知之甚詳，特別是對CC陳立夫了解甚多，而寫出來者僅及三成，其他部分，因當時未加紀錄，細節已不復記憶。陳立夫在《傳記文學》所發表之〈九十憶往〉，多為枝節，關鍵性問題皆未涉及，毫無價值。紹唐云，陳立夫在哥大之口述史稿，唐德剛認為最有價值者，由一夏小姐攜稿至香港訪問有關人員核對。不久夏小姐病故，稿即遺失，而陳立夫亦不可能再加憶述，十分可惜！

第十二章　退休後整理文稿

　　我於民國五十三年七月到中研院近史所工作，任臨時助理兩年，助理員三年，助理研究員五年，副研究員六年，研究員二十年（其間曾被調兼總辦事處秘書主任八年）。於八十九年一月屆齡退休，不知不覺已過了三十五年半的時間。呂芳上所長於一月二十九日為我舉行退休茶會，我講的題目是〈把酒話桑麻〉，除簡單敘述生平大事外，並懷著「感恩的心」，對所有愛護我、幫助我的長輩及同輩們，表達一下衷心的感謝；並獲得許多同仁溢美之讚許。勞碌一生，深感安慰。榮獲所長頒贈「治學唯謹，敬事而信」紀念牌，係由陸寶千先生擬詞，自認受之尚可無愧！細想我之個性，總是先做別人託辦之事，再做自己的；而別人託辦的事接連不斷，所以自己的事便一直延擱，無暇完成。雖然在研究方面乏善可陳，但念及曾為很多人服務過，並未虛度歲月，也就沒有什麼好後悔的了。

　　我的年齡，因為身分證上比實際年齡小一歲，所以晚退休一年；又因生日是八月，再賺了半年。我又被聘為兼任研究員，自八十九年二月至一〇三年七月，總計在研究院待了五十年。在兼任期間，還保留了研究室，可趁機整理過去未完成的一些工作。綜計完成下列四種，有兩種並出了簡體字本。在與高血壓、糖尿病、攝護腺三大老人病和平相處之餘，並未虛度光陰！

一、《雪泥鴻爪——近代史工作者的回憶》

　　九十五年五月下旬，到蘇州老同學處玩了八天。甫回到台北，即接到《世紀映像》叢書總編輯蔡登山先生的約稿電話，承潘光哲先生推介，於五月三十日與之晤談後，便依照其構想，選了若干篇短文，匆匆忙忙湊成一本小書《雪泥鴻爪——近代史工作者的回憶》，於2006年10月出版。

二、《典型在夙昔──追懷中央研究院六位已故院長》上、下兩冊

我在大學三年級時，和同班的劉鳳翰兄，自台大騎自行車到南港中研院的史語所蒐集論文資料。那時就不禁默想：將來如果有機會到中研院工作，該是一件多麼美好的事！後來竟然如願以償！

我在近史所，由助理員按部就班的升至研究員，可以說十分幸運！因為選定以首任院長蔡元培先生以及與其相關之近代教育、學術等問題作為研究範圍，所以對中研院早期的歷史特別留意，因而被第五任院長錢思亮調兼總辦事處秘書主任，從事案牘勞形的工作。七十二年九月，錢院長不幸病逝，接任的第六任院長吳大猷又囑繼續「相助為理」，直到七十七年五月方因故擺脫。回到近史所後，張玉法所長命兼理院史室業務，所庋藏者主要為第二任院長朱家驊之檔案。旋又囑編印第四任院長王世杰之日記。八十二年八月，奉胡適紀念館管理委員會主任委員呂實強之命，兼第三任院長胡適的紀念館主任。由於這種種機緣，對於已經故世六位院長的生平事蹟，基於工作上的需要，都曾粗淺的涉獵過，並先後為文加以介紹。復承蔡登山先生抬愛，囑將所寫有關這六位院長的文字，加以整理出版。對一個史學工作者而言，有機會將過去所寫不成體系的文字，趁機會作一番修改、增補，結集出版，使不致散失，自然是求之不得的事。

在這六位院長中，我曾親接謦欬者有兩位，一為錢思亮，一為吳大猷。俗語說僕人眼中無偉人，我也不想將他們神化，只是忠實的紀錄其真實的一面，為歷史作些見證，相信更會獲得世人的尊敬！

錢院長與高化臣總幹事，對於處理行政工作，都經驗豐富，並且認真負責，惟稍嫌過於持重。吳院長富於理想，每有新的構想，即劍及履及去做，完全不顧法令及程序；他與韓忠謨兼代總幹事都缺乏處理公務的耐心，行政經驗也少了些！我在錢、高時學到處理公務的一點皮毛，到了吳、韓主持院務時，倒成了蜀中無大將的廖化！至今回想起來，仍覺得有些不可思議！

這六位院長有一個共同的特點，即維持獨立研究精神，為中華民族保持

了學術尊嚴。他們各有各的風格及風骨，都值得後人永遠懷念和尊敬！所以即以「典型在夙昔」作為書名，藉表仰慕、懷念之意！於2007年10月由秀威資訊科技出版。又承蔡登山先生協助，於2009年10月在上海文匯出版社出版簡體字本，書名改為《中研院六院長》。

三、《民國教育學術史論集》

我於民國五十三年七月到中研院近史所工作，經過一段摸索後，決定以蔡元培及與其相關之教育、學術等問題作為研究範圍，陸陸續續寫了些文章，多半是圍繞著以蔡元培為主題的討論，茲擇其較有系統者編成本書第一部分的三篇，探討自民國成立到抗戰前在教育方面的發展。

第二部分的三篇，討論學術研究方面的情形，係為教育部主編的《中華民國建國史》所撰寫。

民國六十八年（1979），中共宣布要編撰《中華民國史》，並於翌年成立「中華民國史研究室」，正式開始工作。很明顯的是以為「前朝」修史的方式，將中華民國視為已經過去的「朝代」，不承認民國三十八年播遷到台灣仍然屹立的事實。此舉引起史學界的不平，呼籲政府趕快搶救歷史。行政院乃令教育部推動編撰《中華民國建國史》。這部建國史，只是記述建國七十年歷程的歷史，意在說明中華民國之歷史並未終止，仍在不斷發展。藉此與中共編撰的《中華民國史》相對抗。

教育部於六十九年八月邀請國史館、中國國民黨中央黨史會、中央研究院近代史研究所等史學機關首長和歷史學者開會，組成中華民國建國史編輯委員會，分別推薦專家進行撰寫工作。全書分為五篇：第一篇：革命開國時期，召集人李雲漢；第二篇：民國初期，召集人呂實強；第三篇：統一與建設時期，召集人蔣永敬；第四篇：抗戰建國時期，召集人許朗軒；第五篇：戡亂與復國時期，召集人許師慎。

民國六十九年十月十六日，接到李雲漢、蔣永敬兩位先生分別來電話約稿，李先生囑寫「開國時期教育文化的創新」及「財經制度的改變」兩節；蔣

先生則囑寫「統一與建設時期學術研究之成就」。而近史所呂實強所長，亦囑撰寫「民初時期的學術研究」。十月三十日，第四篇的執行秘書呂芳上先生，又邀我撰寫「抗戰時期之學術研究」；十一月一日，前在國史館工作時的老長官許師慎先生，也囑寫「政府遷台後之學術研究」。由於實在是力不從心，這兩篇皆未敢應命。

民國七十年暑假，我參加一個文化參訪團，赴歐旅遊一個月，作為對自己的一點慰勞，舒緩一下多年來的身心壓力。旅遊回來後，本想全力趕寫建國史稿，不料錢思亮院長忽然要調我去兼總辦事處秘書主任，而且不容推辭。我說我的研究工作尚未告一段落，現又參加中華民國建國史三個組的撰稿工作，業已簽約，並預付了一半的稿費，必須在年底繳稿，實在無法再兼顧行政工作。錢院長則說晚上仍可繼續從事研究工作。那時電腦尚不普及，搜尋的功能也沒有現在這麼強，而我根本不會用電腦，晚上如何到圖書館找資料？既然不能推脫，只有勉允暫兼。乃於九月十六日走馬上任。

更出乎意料的是，民國七十二年十月，第五篇之「學術研究」那一節，原已約好的撰稿人，因故未能終篇，編輯委員會臨時決定由我來寫。我本來就是因分身乏術，拒絕了許師慎先生的好意，這時更為案牘勞形的行政工作忙迫不堪，所以堅不答應。去參加編委會的呂實強所長對我說，他深知我的確忙不過來，已在會中再三替我開脫了，但是教育部朱匯森部長表示非請我寫不可，如果我不答應，他將親自來院面請。呂所長方允代達部長雅意，不必勞駕。我又是盛情難卻，勉強應允。俗語說債多人不愁，總有解決的辦法。適逢王紀霏小姐到秘書組工作，承她慨允全力協助，方得以在限期內繳稿。若不是她的幫忙，我真無法善後。

上述這些文稿，總不免有些敝帚自珍，深盼能夠結集出版，不致散失，並留個紀念；若偶爾還能供作同道的參考，則將更富意義。承秀威公司及蔡登山副總編輯不棄，允為印行，由秀威資訊科技公司於2008年12月出版。多年心願得償，至為感激！

四、輯註《蔣馮書簡新編》

我對蔣中正、馮玉祥兩人，並未作過深入研究，民國八十七年一月中旬，傳記文學劉紹唐社長寄來一冊影印的《蔣馮書簡》，囑代為增補整理。我因為看過蔣中正的《自反錄》，覺得與《蔣馮書簡》兩相對照，可以理出一條清晰的脈絡，很有意義，因與紹唐商定：將兩人來往函電，依照時間先後順序排列，將已蒐存者先在《傳記文學》發表，並繼續公開徵求兩人來往的函電，儘量求全。因為僅靠《自反錄》與《蔣馮書簡》，定有太多的遺漏。我於是再就《馮玉祥日記》以及當時有關的的報章雜誌等，擴大蒐尋範圍，並到國史館抄錄大溪檔案中之相關函電。這時適逢小兒俊安及兒媳林淑慧，趁耶誕假期自美返台省親，也陪著我去國史館，我選好後，交他倆抄錄，頗有所獲。在濟南的外甥郭濤，則為我留意大陸上有關馮玉祥的史料，代購甫於一九九八年十一月出版的《馮玉祥選集》上中下三巨冊寄來，裡面收錄了不少馮玉祥給蔣中正的函電。經過多方增補後，雖然仍不夠完整，但已經有了相當可觀的成績。民國八十七年十二月，紹唐便在《傳記文學》第七十三卷第六期開始連載，並籲請讀者、專家就所藏所見者隨時予以增補；俟蒐集有相當數量後，再編為專書，當作民國史上一項重要史料。不料這時紹唐的健康出了問題，〈蔣馮書簡新編〉只刊出了四期，他即於民國八十九年二月十日，以肝腫瘤病逝三軍總醫院。不久，《傳記文學》改由世新大學成嘉玲、成露茜女士接辦。自七十八卷第三期起恢復陸續刊載，直到九十四年四月第八十六卷第四期，全部刊載完畢，前後共刊出三十六期。

成社長在恢復續刊的編者按語中，點出了該書的重要性，特照錄如下，除可供讀者參考外，並藉向成社長表達感謝之忱。其按語云：

在中國近現代史軍閥混戰中，蔣介石與馮玉祥可謂獨步鷹揚於當時，兩人手握重兵，各據一方，互為犄角。同時兩人為了本身的利益，始而訂交，進而結盟。在長達二十多年的交往當中，兩人別具懷抱，時

而兵戎相見，時而握手言和；可以說是恩怨不斷。

　　蔣馮二人之分合，影響民國政局至鉅，其中有關兩人公私來往函電，頗具史料價值，但如果不加以詳細的註解，實在難以說明他們二人之間交往的真相。輯註者陶英惠教授，任職於中央研究院近代史研究所，為這批函電作註，目的在理出一條清晰可辨的脈絡，幫助讀者在閱讀時，對蔣馮二人有更進一步的認識；並對治中國現代史者，提供一份難得的資料。

　　在全文刊載完畢後，又有幸獲得蔡登山先生的重視，並熱心代為安排出版事宜，獲得台灣學生書局總經理鮑邦瑞先生的大力支持，於2010年3月初版。又承蔡登山先生協助，由上海三聯書店於2013年2月印行簡體字本第一版，書名改為《蔣介石馮玉祥交往實錄——蔣馮書簡新編》；使劉紹唐社長最初輯錄蔣、馮兩人公私來往函電的願望，得以完全實現。

五、《往事不能如煙——陶英惠回憶錄》

　　我的一生，經過太多波折，但都平安度過，真可謂三生有幸！因為學歷史的關係，養成了記日記的習慣，將歷經的重要事情及時留下紀錄，有空時便分類加以整理，終於完成了這本回憶錄。脫稿後，承秀威慨允安排印行，於2020年11月出版，使我艱困的一生，沒有留白；隆情盛意，非常感謝！

讀歷史130　史地傳記類　PC0947

往事不能如煙
——陶英惠回憶錄

作　　者/陶英惠
責任編輯/鄭伊庭
圖文排版/蔡忠翰
封面設計/蔡瑋筠

發 行 人/宋政坤
法律顧問/毛國樑　律師
出版發行/秀威資訊科技股份有限公司
　　　　　114台北市內湖區瑞光路76巷65號1樓
　　　　　電話：+886-2-2796-3638　傳真：+886-2-2796-1377
　　　　　http://www.showwe.com.tw
劃撥帳號/19563868　戶名：秀威資訊科技股份有限公司
　　　　　讀者服務信箱：service@showwe.com.tw
展售門市/國家書店（松江門市）
　　　　　104台北市中山區松江路209號1樓
　　　　　電話：+886-2-2518-0207　傳真：+886-2-2518-0778
網路訂購/秀威網路書店：https://store.showwe.tw
　　　　　國家網路書店：https://www.govbooks.com.tw

2020年11月　BOD一版
定價：590元
版權所有　翻印必究
本書如有缺頁、破損或裝訂錯誤，請寄回更換

國家圖書館出版品預行編目

往事不能如煙：陶英惠回憶錄 / 陶英惠著. -- 一
版. -- 臺北市：秀威資訊科技股份有限公司,
2020.11
　　面；　公分. -- (史地傳記類)
BOD版
ISBN 978-986-326-873-4(平裝)

　1.陶英惠 2.自傳 3.臺灣

783.3886　　　　　　　　　　109017520

讀者回函卡

感謝您購買本書，為提升服務品質，請填妥以下資料，將讀者回函卡直接寄回或傳真本公司，收到您的寶貴意見後，我們會收藏記錄及檢討，謝謝！如您需要了解本公司最新出版書目、購書優惠或企劃活動，歡迎您上網查詢或下載相關資料：http:// www.showwe.com.tw

您購買的書名：＿＿＿＿＿＿＿＿＿＿＿＿＿＿＿＿＿＿＿＿＿＿＿＿

出生日期：＿＿＿＿＿＿年＿＿＿＿＿＿月＿＿＿＿＿日

學歷：□高中 (含) 以下　　□大專　　□研究所 (含) 以上

職業：□製造業　□金融業　□資訊業　□軍警　□傳播業　□自由業
　　　□服務業　□公務員　□教職　　□學生　□家管　　□其它＿＿＿

購書地點：□網路書店　□實體書店　□書展　□郵購　□贈閱　□其他

您從何得知本書的消息？

　□網路書店　□實體書店　□網路搜尋　□電子報　□書訊　□雜誌
　□傳播媒體　□親友推薦　□網站推薦　□部落格　□其他＿＿＿＿＿

您對本書的評價：(請填代號　1.非常滿意　2.滿意　3.尚可　4.再改進)

　封面設計＿＿＿　版面編排＿＿＿　內容＿＿＿　文／譯筆＿＿＿　價格＿＿＿

讀完書後您覺得：

　□很有收穫　□有收穫　□收穫不多　□沒收穫

對我們的建議：＿＿＿＿＿＿＿＿＿＿＿＿＿＿＿＿＿＿＿＿＿＿＿＿

＿＿＿＿＿＿＿＿＿＿＿＿＿＿＿＿＿＿＿＿＿＿＿＿＿＿＿＿＿＿＿＿

＿＿＿＿＿＿＿＿＿＿＿＿＿＿＿＿＿＿＿＿＿＿＿＿＿＿＿＿＿＿＿＿

11466

台北市內湖區瑞光路 76 巷 65 號 1 樓

秀威資訊科技股份有限公司　　　收

BOD 數位出版事業部

....

（請沿線對折寄回，謝謝！）

姓　　名：＿＿＿＿＿＿＿＿＿　年齡：＿＿＿＿　性別：□女　□男

郵遞區號：□□□□□

地　　址：＿＿＿＿＿＿＿＿＿＿＿＿＿＿＿＿＿＿＿＿

聯絡電話：(日)＿＿＿＿＿＿＿＿＿(夜)＿＿＿＿＿＿＿＿＿＿

E-mail：＿＿＿＿＿＿＿＿＿＿＿＿＿＿＿＿＿＿＿＿